Da psicose paranoica
em suas relações
com a personalidade

seguido de

Primeiros escritos
sobre a paranoia

Coleção Campo Teórico
Dirigida por Manoel Barros da Motta
e Severino Bezerra Cabral Filho

Da mesma coleção:

Do Mundo Fechado ao Universo Infinito
Alexandre Koyré

Estudos de História do Pensamento Científico
Alexandre Koyré

Estudos de História do Pensamento Filosófico
Alexandre Koyré

O Nascimento da Clínica
Michel Foucault

A Arqueologia do Saber
Michel Foucault

Da Psicose Paranoica em suas Relações com a Personalidade
Jacques Lacan

Teoria e Clínica da Psicose
Antonio Quinet

Michel Foucault – Uma Trajetória Filosófica
Paul Rabinow e Hubert Dreyfus

Raymond Roussel
Michel Foucault

JACQUES LACAN

Da psicose paranoica em suas relações com a personalidade

seguido de

Primeiros escritos sobre a paranoia

2ª edição

Tradução:
Aluisio Menezes
Marco Antonio Coutinho Jorge
Potiguara Mendes da Silveira Jr.
Tradução de "Escritos 'inspirados': esquizografia":
Débora de Castro Barros

1ª edição – 1987
2ª edição – 2011

Traduzido do original francês De la psychose paranoïaque dans ses rapports avec la personnalité. Paris: Seuil, 1975.

(c) Copyright

Jacques Lacan

CIP-Brasil. Catalogação-na-Fonte
Sindicato Nacional dos Editores de Livros, RJ

L129p
2.ed.

Lacan, Jacques, 1901-1981
Da psicose paranoica em suas relações com a personalidade; seguido de, Primeiros escritos sobre a paronoia / Jacques Lacan; tradução Aluisio Menezes, Marco Antonio Coutinho Jorge, Potiguara Mendes da Silveira Jr.. – 2.ed. – Rio de Janeiro: Forense Universitária, 2011.

Tradução de: De la psychose paranoiaque dans ses rapports avec la personnalite; suivi de, Premiers écrits sur la paranoia
Tradução de "Escritos 'inspirados": esquizografia": Débora de Castro Barros
ISBN 978-85-218-0476-5

1. Paranoia. I. Título.

11-0888.

CDD: 616.897
CDU: 616.895.7

O titular cuja obra seja fraudulentamente reproduzida, divulgada ou de qualquer forma utilizada poderá requerer a apreensão dos exemplares reproduzidos ou a suspensão da divulgação, sem prejuízo da indenização cabível (art. 102 da Lei nº 9.610, de 19.02.1998).

Quem vender, expuser à venda, ocultar, adquirir, distribuir, tiver em depósito ou utilizar obra ou fonograma reproduzidos com fraude, com a finalidade de vender, obter ganho, vantagem, proveito, lucro direto ou indireto, para si ou para outrem, será solidariamente responsável com o contratador, nos termos dos artigos precedentes, respondendo como contratafores o importador e o distribuidor em caso de reprodução no exterior (art. 104 da Lei nº 9.610/98).

A EDITORA FORENSE se responsabiliza pelos vícios do produto no que concerne à sua edição, aí compreendidas a impressão e a apresentação, a fim de possibilitar ao consumidor bem manuseá-lo e lê-lo. Os vícios relacionados à atualização da obra, aos conceitos doutrinários, às concepções ideológicas e referências indevidas são de responsabilidade do autor e/ou atualizador.

As reclamações devem ser feitas até noventa dias a partir da compra e venda com nota fiscal (interpretação do art. 26 da Lei nº 8.078, de 11.09.1990).

Reservados os direitos de propriedade desta edição pela

FORENSE UNIVERSITÁRIA LTDA
Uma editora integrante do GEN | Grupo Editorial Nacional
Travessa do Ouvidor, 11 – 6º andar – 20040-040 – Rio de Janeiro – RJ
Tels.: (0XX21) 3543-0770 – Fax: (0XX21) 3543-0896
e-mail: editora@forenseuniversitaria.com.br
http://www.forenseuniversitaria.com.br

Impresso no Brasil
Printed in Brazil

Da Psicose Paranoica
em suas Relações com
a Personalidade*

*Esta obra, que constituía a tese de doutorado em medicina de Jacques Lacan,
foi publicada inicialmente por Le François, Paris, 1932.

O GEN | Grupo Editorial Nacional reúne as editoras Guanabara Koogan, Santos, LTC, Forense, Método e Forense Universitária, que publicam nas áreas científica, técnica e profissional.

Essas empresas, respeitadas no mercado editorial, construíram catálogos inigualáveis, com obras que têm sido decisivas na formação acadêmica e no aperfeiçoamento de várias gerações de profissionais e de estudantes de Administração, Direito, Enfermagem, Engenharia, Fisioterapia, Medicina, Odontologia e muitas outras ciências, tendo se tornado sinônimo de seriedade e respeito.

Nossa missão é prover o melhor conteúdo científico e distribuí-lo de maneira flexível e conveniente, a preços justos, gerando benefícios e servindo a autores, docentes, livreiros, funcionários, colaboradores e acionistas.

Nosso comportamento ético incondicional e nossa responsabilidade social e ambiental são reforçados pela natureza educacional de nossa atividade, sem comprometer o crescimento contínuo e a rentabilidade do grupo.

ἧς μὴ παρσύσης γ̓έμο ι
οὐκ ἂν ἐγενόμην οἷος γεγένημαι

A meu irmão,
R. P. Marc-François Lacan,
beneditino da congregação de França.

Seguem homenagens à minha família
e a meus mestres em medicina
segundo o uso das teses.

A que se acrescenta menção aos mais velhos
que honro, dentre os quais Édouard Pichon.

Depois uma homenagem aos meus companheiros
Henri Ey e Pierre Male, assim como a Pierre Mareschal.

CURRICULUM EM PSIQUIATRIA

1927-1928. Clínica das doenças mentais e do encéfalo (professor Henri Claude).

1928-1929. Enfermaria especial junto à delegacia de polícia (Georges de Clérambault).

1929-1930. Hospital Henri Rousselle. Clínica do Burghölzli em agosto-setembro.

1930-1931. Hospital Henri Rousselle. Diploma de médico legista.

1931-1932. Clínica das doenças mentais e do encéfalo.

Quilibet unius cujusque individui affectus ab affectu alterius tantum discrepat, quantum essentia unius ab essentia alterius differt.
Spinoza. *Ética*, III, prop. LVII.

ÍNDICE SISTEMÁTICO

Introdução 1

PARTE I

Posição Teórica e Dogmática do Problema

1. Formação histórica do grupo das psicoses paranoicas 9
2. Crítica da personalidade psicológica 19
   I. A personalidade segundo a experiência comum 20
       a) A personalidade na metafísica tradicional 21
       b) A personalidade na psicologia científica 23
   II. Análise introspectiva da personalidade 24
   III. Análise objetiva da personalidade 26
   IV. Definição objetiva dos fenômenos da personalidade 31
   V. Posição de nossa definição com relação às escolas
   da psicologia científica 32
   VI. Definição da psicogenia em psicopatologia 33
   VII. Fecundidade das pesquisas psicogênicas 36
   VIII. Valor problemático dos sistemas caracterológicos
   e da doutrina constitucionalista 37
   IX. Personalidade e constituição 41
3. Concepções da psicose paranoica como desenvolvimento
   de uma personalidade 43
   I. As psicoses paranoicas afetam toda a personalidade 43

XVI Da Psicose Paranoica em suas Relações com a Personalidade | Jacques Lacan

II. As psicoses não herdam apenas tendências da personalidade; elas são o seu desenvolvimento, ligado à sua história. – De Krafft-Ebbing a Kraepelin 45

III. Na psicogenia das psicoses paranoicas, a escola francesa se prende à determinação dos fatores constitucionais. – Sérieux e Capgras. – Dificuldades de uma determinação unívoca. – De Pierre Janet a Génil-Perrin 53

IV. Na psicogenia das psicoses paranoicas, a escola alemã se prende à determinação dos fatores reacionais. – Bleuler. – Progresso dessa determinação. – De Gaupp a Kretschmer e a Kehrer 66

4 Concepções da psicose paranoica como determinada por um processo orgânico 95

I. Relações clínicas e patogênicas da psicose paranoica com os distúrbios do humor da psicose maníaco-depressiva 99

II. Relações clínicas e patogênicas das psicoses paranoicas com a dissociação mental das psicoses paranoides e da esquizofrenia, conforme os autores 105

III. Relações clínicas e patogênicas da psicose paranoica com as psicoses de intoxicação e de autointoxicação. – Papel do onirismo e dos estados oniroides. – Relação entre os estados passionais e os estados de embriaguez psíquica. – Papel dos distúrbios fisiológicos da emoção 113

IV. Análises francesas do "automatismo psicológico" na gênese das psicoses paranoicas. – Recurso à cenestesia por Hesnard e Guiraud. – Automatismo mental, de Mignard e Petit. – Significação dos "sentimentos intelectuais" de Janet. – A noção de estrutura em psicopatologia, segundo Minkowski 117

Índice Sistemático   XVII

v. Análises alemãs da Erlebnis paranoica. – A noção
    de processo psíquico, de Jaspers. – O delírio de
    perseguição é sempre engendrado por um
    processo, para Westerterp   132

PARTE II

O caso "Aimée" ou a paranoia de autopunição

1. Exame clínico do caso "AIMÉE"   147
    O atentado   147
    Estado civil   148
    O dossiê hospitalar e policial dos distúrbios
        mentais anteriores   149
    Atual atitude mental da doente quanto à história
        de seu delírio e quanto a seus temas   151
    História e temas do delírio   153
    Exames e antecedentes físicos   169
    Antecedentes de capacidade e fundo mental   171
    Comportamento no asilo. Trabalho e atitude mental   172
    Produções literárias   173
    Diagnóstico   197
2. A psicose de nosso caso representa um "processo"
    organopsíquico?   203
3. A psicose de nosso caso representa uma reação a um
    conflito vital e a traumas afetivos determinados?   215
4. A anomalia de estrutura e a fixação de desenvolvimento
    da personalidade de Aimée são as causas primeiras da
    psicose   243
    i. De como a psicose de nossa paciente foi realizada
        pelos mecanismos de autopunição que prevalecem
        na estrutura de sua personalidade   243

XVIII Da Psicose Paranoica em suas Relações com a Personalidade | Jacques Lacan

II. De como ao conceber esses mecanismos autopunitivos, segundo a teoria freudiana, como uma certa fixação evolutiva da energia psíquica chamada libido, dá-se conta das correlações clínicas mais evidentes da personalidade do sujeito   251

III. O protótipo "caso Aimée" ou a paranoia de autopunição. – Frutos de seu estudo: indicações de prática médica e métodos de pesquisa teórica   262

   A. Diagnóstico, prognóstico, profilaxia e tratamento da paranoia de autopunição   265

   B. Métodos e hipóteses de pesquisa sugeridos por nosso estudo   279

PARTE III

Exposição crítica, reduzida em forma de apêndice, do método de uma ciência da personalidade e de seu alcance no estudo das psicoses

Conclusões   347

   I. *Conclusões críticas*   347

   II. *Conclusões dogmáticas*   348

   III. *Conclusões hipotéticas*   351

Bibliografia   353

Abreviações   353

Primeiros escritos sobre a paranoia

Escritos "inspirados": esquizografia   371

   A. Distúrbios verbais   386

   B. Distúrbios nominais   387

   C. Distúrbios gramaticais   388

   D. Distúrbios semânticos   389

Índice Sistemático   XIX

O problema do estilo e a concepção psiquiátrica das formas
paranoicas da experiência   395
Motivos do crime paranoico: o crime das irmãs Papin   401

Apêndice   411
Exposição geral de nossos trabalhos científicos (1933)   413
A. Comunicações às sociedades científicas   418
    a) Sociedade de neurologia   418
    b) Sociedade Clínica de Medicina Mental   418
    c) Sociedade de psiquiatria   418
    d) Sociedade médico-psicológica   419
B. Exposições e relatórios de congressos   420
C. Tradução   420
D. Trabalhos originais   420

INTRODUÇÃO

Dentre os estados mentais da alienação, a ciência psiquiátrica desde há muito distinguiu a oposição entre dois grandes grupos mórbidos; trata-se, qualquer que seja o nome pelo qual tenham sido designados, segundo as épocas, na terminologia, do grupo das demências e do grupo das psicoses. O método clínico que permitiu opô-los deu aí a prova de sua fecundidade. Kraepelin, orientando-o com grande força no sentido dos critérios de evolução e de prognóstico, fez com que esse método atingisse seus supremos e mais belos frutos. A história das doutrinas e as discussões mais recentes mostram, no entanto, que o valor da clínica pura é aqui apenas aproximativo e que, se ela pode fazer sentir a legitimidade de uma oposição nosológica que é capital para nossa ciência, é incapaz de sustentá-la.

Por isso mesmo, na concepção da demência, abandona-se cada vez mais o critério do prognóstico para apoiar-se na medida de um *deficit capacitário*. A correlação, no mínimo grosseira, desse *deficit* com uma lesão *orgânica,* ao menos provável, basta para fundamentar o paralelismo psico-orgânico dos distúrbios demenciais.

A psicose, tomada no sentido mais geral, assume aí, por contraste, todo o seu alcance, que é o de escapar a esse paralelismo e revelar que, na *ausência de qualquer deficit* detectável pelas provas de capacidade (de memória, de motricidade, de percepção, de orientação e de discurso) e na ausência de qualquer lesão orgânica apenas provável, existem distúrbios mentais que, relacionados, segundo as doutrinas, à "afetividade", ao "juízo", à "conduta", são todos eles distúrbios específicos da síntese psíquica.

Eis por que, sem uma concepção suficiente do jogo dessa síntese, a psicose permanecerá sempre como um enigma: o que sucessivamente foi expresso pelas palavras *loucura, vesânia, paranoia, delírio parcial, discordância, esquizofrenia.*

Essa síntese, nós a denominamos *personalidade*, e tentamos definir objetivamente os fenômenos que lhe são próprios, fundamentando-nos em seu *sentido humano* (Parte I, Capítulo 2).

Isso não é desconhecer nenhuma legítima concepção dos *fatores orgânicos* que a compõem. Do mesmo modo, com efeito, não é prejudicar as determinações físico-químicas dos fenômenos vitais, mas é ressaltar o caráter propriamente orgânico deles e defini-los por esse meio, assim como não é negligenciar a base biológica dos *fenômenos ditos da personalidade*, mas levar em conta uma *coerência* que lhes é própria e que se define por essas *relações de compreensão*, em que se exprime a medida comum das condutas humanas. O determinismo desses fenômenos, longe de se desvanecer, aí surge reforçado.

Apresentamos, portanto, o problema das *relações da psicose com a personalidade.* Ao fazê-lo, não nos perdemos em uma dessas inúteis pesquisas sobre as incógnitas de uma cadeia causal que constituem, na medicina, a má reputação do termo patogenia. Também não nos entregamos a uma dessas especulações que, para corresponder a irreprimíveis exigências do espírito, nem por isso são menos rejeitadas na metafísica, e até com desprezo por alguns.

Nada de mais positivo do que nosso problema: eminentemente um problema de fatos, uma vez que é um problema de *ordem de fatos* ou, melhor dizendo, um problema de *tópica causal.*

Para abordá-lo, escolhemos a psicose paranoica. Com efeito, historicamente, os conflitos das doutrinas, cotidianamente, as dificuldades da perícia médico-legal nos demonstram a que ambiguidades e a que contradições remete toda concepção dessa psicose que pretende prescindir de uma definição explícita dos fenômenos da personalidade.

Em uma primeira parte de nosso trabalho pretendemos, de início, dar uma definição objetiva desses fenômenos da personalidade. Em seguida, retraçamos a história das doutrinas, especialmente das mais recentes, sobre a psicose paranoica.

Representa ela o *desenvolvimento* de uma personalidade, e então traduz uma *anomalia constitucional*, ou *deformação reativa*? Ou a psicose é uma *doença autônoma*, que remaneja a personalidade quebrando o curso de seu desenvolvimento? Esse é o problema que a própria exposição das doutrinas apresenta.

Se dedicamos algum cuidado a essa exposição, não foi apenas por um interesse de documentação, cuja importância para os pesquisadores, no entanto, conhecemos, mas porque aí se revelam progressos clínicos incontestáveis.

As antinomias em que cada uma dessas doutrinas vai terminar e que estão contidas na incerteza de seu ponto de partida evidenciam-se ainda melhor.

Em uma segunda parte, tentamos mostrar que a aplicação de um método teoricamente mais rigoroso conduz a uma descrição mais concreta, ao mesmo tempo que a uma concepção mais satisfatória dos fatos da psicose.

Acreditamos poder realizar melhor essa demonstração tão somente escolhendo, dentre o grande número de fatos clínicos de que dispomos, um de nossos casos, e explorando-o – história da vida e história da doença, estrutura e significação dos sintomas – de maneira exaustiva.

Pensamos que nosso esforço não terá sido estéril. Com efeito, ele nos oferece um *tipo clínico* nosologicamente mais preciso, descritivamente mais concreto, prognosticamente mais favorável do que os tipos até agora reconhecidos.

Além disso, esse tipo tem por si mesmo um valor manifesto de *solução particular* em nosso problema.

É o que finalmente lhe confere seu valor *metodológico*. Em um capítulo de conclusões doutrinais, indicamos que alcance geral pode ter, no estudo das psicoses, o método de pesquisas cujo fruto se apresenta nesse tipo clínico.

Certamente, no estudo das psicoses, cada dia parece trazer alguma correlação *orgânica* nova; olhemos isso de perto: essas correlações, que não pretendemos discutir, têm apenas um alcance parcial e só possuem interesse do ponto de vista doutrinal que pretendem reforçar. No entanto, elas não bastam para construí-lo. Não se iludam aqueles que acumulam tais materiais; os fatos de nossa ciência não permitem escapar à preocupação com o homem.

Agradecemos ao professor Claude a orientação que se dispôs a oferecer na elaboração de nossa tese. Ousamos dizer que as posições gerais que esta defende, em doutrina e em clínica, estão na mesma linha de seu pensamento e de sua escola.

Somos também muito gratos ao doutor Heuyer, que emprestou uma escuta benevolente à exposição de nossa tese e que assim nos corroborou na manifestação de algumas de nossas tendências extremas.

Queremos ainda agradecer aqui aos mestres da psiquiatria de quem não tivemos a honra de ser alunos, mas que nos fizeram o favor de nos ouvir a respeito de algum ponto de nosso projeto e de nos colocar à disposição seu serviço hospitalar para a observação de casos que lhes pareciam particularmente corresponder a ele. Tais observações, por não terem podido ser relacionadas em nossa tese, nem por isso deixam de constituir uma parte das bases sólidas de nosso trabalho.

Agradecemos muito especialmente ao doutor Petit, médico da casa de saúde de Ville-Évrard, que nos tratou com uma generosidade com a qual nos sentimos profundamente honrados.

Expressamos nossa gratidão aos doutores Sérieux e Capgras pela acolhida que deram às nossas ideias. Não se pode, de resto, tocar no tema de nossa tese sem se sentir devedor em relação a seus trabalhos.

Agradecemos ao doutor Truelle as diretrizes que teve a gentileza de nos fornecer várias vezes e cuja grande segurança todos conhecem.

Reconhecemos nossa dívida para com o doutor Guiraud, cujo pensamento tão aberto várias vezes nos surgiu no decurso de nosso

Introdução 5

trabalho como o mais precioso controle que pôde se oferecer à expressão de nosso próprio pensamento.

Prestamos homenagens a nossos colegas do grupo da *Évolution Psychiatrique* pela atmosfera de livre discussão que eles asseguram no seio de nossa sociedade e por nos terem permitido, desse modo, submeter a uma primeira prova as ideias que aqui encontram sua forma acabada.

Agradecemos ao doutor Baruk, que nos deixou estudar, no Asilo de Charenton, dois casos de reação paranoica.

Agradecemos finalmente àqueles que nos ajudaram com uma dedicação meritória na parte material, tão ingrata, de nosso trabalho: senhora O. S. e nosso amigo Pierre Mareschal.

PARTE

I

POSIÇÃO TEÓRICA
E DOGMÁTICA DO PROBLEMA

1

FORMAÇÃO HISTÓRICA DO GRUPO DAS PSICOSES PARANOICAS

Três escolas, em primeiro plano, trabalharam, não sem se influenciar, para o isolamento do grupo: a francesa, a alemã e a italiana. Nossa intenção não é expor de seu trabalho um histórico que, inúmeras vezes refeito a partir de protótipos notáveis,[1] encontrou seu lugar alhures e só interessa ao nosso estudo quanto a seus pontos de chegada.

Recordemos que a denominação do grupo deriva do termo *paranoia*, inicialmente empregado na Alemanha.[2]

Na verdade, o termo possuía então uma extensão que tornava seu emprego singularmente afastado daquele a que é agora designado. Kraepelin em seu tratado,[3] Bouman de Utrecht também em um

---

[1] Relatório de Cramer sobre a delimitação da paranoia, apresentado na Sociedade Psiquiátrica de Berlim em 16 de dezembro de 1893, publicado sob o título de "Abgrenzung und Differential Diagnose der Paranoïa", em *Allg. Zchr. f. Psychiatr.*, LI, 2; Kraepelin, *Lehrbuch der psychiatrie*, ed. 1915, bd. IV, p. 1.707-1.714; Sérieux e Capgras, *Les folies raisonnantes*, 1909, p. 287-316 etc.

[2] Esse termo, já empregado pelos gregos, foi utilizado por Heinroth, em 1818, em seu *Lehrbuch des Störungen des seclenslebens*, inspirado nas doutrinas kantianas.

[3] Kraepelin, *Lehrbuch der psychiatrie*, 1915, p. 1.709.

artigo recente,[4] e não sem alguma ironia, evocam o tempo em que 70 a 80% dos casos de asilo eram catalogados como paranoia. Tal extensão se devia às influências de Westphal e Cramer. A paranoia era então a palavra que, em psiquiatria, tinha "a significação mais vasta e pior definida";[5] era também a noção mais inadequada à clínica. Com Westphal, ela se torna quase sinônimo, não só de delírio, mas de distúrbio intelectual. E isso tinha sérias consequências em uma época em que se estava prestes a admitir delírios larvares ou "em dissolução" (*zerfallen*) como causas de todas as espécies de estados singularmente diferentes de um distúrbio intelectual primitivo. Kraepelin zomba[6] desses diagnósticos de "velhos paranoicos", atribuídos a casos correspondentes à demência precoce, a estados de estupor confusional etc. De fato, Westphal (1876), além da *Verrücktheit primária*, fazia entrar na paranoia, sob o título de *Verwirrung* e de *Verrücktheit aguda*, casos de confusão mental aguda, de psicoses tóxicas ou de evoluções demenciais. Ele chegava a estender seu quadro a uma *Verrücktheit abortiva*, cujos sintomas eram de natureza obsessiva.[7]

Notemos, entretanto, que, entre os autores anteriores, a discussão tinha de início por objeto o mecanismo primitivamente afetivo ou primitivamente intelectual do delírio. Griesinger (1867) considerava como uma *Verrücktheit secundária* aquela que tivesse sido regularmente precedida de um período primário de perturbação afetiva, com sintomas melancólicos e depois maníacos. Esse ponto de doutrina mostra como os fatos se apresentam aos primeiros observadores. É a partir de Sander (1868) que se admite uma "*originäre Verrücktheit*" com distúrbio intelectual primitivo.

---

[4] Bouman (de Utrecht), *Psychiatrische en neurologische*, Bladen-Jaargang, 1931, nº 3.

[5] Séglas, "La paranoïa, historique et critique", *Arch. Neurol.*, 1887.

[6] *Lehrbuch* (já citado), p. 1.710.

[7] Ver Keraval, "Des délires plus ou moins cohérents désignés sous le nom de paranoïa", *Arch. Neurol.*, dez. 1895; nº 94, p. 475-480. A sequência do artigo *in Arch. Neurol.*, 1895, nº 95, p. 25-33; nº 96, p. 91-101; e *passim* nº 97, p. 187-200; nº 98, p. 274-292, é um esclarecimento capital.

Era nesse distúrbio intelectual que se apoiava Cramer, em seu relatório para a Sociedade de Berlim,[8] a fim de propor uma concepção única, que englobasse a *Verrücktheit*, o *Wahnsinn* e a *Amentia*. Ele se fundamentava nas interferências clínicas dessas formas e na ideogênese viciosa que lhes é comum. Toda a evolução da psiquiatria recusa validade a essa concepção essencialmente falsa pelos frutos doravante obtidos: o isolamento da confusão mental preparada pela Escola de Viena, afirmada na França por Chaslin,[9] ele próprio continuador de Delasiauve; a noção das psicoses tóxicas e orgânicas diversas, epiléticas, sifilíticas, involutivas; a criação do grande quadro da demência precoce, que acarretou a renovação das concepções sobre a demência.

O ápice do período de confusão corresponde precisamente ao relatório de Cramer e às discussões que se seguiram nas sessões ulteriores da Sociedade de Berlim,[10] discussões em que se defrontam concepções e nosologias em uma diversidade digna de Babel.

Finalmente, veio Kraepelin, diríamos, para a clareza das concepções alemãs. Embora só viesse a definir a paranoia na edição de 1899 de seu tratado; até então, ele permaneceu muito próximo das definições em curso (edições de 1887, 1889, 1893).

Foi na edição de 1899 que apareceu a definição, não modificada até 1915, que limita a paranoia

> "ao desenvolvimento insidioso, sob a dependência de causas internas e segundo uma evolução contínua, de um sistema delirante duradouro e impossível de ser abalado, e que se instaura com uma conservação completa da clareza e da ordem no pensamento, na vontade e na ação".

De acordo com o método kraepeliniano, a entidade da afecção se depreende antes de mais nada do estudo de sua evolução. Nada

---

[8] Cramer, *loc. cit.*, analisado por Keraval, *Arch. Neurol.*, 1894, 2º sem., p. 140-141.

[9] Chaslin, *La confusion mentale primitive*, Asselin e Houzeau, 1895.

[10] Sessões da Sociedade de Berlim, 17 de março de 1894. Ver intervenções de Jasrtowitz, Jolly, Mendel, Moelli etc.

12 Da Psicose Paranoica em suas Relações com a Personalidade | Jacques Lacan

nesta última deve revelar ulteriormente qualquer causa orgânica subjacente, o que exclui a evolução demencial. Por outro lado, pela exclusão das paranoias agudas, às quais Kraepelin recusa qualquer existência autônoma, encontram-se afastadas do quadro da paranoia todas as formas cuja evolução se demonstrasse como curável, abortiva ou remitente. Como veremos, Kraepelin depois reformulou este último ponto teórico.

Estender-nos-emos um pouco na descrição kraepeliniana. Ela representa efetivamente a maturidade do trabalho de delimitação operado na noção de paranoia. Mas é necessário que em primeiro lugar recordemos a evolução das outras escolas.

Se o termo paranoia só foi tardiamente adotado na França, nem por isso a coisa aí fora conhecida sem certo avanço. Cramer reconhece isso em seu relatório. Ela já é visível, com toda a sua clareza, no estudo de Lasègue sobre o "delírio das perseguições", publicado em 1852.[11]

Não podemos, aqui tampouco, fazer uma história completa das sucessivas precisões que foram trazidas à entidade. Indiquemos apenas um traço comum, que Kraepelin nota como característico, dos trabalhos franceses sobre o assunto. Seu esforço se volta, antes de mais nada, no sentido "de representar as particularidades clínicas pela descrição mais viva possível".[12] A homenagem cabe a Lasègue, cujos perseguidores-perseguidos correspondem muito bem aos reivindicadores da classificação atual, a Falret, a Legrand du Saulle e também aos autores contemporâneos.

Estes últimos isolaram formas sintomáticas tão estritas, que elas dão a ilusão de estarem fundamentadas em mecanismos da psicologia normal: assim procederam Sérieux e Capgras para o delírio de interpretação, e Dupré e Logre para o delírio de imaginação. Os reivindicadores, separados por Sérieux e Capgras dos interpretadores, sem no entanto estarem excluídos das psicoses paranoicas,

---

[11] Lasègue, "Délire des persécutions", recolhido em seus *Études médicales*, t. I.
[12] *Lehrbuch*, p. 1.713.

Formação Histórica do Grupo das Psicoses Paranoicas   13

tornaram-se uma entidade clínica especial. Tentou-se finalmente relacionar esta última, após agrupá-la de modo bastante estranho ao delírio de ciúme e à erotomania, aos mecanismos passionais. Tais assimilações patogênicas só foram possíveis graças ao trabalho de dissociação clínica que os pesquisadores precedentes fizeram incidir sobre a antiga entidade dos delírios sistematizados. Essa redução nosológica prévia se operara pela exclusão dos delírios "secundários",[13] mas sobretudo pelo isolamento das formas alucinatórias. As especificidades mórbidas das formas deixadas como resíduo de tal progresso só as tornaram mais difíceis de discernir por parte dos pesquisadores. Só as concepções de Magnan teriam podido se opor ao seu desconhecimento. Elas não destacavam, como sabemos, do problema de conjunto dos "delírios dos degenerados" as questões patogênicas colocadas pelas atuais psicoses paranoicas. Por outro lado, elas as opunham muito justamente ao quadro do "famoso delírio crônico", o qual correspondia a uma verdadeira neoformação psíquica, invasora, segundo um andamento rigoroso, de uma personalidade previamente sadia. Após o declínio da doutrina de Magnan, nada mais se opunha a que se referisse às psicoses paranoicas como ao próprio tipo dos delírios de origem psicológica, para pôr em relevo por contraste os traços de "automatismo" das psicoses alucinatórias.[14]

A partir daí, as concepções patogênicas sobre as psicoses paranoicas deviam encontrar sua expressão natural na noção de *constituição* psicopática, concebida como uma disposição determinada desses traços psicológicos que constituem o objeto do estudo do "caráter" e que ao mesmo tempo se revelam como os mais acessíveis à observação e os mais suscetíveis de variações normais. Dupré contribuiu para tal, graças à confiança que ele concedia à explicação constitucionalista. A última palavra nesse sentido é dada

---

[13] Charpentier, "Des idées morbides de persécution", comunicação na Sociedade Médico-psicológica, 31 de outubro de 1887.

[14] Ler, com esse enfoque, os trabalhos de Clérambault sobre o automatismo mental.

com uma clareza de afirmação, digna de elogio se não de assentimento, na obra de Delmas e Boll sobre a personalidade humana.[15] Montassut,[16] em sua tese, consagrou a existência e os traços essenciais da constituição paranoica. Discutiremos o seu valor. Digamos que, na concepção comum, o orgulho e a agressividade constituem o seu âmago.

Por aí se veem as dificuldades que se apresentam atualmente na concepção das psicoses paranoicas. Um hiato se manifesta com efeito entre a constituição, definida por tendências e reações subnormais, e o delírio de interpretação, que é sua manifestação psicopatológica principal. Toda a obra de Génil-Perrin[17] não consegue preencher esse hiato.

Não podemos nos estender sobre a escola italiana, mas insistimos no contato que ela soube manter com a concepção degenerativa. Por isso, ela soube muito bem pôr em relevo as relações do pensamento paranoico com modos ditos prelógicos do juízo, sobre os quais se pode discutir se são retornos atávicos ao pensamento primitivo, mas que seguramente são diferentes, em sua própria estrutura, do pensamento normal. Estes são ao menos os esforços de Tanzi, de Riva etc.,[18] favorecidos, nessa via, pela influência persistente das ideias lombrosianas e pelo desenvolvimento atual dos estudos sociológicos que tratam da mentalidade primitiva, das formas pré-lógicas do pensamento, dos fundamentos do pensamento religioso etc.

De mais a mais, a definição desses estados, dada por Tanzi e Riva,[19] é a seguinte: "Psicopatia primitiva, caracterizada por uma lesão ex-

---

[15] Delmas e Boll, *La personnalité humaine*, Flammarion, 1922.

[16] Montassut, tese, Paris, 1924.

[17] Génil-Perrin, *Les paranoïaques*, Maloine, 1926.

[18] Tanzi e Lugaro, *Trattato delle malattie mentali*, t. II, p. 740. "Os paranoicos são anacronismos vivos..." "O atavismo se revela ainda mais claramente na paranoia do que na imoralidade constitucional porque as ideias mudam de uma maneira mais precisa e mais visível do que os sentimentos..."; Riva. "E. nosog. della paranoïa". *Rel. XIV Congresso del Soc. fren. ital.*, 1913; ver Alberti, "La paranoïa suivant les derniers travaux italiens", *Note e Revista di Psychiatria*, 1908.

[19] Tanzi e Riva, *Arch. Riviste frenat.*, 1894, vs. IX, X, XII.

Formação Histórica do Grupo das Psicoses Paranoicas   15

clusiva das faculdades intelectuais superiores, crônica, sem evolução demencial, em que se reconhece uma origem degenerativa."

Quaisquer que sejam essas diversidades de concepção, a delimitação do grupo das psicoses paranoicas aparece como concordante nas três escolas; H. Claude ressaltou isso em um estudo publicado no *Encéphale*, em 1925, ao opor, mediante características estruturais comuns, as psicoses paranoicas às psicoses paranoides. Nós mesmos, em um artigo de vulgarização,[20] demos um agrupamento unitário das psicoses paranoicas classificadas a partir de três pontos: a pretensa "constituição paranoica", o delírio de interpretação, os delírios passionais. Claude e Montassut, em uma revisão geral publicada no *Encéphale*, insistem, com Peixoto e Morera,[21] para que se reserve aos casos correspondentes à descrição de Kraepelin o título de "paranoia legítima".

Indicaremos agora, portanto, os traços essenciais[22] da descrição kraepeliniana.

Com efeito, não se pode negar o extremo rigor nosológico da obra de Kraepelin, e contamos encontrar nela, de certo modo, o centro de gravidade da noção que a análise francesa, pelas múltiplas ramificações que elaborou, por vezes tornou bastante divergente.

Kraepelin descreve duas ordens de fenômenos na psicose: os distúrbios elementares e o delírio.

Dentre os primeiros, ele concorda com Sérieux para notar a ausência ou o caráter inteiramente episódico das alucinações, mas insiste na frequência das "experiências visionárias"[23] sob a forma onírica ou vígil, e as descreve nesses termos que as fazem corresponder aos sentimentos de influência, às "autorrepresentações aper-

---

[20] Jacques Lacan, "Structure des psychoses paranoïaques". *Sem. Hôp.*, Paris, jul. 1931.

[21] Peixoto e Morera, Congresso de Lisboa, 1906.

[22] *Lehrbuch*, p. 1.707-1.779.

[23] *Visionäre Eriebnisse*, literalmente: experiências visionárias vividas.

16   Da Psicose Paranoica em suas Relações com a Personalidade | Jacques Lacan

ceptivas", às "inspirações", às intuições delirantes que aprendemos a isolar.

Em primeiríssimo plano – e nosso autor pretende conceder-lhes, desse modo, aquilo de que, sem razão, as privam –, ele situa as *ilusões da memória*, cujo papel ressalta na construção do delírio.[24] Em seguida, vem o *delírio de relação*, sob o qual descreve as múltiplas subversões efetuadas pelo doente na significação dos gestos, palavras, atos insignificantes, assim como dos espetáculos, formas e símbolos, que ele apreende na vida cotidiana. Em outros termos, descreve com menos sutileza analítica que Sérieux e Capgras, mas com maior objetividade, o sintoma *interpretação*.

Fornece, em seguida, como sintoma comum da psicose as "imaginações mórbidas". Com efeito, ele recusa qualquer realidade clínica ao "delírio de imaginação". Para ele, a forma sintomática, descrita com esse nome por Dupré, nunca seria pura.

Quanto ao delírio, ele se elabora segundo "duas direções opostas que frequentemente se combinam entre si".[25] São o "delírio de prejuízo em seu sentido mais geral e o delírio de grandeza". Sob a primeira denominação se agrupam o delírio de perseguição, de ciúme[26] e de hipocondria. Sob a segunda, os delírios dos inventores, dos interpretadores filiais, dos místicos, dos erotômanos. A ligação é estreita entre todas essas manifestações; o polimorfismo, frequente, a associação bipolar de um grupo ao outro, comum.

O delírio é, em regra, sistematizado. Ele é "elaborado intelectualmente, coerente em uma unidade, sem grosseiras contradições internas".[27] É, diz Kraepelin, "uma verdadeira caricatura egocêntrica de sua situação nas engrenagens da vida" que o doente compõe para si, em uma espécie de "visão do mundo". Finalmente, o delírio é assimilado à personalidade intelectual, da qual se torna uma das

---

[24] *Erinnerungs Fälschungen*, literalmente: falsificações da memória (*Lehrbuch*, p. 1.716).

[25] *Lehrbuch*, p. 1.724.

[26] Para o delírio paranoico de ciúme, Kraepelin refere-se inteiramente à descrição de Jaspers, *Zschr. ges. Neurol. Psychiatr.*, I, 567, à qual retornaremos.

[27] *Lehrbuch*, p. 1.722.

constantes. Duas outras características da evolução são postas em relevo: o aparecimento progressivo do delírio no decurso de um período de preparação em que sua lenta invasão se traduz em manifestações de dúvida e em oscilações da crença; sua permanência, pelo menos, quanto a um certo núcleo delirante. Embora esses traços estejam incluídos na definição, Kraepelin, entretanto, não deixa de mencionar os fatos que a clínica opõe a isso.

Resta o "delírio de querulência" dos alemães, ou seja, nosso delírio de reivindicação, na terminologia de Sérieux e Capgras. Sabe-se que Kraepelin, em sua edição de 1915, destaca-o da paranoia para classificá-lo nas psicoses psicogênicas.[28]

Todavia, ele próprio reconhece as características que o aproximam da paranoia:

> "A sistematização do delírio, sua uniformidade, seu caráter inabalável, mais ainda a limitação do processo mórbido a certos ciclos de representação, a conservação duradoura da personalidade psíquica, a ausência de manifestação de enfraquecimento intelectual."[29]

É a ligação prevalente desse delírio a uma circunstância externa determinada, a um certo prejuízo real ou pretenso, que o faz entrar no grupo das psicoses psicogênicas, no qual o vemos figurar próximo da psicose carcerária e da neurose de renda, nossa neurose traumática. Acrescenta ele:

> "A distinção, porém, não é de real importância, pois a paranoia também é de causa psicogênica, mas a diferença se deve ao fato de que, na paranoia, as forças que agem realmente na elaboração mórbida dos acontecimentos vitais são puramente endógenas ao doente, ao passo que, nos diversos querelantes, a circunstância externa fornece o substrato decisivo para o aparecimento do quadro mórbido."[30]

---

[28] *Lehrbuch*, p. 1.533-1.546, "Der querulantenwahn".
[29] *Lehrbuch*, p. 1.712.
[30] *Lehrbuch*, p. 1.712.

Todavia, acrescenta, deve-se indicar a importância essencial da predisposição na determinação do delírio dos querelantes, o que o leva a concluir que "toda a diferença se deve a um certo deslocamento das condições externas e internas".[31] Vê-se, portanto, o quanto a delimitação depende aqui da própria concepção da doença, e vamos nos ater provisoriamente à unidade entre o delírio de reivindicação e as outras formas de delírio paranoico, que mesmo Sérieux e Capgras[32] reconhecem, apesar das distinções essenciais que introduziram em seus trabalhos entre os dois tipos de processo. Reservamos nossa posição definitiva sobre o assunto para o apêndice de nosso estudo.

---

[31] *Lehrbuch*, p. 1.713.
[32] Sérieux e Capgras, *Les folies raisonnantes*, p. 339.

2

CRÍTICA DA PERSONALIDADE PSICOLÓGICA

O dado clínico da evolução sem demência, o caráter contingente dos fatores orgânicos (reduzidos, de resto, a distúrbios funcionais) que podem acompanhar a psicose, a dificuldade teórica, enfim, de explicar suas particularidades (o delírio parcial) pela alteração de um mecanismo simples, intelectual ou afetivo – tais elementos, outros ainda mais positivos, fazem com que a opinião comum dos psiquiatras, como sabemos, atribua a gênese da doença a um distúrbio evolutivo da personalidade.

A noção de personalidade é complexa. A psicologia científica se esforçou no sentido de destacá-la completamente de suas origens metafísicas, mas, como acontece em casos análogos, acabou por desembocar em definições bastante divergentes. A psiquiatria, por sua vez, deve levar em conta, em primeiro lugar, certezas clínicas globais, mais seguras, mas também mais confusas do que as definições analíticas; além disso, ela valoriza elos de uma importância capital entre os diversos pontos de vista da psicologia. Todavia, o uso que ela faz da noção não é unívoco de um autor para outro, o que torna confusos os dados certos e permite construir sobre os que são duvidosos. Eis por que, antes de passar à exposição e à crítica das teorias apresentadas, gostaríamos de precisar o valor psicológico, no sentido mais geral, de um termo que, tão sobrecarregado pelas contribuições, tanto da observação científica quanto das crenças comuns, e ao mesmo tempo resultante das especulações da metafísica e da experiência acumulada na sabedoria dos povos, é extremamente rico, mas que se presta a todos os tipos de confusão.

I. *A personalidade segundo a experiência comum*

A personalidade é, primeiramente, o fato de uma experiência psicológica ingênua. A cada um de nós ela aparece como o elemento de *síntese* de nossa experiência interior. Ela não só afirma nossa unidade, como ainda a realiza; e, por fazer isso, harmoniza nossas tendências, isto é, hierarquiza-as e dá ritmo à sua ação; mas também escolhe entre elas, adotando umas e renegando outras.

Sua operação é, portanto, complexa. Em primeiro lugar, apresenta-se sob um modo intelectual, o mais elevado possível, o do juízo, da afirmação categórica. Mas esse juízo não se relaciona a uma realidade efetuada; ele se relaciona a uma realidade *intencional*. A personalidade não é apenas uma constatação; ela orienta o ser no sentido de um determinado ato futuro, compensação ou sacrifício, renúncia ou exercício de seu poder, por meio do qual ele se adaptará a esse juízo feito sobre si mesmo. Na mesma medida em que esses dois elementos (de *síntese* e de *intencionalidade*) se afastam um do outro, a personalidade se converte em imaginações sobre nós mesmos, em "ideais" mais ou menos vãos: esse afastamento, que em certa medida sempre existe, foi isolado como uma função essencial ao homem, e até, para determinada filosofia, a toda a vida.[1]

A maneira pela qual a personalidade se acomoda a esse afastamento engendra uma série de diversidades que, como tais, podem

---

[1] Aludimos à função metapsicológica extremamente geral que Jules de Gaultier isolou com o nome de bovarismo (ver *Le bovarysme*, Mercure de France, 1902. E *La fiction universelle*, 1903).

ser a base de uma classificação natural (personalidades verdadeiras ou falsas, harmônicas ou românticas[2] etc.).

Mas, por outro lado, na medida em que tal afastamento se reduz, ele é o fundamento de nossa continuidade no tempo: a personalidade é, então, a garantia que assegura, acima das variações afetivas, as constâncias sentimentais, acima das mudanças de situação, a realização das promessas. É o fundamento de nossa *responsabilidade*. É na medida em que essa função de continuidade é suficiente, e a prática demonstra que assim o admitimos em uma medida muito ampla, que nos é conferida uma responsabilidade pessoal e que atribuímos uma igual a outrem. A noção de responsabilidade provavelmente desempenha um papel primordial no fato de que reconhecemos a existência da personalidade nos outros.[3]

Síntese, intencionalidade, responsabilidade, tais são os três atributos que a crença comum reconhece na personalidade.

a) A personalidade na metafísica tradicional

Foi a partir dessa primeira experiência que se originaram as concepções dos metafísicos tradicionais e dos místicos. Sabemos que estes conferem à personalidade uma existência *substancial*,[4] e opõem ao *indivíduo* mera coleção das tendências e das caracterís-

---

[2] Ver, com esse enfoque muito rico em informações psicológicas, o livro de Ramon Fernandez, *De la personnalité*, Au Sans Pareil, 1928.

[3] Nós não podemos abordar aqui o papel, na formação da noção de pessoa, das concepções do direito. Parece que um dos primeiros sentidos definidos do termo foi o de pessoa jurídica. Observemos que uma noção genética como essa ou outras ainda próximas não resolvem o problema fenomenológico inicial da pluralidade das pessoas, que parece necessária para a constituição mesma da noção de pessoa – nem aquele tão importante para a compreensão das paixões, do elo constante do amor e do ódio com um objetivo pessoal. Cf. Max Scheler, *Nature et formes de la sympathie*, Payot, trad. Lefebvre, em que se pode ver a situação recíproca das diferentes funções de identificação afetiva, e por fim de amor, da pessoa.

[4] Conhecemos a definição que se tornou clássica durante toda a Idade Média: "Persona proprie dicitur naturae rationalis individua substantia." Ela é extraída de Boecio, *De duabus naturis et una persona Christi*, Capítulo III, "Differentia naturae et personae" (Migne, Patrol. Lat., t. LXIV).

22 Da Psicose Paranoica em suas Relações com a Personalidade | Jacques Lacan

ticas próprias a qualquer ser vivo dado, a *pessoa*, dignidade que só o homem possui, e cujas três características, de unidade substancial – de portador no psiquismo de uma entidade universal, νοῦς aristotélico,[5] *razão* ou *natureza* para os estoicos,[6] *alma* submetida à ordem divina,[7] *imperativo categórico*[8] etc. – e de arbítrio moral, refletem exatamente as três propriedades que nos revelou o recurso à experiência comum da autonomia pessoal. Não podemos nos

---

[5] Sabe-se que uma característica extremamente notável da psicologia de Aristóteles é que a alma não está separada do corpo do qual ela é a *forma*. No entanto, o primeiro papel no ato supremo, o da razão, é representado pelo νοῦς ativo, que é chamado χωριστός, quer dizer separado ou inseparável (segundo os comentadores, ver Ross, *Aristote*, Payot, p. 124). É uma entidade evidentemente supraindividual, própria à espécie, eternamente preexistente (*De anima*, p. 430-423), e cuja ação sobre "o intelecto passivo" é certamente o cerne da realidade pessoal. Ela não dá, aliás, a esta, com um Deus (que em Aristóteles nada tem em comum com uma Providência ou um criador), nenhuma dessas relações "pessoais" que se tornaram desde o cristianismo o ponto crítico de toda teodiceia. Um ponto notável de uma teoria da personalidade que se extrai de Aristóteles é o caráter *relativo* de sua moral.

[6] Indiquemos somente que o fundamento da doutrina estoica é apenas uma moral da personalidade, a que tendem toda a sua cosmologia e sua antropologia. É sabido o lugar que ali cabe ao *papel*, representado pelo homem aqui embaixo, e a importância do termo *persona*, πρόσωπον (ver *Manuel d'Epictète*, 17, e Marco Aurélio, *Pensamentos*). Quanto à etimologia clássica de *persona*: máscara, instrumento em que soa a voz do ator, nós sabemos que ela é discutida pelos linguistas; o importante para nós é a intenção significativa de tal etimologia.

[7] É assim que, para São Tomás, a pessoa é ordenada diretamente por Deus como seu fim último (*Sum. Theol.* I, II, 2, 8, *Summa contra Gentiles*, III, 48, in *Polit. Arist.* liv. 3, c. 9, lec. 7). A própria lei da cidade deve respeitar essa subordinação essencial (*Sum. Theol.* II, II, 83, 6, in *Ethic. Nicom.* I, lec. I). No entanto, a pena de morte é legitimada porque o culpado, decaindo da razão, decai de sua dignidade de pessoa humana, ponto teórico significativo! *"Et ideo quamvis hominem in sua dignitate manentem occidere sit secundum se malum, tamen hominem peccatorem occidere potest esse bonum, sicut occidere bestiam: pejor enim est malus homo, quam bestia, et plus nocet."* Ele se apoia em Aristóteles (ad. 3, qu. 64, a. 2, II[a], II[ae]).

[8] Kant, *Grundlegung sur Met. der Sitten*, 2ª seção, em 84 e 96-99. Notemos de passagem o caráter indiferenciado da personalidade para Kant (cf. crítica de Simmel), que constitui a insuficiência de sua psicologia.

estender sobre os desenvolvimentos da metafísica tradicional.[9] Sua exposição foge ao nosso tema e nem sequer a teríamos abordado, caso o simples fato de que tal desenvolvimento tenha existido, e de que suas características estejam de tal modo calcadas nos dados imediatos de nossa consciência, não estivesse na origem das dificuldades que a depuração científica da noção apresenta.

b) A personalidade na psicologia científica

As dificuldades estão na dependência de dois riscos. O primeiro é o de uma contaminação sub-reptícia por implicações metafísicas que estão na própria natureza do espírito: aqueles que aí caem em cheio, na maioria das vezes, são os mesmos que, dizendo-se fiéis unicamente aos "fatos", acreditam resguardar-se da metafísica ignorando os seus dados.[10] O segundo risco ameaça aqueles que, prosseguindo com o conhecimento de causa a extração de todo resíduo metafísico,[11] acabam por perder de vista a realidade experimental, que as noções confusas da experiência comum recobrem, e são levados a reduzi-la a ponto de a tornarem irreconhecível ou, ao

---

[9] Pensamos, no entanto, pelas alusões que fizemos a esse desenvolvimento, ter feito obra útil, e não apenas para circunscrever a noção, mas para situá-la, de alguma forma, no seu verdadeiro ambiente intelectual. Nada nessas especulações é, com efeito, sem vinculação com o real, isso tanto mais quanto o desenvolvimento histórico que elas refletem não passa sem ter deixado alguns vestígios nesse plano mais elevado da natureza humana.

[10] Nós nos abstemos de qualquer referência: aí está o pão quotidiano das teorias psiquiátricas.

[11] Citemos Ribot: "Na linguagem psicológica se entende geralmente por pessoa o indivíduo que tem uma consciência clara de si mesmo e age em consequência: é a forma mais alta da individualidade. Para explicar esse caráter, que ela reserva unicamente ao homem, a psicologia metafísica se contenta em supor um eu perfeitamente uno, simples e idêntico. Infelizmente, isso é apenas uma falsa clareza e uma aparência de solução. Em vez de conferir a esse eu uma origem sobrenatural, é necessário explicar como ele nasce e de que forma inferior ele provém" (Th. Ribot, *Les maladies de la personnalité*, 1885, Introduction, Parte I).

24   Da Psicose Paranoica em suas Relações com a Personalidade | Jacques Lacan

extremo, de a rejeitarem totalmente;[12] como tais se revelam essas teorias extremas da psicologia científica, em que o sujeito não é mais *nada* a não ser o *lugar* de uma sucessão de sensações, de desejos e de imagens.

A crença comum sobre a personalidade, sua substancialização pela metafísica, a impossibilidade de fundar sobre ela uma definição científica rigorosa, eis o caminho que nossa exposição acaba de percorrer. Essa crença comum é o fruto de uma experiência ingênua que se formula em um pensamento espontâneo. Não há aí como se ver ainda uma diferenciação nítida do que é subjetivamente experimentado e do que pode ser objetivamente constatado. É a essas duas fontes de conhecimento que vamos agora recorrer a fim de buscar, para a concepção da personalidade, apoios mais firmes.

II. *Análise introspectiva da personalidade*

Na verdade, a introspecção disciplinada só nos fornece perspectivas muito decepcionantes. À pretensa síntese da personalidade, ela responde por meio dessas surpresas e decepções que incessantemente nos trazem nossos pensamentos e nossos atos pela intervenção, imprevista ou habitual, de forças internas, às vezes inteiramente novas para nós, outras vezes conhecidas demais. As forças são, na maioria das vezes, de natureza afetiva e seu conflito com nossa personalidade organizada nos leva a desaprová-las, qualquer que seja, por outro lado, seu valor real, nocivo para nós, para os outros, ou sujeito a dúvidas, ou mesmo benéfico.

A introspecção não nos oferece nada de mais seguro sobre a *função intencional* (reguladora ou voluntária) da personalidade. Não

---

[12] É ao menos a tendência inaugurada por Hume, e que, através de Ribot, resultou nos novos realistas americanos. Uma expressão extrema dessa tendência é dada por B. Russel, em um livro muito rico em ensinamentos, sua *Análise do espírito*, Payot, trad. Lefebvre. O pragmatismo sabe dar em psicologia um lugar essencial à personalidade (cf. teoria da crença, em James).

seria, antes de mais nada, sobre seu fracasso constante que ela nos informa? Pelo menos, não poderemos inserir esse fracasso no afastamento constante que vai do eu real ao ideal que o orienta? Concederemos a esse ideal uma certa margem de degradações possíveis: ele não será mais que uma simples crença; tal crença, ela própria, será mais ou menos coerente com o conjunto de crenças do sujeito? Mas, então, esse ideal vai se desvanecer na simples imaginação de si mesmo, a mais fugidia, a mais desprovida de adesão interna. É esse ideal, ao contrário, mais sólido? Então, é o choque da realidade que vai quebrá-lo. Essa realidade, para combatê-lo, poderá se revestir apenas de uma máscara intelectual: será um novo ideal do eu que tirará sua força de um novo humor, ou de uma nova motivação afetiva. Mas essas contradições também poderão ser de um valor intelectual autêntico, isto é, exprimir corretamente a realidade objetiva: é assim quando a reflexão metódica sobre as revelações afetivas experimentadas pelo sujeito, quando uma observação científica do real ou mesmo a dialética interna das ideias vêm abalar, com o conjunto das crenças, a imagem que a personalidade faz de si mesma.

A partir daí, não nos parece que se produzem, antes, tentativas de síntese, sujeitas a fracassos e renovação, e, mais que uma personalidade, uma sucessão de personalidades? Não estão aí as transformações mesmas que, segundo o caso, denominamos: enriquecimento ou abandono de nós mesmos, progresso ou conversão?

O que subsiste aqui de nossa *continuidade*? Após algumas dessas crises, nós não nos sentimos mais responsáveis por nossos desejos antigos, nem por nossos projetos passados, nem por nossos sonhos, nem mesmo por nossos atos.

É demasiado fácil o jogo, para a crítica psicológica, com esses novos dados da introspecção, conceber a pessoa como o elo sempre pronto a se romper, e aliás arbitrário, de uma sucessão de estados de consciência, e de aí apoiar sua consideração teórica de um eu puramente convencional.

III. *Análise objetiva da personalidade*

É aqui que deve intervir o ponto de vista objetivo que devolve seu verdadeiro peso à noção que parece se desvanecer. Com ele se constata, em primeiro lugar, o *desenvolvimento* da pessoa. A personalidade, que se perde misteriosa na noite da primeira idade, afirma-se na infância segundo um modo de desejos, de necessidades, de crenças, que lhe é próprio e como tal foi estudado. Ela borbulha nos sonhos e esperanças desmedidas da adolescência, em sua fermentação intelectual,[13] em sua necessidade de absorção total do mundo sob os modos do gozar, do dominar e do compreender; ela se estende, no homem maduro, em uma aplicação de seus talentos ao real, um ajustamento imposto aos esforços, em uma adaptação eficaz ao objeto; ela pode se concluir em seu mais alto grau na criação do objeto e no dom de si mesmo. No velho, finalmente, na medida em que até aí ela soube se liberar das estruturas primitivas, ela se exprime em uma segurança serena, que domina a involução afetiva.

Nesse progresso, os acontecimentos, que são os choques e as objeções da realidade (da realidade afetiva e da realidade objetiva), possuem uma influência determinante. Mas trata-se de uma influência ordenada: esse progresso é um *desenvolvimento*, isto é, ele repousa em estruturas reativas típicas e estas possuem uma sucessão fixa, comum ao normal dos homens. Elas engendram as atitudes,[14] que modelam o sentido segundo o qual esses acontecimentos são vividos; enquanto elas recebem deles determinações progressivas ou regressivas. Essas estruturas e sua sucessão formam o fundo *regular* das evoluções atípicas e das crises anacrônicas.

Encontramos aqui, portanto, uma lei evolutiva, em lugar de uma síntese psicológica.

---

[13] "A encefalite" dos 20 anos, segundo as palavras de Renan, falando dele mesmo.

[14] Cf., sobre a noção de atitude mental: F. Paulhan, "L'attitude mentale", *J. de Psychol.*, 1923, p. 826-868.

Mas até mesmo esta última se encontra, até certo ponto, sob uma forma objetiva. Com efeito, esses estados sucessivos da personalidade não são separados por rupturas puras e simples, mas sua evolução, e as passagens de um para o outro, são, para nós observadores, *compreensíveis*. Mesmo que ocorrendo em outrem não cheguemos a participar deles afetivamente (*einfühlen*), eles têm para nós um sentido (*verstehen*), sem que tenhamos necessidade de aí descobrir a lei de sucessão causal que nos é necessária para explicar (*erklären*) os fenômenos da natureza física.

Esse sentido se relaciona, por exemplo, à concordância de uma nuança sentimental com determinado conteúdo representativo (da tristeza com a ideia da perda de um ser amado) – à adaptação a um fim, de uma série de ações –, à compensação ideoafetiva que ocasiona uma certa pressão das tendências.

Esse sentido talvez seja tão pouco fundamentado quanto a interpretação homogênea (*participacionista*) que dá o primitivo ao conjunto dos fenômenos naturais. Mas ele é com certeza a medida comum dos sentimentos e dos atos humanos.

Essas *relações de compreensão*[15] possuem um valor objetivo certo: sem a nova concepção do distúrbio mental que elas propiciam, não poderia ter sido isolada essa realidade clínica, a esquizofrenia. São essas relações, com efeito, que permitem encontrar uma ordem fragmentária nas reações emocionais, nas representações, nos atos e no simbolismo expressivo, que encontramos no decurso dessa afecção, assim como ressaltar, por esse meio, sua característica maior: a discordância.

Por conseguinte, os dados objetivos dão à personalidade uma certa unidade, a de um *desenvolvimento regular* e *compreensível*.

---

[15] Jaspers faz dessas "relações de compreensão" um critério essencial da análise psicológica e psicopatológica. Ver *Psychopathologie générale*, Jaspers, Alcan, trad. Kastler e Mendousse, p. 290-367 (e Berlim, Springer, 1913). A personalidade, aliás, não se estende, segundo ele, ao conjunto das relações compreensivas, mas somente "ao que há de particular ao indivíduo no conjunto das relações genéticas compreensíveis" (p. 476).

O que se torna sua *intencionalidade*? Certamente, não se pode deduzir de nenhum "dado imediato" a existência objetiva do ato voluntário e do ato de liberdade moral. Além disso, desde que se trata de conhecimento científico, o determinismo é uma condição *a priori* e torna tal existência contraditória com seu estudo. Mas resta explicar a existência *fenomenológica* dessas funções intencionais: a saber, por exemplo, que o sujeito diga "eu", acredite agir, prometa e afirme.

O ato voluntário pode ser certamente definido por um encadeamento causal mais complexo que aquele do ato reflexo.[16] A crença pode ser descrita como um sentimento ligado a disposições emocionais e ativas,[17] de estrutura adquirida e oriunda da educação.

A imagem ideal do eu que faz parte de nossa experiência interior é redutível a complexos afetivos que se prendem à ontogênese[18] do psiquismo (se não à sua filogênese). Isso explica o fato de que ela possa ser um dos polos de uma tensão interna ao eu,[19] e essa tensão parece ligada a certas determinações do próprio fenômeno da consciência.[20]

Esses fenômenos intencionais se revelam, então, antes de mais nada, como uma organização de reações psicovitais. São frutos de uma *educação* em que se traduz todo o desenvolvimento pessoal. Por outro lado, esses fenômenos caem bem mais imediatamente nas *relações de compreensão* que as reações elementares que precisamos isolar deles por meio da análise. Assim, eles se revelam

---

[16] James, *Psychology*, I, p. 12; II, p. 492-493.

[17] James, *Psychology*, II, p. 283. Lembremos a célebre fórmula de James: "Moisés escreveu o Pentateuco, pensamos, porque, se assim não o fizesse, todos os nossos hábitos religiosos deveriam ser mudados."

[18] As teorias freudianas trouxeram a esse respeito uma nova luz, mostrando os mecanismos em parte inconscientes que presidem à formação dessa imagem (censura) e seu vínculo com a identificação afetiva. Ver parte III.

[19] É o conflito do *Ich* e do *Über-Ich*, que em Freud é apreendido a partir de dados da experiência concreta. Cf. Freud, *Das Ich und das Es*, I. P. V., 1923.

[20] A consciência, como se sabe, é, na psicologia moderna, apenas uma propriedade quase contingente do fato psíquico.

Crítica da Personalidade Psicológica   29

consoantes à primeira definição fornecida por nossa tentativa de objetivação da personalidade.

Mas essas funções intencionais afirmam, por sua própria natureza, seus conteúdos como objetos: é assim que exprimiam isso espontaneamente essas mesmas crenças sobre a personalidade de onde partiu nossa análise. Dissolvemos tais crenças para, no final, reencontrar propriedades objetivas para essas funções. Esse progresso é de natureza dialética e, por conseguinte, está na dependência dos problemas gerais do conhecimento. Seu fundamento é a função identificatória do espírito[21] e aí está uma ordem de estudo que foge a nosso tema.[22] Queremos apenas observar que os progressos da própria personalidade podem ser condicionados pelo progresso dialético do pensamento: como isso se produz, por exemplo, pela via da reflexão, no homem adulto e médio. Digamos, então, que esse caráter de progressividade dialética (virtual, pelo menos) deve ser exigível das formas acabadas da personalidade.

Quanto à noção de *responsabilidade* pessoal, ela não parece dissolver-se nessa análise? Ou ela preserva algum conteúdo objetivo? Retornemos à experiência; procuremo-la nas acepções comuns da linguagem. O que se entende por um indivíduo que, como se diz, "tem personalidade"? Essa fórmula não significa, antes de mais nada, a autonomia da conduta em relação às influências acidentais e, ao mesmo tempo, seu valor exemplar, isto é, moral? Essa indicação da linguagem se funda no real.[23]

---

[21] Cf. as conclusões, tão importantes para a psicologia geral, da obra epistemológica de Meyerson, no seu *Cheminement de la pensée*, Alcan, 1931.

[22] O estudo das relações da personalidade e do conhecimento deveria apresentar resultados muito fecundos para os dois problemas. Ele deveria ser renovado a partir dos dados recentes da psicologia patológica e da sociologia, da fenomenologia e da epistemologia. Cf. ainda Brunschwig, *Les progrès de la conscience dans la philosophie occidentale*, Alcan, 1930.

[23] Poderíamos falar, neste ponto de nossa argumentação, de estudos de psicologia concreta, mais apoiados no valor *representativo* da pessoa, de estudos goethianos, por exemplo, na *personalidade problemática*, ou ainda de estudos schopenhaurianos. Pareceu-nos que o crédito comum dado a esse valor era uma base suficiente para nossa demonstração.

É obra de todo dia e a parte mais preciosa da experiência dos homens aprender a distinguir, sob as promessas que formulam, as promessas que manterão. Estas, com frequência muito diferentes das primeiras, são a realidade *pessoal* que um olho exercitado reconhece e à qual cada um presta homenagem, vangloriando-se de reconhecê-la.

Mas, sob esse crédito moral, sob esse valor representativo que conferimos ao indivíduo, bem que existe uma garantia e, por assim dizer, um valor-ouro. Nós a sentimos mais do que a percebemos no outro, sob a forma dessas *resistências* "morais" que, em nós, impõem limites às influências do real. De resto, experimentamos tais resistências sob uma forma ambivalente, seja porque nos protegem contra a emoção que nos toma ou contra a realidade que nos pressiona, seja porque se opõem a que nos conformemos a um ideal, a que nos submetamos a determinada disciplina, por mais normativos que possam parecer. Obstáculos da personalidade, fontes de conversões e de crises, elas são, por outro lado, a base de uma síntese mais sólida. Eis por que nossos atos nos pertencem e nos "seguem".

Consideram-nos legitimamente responsáveis por esses atos, porque essa aparente autonomia do indivíduo é essencialmente relativa ao grupo, seja porque ela se apoia claramente no juízo que os outros têm ou terão a nosso respeito, seja porque ela repousa no modo de pensamento *pré-lógico* da *participação*,[24] que cristalizou as origens da raça e que, permanecendo inscrito nos mecanismos afetivos dessas resistências morais, conserva aí o traço de interesses ancestrais.

Essa gênese social da personalidade explica o caráter de alta tensão que assumem, no desenvolvimento pessoal, as relações hu-

---

[24] Cf. a obra sociológica de Levy-Brühl sobre a mentalidade primitiva. Cf. também as pesquisas de psicologia genética de P. Janet (*Cours sur la personnalité*, Maloine), em que se demonstra o papel, na gênese das condutas individuais ditas "duplas" e do pensamento interior em geral, das necessidades primitivas da divisão do trabalho social: comando e execução, por exemplo etc. Aliás, só viemos a saber dessas reflexões após a elaboração desta exposição.

Crítica da Personalidade Psicológica 31

manas[25] e as situações vitais que fazem parte delas. Ela fornece, muito provavelmente, a chave da verdadeira natureza das *relações de compreensão*. Tal nos parece a ordem na qual se impõe a todo estudo psicoclínico a realidade da personalidade. Nenhuma teoria será suficiente, caso negligencie ou prefira uma de suas estruturas objetivas.

IV. *Definição objetiva dos fenômenos da personalidade*

Toda manifestação humana, para que a relacionemos à personalidade, deverá, pois, implicar:

1. Um *desenvolvimento biográfico*, que definimos objetivamente por uma evolução típica e pelas *relações de compreensão* que aí podem ser lidas. – Ele se traduz para o sujeito segundo os modos afetivos sob os quais ele vive sua história (*Eriebnis*).

2. Uma *concepção de si mesmo*, que definimos objetivamente por atitudes vitais e pelo *progresso dialético* que aí se pode descobrir. – Ela se traduz para o sujeito segundo as imagens mais ou menos "ideais" de si mesmo que ele traz à consciência.

3. Uma certa *tensão das relações sociais*, que definimos objetivamente pela autonomia pragmática da conduta e pelos *elos de participação ética* que aí são reconhecidos. – Ela se traduz para o sujeito segundo o valor representativo pelo qual se sente afetado em relação a outrem.[26]

---

[25] Assinalamos anteriormente a existência de problemas fenomenológicos muito importantes que unem a personalidade ao problema do amor. (Cf. nota 3 neste capítulo.)

[26] Os tipos realizados de personalidade são extremamente diversos. Para dar um exemplo, cuja construção ideal não pode, aliás, ser senão artificial: uma realização pessoal "feliz" se caracterizaria pela regularidade e significação humana do desenvolvimento pessoal, pela coerência dos ideais, das condutas e de seu progresso, pela harmonia e lealdade das relações sociais; uma "realização infeliz", pelas propriedades contrárias. Se refletirmos sobre a noção de valor que evocamos por esses termos de realização "feliz" ou "infeliz", encontraremos seu critério em um ponto de vista *econômico*, ao qual aludiremos, mais adiante, várias vezes, e que pode apenas desempenhar um papel primordial na ciência psicológica.

32 Da Psicose Paranoica em suas Relações com a Personalidade | Jacques Lacan

V. *Posição de nossa definição com relação às escolas da psicologia científica*

Ressaltemos que nossa definição, através de tal conjunto de funções, não se confunde com as definições comumente usadas nas diversas escolas da psicologia científica.

A nossa, com efeito, não se fundamenta:

– Nem no *sentimento* da síntese pessoal, tal como é visto perturbado nos distúrbios subjetivos de despersonalização, sentimento que depende de mecanismos psico-orgânicos mais restritos.[27]

– Nem na unidade psicológica que dá a *consciência individual*, unidade que os mecanismos da personalidade excedem, e em muito.[28]

---

[27] Sobre esse ponto seria preferível substituir o termo "distúrbios da personalidade" pelo de "distúrbios da personalização", tal como é empregado, por exemplo, no trabalho notável de Hesnard, *Les troubles de la personnalité dans les états d'asthénie psychique*, Alcan, 1909.

[28] No decorrer do período de reação científica contra a concepção metafísica da personalidade, empregou-se a palavra *personalidade* com o sentido de *unidade psicológica individual* ou de *unidade consciente*, isso com o fim deliberado de "protesto contra a crença na realidade metafísica e na unidade substancial da alma" (Laiande, *Vocabulaire philosophique*. Artigo *"Personnalité"*). Ainda que esse emprego seja abusivo, fica doravante inscrito nas expressões que entraram na moda, tais como: *desdobramento da personalidade*. Na realidade, nas "cisões do eu", tais como nos mostra a histeria, aparece uma coerência pessoal que, ainda que inconsciente, não é nem por isso menos certa. (Cf. os trabalhos de Binet, Janet e Freud.)

A consciência, além disso, é atualmente o conceito menos seguro em psicologia. Ele se opõe, com efeito, como tal a realidades psíquicas tão diversas quanto estas:

– *o inconsciente psicofisiológico* (efeitos dinamogênicos da sensação);

– *o inconsciente automático* (ou subconsciente, automatismo de Janet);

– *o coconsciente* (Morton Price) (segunda personalidade);

– *o inconsciente latente ativo* (Patini) (que compreende o recalcado de Freud);

– *o inconsciente de memória* (que se confunde em parte com o pré-consciente de Freud);

– enfim, *o inconsciente no ato do espírito* (tal como se o constata em toda pesquisa próxima àquela de Meyerson sobre o *Cheminement de la pensée*). Seria muito possível eliminar, em certos casos, essa complicação, bem característica dos conceitos inadequados. A oposição dos desejos conscientes e inconscientes em particular, que conserva a psicanálise, nos parece desaparecer se se define o desejo de modo objetivo por um certo ciclo de comportamento. (Ver Parte III.)

– Nem na extensão dos fenômenos da *memória*, extensão demasiado ampla ou reduzida, conforme se considere sob o termo memória uma propriedade biológica extremamente geral ou tão somente os fatos da rememoração.[29]

VI. *Definição da psicogenia em psicopatologia*

A personalidade assim definida joga com mecanismos de *natureza orgânica* (repetimos que eles estão longe de ser todos conscientes). Ela nada mais é do que uma organização desses mecanismos, segundo os diversos modos de coerência que acabamos de definir. Essa organização dá sentido ao que se pode chamar a *psicogenia*[30] de um sintoma.

É *psicogênico*[31] um sintoma – físico ou mental – cujas causas se exprimem em função dos mecanismos complexos da personali-

---

[29] Deve-se notar que a evolução das teorias metafísicas havia transformado pouco a pouco a personalidade, de uma entidade substancial em uma unidade mnésica. *"Persona dicitur ens, quod memoriam sui conservat, hoc est, meminit se esse idem illud quod ante in hoc vel in isto statu fuit"*, Chr. Wolff, *Psycho. rationale* 741. Ora, a memória, enquanto preside à formação dos hábitos, à evolução dos instintos, é uma das propriedades elementares da vida. Podemos defini-la como um tipo de causalidade especial que, à lei de sucessão pura e simples que regula os fenômenos físicos, acrescenta a intervenção da experiência que adquiriu o vivente no decorrer de acontecimentos passados (ver Semon, *Die Mneme*). Esse tipo de causalidade dá seu domínio próprio à psicologia. A *rememoração* ou a lembrança, ao contrário, é um fenômeno essencial ao conhecimento e à crença, e de uma complexidade muito rebelde à análise (ver Klages, *Caractérologie*, Alcan, p. 70-86, e B. Russell, *Analyse de l'esprit*, Payot, p. 156-186). Como tal desempenha um papel capital nos mecanismos da personalidade, mas não pode servir para defini-la.

[30] Sem dúvida, alguns defensores fiéis da "doutrina organicista" em psiquiatria seriam menos temerosos da noção de *psicogenia* se a paixão argumentadora com a qual eles a desconhecem não estivesse na dependência de mecanismos catatímicos ligados a um momento desde há muito ultrapassado da filogênese das doutrinas médico-psicológicas. Ninguém atualmente duvida mais, efetivamente, da organicidade do psíquico, nem sonha fazer da *alma* uma causa eficaz.

[31] Não acreditamos haver necessidade de salientar por qual nuança do pensamento e que alijamento da forma introduzimos, segundo uma formação perfeitamente lícita, os termos *psicogenia* e *psicogênico* ao lado dos de psicogênese e psicogenético.

dade, cuja manifestação os reflete e cujo tratamento pode depender deles.[32]

Esse é o caso:

– Quando o evento causal só é determinante em função da história vivida do sujeito, de sua concepção sobre si mesmo e de sua situação vital com relação à sociedade.

– Quando o sintoma reflete em sua forma um evento ou um estado da história psíquica, quando ele exprime os conteúdos possíveis da imaginação, do desejo ou da vontade do sujeito, quando ele possui um valor demonstrativo que visa a uma outra pessoa.

– Quando o tratamento pode depender de uma modificação da situação vital correspondente, quer essa modificação se produza nos próprios fatos, na reação afetiva do sujeito com relação a eles ou na representação objetiva que deles possui.

O sintoma de que se trata não deixa de repousar em bases orgânicas, sempre fisiológicas, na maioria das vezes patológicas, às vezes em lesões notáveis.

Outra coisa, no entanto, é estudar sua causalidade orgânica, lesional ou funcional, e sua causalidade psicogênica.[33]

---

[32] Queremos sublinhar expressamente, sobre esse fundo doutrinal das *duas séries causais* próprias aos fenômenos psicogênicos, por onde nós nos opomos ao falso "paralelismo" de Taine, nosso inteiro acordo com nosso amigo, o dr. Henry Ey. Ele exprimiu os mesmos pontos de vista em um artigo sobre "A noção de automatismo em psiquiatria", publicado no *Évol. Psych.*, 2ª série, nº 3, 1932. Mas desde há muito em nossas conversas com ele encontramos o melhor apoio e o melhor controle de um pensamento que se procura: alguém "a quem falar".

[33] Parece-nos que essas considerações devam trazer ordem aos debates que se mostram frequentemente tão confusos sobre a patogenia da histeria. Não é de modo algum contraditório que a histeria consista, por um lado, em dissociações de funções que permitem modificações fisiológicas ou lesionais de centros determinados,[a] e que, por outro, os acidentes sejam desencadeados e organizados por motivações psicogênicas,[b] que, por fim, se possa agir sobre o sintoma por qualquer uma dessas duas cadeias causais. A questão seria saber se um desses mecanismos deve ser excluído. Não será assim na medida em que a profilaxia e o tratamento levarem tão manifestamente em conta os mecanismos pessoais,[c] na medida em que a própria perícia, para determinar a parte que compete ao distúrbio reflexo, à adaptação histérica, à objetivação histérica e à simulação, levar em

É a partir de tais premissas que se julgará, por exemplo, o valor psicogênico de uma neurose de renda ou de uma psicose carcerária, e que se atribuirá a parte que cabe ao fator orgânico.

No que concerne à perícia, que é o critério prático da ciência do psiquiatra, é sobre essas bases que se fundamentam, mais ou menos implicitamente, as avaliações de responsabilidade, tais como a lei as exige de nós. Não podemos insistir nesse ponto, que só retomaremos no que concerne a nosso tema específico. Mas basta refletir para que se fique convencido disso.

Em cada entidade psicopatológica, portanto, cada parte deverá ser constituída por mecanismos orgânicos e por mecanismos psicogênicos. Com frequência, não poderemos precisar igualmente uns e outros.

Para fixar as ideias, aproximemos os três casos:

1. Em que um distúrbio orgânico evidente (lesão destrutiva do córtex) causa um distúrbio psíquico grave sem alteração notável da personalidade (amnésia afásica) ou destruindo-a (demência).

2. Em que um distúrbio orgânico não localizado causa um distúrbio psíquico grave sem alteração notável da personalidade (alucinose) ou perturbando-a profundamente (esquizofrenia).

---

conta sinais como a relação com a situação vital do sujeito, o cáráter de reprodutibilidade voluntária do distúrbio, sua sistematização imaginativa etc. (ver um caso de Trenel e Lacan, *Société de Neurologie*, 2 de fevereiro de 1928). Tal ponto de vista nos parece poder apenas esclarecer noções às vezes difíceis de precisar como a de supersimulação e de pitiatismo.

a Ver Claude, "Hystérie", Congresso de Genebra 1907; Sollier, *L'hystérie et son traitement*, Alcan, 1901; Haskorée, *L'encéphale*, 1929; Marinesco, *J. de Psychol*, 1928; Claude, "Schizophrénie", Congresso de Lausanne; Claude e Baruk, "Catalepsie", *Encéphale*, 1928; Von Monakow, *Introduction biologique à la neurologie pathologique*, Alcan.

b Ver Bernheim, Janet, *L'automatisme psychologique*; Kretschmer, *Über die hystérie*, Thieme, Leipzig, 1927, 2te Auflage; *Psychologie Médicale*, Payot, p. 338, 343 e 378, 404 e a obra de Freud.

c A propósito do isolamento hospitalar e da recusa de indenidade, cf. Vincent, que escreveu: "Ditar semelhantes regras não é admitir implicitamente a ação da vontade sobre os fenômenos histéricos" (*Neurologie*, col. Sergent, p. 542).

3. Em que um distúrbio orgânico às vezes mínimo (emotividade? hipomania?), sem acarretar distúrbio psíquico grave (funções afetivas, perceptivas e intelectuais conservadas), remaneja toda a personalidade (delírio dos querelantes).[34]

Que parte, nos dois últimos casos, atribuir aos mecanismos da personalidade, eis uma questão que dá sentido e valor às pesquisas psicogênicas.

Ainda é preciso estudar a estrutura dos fenômenos desencadeados pela espinha orgânica.

Por outro lado, quase não é necessário enfatizar o quanto o conjunto dessas considerações se afasta do falso paralelismo psicofísico defendido por Taine.

VII. *Fecundidade das pesquisas psicogênicas*

De fato, tais pesquisas mostraram-se fecundas em psicopatologia. Conduziram ao estudo das formas onto e filogenéticas dos mecanismos que chamamos pessoais,[35] das diversas degradações desses mecanismos,[36] das perversões instintivas, de sua significação e de seu vínculo com as neuroses.[37] Elas ampliaram consideravelmente o alcance, no organismo individual e no grupo social, dos mecanismos da personalidade. Nesse sentido, a massa de fatos novos trazidos pela técnica psicanalítica não permite saber onde se deterá essa extensão, que exige uma delimitação crítica.[38]

Será que, a partir de agora, podemos fundar sobre essas pesquisas um sistema da personalidade que se coadune com a complexida-

---

[34] Talvez se tenha o direito de aproximar esse fato de reações biológicas muito gerais, tais como, em neurologia, A. Thomas as colocou de modo notável em evidência nos seus *Phénomènes de répercussivité*, Masson, 1929.

[35] Ver Claparède, *Psychologie de l'enfant*, e os trabalhos de Lévy-Brühl.–De Greef, "Essai sur la personnalité du débile mental", *J. de Psychol.*, 15 de maio de 1927. Estudos das diversas escolas criminologistas etc.

[36] Mecanismos hiponoicos e hipobúlicos de Kretschmer. Catatimia de H. Maier.

[37] É toda a obra psicanalítica.

[38] Notemos a importância metodológica da doutrina psicanalítica no que introduz o ponto de vista energético em psicologia (ver Parte III).

Crítica da Personalidade Psicológica 37

de dos fatos? Trata-se de querer ordenar um número imenso deles, dos quais nenhuma das mais diversas fontes – da patologia à sociologia, das produções intelectuais[39] de todos os tempos aos dados da psicologia prática – deve ser negligenciada.

Entretanto, numerosos autores se arriscaram nisso. Lançaram os esboços de uma ciência nova à qual, antes de mais nada, se coloca o problema das diferenças individuais da personalidade: é a *caracterologia*.

Essa ciência, em seu alcance geral, depara com extremas dificuldades. A menor delas não é, dentre a grande riqueza dos termos oferecidos pela linguagem para designar as particularidades pessoais (quatro mil palavras em alemão, segundo Klages), a distinção entre os que a realidade ordenaria escolher como caracteres essenciais, determinantes, e os que são apenas acessórios e dependentes.

De mais a mais, a multiplicidade dos sistemas caracterológicos é significativa no que concerne a seu valor problemático.

Todavia, podemos considerar alguns dentre eles como esquemas gerais válidos para a ordenação das pesquisas e interessantes para a prática clínica e para a psicoterapia.[40]

VIII. *Valor problemático dos sistemas caracterológicos e da doutrina constitucionalista*

Podemos colocar de início certas condições bem gerais a que todo sistema da personalidade deve satisfazer para ser admissível.

---

[39] Insistamos sobre o alcance demonstrativo das biografias de homens de valor superior, apesar de sua particularidade: com efeito, elas não o tiram somente de uma maior abundância de fontes, mas de uma diferenciação superior dos "mecanismos pessoais".

Ler o livro de Ostwald sobre os maiores físicos e químicos do século XIX (Ostwald, *Les grands hommes*, Flammarion). A introdução do ponto de vista *energético* nas leis da criação intelectual é aí muito sugestiva.

[40] Como o mais importante deles, citemos: Kretschmer, *Körperbau und Charakter*, e Kronfeld, *Psychotherapie*, Berlim, Springer, 1925. Este último, aliás, se apoia constantemente em Klages (ver nota 42 adiante). Cf. também a tentativa de Kraepelin, em *Psychologische Arbeiten*, I.

Todo sistema da personalidade deve ser *estrutural*; queremos dizer que a personalidade deve ser *composta* a partir de elementos, que são primitivos em relação a seu desenvolvimento, ou seja, a partir de relações orgânicas relativamente simples, cujo registro, de acordo com os indivíduos, variará em qualidade, em extensão, assim como o alcance em direção, em intensidade etc.

Uma experiência psicológica sumária concordará, com efeito, aqui, com os estudos mais aprofundados, em reconhecer que os tipos diferenciáveis de personalidade estão longe de abranger, nos mesmos indivíduos, as diversidades constatáveis dos dons inatos, dos talentos, dos temperamentos, mais longe ainda de responder às variações quantificáveis das propriedades orgânicas primárias, como, por exemplo, a acuidade sensorial ou a reação emotiva.[41]

É certo que a economia da realização pessoal depende, em última análise, de um certo equilíbrio desses dons inatos, mas o valor construtivo do desenvolvimento, as necessidades bipolares da ação e as condições formais da expressão fazem com que as variações

---

[41] O fato que relatamos é confirmado por qualquer observação aprofundada, e não há um sistema caracterológico que não seja forçado a, de algum modo, levar isso em conta.

Ver, por exemplo, a classificação das personalidades em Kretschmer. Kretschmer agrupa entre os *materiais* da síntese pessoal as diferenças de temperamento (escala psiquestésica, escala diatésica, ritmo psíquico), as variações instintivas, a diversidade das aptidões intelectuais, por um lado, mas, também, o desenvolvimento histórico em que se inscrevem as reações do tipo primitivo (reações explosivas, ação de circuito, mecanismos hipobúlicos e hiponoicos) e as experiências internas elaboradas (segundo diversos tipos metabólicos: recalcamento, retenção, exagero afetivo, compensação etc.).

Mas, quando chega a formar o quadro dos diversos *tipos de personalidade*, encontramos nele, sob o mesmo *modo de reações sintéticas*, temperamentos de natureza muito diversa: assim, subjacentes à personalidade estênica, existem temperamentos ciclotimo-hipomaníacos, por um lado, e, também, esquizotimo-fanáticos: quanto à personalidade *astênica*, encontramos esquizoides agudamente hiperestênicos e depressivos ciclotímicos.

Em outros tipos mais complexos, tais como aqueles das personalidades *expansivas* e *sensitivas*, sobre os quais voltaremos, as disposições estênica e astênica se combinam, por sua vez, para se ativarem uma à outra, e a proporção de sua combinação conduz a dois resultados diametralmente opostos.

Crítica da Personalidade Psicológica   39

dessa economia não sejam nem correlativas às variações dos elementos, nem contínuas, como a maior parte destes últimos.[42]

Colocando-se à parte a crítica experimental, poderemos tirar alguns apoios dessas pesquisas para nosso problema particular que só diz respeito à personalidade sob um ângulo relativo, o de seu papel próprio nas psicoses paranoicas.

Mas se é tentador procurar relacionar, como já se fez, a psicose a um tipo de personalidade definida (a constituição paranoica, por exemplo), não deveremos esquecer o valor extremamente problemático dessas definições caracterológicas.

O problema que aqui se coloca é o mesmo que aquele que foi oferecido a cada uma das ciências naturais, quando de seu início, e que ainda se apresenta a cada momento. Trata-se do problema da hierarquia dos caracteres, a saber: distinguir o caráter determinante para a estrutura dos que correspondem apenas a uma variação sem repercussão no conjunto. Todavia, mais ainda, trata-se do problema da identificação do caráter: aquilo que primeiro se toma por uma identidade de caráter, com efeito, pode ser apenas uma homologia formal entre aspectos vizinhos que traduzem uma estrutura inteiramente diferente; assim, em botânica, os raios das flores compósitas

---

Recorrer para uso da clínica ao interessante modelo de psicograma que Kretschmer nos propicia.

[42] Já encontramos esse caráter de descontinuidade em relação à base orgânica na variação do sintoma mental (v. p. 35-36).

Dentre todos os sistemas de caracterologia que estudamos, confessamos a preferência pelo de Klages, cujas análises sutilíssimas e extremamente ricas em observações humanas são infelizmente muito complexas para serem utilizadas em clínica corrente. Digamos rapidamente que Klages distingue a matéria, a estrutura e a natureza do caráter. A matéria consiste em diferenças quantificáveis de aptidões primárias, da ordem da reatividade vital ou da acuidade sensorial, por exemplo. A estrutura corresponde a constantes reguladoras do desenvolvimento pessoal. Elas medem a excitabilidade pessoal em três ordens reacionais: a excitabilidade do sentimento, a impulsão voluntária e uma terceira função, a faculdade pessoal de exteriorização, que é uma concepção essencial da doutrina de Klages. Essas medidas se exprimem por relações proporcionais do tipo: $\dfrac{\text{impulsividade}}{\text{resistência}}$.

que podem representar, de acordo com os casos, as pétalas da flor simples ou suas folhas de envolvimento.[43] Em contrapartida, e todo o estudo da morfologia o vem demonstrar, um mesmo caráter estrutural pode apresentar-se sob aspectos bastante diferentes.

Em suma, esse é o problema que a doutrina das *constituições*, em psicopatologia, pretende resolver.

Ela se funda no fato incontestável de haver diferenças inatas,[44] quanto às propriedades biopsicológicas, entre os indivíduos; e também no fato não menos certo de que tais diferenças são às vezes hereditárias. Esses dados característicos teriam um valor classificatório das diferenças individuais e seriam determinantes da organização da personalidade.[45]

Aqui não é o lugar para se fazer a crítica da doutrina constitucional.

Apresentemos apenas duas questões de método. Só se deverá, *a priori*, admitir, em última análise, o caráter *inato* de uma propriedade dita constitucional, quando se tratar de uma função cujo desenvolvimento estiver ligado à história do indivíduo, às experiências que nele se inscrevem, à educação pela qual passou.[46]

Enfim, a natureza do caráter compreende o sistema dos móbiles, sistema muito complexo e que se organiza pela oposição dos móbiles vitais e dos móbiles ditos egoístas ou móbiles da afirmação de si. Esse sistema chega a quadros detalhados de todos os matizes de manifestações pessoais, que têm o maior interesse para o psicólogo, mas do qual o psiquiatra pode reter apenas as sugestões gerais.

Quem quiser ter uma avaliação dos outros sistemas caracterológicos, reporta-se ao artigo de Boven. "Aperçu sur l'état présent de la caractérologie générale", *J. de Psychol.*, 1930, p. 816-849. Esse artigo dá uma boa enumeração dos sistemas, uma classificação bastante racional destes, mas revela em sua apreciação certos erros, que o tom do artigo não justifica.

[43] Cf. Troll, *Organisation und Gestalt in Bereich der Blüte*, Berlim, Springer, 1928.

[44] "1º As constituições psicopáticas, hereditárias ou não, são inatas... 10º As constituições são apenas variações, por excesso ou por falta, das disposições normais" (relatório de Delmas, Congresso de Limoges, 1932).

[45] "4º As constituições representam, assim, um comportamento original e permanente característico da personalidade" (Delmas, *loc. cit.*).

[46] Remetemos, para a crítica da doutrina das constituições, a um artigo de H. Ey, "La notion de constitution, essai critique", publicado em *Évol. Psych.*, outubro de 1932. É a exposição mais coerente das objeções maiores contra a doutrina.

Eis por que nos parece eminentemente discutível que os fatores da personalidade inata[47] se exprimam por meio de funções tão complexas quanto bondade, sociabilidade, avidez, atividade etc. Com tanto mais razão, nós nos oporemos ao fundamento de uma constituição e mesmo, como se tem tentado, de toda uma patologia, em uma entidade tal como a "perda do contato vital com a realidade", que está na alçada de uma noção metafísica muito elaborada e que não pode, no fato clínico, ser conciliada com nada de preciso, senão com um progresso da personalidade, de ordem igualmente complexa.[48]

Por outro lado, é conhecido todo o caráter problemático dos fatos da hereditariedade psicológica.[49] Nessa matéria é que se mostra, ao máximo, a dificuldade de distinguir o que é propriamente hereditário da influência do meio, ou, segundo os termos de Thomson,[50] a natureza da *nurture*.*

IX. *Personalidade e constituição*

O mesmo ocorre com relação a complexos clínicos que se impõem à atenção, na ordem das fixações instintivas, dos temperamentos e também dos caracteres. Esta é a constituição paranoica, por exemplo, no tocante a nosso tema, a saber, o complexo: orgulho, desconfiança, falsidade do juízo, inadaptabilidade social. Todos os esforços, observemos de resto, foram empregados no sentido de deduzir essas manifestações complexas de uma propriedade psí-

---

* *La nature de la "nurture"*, em francês. Trata-se de jogo de palavras em que o neologismo *"nurture"* é uma palavra-valise que remete, por um lado, por assonância, a *nourriture* (alimento), ou seja, à noção do adquirido e que, como tal, pode ser atribuído à influência do meio ambiente, e, por outro lado, a *nature* (natureza), ou seja, às noções de hereditário e constitucional. (Nota da edição brasileira.)

[47] Delmas, *La personnalité humaine*, 1922. Ler, particularmente, os capítulos V, VIII, p. 54-100, e a teoria da *personalidade inata*.

[48] Cf. Minkowski, *La schizophrénie*, Payot, p. 77-104.

[49] Cf. Ribot, *L'hérédité psychologique*, 1893.

[50] Cf. J. Arthur Thomson, *L'hérédité*, trad. Henry de Varigny, Payot. Ver, especialmente, p. 230-237.

quica simples, que tenha alguma verossimilhança com *inatismo*: a psicorrigidez, por exemplo.

Estudaremos a relação dessas constantes caracterológicas supostas com a gênese das psicoses paranoicas.

Devemos, porém, colocar, nesse ponto, as observações preliminares que se podem isolar da exposição deste capítulo.

É possível que não se reconheça à psicose nenhum elo unívoco com uma disposição caracterológica definível, e que, no entanto, predominem em seu determinismo os mecanismos da *personalidade*, a saber: desenvolvimento, experiências e tendências da ordem pessoal.

Inversamente, a existência de uma correlação da psicose com uma certa predisposição constitucional não demonstra, por si mesma, uma determinação *psicogênica*. A *constituição,* com efeito, pode traduzir apenas uma fragilidade orgânica em relação a uma causa patogênica externa à personalidade, isto é, em relação a certo *processo* psíquico, para empregar o conceito geral elaborado por Jaspers e ao qual voltaremos.

Determinar, por um lado, em que medida as psicoses paranoicas, em sua evolução e em sua semiologia, colocam em jogo a personalidade. Relacionar, por outro lado, a psicose paranoica a uma predisposição constitucional caracterologicamente definível. Esses são dois problemas diferentes.

Os problemas da relação da psicose, com a *personalidade* e com a *constituição*, não se confundem.

Vejamos como os diferentes autores tomaram posição nesses problemas.

3

CONCEPÇÕES DA PSICOSE PARANOICA COMO DESENVOLVIMENTO DE UMA PERSONALIDADE

I. *As psicoses paranoicas afetam toda a personalidade*

As considerações precedentes, por mais gerais que pareçam, são indispensáveis para uma justa colocação do problema das psicoses paranoicas.

Nessas psicoses, com efeito, não se oferece nenhum fenômeno elementar de uma anomalia grosseira, tal como a alucinação, cujo isolamento teórico pode permitir construir mais ou menos artificialmente o delírio.

Nenhuma facilidade, portanto, para fazer desse delírio uma reação a determinado fenômeno dito "nuclear ou basal", ao qual se imputaria um mecanismo orgânico.

Os remanejamentos sistemáticos das lembranças, as interpretações da realidade parecem difíceis de submeter a semelhante tratamento. Pois, se a anatomofisiologia cerebral nos forneceu todas as espécies de noções novas sobre as localizações funcionais, não estamos mais no tempo das localizações mitológicas das imagens e dos conceitos,[1] e esses fenômenos se aparentam aos mais originais do domínio psicológico.

Por outro lado, se a realidade se acha pervertida na psicose, ela mantém aí uma ordem, "conservada, diz Kraepelin, no pensamento, na ação e na vontade".

A transformação de toda a personalidade não é separável, portanto, do distúrbio primitivo,[2] se é que existe algum.

Com efeito, seja qual for a relação do delírio com a personalidade, é notável observar que o primeiro conserva a economia geral da segunda.

Nada mais surpreendente do que simplesmente cotejar:

– Por um lado, os três traços essenciais da descrição kraepeliniana da psicose: l. evolução insidiosa (*schleichend*) do delírio que surge, sem hiato, da personalidade anterior; 2. e 3. as duas formas maiores, "de direção oposta, mas de combinação frequente" (Kraepelin) do delírio, delírio de grandeza e delírio de perseguição.

– Por outro lado, a tripla função estrutural que nossa análise isolou da personalidade sob os três pontos:

1. De um desenvolvimento.

2. De uma concepção de si mesmo.

3. De uma certa tensão das relações sociais.

A economia do patológico parece, assim, calcada sobre a estrutura normal. Ganha uma coerência que tira muito de seu paradoxo na antinomia que os autores antigos enfatizaram nos termos de *delírio parcial*.

---

[1] Houve, no entanto, autores que fundamentaram o delírio dos querelantes em uma "interrupção dos neurônios de associação em certos grupos celulares". Cf. Hitzig, *Über den Querulantenwahn*, Leipzig, 1895. Explicações como essa ainda guardam, em domínios vizinhos, algum prestígio.

[2] Já insistimos sobre esse ponto de vista a propósito de um caso clínico publicado em colaboração com Lévy-Valensi e Migault. Ver "Escritos 'inspirados': esquizografia", por Lévy-Valensi, Migault e Lacan, *A.M.P.*, dez. 1931, p. 508-522. [Incluído nesta nova edição da tese. Excluído da primeira edição brsileira.]

Não é para nos surpreender o fato de que o doente conserve todas as suas capacidades de operação, que ele se defronte, por exemplo, com uma questão formal de matemática, de direito ou de ética. Aqui, os aparelhos de percepção, no sentido mais geral, não estão de modo algum expostos aos estragos de uma lesão orgânica. O distúrbio é de outra natureza; sua psicogenia deve ser discutida.

II. *As psicoses não herdam apenas tendências da personalidade; elas são o seu desenvolvimento, ligado à sua história.* – *De Krafft-Ebbing a Kraepelin*

Essa homologia entre o delírio e a personalidade só foi vista, inicialmente, de maneira incompleta e imprecisa. O que se observou primeiro foi a continuidade dos ideais e das tendências pessoais (ou com mais precisão: dos fenômenos intencionais), antes e durante a psicose.

Esse fato, obscuramente percebido pelo povo que fundamenta desse modo a gênese da loucura pelos abusos passionais, mais cientificamente pressentido nas primeiras pesquisas sobre a hereditariedade[3] e nas teorias de degenerescência[4], é claramente valorizado em uma doutrina como a de Krafft-Ebbing, que escreve: "Desde há muito o ser íntimo, toda a evolução do caráter do candidato à paranoia se terão revelado anormais; além disso, não se pode negar que, frequentemente, a anomalia específica da orientação do caráter é determinante para a forma especial que mais tarde assumirá a *Verrücktheit* primária, embora esta equivalha a uma 'hipertrofia do caráter anormal'. Assim, vemos, por exemplo, um indivíduo anteriormente desconfiado, fechado, amante da solidão, um dia se imaginar perseguido, um homem brutal, egoísta, dotado de opiniões

---

[3] Cf. Féré, *La famille névropathique.*

[4] Lembremos que se encontra em Magnan o início da distinção entre a paranoia, desenvolvimento de uma personalidade (delírio dos degenerados), e a parafrenia, afecção progressiva (delírio crônico).

falsas sobre seus direitos, vir a dar em um querelante, um excêntrico religioso cair na paranoia mística."[5]

Tal observação, luminosa em uma época em que o conceito de paranoia (ver anteriormente) estava longe de sua depuração atual, progressivamente perdeu seu valor.

Nós encontramos, também, uma diversidade do delírio que se origina da diversidade das experiências anteriores do sujeito no decurso de afecções tais como a P.G. ou a D.P.,[*] afecções em que um processo orgânico, conhecido ou desconhecido, governa tão rigorosamente toda a evolução que não se lhe pode acrescentar nenhuma outra causa. De resto, dificilmente se vê onde o novo psiquismo, quer seja uma neoformação ou uma ruína, encontraria seu material de imagens e de crença se não na experiência antiga do sujeito.[6]

Eis por que Kraepelin transforma o estudo dos delírios, dirigindo sua atenção, não mais, como seus predecessores, para seus conteúdos ou suas estruturas, mas para sua evolução. Toda a concepção kraepeliniana das demências paranoides e das parafrenias daí se origina.

A posição adotada por Kraepelin em relação à paranoia legítima é, sem dúvida, surpreendente. Vamos estudá-la detalhadamente, pois ela marca todo o rigor que adquire, no início deste século, a concepção das relações entre o delírio e a personalidade.

Veremos que foi somente a partir desse progresso que pôde ser aproximada a questão das relações entre o delírio e o caráter anterior do sujeito.

Mediante o estudo das teorias francesas e alemãs, veremos que este segundo problema está muito menos avançado que o primeiro.

Para a exegese da concepção kraepeliniana da paranoia legítima e de suas relações com a personalidade, fizemos uso da última edição, a de 1915. É bom notar que naquela época a concepção de

---

[*] P.G., paralisia geral; D.P., demência precoce. (Nota da edição brasileira.)

[5] Krafft-Ebbing, *Lehrbuch der psychiatrie*, 3 Au fl. 1888, p. 436. Cf. Falret, que escreve que "o delírio é a continuação do estado mental anterior do sujeito".

[6] Observação de Kraepelin no seu *Lehrbuch*, p. 1.758. A concepção *psicogênica da paranoia* que vem logo em seguida é ainda mais notável.

Kraepelin tira proveito, por um lado, de uma elaboração que é obra de numerosos autores, e, por outro, de uma imensa contribuição de novas pesquisas, orientadas por essas discussões. O importante é que, desde o início de sua evolução, a concepção kraepeliniana não deixou de progredir no sentido psicogênico. A primeira descrição clínica, como se sabe, estava concentrada no delírio de querulência. Se não esquecermos que este passou para o plano de afecção puramente psicogênica e se nos lembrarmos da última descrição da paranoia legítima, tal como fielmente a trouxemos em nosso primeiro capítulo, veremos agora que a psicogenia ganhou terrenos na teoria kraepeliniana da paranoia. Para maior rigor, citaremos abundantemente.

Kraepelin critica, primeiramente, a teoria, muito vaga, dos "germes mórbidos", em que Gaupp e também Mercklin instituem o início do delírio na personalidade, e que, em suma, vem a dar na teoria de Krafft-Ebbing. E ele continua assim: "Entretanto estamos seguramente no direito de defender o ponto de vista de que a ligação do delírio com a especificidade da personalidade é muito mais essencial e íntima na paranoia do que nas formas mórbidas que acabamos de nomear."[7]

Ele põe em relevo "a tonalidade fortemente afetiva" das experiências vitais no delírio, "a conformidade (antes e durante o delírio) do colorido pessoal das reações hostis ou benevolentes com relação ao mundo externo, a concordância da desconfiança do sujeito com o sentimento que ele experimenta de sua própria insuficiência, e também aquela de sua aspiração ambiciosa e apaixonada pela notoriedade, pela riqueza e pela potência com a superestimação desmedida que tem de si mesmo".

A repercussão sobre a experiência de tais conflitos internos, muito mais ainda do que a discordância duradoura entre os desejos e a realidade, eis o que para Kraepelin é a fonte maior do delírio. E ele lembra o fato (já assinalado por Specht) da sua frequência nas situações sociais eminentemente favoráveis a tais conflitos, como a do professor, por exemplo.

---

[7] Kraepelin, *Lehrbuch*, p. 1.758.

Eis aqui uma gênese que nos remete ao núcleo das funções da personalidade: conflitos vitais, elaboração íntima desses conflitos, reações sociais.

Kraepelin aprofunda sua análise na estrutura das diversas formas do delírio.

O delírio de perseguição repousa em "disposições deficientes de onde resulta uma insuficiência na luta pela vida".[8] O autor encontra o testemunho clínico dessa insuficiência na conduta do paranoico. "Frequentemente", diz Kraepelin, "quando tem meios para isso, ele, consciente de sua vulnerabilidade, só procura fugir aos combates sérios da existência, não adotar nenhuma posição firme, mas procura antes vagabundear, ocupar-se apenas com bagatelas e evitar o contato com a vida".[9]

Em uma situação como essa, o delírio se desenvolve a partir dos fracassos, que não podem deixar de resultar dessas "armas insuficientes para vencer as dificuldades da vida" e da "oposição que se desenvolve com o meio".

Em apoio de tal concepção, Kraepelin traz o exemplo da "psicose carcerária", em que as ideias de perseguição se desenvolvem e desaparecem sob um determinismo das circunstâncias exteriores, "cujo valor, diz ele, é o de uma prova experimental".

Na paranoia, é a permanência das disposições deficientes com relação à luta vital que explica a cronicidade do delírio.[10]

O que, de resto, distingue a reação do paranoico das de tantos outros psicopatas atingidos pela mesma insuficiência é sua "resistência", é "seu combate apaixonado contra os rigores da vida, em que ele reconhece influências hostis". É dessa luta que se origina o reforço do amor-próprio. Vê-se, conclui Kraepelin, "que o delírio forma aqui uma parte constituída da personalidade" (*Bestandteil des Persönlichkeit.*)

Para o delírio de grandeza, a explicação kraepeliniana talvez seja ainda mais significativa da natureza do mecanismo psicogê-

---

[8] *Lehrbuch*, p. 1.760.
[9] *Lehrbuch*, p. 1.760.
[10] *Lehrbuch*, p. 1.760.

Concepções da Psicose Paranoica como Desenvolvimento de uma Personalidade 49

nico invocado. Na própria descrição clínica encontram-se linhas como as que se seguem: "Só nos resta indicar sumariamente o fato de que o desenvolvimento aqui descrito da personalidade paranoica representa simplesmente a deformação patológica de rodeios, que são os mais comuns na vida dos homens e que se marcam ao mesmo tempo em seu pensamento e em suas tendências. A exuberância da juventude, toda voltada para as grandes ações e para as experiências intensas, reflui pouco a pouco diante das resistências da vida, ou então é canalizada por uma vontade consciente de seu fim em vias ordenadas. As desilusões e os obstáculos levam ao amargor, às lutas apaixonadas ou então à renúncia que encontra seu refúgio em miúdas atividades de amador e em planos consoladores para o futuro.

Mas pouco a pouco decresce a força de tensão; o pensamento e a vontade se embotam no círculo estreito da vida cotidiana, e, de tempos em tempos, apenas revivem na lembrança as esperanças e as derrotas do passado."[11]

Para Kraepelin, o delírio de grandeza é, então, essencialmente "a trama perseguida, na idade madura, dos planos de alto voo do tempo da juventude".[12] (Ele ainda fala desse "delírio juvenil de grandeza inebriado pelo sentimento de sua força".) Quando faltam as armas que podem abater os obstáculos opostos pela vida, duas vias se oferecem à pessoa para recalcar as experiências que a contrariam: "recusar o juízo de outrem ou se esquivar em esperanças de futuro, que nenhum insucesso pode dissolver". São essas as duas vias em que se engaja o pensamento delirante.

Kraepelin, e não fazemos mais que seguir sua exposição, chega mesmo a esboçar uma distinção das formas clínicas do delírio de grandeza segundo os estádios da vida em que aparece. Essa "ectopia" de um momento da personalidade, poder-se-ia dizer, sem trair seu pensamento, assume uma atipia especial, segundo o ponto da evolução em que ela se produz.

Na juventude, a psicose, "oriunda de devaneios complacentes", se distinguiria "por seu colorido romântico, pela predominância das

---

[11] *Lehrbuch*, p. 1.755.
[12] *Lehrbuch*, p. 1.761, 1.762 e segs.

ilusões da memória e de um delírio de inventor". Surgido na idade madura e ligado a ideias de perseguição, o delírio parecerá, antes de mais nada, uma medida de defesa contra as influências contrariantes da vida e se distinguirá essencialmente por uma superestimação desmedida das próprias capacidades do sujeito. Sobrevindo mais tarde, com ou sem ideias de perseguição, o delírio se aproximará da primeira forma por seu aspecto de delírio de compensação.

Mediante uma aproximação análoga à que estabeleceu com as psicoses carcerárias, Kraepelin invoca aqui os *delírios de graça* pré-senis.

Se ele insiste nas "tensões afetivas" que estão na base dos distúrbios do juízo, ainda é para aproximá-las desses mecanismos normais que constituem a força de certas convicções, das convicções políticas e religiosas, por exemplo, "na medida em que elas tocam mais ao coração do que dizem respeito à razão".

Em correlação com essas tensões afetivas, Kraepelin nota a incompletude das operações do entendimento, "que torna mais difícil a resistência à invasão delirante". Desse "pensamento sustado em seu desenvolvimento", é ainda no sonho de aventura e onipotência da juventude, nas construções irrealizáveis da criança curiosa pelas maravilhas da técnica, que vai encontrar seu modelo.

Terminando, nosso autor cita com aprovação a psicologia da interpretação dada por Dromard, e que nós relataremos.

Declinamos a seu autor total responsabilidade pelas concepções de que, aqui, somos apenas o narrador literal.

Elas nos interessam no que revelam o progresso alcançado na análise da psicogenia do delírio. A ênfase ali recai muito menos em uma aproximação dos conteúdos do delírio com as tendências anteriores do sujeito do que na elaboração interna das experiências em um momento dado da personalidade. O caráter desempenha aí certamente um papel predisponente, porém não mais que os eventos contra os quais reage, nem o meio em que essa reação se insere. A referência constante à psicose carcerária é, nesse sentido, significativa.[13]

---

[13] *Lehrbuch*, p. 1.767.

No entanto, persiste uma certa ambiguidade entre a noção de um desenvolvimento mediante "causas internas" e a de reação às "causas exteriores". Nossa definição de personalidade suprime muito de sua força. No entanto, ela subsiste em Kraepelin. Já a vimos manifestar-se a propósito das relações nosológicas entre a paranoia e o delírio de querulência (ver p. 17), mas, ao mesmo tempo, nosso autor mostrava clara tendência a eliminá-la, ao concluir que "toda diferença entre esses delírios se prende, em suma, a um certo deslocamento da proporção entre as influências exteriores (psicogênicas) e as causas internas".[14]

Essa tendência puramente psicogênica acentua-se ainda quando Kraepelin chega à refutação de uma teoria da paranoia, que exporemos no capítulo seguinte – a saber, aquela que se fundamenta na rudeza frequentemente observada no início da afecção, na originalidade, impenetrável à intuição comum, das *experiências* iniciais, na evolução por surtos, para dar à afecção no seu conjunto o valor não mais de um *desenvolvimento*, mas de um *processo* mórbido[15] que, seja qual for sua natureza, introduz na personalidade algo de heterogêneo e de inteiramente novo,[16] determinando as etapas da evolução.

Tal concepção é repelida por Kraepelin. Para explicar as descontinuidades de evolução nas quais ela se fundamenta, ele se refere ao desenvolvimento normalmente descontínuo da experiência interior.

---

[14] *Lehrbuch*, p. 1.713.

[15] Dessa oposição bem definida por Jaspers, Kraepelin rende homenagem a seu iniciador, p. 1.757.

[16] Observemos que tal concepção não é inconciliável com a noção do "germe mórbido", tal como ela é depreendida das teorias, muito mais vagas, como se vê, de Krafft-Ebbing, de Gaupp, de Mercklin. Esse processo, com efeito, que irrompe na personalidade, pode, se nenhuma outra causa lhe for atribuída, estar na dependência de um fator congênito orgânico comparável àquele que se manifesta em certas doenças nervosas familiares, na Coreia de Huntington, por exemplo (ver Kraepelin, p. 1.766). Podemos observar ali, de passagem, as imprecisões da teoria constitucionalista.

Aqui não subsiste a menor ambiguidade no sentido decididamente psicogênico de sua concepção.[17]

Para concluir, o próprio Kraepelin expõe o dilema que se abre à pesquisa, e o exprime mediante a oposição entre dois termos.

"Tratar-se-ia, no delírio do desenvolvimento, de germes mórbidos em processos patológicos autônomos, fazendo uma irrupção destrutiva ou perturbadora na vida psíquica?"

Ou então o delírio representaria "as transformações naturais mediante as quais uma malformação psíquica sucumbe em face da influência dos estimulantes vitais"? Kraepelin adota a segunda patogenia. Entretanto, é lamentável "que não exista até o momento uma pesquisa suficiente sobre a questão. Tal pesquisa, acrescenta, deveria se defrontar com dificuldades quase insuperáveis".[18]

Vários autores tentaram efetuar essa difícil pesquisa desde que foram escritas essas linhas. Possa nossa modesta contribuição encontrar aí a desculpa para sua insuficiência.

Mencionemos, enfim, que Kraepelin não reconhece *nenhuma unidade* nos traços do caráter anterior ao delírio.

Vamos agora estudar as diversas teorias emitidas pelos autores que concebem as psicoses paranoicas como unidas à personalidade mediante relações de *desenvolvimento compreensível.*

Escolheremos os autores mais representativos que a nosso ver marcam momentos típicos da evolução das teorias. Limitar-nos-emos, por necessidade, ao estudo dessa evolução nas escolas francesa e alemã.

---

[17] A ambiguidade do termo "endógeno" aplicado à psicose (Kraepelin agrupa, é preciso lembrar disso, a demência precoce e as parafrenias entre as *endogène Verblödungen*) é aqui dissipada. Digamos que entre os dois termos de desenvolvimento autônomo (*Selbstentwicklung*) e de desenvolvimento reacional (*Reaktiventwicklung*), Kraepelin opta pelo segundo na paranoia.

[18] *Lehrbuch*, p. 1.767.

Concepções da Psicose Paranoica como Desenvolvimento de uma Personalidade 53

Do mesmo modo, não pretendemos que essas distinções nacionais sejam cientificamente válidas. O lugar preponderante que, juntamente com Claude, damos à nosografia kraepeliniana é prova suficiente. No entanto, sobre o tema de que tratamos, a raridade relativa dos casos (1/100 dos casos de asilo segundo Kraepelin, 1/200 segundo Mercklin em Treptow), a maior raridade[19] dos casos publicados, faz pensar que os limites de expansão da língua em que são relatadas as observações podem, portanto, desempenhar um papel importante na evolução das teorias.

Por conseguinte, agruparemos, sob o título das escolas francesa e alemã, as pesquisas sobre a psicogênese das psicoses paranoicas, publicadas desde a conclusão de seu quadro nosológico por Kraepelin, isto é, desde o início do século (1899).

III. *Na psicogenia das psicoses paranoicas, a escola francesa se prende à determinação dos fatores constitucionais. – Sérieux e Capgras. – Dificuldades de uma determinação unívoca. – De Pierre Janet a Génil-Perrin*

Vimos em nosso primeiro capítulo como a escola francesa isolou o conjunto das psicoses atualmente ditas paranoicas do antigo

---

[19] Pensamos, por exemplo, no papel primordial que desempenharam na discussão das teorias na Alemanha certos casos que foram objeto de importantes monografias. Damos, por exemplo, a bibliografia do célebre caso do pastor massacrador Wagner, que relataremos sumariamente em apêndice. A observação *princeps* do caso foi objeto de uma dissertação de Gaupp, *Zur psychologie des massenmords*, Berlim, Springer, 1914. Ela é retomada ao mesmo tempo por Wollenberg: *Hauptlehrer Wagner von Degerloch*, Springer, 1914. Kretschmer faz uso dela em sua monografia sobre o *Sensitive Beziehungswahn*, cuja primeira edição pela Springer em Berlim é de 1918. A interpretação kretschmeriana é discutida por Lange em 1924 em seu artigo: "Über die paranoïa und die paranoïsche Veranlagung", *Zchr. ges. Neurol. Psychiatr.*, bd 94, p. 123-125, e ver também p. 143; e por Bouman (de Utrecht) no seu artigo já citado. Entrementes, a catamnésia do caso é dada por Gaupp na *Zchr ges. Neurol. Psychiatr.*, bd 69, 1921, depois em várias outras revistas.

quadro dos delírios sistematizados:[20] ou seja, "dos delírios crônicos com evolução sistemática e das psicoses dos degenerados".[21]

Temos em mente os inúmeros trabalhos sobre os delírios da última década do século passado. Nesse domínio, cabe a Magnan ter feito as primeiras discriminações sólidas.[22] Desde essa época toma forma, com seu aluno P. Sérieux, a concepção do delírio dito de interpretação. A partir de 1902,[23] Sérieux e Capgras publicam, em diversos periódicos, os grandes traços de sua doutrina.

Em 1906, aparece seu livro magistral sobre *As loucuras raciocinantes** (*Les folies raisonnantes*). Na teoria da gênese do delírio, a ênfase é claramente dada, a partir de então, a fatores constitucionais determinados. Para apoiar o que afirmamos, examinemos sua doutrina.

A autonomia da entidade mórbida que eles descrevem está certamente fundada na predominância do sintoma de que toma emprestado seu título: a interpretação. Os dois autores – basta lê-los para que se fique convencido disso[24] – em nada distinguem seu mecanismo dos mecanismos normais da crença,[25] da associação normal, da *cristalização passional*,[26] da constelação afetiva,[27] do raciocínio

---

[20] Nós citamos anteriormente, entre outros, a classificação proposta em 1887 por Charpentier: "Des idées morbides de persécution", comunicação à Sociedade Médico-psicológica, 31 out. 1887.

[21] Sob a influência de Magnan, desde 1890, Paul Sérieux dá, com esse título, uma classificação desses delírios em que são esboçados os primeiros traços de seu delírio de interpretação. Ver *Bull. de la Soc. de Méd. Ment.* da Bélgica, dez. 1890-mar. 1891. Ver ainda Séglas, *Sem. Méd.*, nº 50, dez. 1890.

[22] *Dicunt* Sérieux e Capgras (*Les folies raisonnantes*, p. 296).

[23] Consultar Sérieux e Capgras, *ibid.*, p. 304.

* Em francês, *Les folies raisonnantes*, que significa *As loucuras raciocinantes, que raciocinam*, ou mesmo *que são fruto do raciocínio*. Adotamos, no entanto, o termo *racionais*, não tão preciso, mas de uso frequente. Consultar a tradução brasileira de Paulo César Geraldes e Sônia Ioannides (sob supervisão de Ulysses Vianna Filho) do *Manual de psiquiatria*, de Henri Ey, Rio de Janeiro, Ed. Masson, 1981. (Nota da edição brasileira.)

[24] Sérieux e Capgras, *Les folies raisonnantes*, p. 220-230.

[25] *Ibid.*, p. 221.

[26] Sérieux e Capgras, *Les folies raisonnantes*, p. 222, se referem a Stendhal.

[27] *Ibid.*, p. 224, se referem a James.

Concepções da Psicose Paranoica como Desenvolvimento de uma Personalidade 55

errôneo,[28] das modificações da atenção sob a influência de um estado emocional[29] etc. Eles invocam a influência favorável de estados bem diversos, dentre os quais a timidez,[30] e todos os tipos de estados afetivos, fracos ou fortes, da ansiedade à paixão, sem omitir a tensão atenta do surdo.

Eles não aceitam as tentativas de autores como Griesinger, Dagonet, Féré, Specht, Nacke,[31] para diferenciar, em seu mecanismo, a interpretação mórbida da normal. A interpretação só é mórbida em virtude da orientação e da frequência que lhe impõe a ideologia de base afetiva, própria não só do delírio, mas do caráter anterior do sujeito. Ideias de perseguição e de grandeza[32] são diversamente combinadas em intensidade e em sucessão, mas segundo uma ordem fixa para cada enfermo. "O plano do edifício não muda, mas suas proporções aumentam",[33] pois o delírio progride por "acumulação, por irradiação, por extensão", "sua riqueza é inesgotável".[34]

O delírio se relaciona ao estado anterior da personalidade por um período de incubação meditativa, e, mesmo que pareça se desencadear subitamente, ele revela uma longa preparação nas tendências antigas do caráter.

Também, dizem nossos autores, "no delírio de interpretação, a importância dessa constituição paranoica é capital, pois, ao contrário do que se passa nas psicoses demenciais, não há, como sabemos, nem modificação radical, nem dissolução do caráter, mas um desenvolvimento hipertrofiado e unilateral de certas tendências preexistentes. Nenhuma ruptura entre a personalidade anterior do sujeito e a personalidade do interpretador. Esta nada mais é que o desabrochar da primeira que, persistindo com suas tendências, seu caráter, seus modos de reação habituais, influencia a elaboração

---

[28] *Ibid.*, p. 225.
[29] *Ibid.*, p. 227, se referem a Ribot.
[30] *Ibid.*, 223, citam Hartenberg, Tanzi e Dugas.
[31] *Ibid.*, p. 226.
[32] *Ibid.*, Cap. Évolution, p. 130-152.
[33] *Ibid.*, p. 140.
[34] *Ibid.*, p. 140.

do delírio, a escolha das concepções e toda a atividade. Importa, por conseguinte, pesquisar quais são os elementos essenciais dessa constituição".[35]

Essa constituição comporta "lacunas intelectuais e anomalias afetivas". As primeiras são a diminuição da autocrítica e a paralógica circunscrita; as últimas, o caráter egocêntrico e a hipertrofia do eu que, como ressaltam nossos autores, longe de ser, como pretendem alguns, "secundários às ideias de perseguição, são na realidade o próprio fundo da mentalidade de numerosos interpretadores".[36]

A conclusão decorre disto:

"O delírio de interpretação é, em suma, uma psicose constitucional (funcional, acrescentam alhures nossos autores),[37] que se desenvolve graças a uma anomalia da personalidade caracterizada pela hipertrofia ou pela hiperestesia do eu e pelo enfraquecimento circunscrito da autocrítica. Sob a influência dos conflitos sociais determinados pela inadaptabilidade ao meio, essa constituição psíquica anormal provoca a predominância de um complexo ideoafetivo, assim como sua persistência e sua irradiação."[38]

Se, no entanto, ficasse uma dúvida sobre o mecanismo psicogênico que os autores atribuem ao delírio, nada precisaria melhor seu pensamento do que a diferenciação diagnóstica e nosológica que eles estabelecem entre o delírio de interpretação e o primeiro período, dito de inquietude, da psicose alucinatória que, ela também, pode comportar apenas interpretações. "O delirante alucinado, dizem, experimenta uma *mudança que o inquieta*; primeiro, ele rechaça os pensamentos que o assediam; *ele tem consciência da discordância destes com sua mentalidade anterior*; mostra-se indeciso. Só chega à certeza, à sistematização no dia em que a ideia delirante se tornou sensação."[39]

---

[35] Sérieux e Capgras, *Les folies raisonnantes*, p. 232.
[36] *Ibid.*, p. 236.
[37] *Ibid.*, p. 239.
[38] *Ibid.*, p. 240.
[39] *Ibid.*, p. 281 (grifo nosso).

Ainda tomando como tipo da psicose alucinatória a descrição do delírio crônico de Magnan, eles assim se exprimem: "O primeiro período do delírio crônico, período interpretativo, surgiu-nos como uma manifestação da desordem mental provocada por uma brusca ruptura entre o passado e o presente, pelas modificações da atividade mental e pelos 'sentimentos de incompletude que daí resultam' (Pierre Janet). O doente, ao buscar uma explicação para esse estado de mal-estar, forja interpretações que não o satisfazem etc."[40]

"Nada de semelhante, concluem os autores, no delírio de interpretação, cuja origem se perde ao longe."[41]

De resto, é nessa noção de um terreno constitucional comum que os autores se fundamentam para afirmar a unidade nosológica do delírio de interpretação com o delírio de reivindicação, cuja oposição clínica, por outro lado, eles foram os primeiros a definir em termos magistrais.

No delírio de reivindicação eles dão destaque, entre outros mecanismos, ao da "ideia fixa que se impõe ao espírito de maneira obsedante, orienta sozinha toda a atividade... e a exalta em razão dos obstáculos encontrados".[42] É o próprio mecanismo da paixão.

Duas formas desse delírio são por eles distinguidas:

1. O delírio de reivindicação egocêntrica.
2. O delírio de reivindicação altruísta.[43]

Esses delírios repousam na ideia prevalente de um prejuízo real ou pretenso. O *caráter obsedante* dessa ideia prevalente é por eles posto em relevo, assim como a *exaltação maníaca* característica.[44]

---

[40] Sérieux e Capgras, *Les folies raisonnantes*, p. 329. De fato, é essa mesma a verdadeira significação do delírio de Magnan que se coloca como um processo que invade a personalidade e se afina, desse modo, antecipadamente, com a concepção de parafrenia de Kraepelin. Já insistimos sobre esse ponto de vista quando estudamos a formação histórica do grupo. Veremos no capítulo seguinte que se pode atribuir às interpretações de certas psicoses propriamente paranoicas esse caráter de desordem mental irruptiva, essa base de mal-estar e de sentimento de incompletude.

[41] *Ibid.*, p. 281.

[42] *Ibid.*, p. 247.

[43] *Ibid.*, p. 247.

[44] *Ibid.*, p. 253, 257.

As interpretações errôneas permanecem aqui muito mais circunscritas.

Apesar desse mecanismo diferente, esse delírio, como o precedente, é essencialmente determinado pela constituição paranoica, já definida em termos unívocos.

Com Sérieux e Capgras prevalece, com efeito, não só a patogenia constitucional do delírio paranoico, mas a unicidade dessa constituição.

Essa doutrina faria esquecer, na França, certos fatos que haviam sido evidenciados no momento conturbado da formação do grupo nosológico. Esses fatos, cuja fecundidade teórica somente a escola alemã iria mostrar, haviam sido vistos por Pierre Janet; estes não são os únicos[45] que, relatados em seus trabalhos tão ricos, o fazem surgir como um prospector da psicopatologia. Em 1898, ele observa o aparecimento de delírios de perseguição, que denomina *paranoia rudimentar*, nos mesmos sujeitos que apresentam a síndrome a que deu o nome expressivo de "obsessão dos escrupulosos". Os modos de invasão desse delírio, seus mecanismos psicológicos, o fundo mental sobre o qual se desenvolve mostram-se idênticos ao fundo mental e aos acidentes evolutivos da psicastenia. Notemos que, em suas observações,[46] Janet ressalta que o delírio surge como uma reação a certos acontecimentos traumatizantes. Quanto às predisposições constitucionais, são aquelas do psicastênico: o sentimento de insuficiência de sua própria pessoa, a necessidade de apoio, a baixa da tensão psicológica, aí estão traços bem diferentes da constituição paranoica, tal como deveria ser ulteriormente fixada.

---

[45] Ler, por exemplo, a observação muito interessante de *delírio sistematizado por confusão dos sonhos e das lembranças*, delírio relacionado a um mecanismo histérico, em Pierre Janet, *Névroses et idées fixes*, 1898, t. II, p. 167.

[46] Ler essas observações em Raymond e Janet, *Obsessions et psychasthénie*, 1902, t. II, p. 506, 527 (Janet conta, então 12, desses psicastênicos que se transformaram em perseguidos). Ler também as considerações teóricas no t. I, p. 659 e p. 676-679.

Contudo, os pesquisadores que, na França, em seguida estudaram os fatores, não mais constitucionais, mas reacionais do delírio, permaneceram polarizados por aqueles que Sérieux e Capgras haviam ressaltado em sua descrição, a saber: a interpretação e a reação passional.

Quanto à *interpretação*, nós nos limitaremos à teoria psicológica muito perfeita que dela forneceu Dromard[47] e que Kraepelin cita com apreço.

A interpretação delirante, diz Dromard, é "uma inferência de um percepto exato em um conceito errôneo, por intermédio de uma associação afetiva". A afetividade é normalmente senhora de nossas associações. Mas, para fundar o juízo que dá sentido à associação de duas imagens, nós temos duas bases: o que Dromard denomina *resíduo empírico* e o que ele nomeia *valor afetivo*.

O *resíduo empírico* vem a ser "essas sínteses múltiplas armazenadas pelo espírito como resultantes das relações entre nossas conjecturas passadas e as respostas do mundo exterior";[48] em suma, é a lembrança do que anteriormente denominamos os choques e as objeções do real.

Por *valor afetivo*, Dromard entende "a importância que tem, para um dado sujeito, o conteúdo de uma sensação ou de um pensamento, em razão das tendências permanentes ou dos sentimentos atuais que podem se encontrar combinados a esse conteúdo por uma matéria mediata ou imediata, isto é, por associação ou implicitamente".[49] Isso representa, segundo nossos termos, uma grande parte das funções intencionais e das *resistências* da personalidade.

Seja como for, esses dois elementos desempenham, na regulação do juízo, da convicção e da crença, um papel oposto. A submersão completa dos *resíduos empíricos* pelos *valores afetivos* é a base da interpretação delirante. Ela engendra um modo de pensamento

---

[47] Dromard, "L'interprétation délirante", *J. de Psychol.*, 1910, p. 233, 266. "Le délire d'interprétation", *J. de Psychol.*, 1911, p. 289-303, 406-416.

[48] Dromard, art. citado, 1910, p. 342.

[49] *Ibid.*, p. 343.

mais próximo de uma *penetração intuitiva* dos signos do que de um verdadeiro raciocínio. Segundo nosso autor, a esse modo de pensamento estão aparentados os do homem primitivo e da criança. Dele resulta uma lógica especial que regula o crescimento do delírio:[50]

– por *difusão*, isto é, as interpretações se encadeiam umas às outras, chamam-se mutuamente para se consolidar;

– por *irradiação*, uma vez que se veem sistemas interpretativos aberrantes se formarem a distância do núcleo principal, para em seguida virem se reunir em torno deste, que representa seu centro de gravitação.

Nós veremos se essa concepção corresponde aos dados da análise clínica.

Dromard, em sua conclusão, dá grande relevância ao sentido da doutrina constitucionalista do delírio: "A paranoia", diz ele,[51] *"não é, verdadeiramente, um episódio mórbido*: ela é o desabrochar natural e, de certo modo, fatal de uma constituição. *Entendo assim que, supondo-se que os outros elementos permaneçam os mesmos, os acontecimentos aqui se realizam segundo a ordem que presidiria seu desenvolvimento em um cérebro normal.* O terreno é primitiva e congenitamente defeituoso, e as reações que apresenta em contato com o mundo exterior são, em consequência, *lógica e racionalmente defeituosas.* Assim como um pé aleijado cresce harmoniosamente em relação ao germe no qual preexistia, do mesmo modo os erros do interpretante *crescem assim como devem crescer* em um cérebro que os implica todos potencialmente desde sua origem. Na verdade, não existe aqui princípio nem fim".

Quanto ao outro mecanismo reacional da paranoia, a saber, a *reação passional*, Dide e sua escola a evidenciam em belos estudos, provenientes da pura fonte da clínica, sobre "O idealismo apaixonado".[52] Eles são os primeiros a expor como a interpretação

---

[50] Ver Dromard, art. citado, 1911, p. 293.

[51] Dromard, art. citado, 1911, p. 301 (grifo nosso).

[52] Ver Piquemal, "Les idéalistes passionnés", *Gaz. Méd. de Montpellier*, fev. 1913; Dide, "Quelle est la place des idéalistes passionnés en nosologie?", *J. de Psych.*

Concepções da Psicose Paranoica como Desenvolvimento de uma Personalidade   61

"apaixonada" e a interpretação "delirante" se opõem, tanto em suas bases afetivas quanto em sua gênese intelectual.

De Clérambault tenta fundamentar sobre esses dados a autonomia patogênica de um grupo que seria distinto da paranoia: o dos delírios passionais. Ele aí inclui: delírio de reivindicação, erotomania e delírio de ciúme. Para analisar seu determinismo psicológico,[53] o autor toma como tipo descritivo a erotomania.

Na base das ideações e dos comportamentos anormais, tão diversos, na aparência, dos passionais, o autor coloca um "elemento gerador".[54] Esse elemento é um complexo ideoafetivo, como admitem todos os autores, que o designam geralmente com o nome de ideia prevalente. Esse termo é insuficiente para nosso autor, na medida em que aí predomina demais o elemento ideativo. Ele prefere o termo *postulado* em virtude do valor de "embrião lógico"[55] que lhe atribui.[56]

O postulado, na erotomania, é o orgulho, "orgulho *sexual*",[57] é ainda o sentimento de "influência total sobre o psiquismo sexual de uma pessoa determinada".[58]

Norm. et Pathol., jul./abr. 1913; *Die nosologie der Passionnierten Idealismus*, 1913, nº 11; Dide e J. Lévêque, "Psychose à base d'interprétations passionnées: un idéaliste passionné de la justice et de la bonté", *Nouvelle Iconographie de la Salpêtrière*, nº 1, jan./fev. 1913.

[53] Que o autor reconhece expressamente. Ver *Bull. S. C. M. M.*, p. 201, jun. 1921.

[54] Ver *Bull. S. C. M. M.*, dez. 1920, a exposição teórica da erotomania por De Clérambault, p. 245-250, assim como "Délires passionnels, érotomanie, revendication, jalousie", por G. De Clérambault, *Bull. S. C. M. M.*, p. 61-63.

[55] Ver *Bull. S. C. M. M.*, fev. p. 68, 1921.

[56] Dentre as proposições que se consideram por princípio sem demonstrar, Aristóteles distingue o postulado (αἴτημα, demanda) da hipótese (ὑπόθεσις), no que o primeiro não está de acordo com a opinião do aluno e que a este *repugna* aceitá-lo, e do axioma (ἀξίωμα), no que ele não se impõe como este último ao espírito (*Anal, Post.*, I, 10, 76, 23, 24).

[57] De Clérambault, art. cit.

[58] Citamos De Clérambault: "Dépit érotomaniaque après possession." *Bull. S. C. M. M.*, p. 175-206, jun. 1921, v. p. 197.

A partir desse postulado se deduzem rigorosamente todas as anomalias de ideias e de atos no delírio. Expusemos alhures o plano dessa dedução tal como é dado por seu autor.[59]

De Clérambault, entretanto, deve reconhecer que, na maioria dos casos, o delírio assim organizado está associado a outros sistemas delirantes, ou, segundo seus termos, é polimorfo.[60]

Por isso Capgras faz notar que esse polimorfismo dos delírios obriga a de novo ordená-los na grande unidade constitucional da paranoia,[61] a localizá-la, no máximo, nessa classe especial do delírio de reivindicação que, com Sérieux, ele individualizou por meio da obsessão e da hiperestenia (ver anteriormente). Por outro lado, nos raros casos puros, trazidos pelo próprio De Clérambault, Capgras demonstra[62] que a evolução do delírio é muito diversa e não segue as etapas invariáveis que o autor lhe atribui. Aliás, toda uma exegese é necessária ao autor para demonstrar essa ordem em um caso dado.[63]

Por isso, Dupré lembrava, para concluir, que, em se falando de delírio à base de interpretação, intuição ou alucinação, só se poderia

---

[59] Ver J. Lacan, *Structure des psychoses paranoïaques, Sem. Hôp. Paris,* já citado. Lembremos as três fases regularmente observadas segundo o autor de acordo com a seguinte sucessão: de orgulho, de despeito, de rancor. Lembremos os postulados secundários que se deve encontrar em uma anamnese em que se *aciona* o doente e que são:
a) a iniciativa vem do objeto;
b) o objeto não pode ter felicidade sem o apaixonado;
c) o objeto não pode ter um valor completo sem o apaixonado;
d) o objeto é livre etc. (Ver De Clérambault, *Bull. S. C. M. M.*, 1921, p. 62-63.)
[60] Isso justamente no caso *princeps,* "Délire de persécution et érotomanie", De Clérambault e Brousseau, *Bull. S. C. M. M.,* p. 238-245, dez. 1920.
[61] Ver Capgras "Quelques variétés d'érotomanie". *Bull. S. C. M. M.,* p. 148, 163, 1923; Capgras, em particular, não tem dificuldade em demonstrar que o caso *princeps* citado há pouco só pode, em virtude do polimorfismo do delírio, ser agrupado no quadro da paranoia.
[62] *Ibid.* Uma dessas doentes, com efeito, se comportou primeiramente como uma perseguida e terminou em um sonho otimista e beato.
[63] Ver *Bull. S. C. M. M.,* p. 175-206, 1921, já citado, "Dépit érotomaniaque après possession".

falar de mecanismos, e não de causas.[64] Tais causas, para ele, deveriam ser buscadas na predisposição constitucional.[65]

Daí em diante, as pesquisas francesas se preocuparam em precisar essa constituição. Vimos que Sérieux e Capgras definiam a constituição paranoica pela autofilia, a estima exagerada de si mesmo, a paralógica afetiva.

Para Montassut,[66] cuja tese é marco da maturidade da concepção, os traços essenciais do caráter paranoico são os seguintes:

– superestima de si mesmo;
– desconfiança;
– falsidade do juízo;
– inadaptação social.

Em torno desses traços essenciais agrupam-se traços contingentes: orgulho, vaidade, suscetibilidade, autodidatismo, idealismo apaixonado, amor pela natureza etc.

O valor constitucional desses traços só pode ser estabelecido com base na discutível regularidade clínica de sua correlação ou em sua relação constante com uma propriedade psíquica mais fundamental. Montassut acredita reconhecer tal propriedade em uma atitude psíquica primária, de resto bastante enigmática, e sobre cuja verdadeira natureza – psicoemocional ou psicomotora – o espírito permanece hesitante: ele a denomina *psicorrigidez.*

Essa concepção, apesar de seu aparente rigor, deixa a desejar clinicamente. Basta-nos evocar os casos que Montassut relaciona em sua tese como *pequenos paranoicos*, para sentir o quanto seu estado mental é diferente daquele apresentado pelos paranoicos delirantes, tanto antes quanto durante o delírio.

Aliás, esses traços da constituição são com frequência dissociados, e cada autor possui sua concepção da tendência paranoica: Será a psicorrigidez? A vaidade e o orgulho? A revolta e a inintimidabilidade? A desconfiança enciumada? A desconfiança ansiosa? O egoísmo e a

---

[64] *Bull. S. C. M. M.*, fev. 1921. Intervenção de Dupré, p. 70-71.
[65] Ver, sobre esse assunto, Heuyer, "Psychoses passionnelles". *Sem. Hôp. Paris*, 15 maio-1º jun. 1928.
[66] Montassut, *La constitution paranoïaque*, tese, Paris, 1925.

falta de amor? Será o redobrar sobre si mesma de uma emotividade inibida? Um modo complexo do caráter ou uma perversão instintiva? A agressividade? Ou simplesmente a inadaptabilidade social? A superestimação de si terá o mesmo valor quando repousa em um defeito da autocrítica por hiperestenia fundamental e quando compensa um permanente sentimento de insegurança e de insuficiência?[67]

Tais dificuldades eclodem quando se trata, por exemplo, de aplicar a noção na criança.[68] Elas explicam a extrema dificuldade em tirar conclusões firmes das estatísticas dos diferentes autores sobre a existência da constituição paranoica na criança. Mas certamente essas próprias dificuldades tornam mais que duvidoso o valor constitucional do caráter assim definido.

As mesmas dificuldades são encontradas ao se aplicar a noção no próprio adulto. O último trabalho de conjunto sobre o tema, devido a Génil-Perrin, é característico nesse sentido.[69] A constituição paranoica começa com o delírio e assume uma extensão que lhe faz englobar as manifestações psicológicas ditas de bovarismo. Essa entidade, como sabemos, é devida a um filósofo psicólogo: Jules de Gaultier. Se é que se pode tomar uma entidade metapsicológica universal[70] como base de uma unidade descritiva, ficaremos mara-

---

[67] Não podemos, aqui, fornecer referências, elas seriam por demais numerosas. Esses conflitos de interpretação saltam, aliás, aos olhos de todos.

[68] Ver Heuyer e Gouriou, "Troubles du caractère chez l'enfant", *Journal Médical Français*, 1929; Dublineau, "L'enfant paranoïaque", *Sem. Hôp. Paris*, jul. 1932.

[69] Génil-Perrin, *Les paranoïaques*, Doin.

[70] A noção de bovarismo foi definida originalmente por Jules de Gaultier, como "o poder concedido ao homem de se conceber como outro que não é". *Le bovarysme*, p. 13, já citado.
Para se convencer de seu verdadeiro valor, basta dar uma olhada nos argumentos dos seguintes capítulos:
I – O bovarismo moral: ilusão do livre-arbítrio. Sua consequência: a responsabilidade. Ilusão da unidade da pessoa.
II – O bovarismo passional ou o gênio da espécie: o homem como presa da paixão do amor etc.
III – O bovarismo científico ou o gênio do conhecimento etc.
Na realidade, como indicamos em nosso Capítulo 2, trata-se, aí, de uma das funções essenciais da personalidade. Lévy-Valensi fez um estudo clínico de suas perturbações em diversas afecções mentais (ver *J. de Psychol.*, 1930, p. 189-299).

vilhados com o próprio autor[71] por ver reunidos, no mesmo quadro clínico, Madame Bovary e Homais, Dom Quixote e o Santo Antão de Flaubert, nossos delirantes e Prometeu! Com efeito, é com a evocação desse mito que o autor conclui sua obra, solicitando-nos a aí reconhecer o símbolo da mentalidade paranoica em suas formas elevadas. Não estaria aí antes o símbolo do próprio drama da personalidade?

Desse modo, o único ponto que une esses interpretadores, esses hipocondríacos, esses erotômanos, esses revoltados é que seus erros de pensamento e de conduta se inserem no desenvolvimento de uma personalidade atípica. O que possuem em comum tais personalidades? O tom de zombaria, pouco simpático ao doente, que reina no livro, pareceria indicar que se trata apenas de uma forma especial de debilidade mental. Certamente que não poderia se tratar daquela que se mede pelos métodos clínicos de testes. Por conseguinte, se fosse preciso defini-la, sem dúvida não se lhe encontraria outro critério do que esses juízos pejorativos, em que reações de origem essencialmente social, e por certo significativas, são exprimidas em termos de uma energia expressiva, mas de um valor analítico mais discutível.[72]

Assim, quanto ao valor da pretensa constituição paranoica, algumas reservas parecem se impor.

Ela certamente corresponde a uma certa realidade clínica.[73] Mas a observação mostra predisposições de caráter às vezes totalmente

---

[71] Génil-Perrin, *loc. cit.*, p. 260.

[72] Nosso autor (p. 213) escreve: "Ridículo, cômico... o paranoico, cuja presunção ultrapassa em muito os meios, e com o qual nos divertimos ao vê-lo como palhaço, estatelado na areia da pista..." (p. 215): "Meu Deus! não nos divertimos com Ícaro cujas concepções etc., mas começamos a nos divertir quando vemos um débil autodidata se atrelar a esse problema, muito tempo depois de ter sido assistido por técnicos competentes." Mais adiante, o paranoico é comparado em concorrência com Alceste e Sganarelle.

[73] Desculpamo-nos perante vários autores franceses que não pudemos citar: Vallon, *Délire de persécution, Délire chronique à base d'interprétation*, tese, Paris, 1909; "La discussion de l'entité de Sérieux et Capgras", por Binet, *Année Psychol.*, 1909 etc.

diferentes nos antecedentes dos delirantes. Inúmeros autores ressaltaram esse aspecto para daí deduzir sobre a natureza do delírio paranoico as concepções que agora passamos a estudar.

IV. Na psicogenia das psicoses paranoicas, a escola alemã se prende à determinação dos fatores reacionais. – Bleuler. – Progresso dessa determinação. – De Gaupp a Kretschmer e a Kehrer

Desde o recuo do quadro da paranoia diante da concepção kraepeliniana da demência precoce, é possível dizer que um movimento maior na Alemanha consagrou-se a fornecer uma concepção psicogênica das psicoses paranoicas. De início incerta em seus termos, essa concepção, graças aos trabalhos de Bleuler,[74] é atualmente indiscutível para um grande número de pesquisadores, tendo sido consagrada com a adesão explícita de Kraepelin, como demonstramos no início deste capítulo.

Ao contrário de Sérieux e Capgras, que relacionam a gênese do delírio às predisposições constitucionais do doente, Bleuler encontra sua explicação, a seu ver exaustiva, nas *reações do sujeito a situações vitais.*

Bleuler demonstra esses mecanismos reacionais mediante o estudo minucioso da vida do doente.[75] Com efeito, o doente está implicado em uma situação vital (sexual, profissional) que ultrapassa os

---

[74] E. Bleuler, *Affectivität, Suggestibilität, Paranoïa*, Ite Aufl. Carl Marhold, Halle, a S. 1906. O fato de que classifiquemos os trabalhos da escola de Zurique nessa parte de nossa exposição consagrada à escola alemã se explica pelo valor puramente linguístico que damos a esse termo (ver p. 53).

[75] Nas observações detalhadas que Bleuler fornece na 2ª edição de sua obra (Halle, 1926), notemos que, com uma exceção apenas, não se pode encontrar a constituição paranoica, ainda que em estado de esboço nos antecedentes. Ao contrário, o delírio é determinado e mantido por uma posição familiar ou social fecunda em conflitos. Esse é o caso da obs. I da fabricante da especialidade zuriquense de massa conhecida como *Hüpen.* Ou ainda o caso da obs. IV, tomada à obra de H. W. Maier citado mais adiante, sobre os delírios catatímicos. O caráter anterior é frequentemente indicado como ansioso, escrupuloso, tímido, isto é, na nota assinalada por Janet.

Concepções da Psicose Paranoica como Desenvolvimento de uma Personalidade   67

meios de se defrontar com ela e que toca sua afetividade de maneira profunda, frequentemente humilhando-o no plano ético. Ele reage como reagiria um sujeito normal, seja recusando a realidade (delírio de grandeza), seja relacionando seu fracasso a alguma maldade do exterior (delírio de perseguição). A diferença entre o paranoico e o normal está em que, se o indivíduo tão logo corrige suas ideias por influência de uma melhora relativa da situação ou de uma atenuação secundária da reação afetiva, o paranoico perpetua essa reação pelo fato de uma estabilidade especial de sua afetividade.[76]

Eis por que o estudo da paranoia se insere no primeiro plano de um estudo geral da afetividade normal e patológica. É nisso que reside o intento do livro inaugural de Bleuler sobre a questão. Ele consagra sua primeira parte à exposição de uma doutrina da afetividade (2. ed., p. 10-74). Essa exposição representa uma análise crítica muito rigorosa dos problemas suscitados pela noção de afetividade. Uma análise como essa, por numerosos que sejam os pontos deixados em suspenso, é preciosa. A noção de afetividade, que às vezes parece ser o fino da psiquiatria, nada perde de seu prestígio pelo fato de nela introduzirmos alguma precisão.

A afetividade se define, para Bleuler, por reações psíquicas, dotadas de uma tonalidade específica (alegria, tristeza), por sínteses de reações somáticas (secretória, cardíaca, respiratória), por sua ação sobre os mecanismos da associação de ideias (inibições, facilitações). Além disso, ela influi nas pulsões ativas (a ação podendo apresentar-se como negativa sob forma de perseveração); é a isso que Bleuler denomina ação *de circuito* da afetividade. Não nos estenderemos sobre os desenvolvimentos subsequentes, sobre a irradiação da afetividade, sobre sua durabilidade, sobre sua interação com os processos intelectuais.[77] De todos esses mecanismos ele

---

[76] Ver na obra citada o comentário da observação I, p. 112-116. Citamos doravante a segunda edição do livro.

[77] Assinalemos, no entanto, considerações muito interessantes sobre a natureza da atenção "que é apenas uma face particular da afetividade, e que não é outra coisa senão o que nós conhecemos dela no momento em que ela abre caminho a certas associações e entrava o de outras". Bleuler, *op. cit.*, p. 49.

estuda as variações no decurso das diversas afecções mentais. Em seguida, tenta definir seu fundamento biológico (p. 64-70). Afirma a conformidade tanto das definições psíquicas quanto das biológicas que ele apresenta dessa maneira com os conceitos isolados por Freud em uma experiência diferente (p. 70-74).

Insistamos apenas no fato de que a afetividade é isolada, por esse estudo, do conjunto indeterminado que a língua agrupa sob o nome de *sentimentos*. Estes podem ser associados às reações próprias da afetividade; eles não são de modo algum proporcionais à intensidade biologicamente definida dessas reações. Com efeito, designamos sob o nome de *sentimentos*:

a) uma multidão de processos centrípetos da ordem sensorial ou perceptiva (sentimento de esforço etc.);

b) formas de conhecimento indeterminado ou obscuro (intuição), de percepção interna (sentimento de segurança);

c) processos perceptivos intracentrais ligados a certos acontecimentos externos (sentimento de certeza, de credibilidade) ou ligados a certos acontecimentos internos (sentimento de tristeza, sentimento de cegueira) (op. cit., p. 10-20).

Bleuler agrupa nessa última classe em particular os *sentimentos intelectuais* tão finamente analisados por Janet.

O próprio Bleuler analisa de maneira muito cerrada o conceito empregado pelos psiquiatras, o de *sentimento de desconfiança*, e mostra que, longe de representar um processo afetivo original, ele consiste em um certo estado perceptivo indeterminado que pode assumir, segundo os casos, valores afetivos muito diversos (p. 17).

Destaquemos ainda um ponto da teoria. Os verdadeiros mecanismos da afetividade comportam dois tipos de reação: a reação *holotímica*, que consiste em variações gerais do humor (aquelas que, por exemplo, observamos na mania e na melancolia), e a reação *catacímica*,[78] ligada a certos acontecimentos de alcance vital e aos complexos representativos de que são o centro. Esses dois tipos de

---

[78] A noção é devida a H. W. Maier. Cf. H. W. Maier, "Über Katathyme Wahnbildung, und paranoïa", *Zschr.Gges. Neurol. Psychiatr.* bd 13, 1912.

Concepções da Psicose Paranoica como Desenvolvimento de uma Personalidade   69

reação interferem tanto no homem são quanto no enfermo, a cada momento da vida. Cada entidade mórbida pode ser caracterizada por certa predominância de uma dessas reações sobre a outra.

Na segunda parte do livro, Bleuler estuda a sugestionabilidade, considerando-a como certo aspecto das reações gerais da afetividade.

É na terceira parte que ele apresenta sua teoria da paranoia. Relatamos as suas conclusões:

"A tentativa", diz Bleuler,[79] "de fazer derivar o quadro da paranoia de um estado afetivo basal de natureza patológica até agora não teve sucesso. Especialmente a desconfiança, que seria o seu fundamento, nada possui de um estado afetivo verdadeiro. Do mesmo modo, ela não se apresenta em todas as formas da paranoia.

Uma perturbação geral e primária do humor não foi, em suma, demonstrada na paranoia. Indicações passageiras ou duradouras de variações do humor sobrevêm como nos normais. Mas elas não são o fundamento da doença, apenas momentos evolutivos que conferem certos matizes ao quadro desta; os estados afetivos que aí constatamos com clareza são efeitos secundários das ideias delirantes.

Não há mais fundamento para a existência na paranoia de um distúrbio geral da percepção ou da apercepção,[80] ou, ainda, de uma alteração geral das imagens da lembrança. Mesmo a hipertrofia do eu não está absolutamente demonstrada como um sintoma que seja regra na paranoia.

O que se nota como hipertrofia do eu, caráter egocêntrico, é em parte uma consequência do fato de que a paranoia comporta um complexo de representações, carregado afetivamente, que se mantém no primeiro plano da psique. Esse fato é observado entre os in-

---

[79] Bleuler, *op. cit.*, 2ª ed., Hall, p. 166-168.

[80] Bleuler faz, aqui, alusão à teoria refutada de Berze (*Über das Primärsymptom der Paranoïa*, 1893), segundo a qual os paranoicos apresentariam um distúrbio da apercepção, distúrbio que lhes tornaria difícil a elevação à consciência de um conteúdo psíquico. Dessa fraqueza da "apercepção ativa" resultaria um estado de sofrimento que abriria a via à formação do delírio de perseguição (ver Kraepelin, *Lehrbuch*, p. 1.765).

divíduos normais que, por uma razão afetiva qualquer ou em virtude de um complexo, se fixaram em certas ideias determinadas. É a esse complexo que, na paranoia, vão se ligar de maneira prevalente não só os acontecimentos cotidianos, como também os menos habituais. Na medida em que muitas coisas que não têm a menor relação com o doente são, assim, falaciosamente, relacionadas com o complexo, aparece o delírio de relação. Na medida em que é preciso que todos os complexos carregados afetivamente tenham uma relação próxima ao eu, o eu é impulsionado para o primeiro plano, fato ao qual o termo hipertrofia do eu não é, de modo algum, apropriado. Além disso, todo paranoico possui aspirações e desejos que ultrapassam os limites de seu poder: e isso também não deve ser relevado como uma hipertrofia do eu.

O exame mais rigoroso da origem do delírio mostra que, sob a influência de um estado afetivo crônico (do estado afetivo que corresponde ao complexo nomeado), os erros se originam consoante um mecanismo em tudo similar àquele observado em pessoas sãs, quando uma paixão as toma. O elemento patológico consiste em que esses erros permaneçam impossíveis de corrigir e se estendam por propagação.

Tal comportamento supõe estados afetivos com muito forte *ação de circuito* e que possuem uma grande estabilidade, ultrapassando a resistência das funções lógicas.[81] Desse modo, as associações que correspondem ao estado afetivo se beneficiam de facilitações excessivamente poderosas e duradouras, aquelas que se lhe opõem são entravadas; daí resulta um certo enfraquecimento lógico, mas, antes de tudo, relações pessoais falsificadas e ilusões da memória. O eufórico vê nisso seus desejos satisfeitos no delírio de grandeza; o sujeito de humor normal e o depressivo, que se encontram no caso de sentir a própria insuficiência para atingir seus fins, encontram

---

[81] Essa resistência das funções lógicas, em outras palavras, a ausência de distúrbios dissociativos (ver p. 111-112), é, no entanto, uma condição necessária à formação do delírio. Cf. Bleuler, "Störung der Assoziations pannung usw", *Allg. Zschr. f. Psychiatr.*, 74, 1918).

Concepções da Psicose Paranoica como Desenvolvimento de uma Personalidade **71**

nisso uma consolação mediante o rodeio com que os mecanismos afetivos excluem da consciência a representação insuportável da própria fraqueza, e com que eles chegam em seguida, no delírio de perseguição, a transferir as causas de seu fracasso para o mundo exterior; na luta que empreende contra este último, o doente não mais necessita rebaixar sua autoestima, podendo, ao contrário, exaltá-la da maneira mais direta ao assumir a posição de quem luta pelo direito. O caráter invasivo comparável ao câncer e a incurabilidade do delírio são determinados pela persistência do conflito entre o desejo e a realidade".

Tais conclusões são complementadas pela resposta dada por Bleuler às teorias opostas que exporemos no próximo capítulo e, como veremos, pela concessão de um papel eventual a ser atribuído aos mecanismos esquizofrênicos em certos delírios.

O fundo da doutrina conclui rigorosamente pela psicogênese da paranoia. Esta, antes de mais nada, depende de uma situação, à qual o doente reage mediante a psicose, e do conflito interno entre uma inferioridade sentida e uma exaltação reativa do sentimento de si, sendo tal conflito naturalmente exacerbado pelas circunstâncias externas.

Bleuler, entretanto, deve admitir, ao lado dessas condições eventuais, certas predisposições, tais como: uma afetividade de forte *ação de circuito*; uma *estabilidade* das reações afetivas; e uma *resistência* proporcional das funções lógicas.

A doutrina, portanto, conserva alguns dados próximos às concepções da constituição. Esses dados são aqui tanto mais sólidos quanto são os resíduos de uma análise psicológica levada o mais longe possível. De resto, os acontecimentos e as situações vitais não têm pouca importância nessas formações predisponentes.

Veremos como os trabalhos alemães vão se engajar na via aberta com tanta ousadia por Bleuler. No entanto, antes de deixá-los, notemos sua concordância com a concepção central de Kraepelin, a da paranoia como afecção *crônica*.[82]

---

[82] Cf. Bleuler, *op. cit.*, 2ª ed., *Der paranoïa begriff*, p. 154-163.

A partir de Bleuler, numerosos trabalhos na Alemanha foram consagrados à psicogênese das psicoses paranoicas. Insistamos neste ponto em que, desde a origem, os autores alemães reconheceram uma grande diversidade de disposições do caráter nos delirantes. Zichen tinha descrito uma paranoia dos neurastênicos. Tiling[83] classifica segundo três tipos diferentes as disposições de caráter anteriores ao delírio paranoico.

Dentre eles, alguns autores ressaltaram especialmente a predisposição ao delírio que Janet descobrira nos psicastênicos (ver anteriormente). Esses autores, além disso, atribuem uma evolução relativamente boa a tais delírios e os consideram como curáveis.

Devemos insistir sobre os casos assim descritos, que em seguida ocuparam o primeiríssimo plano da clínica e da doutrina psiquiátrica na Alemanha.

Devemos considerar, além disso, o problema nosológico colocado pela evolução curável.

Desde 1905, Friedmann[84] chama a atenção para um certo número de casos que ele designa como um subgrupo da paranoia de Kraepelin. Nesses casos, o delírio aparece claramente como uma reação a um acontecimento vivido determinado e a evolução é relativamente favorável. Ele os denomina *paranoia benigna* e indica três traços de caráter, próprios a tais sujeitos: eles são "sensíveis, tenazes, exaltados".

Em 1909, Gaupp dá o nome de "paranoia abortiva"[85] a delírios de perseguição que, nos melhores casos, podem ser curados; e a

---

[83] Cf. Tiling, "Zur Paranoïafrage", *Psychiatr. Wschr.*, nº 43-44, 1902. Esses três tipos são representados por um grupo em que se notam orgulho, obstinação, presunção, sentimento acentuado de seu valor, humor combativo e resoluto, caráter vingativo e rancoroso; por outro em que se notam ambição, orgulho, confiança em si; no terceiro, domina uma disposição afetiva ansiosa hipocondríaca, pusilânime e frouxa.

[84] Friedmann, "Beiträge zur Lehre von der Paranoïa", *Mschr. Psychiatr.*, bd. 17, maio/jun. 1905, nᵒˢ 5 e 6, 467.

[85] No congresso dos médicos alienistas do sudoeste da Alemanha, ocorrido em Heilbronn e Weinberg, a 6 e 7 de novembro de 1909.

Concepções da Psicose Paranoica como Desenvolvimento de uma Personalidade 73

descrição magistral[86] que nos dá a respeito mostra-nos a evolução de um delírio paranoico em um terreno tipicamente psicastênico. "Trata-se",[87] escreve, "de homens instruídos, em uma idade entre 25 e 45 anos, que sempre se mostraram com humor benevolente, modesto, pouco seguros de si, antes ansiosos, muito conscienciosos, escrupulosos até, em suma, aparecendo em toda sua maneira de ser semelhantes aos doentes que sofrem de obsessões. Naturezas ponderadas, voltadas para a crítica de si mesmo, sem nenhuma superestimação de si, sem humor combativo. Neles se instala de maneira inteiramente insidiosa, sobre a base de uma associação específica mórbida e, na maioria dos casos, em um vínculo temporal mais ou menos estreito com um acontecimento vivido de forte carga afetiva, um sentimento de inquietação ansiosa com ideia de perseguição; com isso existe uma certa consciência da enfermidade psíquica; eles se queixam de sintomas psicastênicos. Esses seres, de natureza moralmente delicada, indagam primeiro se seus inimigos de fato não têm razão de pensarem mal a seu respeito, mesmo que não tenham dado lugar, por sua conduta, a uma crítica maliciosa ou a uma perseguição policial, senão judicial. Mas não aparece nenhum estado melancólico, nenhum delírio de autoacusação; ao contrário, surgem ideias de perseguição com uma significação sempre mais precisa, bem fundamentadas logicamente e coerentes; que se orientam contra pessoas ou corpos profissionais determinados (a polícia etc.). O delírio de relação não se estende a todo o meio ambiente; desse modo, por exemplo, o próprio médico nunca será incluído na formação delirante, no decurso de uma estada de vários meses na clínica; ao contrário, o doente sente certa necessidade do médico, porque a segurança de que nenhum perigo o ameaça e de que, na clínica, ajuda e proteção lhe são garantidas por vezes age sobre ele de maneira apaziguadora. Uma conversa séria com o médico pode

---

[86] Gaupp, "Über paranoïsche Varanlagung und abortive Paranoïa", *Allg. Zschr. f. Psychiatr.*, 1910, p. 317.

[87] Nós traduzimos uma exposição analítica do *Neurol. Zbl.*, 16 dez. 1909, nº 24, p. 1.310-1.312.

aliviá-lo por algum tempo, mas certamente não de maneira duradoura. Às vezes, fazem algumas concessões e admitem que se trata de uma desconfiança patológica, de uma particular associação mórbida; mas novas percepções no sentido do delírio de interpretação trazem, então, precisamente um novo material ao sistema de perseguição. Com o progresso da afecção ansiosa, desconfiada, que evolui segundo grandes oscilações, as ideias de perseguição se tornam mais precisas e ocasionais ilusões sensoriais reforçam o sentimento de sua realidade. Em momentos mais calmos, mostra-se uma certa lucidez sobre as ideias de perseguição anteriores: 'Por conseguinte, eu evidentemente imaginei isso'; desse modo, a enfermidade continua durante anos, ora em remissão, ora exacerbando-se; sempre persiste o fundo de humor de pusilanimidade ansiosa e o doente é dominado por esta reflexão: 'Em que eu mereci essas marcas de hostilidade?' É apenas de maneira passageira que ele chega a se revoltar contra essa tortura eterna, ou até a se defender contra a agressão delirante. Jamais arrogância, nem orgulho, jamais ideias de grandeza, elaboração inteiramente lógica das ideias mórbidas de relação, nenhum traço de debilidade, uma conduta inteiramente natural. Os enfermos, que chegam livremente na clínica e a deixam de acordo com sua vontade, possuem até o fim a maior confiança no médico, gostando de voltar a consultá-lo quando, na prática de sua profissão, se sentem novamente perseguidos e importunados. Chegam então com a seguinte pergunta: 'Será que isso realmente não passa de imaginação?' Com muita frequência, não se constata uma progressão clara da afecção, embora nem sempre seja assim. Em um caso observado, as associações mórbidas típicas existem há 12 anos, embora nenhum sistema delirante rígido se tenha constituído; trata-se bem antes de ideias de perseguição que variam em força; com isso, o doente é capaz de atuar na profissão em que está empregado. Em períodos relativamente bons, sempre se faz valer de uma semiconsciência da enfermidade; a ideia prevalente não domina o sujeito inteiramente como ocorre no delírio de reivindicação. Em todos os casos, a disposição depressiva escrupulosa existia desde sempre; assim sendo, trata-se de um quadro delirante characterogê-

Concepções da Psicose Paranoica como Desenvolvimento de uma Personalidade 75

nico que, de certa maneira, é simétrico ao quadro delirante caracterogênico[88] colorido de mania, de tantos querelantes."

Com a introdução de tais casos, o quadro da paranoia, assim como o campo oferecido ao estudo de seus mecanismos, se amplia. Muitos desses casos de evolução benigna, remitente ou mesmo curável, não chegam com efeito ao asilo, mas são bem conhecidos do ambulatório médico de cidade.

No entanto, coloca-se a questão de saber se se devem admiti-los no quadro kraepeliniano.[89]

Devemos logo observar que o próprio Kraepelin, em sua edição de 1915, admite casos curáveis no quadro por ele descrito. "Em princípio", escreve, "quase não se pode discutir a possibilidade de que a evolução dessa afecção, em um caso dado, não vá além do período premonitório em que o quadro delirante ainda oscila".[90]

Mais adiante:[91] "Não se pode opor nenhuma objeção fundamental à produção de uma paranoia benigna, psicogênica, com saída para a cura. Dever-se-ia apenas admitir que, nesse caso, persiste uma paranoia *latente* que não conduz ao delírio em todas as conjunturas, mas apenas em certas ocasiões particulares; compreende-se, assim, que o delírio retorne a um estado de acalmia, quando a ocasião é liquidada ou seus efeitos compensados. Qualquer outro

---

[88] Notemos que Gaupp fala de delírio *caracterogênico*, mas não toma partido no problema da psicogenia do delírio. Isso não nos parece suficiente, no entanto, para admitir, com Bouman, que seja preciso conceber a descrição de Gaupp como se aplicando a *processos*, que os traços do caráter anterior apenas coloririam. Ver Bouman, *Psychiatrische en Neurologische Bladen*, Jaargang 1931, nº 3, p. 55. Ver também Kretschmer, obra citada mais adiante.

[89] Para resolver essa questão, Bleuler forneceu esse critério de que a "paranoia é um conceito de entidade mórbida, na medida em que todos os casos são semelhantes sintomaticamente, que em todos os casos um sistema delirante semelhante nasce seguindo as mesmas vias, e que eles têm praticamente a mesma significação" (Bleuler, *op. cit.*, p. 163). Esse critério deve nos levar a uma conclusão conforme o acordo atualmente adquirido da maioria dos psiquiatras alemães (ver mais adiante, Lange).

[90] *Lehrbuch*, p. 1.723.

[91] *Lehrbuch*, p. 1.769.

acontecimento vital ulterior poderia, então, desencadear a doença de maneira análoga. Teríamos, desse modo, de lidar antes com uma tendência duradoura do delírio, com etapas delirantes isoladas, e não, como na paranoia expressa, com uma grande reviravolta, inexorável em seu progresso, do conjunto da visão sobre as coisas segundo uma determinada orientação delirante."

De resto, esses casos benignos possuem, por um lado, manifestações duradouras e, por outro, uma evolução suficientemente isenta de qualquer elemento confusional, de qualquer variação ciclotímica, uma etiologia suficientemente desprovida de qualquer contribuição tóxica ou infecciosa, de qualquer determinação endócrina ou involutiva, para não colocar novamente a questão da paranoia aguda. Com efeito, sabemos que Kraepelin recusa qualquer autonomia a tal entidade, agrupando os casos que se relacionam com ela como formas delirantes puramente sintomáticas.[92]

Quaisquer que sejam as opiniões kraepelinianas, conhecemos agora as particularidades da evolução da paranoia crônica, de suas oscilações sintomáticas iniciais, dos surtos sucessivos que se produzem ainda em seu período de estado, de sua normal finalização em

---

[92] *Lehrbuch*, ver, na p. 1.778, a distinção que ele faz entre esses dois tipos de manifestações clínicas. Nós não podemos fazer, aqui, uma exposição histórica completa da questão da paranoia aguda. Ela pode parecer, com efeito, resolvida pelo desempate etiológico de Kraspelin. Lembremos que os pontos de vista fundamentais sobre a questão são dados pela célebre décima sexta lição de Seglas (*Leçons cliniques*, Paris, 1895) e na Alemanha pelo debate entre Thomsen, partidário da paranoia aguda (Thomsen, "Die akute Paranoïa", *Arch. f. Psychiatr.*, v. 45, nº 3) e Kleist que a recusa ("Die Streitfrage der akuten Paranoïa", *Zschr. ges. Neurol. Psychiatr.*, v. 5, p. 366, 1911).

Ler, ainda, o artigo muito interessante de Trénel, "Note sur la paranoïa aigüe", A. M. P., 1910, XII, p. 446. Vê-se bem aí, apesar da crítica kraepeliniana, que a questão continua pendente. Atualmente, ela está ligada à concepção tão discutida das *bouffées* delirantes ditas dos degenerados.

Observemos que a concepção de uma base degenerativa, para certas psicoses de episódios mais ou menos agudos e polimorfos, nunca cessou de ter seus seguidores mesmo na Alemanha. Cf. Bonhöffer, *Klin. Beiträge zur Lehre der Degenerationspsychosen*, Halle, 1907, e os trabalhos de Birnbaum (ver nota 131 adiante), de Bornstein, Luther, Kutner.

Concepções da Psicose Paranoica como Desenvolvimento de uma Personalidade   77

uma forma residual,[93] afinal e sobretudo, de suas possibilidades de atenuação,[94] de adaptação,[95] de desarmamento;[96] e todos esses fatos eliminam qualquer repugnância de nossa parte em lhes assimilar os casos ditos abortivos ou curáveis: com efeito, ressaltamos neles a mesma etiologia, os mesmos modos de surgimento, os mesmos sintomas e a mesma estrutura.

Lange, em um notável estudo publicado em 1924, faz uma espécie de revisão geral dos casos clínicos apresentados, desde Kraepelin, sob o título de paranoia. Ele próprio apresenta o material clínico formidável do asilo de Münich-Schwabing. Esse material compreende nada menos que 91 casos. Sua conclusão é de que há extrema raridade da paranoia crônica, tipo Kraepelin,[97] e que é legítima a assimilação dos casos ditos curáveis ao grupo kraepeliniano. Admite a unidade nosológica do conjunto assim constituído. Isso não só pelo exame das próprias observações, mas também depois de um estudo estatístico das correlações entre os diversos períodos de declínio, por um lado, e, por outro, os conteúdos delirantes, os acontecimentos determinantes, as diferenças caracterológicas, os coeficientes orgânicos e as concomitâncias psicopatológicas. Ele conclui: "Uma olhada panorâmica sobre essas correlações nos permite responder com um *sim* sem reservas à questão de saber se as formas evolutivas particulares podem ser consideradas sob um ângulo comum...

---

[93] Cf. a descrição por Kraepelin (*Lehrbuch*, p. 1.754) desse estágio terminal da doença, em que a convicção parece se estender ao ponto de ser sem nenhuma virtualidade ativa e de parecer totalmente verbal; ela se transpõe sobre um plano de resignação superior.

[94] Ver em Sérieux e Capgras, p. 168-206, as formas "frustras": delírio de suposição (já descrito por Tanzi), delírio de interpretação atenuado que se aproxima dos casos de Friedmann, variedade resignada enfim, compatível com uma vida completa (Rousseau).

[95] Ler o artigo de A. Marte e Vigouroux. "Quels malades faut-il placer dans les familles?". *Rev. Psychiatr.*, p. 14-50, 1900.

[96] Lembrar-se do dito de Tanzi: "o paranoico não sara, ele se desarma".

[97] Ver Lange "Über die Paranoïa und die paranoïsche Veranlagung", *Zschr. ges. Neurol. Psychiatr.*, nº 94, p. 85-152, 14 ago. 1924. Ver, sobre esse problema em particular, p. 98-116.

Com efeito, não podemos, em nenhuma parte, traçar uma delimitação clara entre essas formas, nem do ponto de vista clínico e descritivo, nem tentando distinguir formas evolutivas particulares a partir do conteúdo delirante, nem a partir das experiências determinantes (*Erlebnis*), não mais que segundo a estrutura do caráter... ou por qualquer outro dado mais contingente."[98]

Uma vez precisados esses pontos de nosografia, prossigamos nosso estudo da evolução das teorias psicogênicas dessas psicoses na escola alemã.

Vimos o valor *caracterogênico* da concepção de Gaupp. Não importando o que se tenha de pensar sobre esse termo,[99] vamos ver a concepção bleuleriana do mecanismo reacional da psicose prevalecer em Kretschmer no estudo dessas psicoses dos psicastênicos e tomar a frente com relação a todo fator de predisposição caracterológica.

Kretschmer,[100] dentre os delírios paranoicos, pretende isolar "um grupo absolutamente caracterizado por suas causas, sua forma

---

[98] Ver Lange, art. cit., p. 116.

[99] Ver nota 88 anteriormente. Na verdade, Gaupp não indica por *caracterogênico* nada mais que Krafft-Ebbing ao empregar o mesmo termo. (Ver mais acima nossas considerações sobre Krafft-Ebbing, p. 47-49.) Heilbronner também empregava esse termo, em um sentido igualmente malprecisado; da mesma forma Friedmann aquele de endógeno.

Com H. Wilmans, de Heidelberg, as distinções se fazem mais precisas. Este, com efeito, traz ao congresso dos neurologistas e dos alienistas do sudoeste da Alemanha, realizado em Baden-Baden a 22 e 23 de maio de 1909, uma comunicação sobre a "Situation clinique de la paranoïa", em que ele conclui "que o delírio de querulência e uma parte da paranoia verdadeira de Kraepelin não são distúrbios do espírito endógenos, desenvolvendo-se a partir de causas internas, a partir de um caráter que progrediria da mesma forma sob todas as circunstâncias, não são doenças propriamente ditas, quer dizer, manifestações de uma doença cerebral que progrediria da mesma forma sob todas as circunstâncias, não são doenças orgânicas, mas, antes, desenvolvimentos mórbidos desencadeados por um acontecimento vivido mais ou menos carregado de afetividade sobre uma certa predisposição depressiva". (In: *Neurol. Zbl.*, nº 12, p. 661, 16 jun. 1909.)

[100] Kretschmer, *Der sensitive Besiehungswahn*, 1ª ed., Berlim, Springer, 1918. Nós citaremos a 2ª edição melhorada e aumentada, de 1927.

Concepções da Psicose Paranoica como Desenvolvimento de uma Personalidade　79

e sua evolução". Denominou-o *Sensitive Beziehungswahn*, termo que podemos traduzir por "delírio de relação dos sensitivos".

Sua análise se relaciona apenas a uma variedade clínica da paranoia, mas ele a considera como um modelo válido para outras formas, cujos quadros indica.

Estudemos com Kretschmer, portanto, o *delírio de relação dos sensitivos.*

Nosso autor não deixa de admitir uma base biológica para tal psicose. Assim é que ele nota a hereditariedade psicopática sempre acentuada desses sujeitos, e a disposição congênita a apresentar sintomas de esgotamento nervoso,[101] tanto em virtude do trabalho quanto dos estados afetivos. Mas toda a manifestação clínica do delírio, suas *causas*, seus *sintomas* e sua *evolução* estão presos a determinações puramente psicogênicas. É o que demonstra Kretschmer.

Nas causas determinantes do delírio, Kretschmer distingue três elementos: o *caráter*, o *acontecimento vivido*, o *meio* (social).

O caráter corresponde ao tipo designado por Kretschmer com o termo *sensitivo*; o delírio descrito tira o seu nome dele.

O caráter sensitivo, diz-nos Kretschmer, nada possui de um estado inato e fixo, de um estado constitucional; é uma disposição adquirida no decorrer da evolução e em que certos traumas afetivos determinantes[102] desempenham o maior papel.

---

[101] Kretschmer, op. cit., p. 148. Essa síndrome *de esgotamento nervoso (Erschöpfung)* não se confunde com a síndrome neurológica da neurastenia. Ela designa particularmente a fraqueza da energia em se desdobrar nas condutas complexas e nos acontecimentos de alta carga afetiva. Vê-se quanto essa concepção se aproxima daquela de Janet (ver capítulo seguinte) (Kretschmer, *op. cit.*, p. 22-23).

[102] Sobre o caráter sensitivo e sua disposição às *representações obsedantes*, Kretschmer escreve (*op. cit.*, p. 33): "Essa tendência não é um mecanismo psíquico inato, autônomo, que já teria uma significação fisiológica e estaria mais ou menos exagerado no mórbido; desse ponto de vista ela deveria entrar nas malformações psíquicas. Nós não o consideramos como alguma coisa que é constituída, mas que se desenvolve, e, para ser mais preciso, que se desenvolve segundo um modo psicopático *reativo* a partir do caráter e dos acontecimentos da vida." Nada está em melhor acordo com nossas observações (ver Capítulo 2, p. 38) sobre as necessidades estruturais de toda teoria da personalidade (ver nota 41, Capítulo 2, sobre Kretschmer). Ver também a distinção entre temperamento e caráter, Ewald, *Temperament und Charakter*, Berlim, 1924.

Foram os dados psiquiátricos que permitiram definir esse caráter dentre quatro tipos caracterológicos homólogos. Os três outros tipos são:

1. O *caráter primitivo*, com tipo de reações primárias, de curto-circuito, em que a afetividade se libera em atos impulsivos. Aqui se colocam numerosos "degenerados perversos".

2. O *caráter expansivo*, que, entre outros traços, se distingue por sua reação explosiva a uma certa acumulação da carga afetiva. Ele é, de certo modo, a imagem inversa do sensitivo.

3. O *caráter astênico puro*, que, se se quiser, está para o sensitivo assim como o primitivo está para o expansivo e se distingue por uma atonia reacional completa.

Observemos que esses tipos são definidos não por reações elementares a estímulos experimentais, mas por reações psíquicas totais aos acontecimentos, queremos dizer, aos acontecimentos vividos (*Erlebnis*) em todo seu alcance vital e valor significativo.[103]

O tipo sensitivo de que nos ocupamos é definido, ele também, por reações próprias em relação a acontecimentos de forte carga afetiva: essa reação na ordem do comportamento se distingue por uma *falha de condução* que detém a descarga pela ação; a essa parada corresponde a *repressão* (*Verhaltung*) na consciência das representações correspondentes. Essa *repressão*[104] nada mais é do que a exacerbação da função de *retenção* (*Retention*) dos complexos ideoafetivos na consciência. A representação do acontecimento e o estado afetivo desagradável que está ligado a ela tendem a se reproduzir indefinidamente *na consciência*. Assim sendo, esse modo

---

[103] Os conceitos funcionais que são a base da teoria kretschmeriana do caráter: *capacidade de impressão* (Eindrucksfähigkeit), *capacidade de retenção* (Retentionsfähigkeit), *atividade intrapsíquica* (intrapsychische Aktivität) e *capacidade de condução* (Leitungsfähigkeit), "nada têm a ver", escreve Kretschmer, "com os elementos fundamentais obtidos artificialmente pelas análises da psicologia teórica; eles se relacionam às unidades complexas da vida psíquica real, quer dizer, às percepções unidas às emoções, às lembranças, à reflexão e à direção voluntária, aí compreendidos os sintomas corporais de descarga voluntária e afetiva" (Kretschmer, *op. cit.*, p. 21).

[104] *Ibid.*, p. 33.

reacional da *repressão* é completamente oposto ao do *recalcamento* que na histeria, por exemplo, repele a "lembrança" penosa para o inconsciente.[105]

Enquanto Janet, na neurose obsessiva, vê antes de mais nada *mecanismos* fundados em insuficiências fisiológicas, Kretschmer aí reconhece[106] um *desenvolvimento* determinado pelos acontecimentos da vida, principalmente aqueles que têm alcance ético, acontecimentos da vida sexual ou profissional. É sob influência deles que o sujeito forma seu tipo de reação pessoal; que, da reação banal da ansiedade,[107] ele passa à representação obsedante, e depois, por uma espécie de sensibilização aos choques banais, à neurose obsessiva. A representação consciente do trauma inicial transforma-se em representações parasitárias (*Fremdkörperbildung*), que lhe foram associadas, mas que não têm com ela mais nenhum elo significativo. Eis aí o mecanismo da *inversão*. Kretschmer apresenta em apoio de sua teoria o relato de casos de obsessões hipocondríacas; esses casos legitimam sua conclusão de que, frequentemente, há menos distância da obsessão ao delírio do que de um delírio a outro.

Enquanto esses mecanismos representativos dominam nos obsessivos, nos delirantes sensitivos, ao contrário, prevalecerão as insuficiências afetivas e ativas, apenas esboçadas nos primeiros.

Se, com efeito, se classificam os estados afetivos em *estênicos* e *astênicos*, segundo sua intensidade, duração e capacidade de exteriorização, pode-se constatar nos sensitivos uma curiosa mistura de tendências estênicas (intensidade dos sentimentos interiorizados) e astênicas (dificuldade de exteriorização, falha de condução, retenção e repressão). Estas últimas dominam, mas ao preço de uma viva tensão que produz a superestimação estênica dos fracassos, de ordem ética. É essa *tensão*[108] que constitui o fator psicológico

---

[105] *Ibid.*, p. 37-38. Kretschmer reprova a Freud não ter sabido reconhecer no estudo dos obsedados a distinção desses dois mecanismos.

[106] *Ibid.*, p. 33-40.

[107] *Ibid.*, ler, p. 33, a análise muito aguda do comportamento do escrupuloso ansioso simples.

[108] Kretschmer, *op. cit.*, p. 148.

determinante nos delirantes sensitivos; estes são, em suma, completamente subjugados pelas tensões sociais e éticas, onde havíamos visto um componente essencial da personalidade.

O conflito essencial nesses sujeitos é, com efeito, formado pelo sentimento experimentado de sua inferioridade na ordem ética, sentimento que vem reavivar cada fracasso vital e que a *repressão* incessantemente reanima na consciência. Daí resulta uma exaltação puramente reacional do amor-próprio, inteiramente diferente da exaltação primária do amor-próprio no sujeito estênico.[109]

Por conseguinte, o sensitivo se distingue do expansivo pela inferioridade considerável de sua força psíquica e pelo conflito interior resultante do fato de suas predileções éticas; essa estrutura "se compreende por si mesma", diz Kretschmer,[110] que assim recorre diretamente às *relações de compreensões*.

Esses sujeitos de tipo sensitivo, Kretschmer os descreve como mostrando, por um lado, "uma extraordinária impressionabilidade, uma sensibilidade extremamente acessível e vulnerável, mas, por outro lado, certa dose consciente de ambição e de tenacidade. Os representantes acabados desse tipo são personalidades complicadas, muito inteligentes, dotados de um alto valor, homens de fina e profunda sensibilidade, de uma ética escrupulosa e cuja vida sentimental é de uma delicadeza excessiva e de um ardor todo interiorizado; são vítimas predestinadas de todas as durezas da vida. Encerram profundamente neles próprios a constância e a tensão de seus sentimentos. Possuem capacidade refinada de introspecção e de autocrítica. São muito suscetíveis e obstinados, mas, com isso, particularmente capazes de amor e de confiança. Têm por eles próprios uma justa autoestima e, no entanto, são tímidos e muito inseguros quando se trata de se mostrar, voltados para si e no entanto abertos e filantropos, modestos mas de uma vontade ambiciosa, possuindo, de resto, altas virtudes sociais".[111]

---

[109] *Ibid.*, p. 24.

[110] *Ibid.*, p. 39.

[111] Kretschmer, *op. cit.*, p. 148. Todas as traduções que damos do alemão são pessoais. Elas almejam, antes de tudo, a exatidão.

Concepções da Psicose Paranoica como Desenvolvimento de uma Personalidade   83

Fica ressaltado claramente nessa descrição que o caráter sensitivo não pode ser considerado como uma disposição constitucional ou afetiva simples, mas representa uma personalidade em toda a sua complexidade. Foi para sublinhar esse ponto que nos demoramos um pouco aí.

O segundo elemento descrito por Kretschmer na etiologia da psicose é um certo *acontecimento;* ademais, ele é essencialmente caracterizado pelo modo como é vivido, e isso está expresso diretamente pelo termo alemão *Erlebnis*, que se opõe a *Geschehnis* e que é traduzido com muita exatidão por um dos sentidos da palavra *experiência*. A experiência original que determina a psicose é aquela que revela ao sujeito "sua própria insuficiência, humilha-o no plano ético". O sentimento de fracasso moral conduz o sensitivo "com sua falta de um egoísmo robusto, sua profundidade e delicadeza de sentimentos, sua vida interior conscienciosa, a um conflito consigo mesmo, e o arrasta inexoravelmente sempre mais adiante em lutas internas tão inúteis quanto secretas.

Sob a influência do retorno obsessivo da série de representações reprimidas, uma tensão sentimental que chega ao desespero desemboca em uma reação crítica em que a experiência primária se cristaliza em um *delírio de relação* que representa manifestamente a marca externa do desprezo interno de si mesmo. A interação do caráter e da experiência representa, no delírio de relação sensitivo, a causa essencial da doença".[112]

Dentre os fatos capazes de provocar tal experiência, Kretschmer coloca em primeiro plano os conflitos éticos de ordem sexual (conflitos de consciência dos masturbadores; amor tardio das solteironas; queda em uma perversão combatida). Mas eles não têm papel exclusivo: em certos casos, por exemplo, são os fracassos profissionais que desempenham o papel determinante.

O terceiro fator etiológico é o *meio* social. Ele age na eclosão da doença "segundo uma fórmula única: tensão do amor-próprio em

---

[112] Kretschmer, *op. cit.*, p. 149.

uma situação opressora".[113] Esta é, por exemplo, segundo Kretsch-mer, a situação das "moças celibatárias que têm uma atividade profissional", das "solteironas provincianas à antiga", dos "autodidatas ambiciosos oriundos do proletariado".[114] A situação mais típica é "a situação social e espiritual, tão ambígua, do professor primário, fértil em pretensões e que, no entanto, não recebe nenhuma consagração, colocada em um plano superior e todavia mal assegurada por uma formação espiritual incompleta".

Kretschmer termina esse exame da *etiologia* da psicose concluindo que o delírio se origina da "ação cumulativa de experiências típicas sobre uma disposição de caráter típica, com a frequente contribuição de uma constelação social típica". E acrescenta: "Quando esses três fatores psicológicos acarretaram uma *repressão* mórbida, então o fator biológico do esgotamento (ver anteriormente) concorre essencialmente para o desencadeamento da doença, assim como, inversamente, o estado de fadiga neurastênica pode facilitar, em primeiro plano, o aparecimento de *repressão* nos caracteres sensitivos."[115]

Acabamos de ver os três fatores psicológicos que dominam a etiologia. Passemos ao estudo dos sintomas.

Sobre a semiologia, Kretschmer escreve: "O núcleo do quadro mórbido é um delírio de relação concêntrico, fundado em uma base afetiva que apresenta todos os graus da insegurança humilhante à autoacusação ressentida até o desespero. Toda a semiologia se prende a três motivos:

1. O conteúdo representativo e o estado afetivo, durante o período de estado da doença, ficam absolutamente centrados em torno da experiência patogênica.

2. Os sintomas da psicose sensitiva representam o efeito exaltado das propriedades do caráter sensitivo.

---

[113] *Ibid.*, p. 150.
[114] *Ibid.*, p. 150.
[115] *Ibid.*, p. 150.

Concepções da Psicose Paranoica como Desenvolvimento de uma Personalidade 85

3. O quadro mórbido é frequentemente colorido por sintomas de esgotamento."[116]

Retomemos com Kretschmer esses três pontos:

"1. A experiência decisiva com a situação vital que a subtende é simplesmente tudo. Se a suprimíssemos, a doença ficaria reduzida a nada. Ela forma, por sua repetição na obsessão, o objeto sempre novo dos remorsos depressivos, dos temores hipocondríacos..., dos acessos de ansiedade e de desespero, dos vãos esforços da vontade; ela é a fonte do humor e o objetivo dos pensamentos; todas as ideias de prejuízo e de inquisição pela família e pelos colegas, pelo público e pelos jornais, todas as angústias de perseguição provocadas pela polícia e pela justiça provêm desse acontecimento inicial e a ele retornam."[117]

2. Todos os traços da personalidade sensitiva encontram-se exagerados no delírio e explicam os próprios conteúdos deste, as oscilações da convicção (flutuações entre a representação obsessiva e a convicção delirante), a intensidade afetiva dos paroxismos, a ausência ordinária de reações agressivas, seu caráter apenas defensivo nos casos puros, a ênfase hipocondríaca do quadro, a amargura sentida em relação à própria inutilidade, o esforço no sentido do restabelecimento e a confiança do apelo ao médico.

No desenvolvimento desses sintomas, entram em jogo os mesmos mecanismos de *repressão* e de *inversão* que Kretschmer descreve no neurótico, mas, enquanto no último o processo da inversão desemboca na formação de um complexo representativo na consciência, que está apenas associado ao complexo do trauma inicial e é sentido como parasitário, no psicótico, o mesmo mecanismo, projetando um complexo de formação análoga no mundo externo, realiza contra o sentimento de insuficiência ética uma defesa "bem superior à primeira".[118]

---

[116] Kretschmer, *op. cit.*, p. 151.

[117] *Ibid.*, p. 151.

[118] Cf. Kretschmer, *op. cit.*, p. 57. Comparando os casos de dois desses doentes, a "filha do florestal G." (ver p. 35) e seu caso célebre da delirante erotômana Renner, ele mostra que, de uma mesma representação traumática inicial, "uma deriva

3. O estado nervoso de esgotamento psíquico, finalmente, dá ao quadro, diz nosso autor, "um aspecto inteiramente diferente da instalação pura e simples na doença, que se observa no parafrênico..., bem mais ainda dessa derrota representada após uma meia-luta, que reluz ironicamente através das psicoses mais complicadas dos histéricos. Ele reflete o estado de homens que, muitas vezes durante longos anos, tensionaram ao extremo suas fracas forças para se atormentarem com seus conflitos. Não resulta disso apenas a enfatização dominante dos sintomas corporais neurastênicos que introduzem e acompanham a psicose, nem a fadiga do corpo e as recusas que este manifesta com uma rapidez crescente na execução dos trabalhos profissionais, nem o profundo sentimento de insuficiência, mas ainda esses estados intermitentes de inquietação e de incapacidade de se concentrar, o ar de sofrimento que trai a mímica, a labilidade lacrimejante dos sentimentos e as alternâncias características da hiperexcitabilidade à calmaria profunda e apática".[119]

O *delírio de relação sistemática*, com conservação da lógica e da reflexão, só é descrito por Kretschmer como a forma sintomática mais frequente, senão a mais típica, da reação delirante do sensitivo. Ele insiste "sobre a massa enorme das ideias de relação, que são de uma abundância sem igual, e sobre a delicadeza de suas ramificações, sobre o espírito de combinação que nunca se satisfaz em construir as mais engenhosas correspondências a propósito de conversas da banalidade mais cotidiana, dos artigos de jornais, da profissão e das idas e vindas dos vizinhos, do roçar de uma veste, de uma porta que se abre, de um ruído do aparelho de aquecimento etc.".[120]

---

essa ideia obsedante de que ela não tem o direito de fazer a seus contemporâneos a ofensa de um só de seus olhares, enquanto a outra tem o sentimento inverso, de que seus contemporâneos, ao apenas levantarem os olhos para ela, ofendem-na". "Esse traço", acrescenta Kretschmer, "é característico para fazer a distinção essencial entre as personalidades com neurose de obsessão e com neurose de relação, estreitamente próximas por outro lado".

[119] *Ibid.*, p. 152.

[120] Kretschmer, *op. cit.*, p. 152.

Concepções da Psicose Paranoica como Desenvolvimento de uma Personalidade   87

Mas, ao lado dessa forma típica, o autor distingue três outras formas de psicoses sensitivas. Ele aí coloca inicialmente a *confusão aguda sensitiva* (*Akuter dissoziativer Wahnsinn*), que aparece como um estádio crítico de curta duração e que corresponde aos casos mais graves da psicose sensitiva. Esse *Wahnsinn* agudo se manifesta por esboços de dissociação psíquica, "isto é, por sintomas intelectuais próximos da catatonia e da esquizofrenia, tais como sentimentos de influência, de ação a distância, de transmissão de pensamento, de estranheza, por um relaxamento das associações e por tendência a passar para o delírio de grandeza".[121] O diagnóstico pode ser difícil com um surto evolutivo esquizofrênico verdadeiro.

As duas outras formas são a *bouffée* "delirante aparentada ao tipo neurótico obsessivo" (*Sprunghafte Wahnbildung nach Art einer Zwangsneurose*), que se caracteriza por sua fugacidade e suas recidivas, e, finalmente, a *neurose de situação*, que compreende todos esses estados "em que o valor de realidade concedido às ideias de relação permanece aquém dos limites conferidos à psicose".[122] Esses estados são, em suma, as formas atenuadas do delírio, frequentes nas formas mais leves (no grupo do delírio dito dos masturbadores, por exemplo) – e sobretudo nas sequelas secundárias frequentes deixadas pelo delírio.

Esses mesmos fatores psicológicos, em número de três, que determinam a etiologia e os sintomas, vamos encontrá-los no estudo da evolução.

A *evolução*, diz Kretschmer, confirma a psicogênese da doença. "Essa evolução é relativamente favorável." As psicoses leves não vêm às mãos do médico de asilo, mas do médico de consultório. Assistidas por ele em tempo oportuno,[123] elas devem desaparecer completamente, deixar uma correção completa do delírio.

---

[121] *Ibid.*, p. 153.

[122] *Ibid.*, p. 154.

[123] Kretschmer (*op. cit.*, p. 10) assinala, em correlação com essas curas, a frequência da "sublimação religiosa".

88 Da Psicose Paranoica em suas Relações com a Personalidade | Jacques Lacan

Algumas formas, como o delírio dos masturbadores,[124] parecem que, mesmo após manifestações graves, podem ser completamente curadas. Em casos médios, "a concepção delirante passa para o segundo plano, sem que, no entanto, a consciência da doença apareça".[125] Finalmente, mesmo nas psicoses sensitivas que apresentaram graves manifestações de confusão aguda, não é preciso se desesperar, e três casos dessa espécie, observados por Kretschmer,[126] resultaram, após uma evolução que durou por volta de três a seis anos, em uma neurose de situação, resultado que se pode considerar favorável, se se comparam a gravidade dos sintomas e o estado atual que permitiu a retomada da atividade profissional. Todavia, o delírio parece poder recidivar no terreno da neurose.

O *início* da evolução é muito mais nítido do que deixa perceber a noção de insidiosidade sobre a qual insistem as descrições clássicas de Kraepelin e Gaupp.

Um ponto notável é constituído pela viva reatividade psicológica da afecção; certos estados afetivos normais são menos submetidos que a psicose à influência das constelações externas: mudanças de domicílio, de lugar de trabalho, retorno a certos meios sociais críticos. Nos casos graves, sobretudo, manifestam-se oscilações da curva semiológica. Nos casos leves, depreende-se melhor uma dominante depressiva.

A evolução, assim, nada tem de esquemático: curas rápidas, reações agudas,[127] evolução prolongada por muitos anos com cura relativa, evolução recidivante desencadeada em ocasiões absoluta-

---

[124] Ver o caso Pernsperger, Kretschmer, *op. cit.*, p. 93-96.

[125] Friedmann havia insistido nesses casos.

[126] Esses são primeiramente os dois casos de delírio erotomaníaco em solteironas, tão bem estudados por Kretschmer e que são seus casos iniciais – o caso *Renner*, com seus sintomas dissociativos graves (ver na p. 42-65 da *op. cit.* a obs. e seu comentário), e o caso *Feldweg* (p. 65-76) –, e esse caso de delírio de masturbador, passível de ser comparado ponto a ponto a uma paranoia crônica, que é o caso *Brenner* (ver p. 87-90).

[127] Cf. o interessantíssimo caso *Kluge*, p. 116-130 (*op. cit.*).

mente determinadas, ou oscilações durante anos na fronteira entre a eclosão delirante e sua base neurótica.

Contudo, podem-se indicar, para o delírio de relação sensitivo, "três traços característicos":

1. A vivacidade de sua reatividade psicológica em todos os estádios da doença.

2. Sua tendência à cura, nos casos puros e leves.

3. A completa conservação da personalidade, mesmo nos casos graves.

Demos amplo lugar a essa descrição porque ela nos parece uma das expressões elaboradas do ponto de vista que expomos neste capítulo, ou seja: a paranoia considerada como *reação de uma personalidade e como momento de seu desenvolvimento.*

Esses três fatores: caráter, experiência vivida e meio, que determinam a etiologia, os sintomas e a evolução, aproximemo-los dos três termos da definição que demos dos fenômenos da personalidade (ver p. 31). Encontramos:

1. Na determinação da doença, um caráter que é concebido essencialmente como um momento do *desenvolvimento típico* e *compreensível* de uma personalidade (ver p. 78-83); a evolução do delírio não lhe traz descontinuidade psicológica fundamental (ver p. 84-85).

2. Na determinação da doença, encontramos uma experiência vivida, que é constituída por *atitudes vitais* astênicas (ver p. 84-85) e pela projeção, no plano dos valores éticos (progresso dialético), do sentimento de insuficiência concomitante. Esse processo ideoafetivo se manifesta pelos fenômenos de repressão e de inversão que formam o corpo dos sintomas (ver p. 85); esses fenômenos são essencialmente uma hipertrofia e uma atipia das *imagens ideais* do eu na consciência; a evolução típica não apresenta fenômenos de despersonalização.

3. Nas causas determinantes, encontramos, ainda, a influência do meio, traduzida por essa *tensão das relações sociais*, característica dos fenômenos da personalidade; a apreciação ética da luta pela vida (*autonomia da conduta*) e os instintos éticos primários, ma-

90 Da Psicose Paranoica em suas Relações com a Personalidade | Jacques Lacan

nifestados na afetividade[128] (fatos de *participação*), desempenham um papel decisivo na formação do caráter, no desencadeamento dos sintomas e em sua organização. O mecanismo de inversão atua no registro dessa tensão social (ver p. 85 e nota 118). Finalmente, a evolução reage, no mais alto grau, às modificações dessa tensão (ver p. 88).

A concepção kretschmeriana da psicose, por conseguinte, é inteiramente psicogênica. Entendamos que certos fatores puramente biológicos nela intervêm, mas unicamente por sua influência sobre o caráter, que é tudo na reação delirante.[129] Nessa concepção, desencadeamento, sintomas e evolução são essencialmente determinados pelo conjunto dos fatores (história, meio) que concorreram para a formação da personalidade, e pela estrutura, em um dado momento, dessa personalidade.

Eis por que Kretschmer não fica, de modo algum, embaraçado, em suas considerações doutrinais, por só ter descrito um tipo particular de psicose paranoica. Ele efetivamente nada mais quis demonstrar, diz-nos, senão que, "quanto mais sensitivo é um caráter, tanto mais especificamente ele reagirá, no caso, a um complexo de culpa mediante um delírio de relação *de estrutura sutil*".[130]

É o que Lange exprime ainda, dizendo que, nos mecanismos sensitivos, trata-se de leis psicológicas comuns que "nos caracteres sensitivos agem mais frequentemente que nos outros".

Nos outros tipos de reações paranoicas, Kretschmer esboça a demonstração de que todas as suas particularidades explicam-se de

---

[128] Fazemos alusão aos instintos éticos primários de que fala Bleuler (ver *op. cit.*, p. 37) e que se traduzem, até em sujeitos muito inferiorizados (imbecis), por manifestações de amor ou possibilidades de devotamento. Essa ética primária que constitui o valor afetivo dos conceitos morais é muito diferente, nota ainda Bleuler, do desenvolvimento cultural desses conceitos.

[129] Isso aparece, mesmo com algum excesso, nos trabalhos de Kretschmer sobre os delírios por enfraquecimento cerebral traumático. Os efeitos do dano cerebral são estudados por ele menos em sua ação biológica direta que nas reações que eles determinam no caráter.

[130] Kretschmer, *op. cit.*, p. 12.

Concepções da Psicose Paranoica como Desenvolvimento de uma Personalidade 91

maneira análoga, a partir de uma evolução caracterológica diferente. Assim, o *delírio de combate* (identificável, em parte, ao delírio de reivindicação), que se desenvolve sobre o fundamento da personalidade expansiva. Igualmente, os *delírios imaginativos ditos dos degenerados*,[131] por cuja nosologia Kretschmer se relaciona a Birnbaum, manifestam-se sobre o fundo das personalidades ditas primitivas (que compreendem impulsivos, amorais etc., ver p. 80). Com efeito, em oposição à estrutura ética do delírio de relação sensitivo, esses delírios imaginativos fugazes, que Kretschmer belamente compara "às folhas que em turbilhões se desprendem de uma árvore mal enraizada",[132] bem parecem ser "os produtos lábeis fantásticos, parcialmente lúcidos, dos desejos e dos temores superficiais", em que se manifesta o caráter sem profundidade nem coerência que se desenvolveu nos degenerados, qualquer concepção que se faça do fundo biológico desse tipo.[133]

Entre esses tipos de personalidade, existem formas intermediárias nas quais Kretschmer indica a via da pesquisa; assim, o tipo caracterológico do *intrigante refinado*, intermediário entre tipo primitivo e tipo expansivo, em que Kretschmer reconhece o que por vezes se designa pelo nome de caráter histérico. Ele também oferece uma forma especial de reação paranoica de que nosso autor cita exemplos na literatura.[134]

Do mesmo modo, um tipo intermediário entre primitivo e sensitivo é realizado pela *bouffée* "delirante com manifestações graves",

---

[131] Para sua definição nosológica, Kretschmer se refere aos trabalhos de Birnbaum, *Psychosen mit Wahnbildung und walnhafte Einbildungen bei Degenerierten*, Halle, 1908; "Über vorübergehende Wahnbildung aut degenerativer Basis", Zbl. *Nervenh. u. Psychiatr.*, 1908.

[132] Kretschmer, *op. cit.*, p. 161.

[133] Cf., na França, os trabalhos de Halberstadt, "La forme atténuée du délire d'interprétation", *Rev. Psychiatr.*, ago. 1909, e "La psychose délirante dégénérative alguë", *A. M. P.*, jul. 1912, p. 100-117.

[134] Kretschmer designa o primeiro caso do material de Friedmann, o terceiro caso de delírio catatímico de H. W. Maier, e o caso Else Boss, relatado por Kehrer, e ao qual faremos logo mais alusão.

de estrutura sensitiva sutil, seguida de cura total, controlada por uma longa catamnésia, do famoso caso do doutor Kluge.[135]

Assinalemos finalmente as estreitas relações que unem os dois tipos sensitivo e expansivo, sob a forma de uma proporção tão exatamente inversa das tendências estênicas e astênicas que um parece a imagem especular do outro.

Sob a influência da reativação estênica própria ao delírio, pode-se ver o tipo sensitivo inverter-se momentaneamente e reagir como o expansivo. Tal é a interpretação, dada por Kretschmer, do caso, discutido por toda a psiquiatria alemã, do pastor Wagner.[136]

As indicações de Kretschmer sobre essas outras formas da paranoia não pretendem ser exaustivas. Elas só fazem abrir o campo para pesquisas ulteriores. Deixam em suspenso, por exemplo, o problema do tipo caracterológico correspondente à forma de delírio que é o centro da descrição kraepeliniana, e que podemos designar pelo nome de delírio de desejos (*Wunschparanoïa*).[137] Contudo, Kretschmer se pretende, e com justiça, na linha de desenvolvimento do pensamento kraepeliniano.[138]

Por mais diferente que seja da doutrina constitucionalista, a concepção kretschmeriana da predisposição do caráter deixa, entretanto, ainda ao caráter, anterior à psicose, uma ação determinante que pode parecer ambígua.

Esse passo foi dado nas pesquisas de Kehrer, que segue mais francamente ainda no sentido indicado por Bleuler. Kehrer avança no caminho preparado pela luminosa demonstração kretschmeriana da relatividade entre o caráter e os acontecimentos vividos. Ele ultrapassa claramente a concepção do *sensitivo Beziehungswahn*, demonstrando que, para a compreensão da gênese da paranoia, a

---

[135] Ver Kretschmer, *op. cit.*, p. 116-130.

[136] Sobre o caso Wagner, ver nota 19. Lembremos que Bleuler o cita em seu *Lehrbuch* como o tipo mesmo da paranoia legítima.

[137] Vê-se, portanto, que não há coincidência entre o delírio sensitivo de Kretschmer e as psicoses de insaciabilidade de Mlle. Pascal, apesar das aproximações que ela mesma tentou nos artigos citados no capítulo seguinte.

[138] Kretschmer, *op. cit.*, p. 184.

Concepções da Psicose Paranoica como Desenvolvimento de uma Personalidade 93

diferenciação típica do caráter não importa tanto quanto a *reação de comportamento* específica de conflitos vitais típicos.

Esses trabalhos de Kehrer[139] consistem em observações que se distinguem "pela minúcia inigualável da investigação que ele faz na história do doente, e o rigor com o qual, no decorrer dessa história, ele sabe ressaltar os pontos patotrópicos" (Lange).

Eis como ele conclui a última observação que publicou nesse gênero (caso Else Boss):

"Pela percepção mais una que tenhamos podido atingir do todo da personalidade, chegamos, em nosso caso, a uma plena compreensão do nascimento, da estrutura e do desenvolvimento do quadro mórbido", o que quer dizer "que, mediante tal conhecimento da estrutura psíquica da personalidade de que se trata, tal qual se exprime no psicograma completo, pudemos dar marcas da maior verossimilhança ao fato de que, de todas as *reações* psíquicas que nos fazem conhecer a vida das pessoas sãs e das enfermas, as reações que apareceram são exatamente aquelas que se teriam previsto".[140]

A conclusão dessa série de trabalhos exprime-se em uma fórmula, devida a Bleuler,[141] retomada por Kretschmer,[142] e que Kehrer leva a seu máximo de eficiência: "Não existe a paranoia, mas apenas paranoicos."

Por vezes, com efeito, mostra-se um parentesco muito maior entre o delírio e uma reação psicopática que dele aparece muito afastada na nosografia atual (delírio e neurose de relação, por exemplo), do que entre dois tipos vizinhos de delírio (delírio de relação e de reivindicação, por exemplo).

Essa é a conclusão, bem diferente das teses constitucionalistas, à qual nos é necessário, agora, opor as objeções de outros observa-

---

[139] Ver Kehrer, "Der Fall Arnold, Studie zur neueren Paranoïalehre", *Zschr. ges. Neurol. Psychiatr.*, bd. 74, 1922; "Erotische Wahnbildungen sexuellunbefriedgter weiblieher Wesen". *Arch f. Psychiatr.*, bd. 65, 1922.

[140] A última palavra dessa concepção doutrinal é dada na obra de Kehrer e Kretschmer. *Über die Veranlagung zur seelischen Störungen*, Berlim, Springer, 1924.

[141] Ver o capítulo já descrito: "Der Paranoïabegriff".

[142] Kretschmer, *op. cit.*, p. 183.

dores, antes de finalmente trazermos a esse problema as conclusões de nossa própria observação.

Notemos, para terminar, que tais progressos foram permitidos na Alemanha em virtude da penetração clínica genial de um Bleuler, mas também pelo zelo de toda uma geração de trabalhadores que se empenhou no sentido de fornecer, dessas psicoses, observações precisas e completas, nas quais fossem relatados não só os sintomas do delírio, em vista de um diagnóstico e de uma classificação cujo valor permanece sujeito à caução, porém toda a vida do doente. Tentaremos contribuir com um estudo que não seja indigno desses trabalhos.

4

CONCEPÇÕES DA PSICOSE PARANOICA COMO DETERMINADA POR UM PROCESSO ORGÂNICO

Mostramos, no capítulo precedente, até onde avançaram as concepções de eminentes autores no seu esforço para reduzir as psicoses paranoicas a reações da personalidade. Essas reações são caracterizadas por sua inserção em um desenvolvimento psicológico *compreensível,* por sua dependência da *concepção* que tem o sujeito *de si mesmo,* da *tensão* própria a suas relações com o meio *social.* Quando precisamos os termos de tal definição, pretendemos, afinal de contas, simplesmente isolar o acordo dos autores quanto aos traços próprios aos fenômenos *psicogênicos.*

Essas pesquisas psicogênicas nas psicoses paranoicas, seja qual for o seu resultado, são fecundas sob vários aspectos.

Primeiramente, elas nos induzem a não esquecer o valor próprio dos sintomas da psicose. Um delírio, com efeito, não é um objeto da mesma natureza que uma lesão física, que um ponto doloroso ou um distúrbio motor. Ele traduz um distúrbio eletivo das condutas mais elevadas do doente: de suas atitudes mentais, de seus juízos, de seu comportamento social. Além do mais, o delírio não exprime esse distúrbio diretamente; ele o significa em um *simbolismo* social. Esse simbolismo não é unívoco e deve ser interpretado. Por mais informados que estejamos, com efeito, sobre os erros próprios à anamnese, nós depararemos aí com obstáculos intrínsecos. Eles se devem ao fato de que o doente, para exprimir a convicção delirante, sintoma de seu distúrbio, pode servir-se apenas da linguagem comum, que não é feita para a análise das nuanças mórbidas, mas somente para o uso das relações humanas normais. Portanto, a convicção expressa fica problemática. Por isso, não é supérfluo nos informarmos sobre o conjunto da personalidade do doente. A concepção subjacente que ele tem de si mesmo transforma o valor do sintoma: uma convicção orgulhosa, se estiver fundada em uma hiperestenia afetiva primitiva, não tem o mesmo valor que se traduzir uma defesa contra a ideia fixa de um fracasso ou de uma falta; controlaremos, também, os dados da linguagem pelo simbolismo mais grosseiro, mas talvez mais seguro, dos atos do doente, de suas reações sociais: aí é que aparecerão mais diferenciações capitais.

Assim, aprenderemos a julgar a evolução da psicose, não apenas sobre a persistência de afirmações delirantes, mais ou menos solicitadas pela anamnese, mas sobre fatos de atitude prática do doente, de adaptação de sua conduta social e profissional. Assim, a evolução para a atenuação, a adaptação, mesmo a cura da psicose, fatos, em suma, reconhecidos por todos os autores, virá corrigir a primeira noção da irredutibilidade do delírio.

Essa *irredutibilidade*, mais ou menos duradoura, mais ou menos profunda, se manifesta, entretanto. Por ser relativa, nem por isso é menos certa. A ação perturbadora, normalmente exercida pela afetividade sobre a apreensão racional do real, explica em parte a irredutibilidade do erro. Isso é o essencial da psicogênese reacional do delírio, como a análise de casos concretos revelou a observadores minuciosos. Contudo, vemos, nos sujeitos normais, que essas reações da afetividade são seguidas de variações contrárias, que atenuam e permitem corrigir as ilusões nascidas das primeiras.

Concepções da Psicose Paranoica como Determinada por um Processo Orgânico   97

Se se admite, com Bleuler, a "permanência do conflito" gerador, a clínica mostra que esse conflito é mais frequentemente condicionado pelas disposições íntimas do doente. Por conseguinte, é preciso recorrer, com esse autor, a uma *estabilidade particular da afetividade.* Tanto para uma quanto para outra dessas explicações, deverá ser mantida a censura de alçar à classificação de causa a simples transposição verbal dos fatos.[1] Acreditamos, contudo, que valha o esforço de se ter recuado o máximo possível o *ultimum movens* mórbido, e demonstrado sobre que elemento conhecido do funcionamento psíquico é preciso situá-lo.

Existem, certamente, fatores orgânicos da psicose. Mas devemos precisá-los tanto quanto possível. E se nos dizem que se trata de fatores *constitucionais,* admitiremos de boa vontade, contanto que isso não seja pretexto para uma satisfação meramente verbal, e que à existência desses fatores correspondam, se não certezas biológicas atualmente difíceis de discernir, ao menos verossimilhanças clínicas.

Ora, a simples exposição das teorias que acabamos de relatar revela que tal *constituição* está longe de se impor a todos os clínicos por sinais unívocos. Mesmo onde, ao contrário, tal concepção triunfou, ela parece mais ter acarretado uma pressão dos fatos do que uma descoberta de novos fatos.[2]

É aqui que se introduz a concepção de uma gênese completamente diferente da psicose paranoica. Longe de ser uma reação da personalidade compreensível psicogenicamente, ela seria condicionada por um *processo de natureza orgânica.* Esse processo é menos grave ou menos aparente do que aqueles que devem ser reconhecidos na psicose maníaco-depressiva, na esquizofrenia ou nas psicoses de origem tóxica. Ele é da mesma natureza. Em todas essas psicoses, o laboratório revelou alterações humorais ou neurológi-

---

[1] Essa crítica foi feita a Bleuler por Westerterp (ver o artigo citado mais adiante). Bleuler responde na *op. cit.,* p. 140, nota l.

[2] Fatos ao contrário são trazidos constantemente contra a doutrina da constituição: ver Clerc e Picard, "Sur trois cas de guérison de délire interprétatif sans prédisposition paranoïaque", *L'encéphale,* 1927, 1º sem., p. 345-356.

cas, funcionais, se não lesionais, que, por ficarem insuficientemente asseguradas, não permitem menos que se afirme a prevalência do determinismo orgânico do distúrbio mental. Ainda que tais dados faltem nas psicoses paranoicas, seu andamento clínico pode nos fazer admitir sua identidade de natureza com as psicoses orgânicas. Essa é a tese de vários autores que se opõem aos partidários da psicogênese.

Eles fundamentam essa tese no exame atento da evolução clínica da psicose. Longe de lhes mostrar um desenvolvimento psicológico regular, esse exame lhes revela que os momentos da evolução em que se cria o delírio, os *pontos fecundos* da psicose, poderíamos assim dizer, manifestam-se por distúrbios clinicamente idênticos àqueles das psicoses orgânicas, ainda que sejam mais frustros e mais passageiros.

Quando se trata de precisar quais são esses distúrbios característicos, as respostas diferem de autor para autor. Contudo, o estado atual da psiquiatria pode explicar a incerteza dessas respostas, e não permite afastar a hipótese que lhes é comum, a de um determinismo *não psicogênico*. Essa hipótese, por outro lado, princípios heurísticos que demonstraram seu valor parecem fazer com que seja uma lei o psiquiatra aceitá-la.

Exporemos, primeiramente, as ideias dos autores franceses e alemães, que quiseram reduzir a psicose paranoica aos mecanismos de um dos grandes grupos de psicoses orgânicas:

– *Distúrbios do humor*, mais ou menos larvares, da psicose "maníaco-depressiva".

– *Dissociação mental*, mais ou menos frustra, dos "estados paranoides" e da esquizofrenia.

– Determinismo, mais ou menos revelável, do delírio por "estados tóxicos ou infecciosos".

Exporemos, em seguida, que outros autores, na falta de poder reconhecer um valor constante em nenhum desses mecanismos, se contentaram em pôr em relevo aquilo que na análise sintomática *resiste a toda compreensão* psicogênica. Essas pesquisas gravitaram na França em torno da concepção do *automatismo psicológico*; elas resultaram na Alemanha na formação de um conceito analítico: o de *processo*, que foi especialmente criado pelas pesquisas sobre as psicoses paranoicas. Esses dois conceitos, o de *automatismo* e o de *processo*, definem-se por sua oposição às *reações* da personalidade. Acreditamos, portanto, que as pesquisas psicogênicas conservam todo seu valor. Se elas devem de fato, como é provável, renunciar a descobrir um elemento orgânico irredutível, ainda assim terão servido para determinar seu ponto de surgimento, seu papel, e talvez sua natureza, através da única via que nos é atualmente permitida nessa ordem de estudos: a *observação clínica*.

I. *Relações clínicas e patogênicas da psicose paranoica com os distúrbios do humor da psicose maníaco-depressiva*

A relação das variações de humor, maníaco e melancólico, com as ideias delirantes é uma questão que nunca deixou de estar na ordem do dia das discussões psiquiátricas.

Foi certamente um progresso capital da nosografia quando Lasègue isolou seu delírio das perseguições das lipemanias, com as quais Esquirol as confundia. Contudo, basta evocar o esforço de análise[3] que teve de ser feito em seguida para discriminar os perseguidos melancólicos dos verdadeiros perseguidos, para ver o quanto aparecem intricadas variações depressivas do humor e ideias delirantes. Relevemos, apesar do que possamos pensar atualmente, a importância para os autores antigos de um *período hipocondríaco* nos delírios de perseguição.[4]

Por outro lado, a *exaltação maníaca* faz parte do quadro clássico[5] dos perseguidos perseguidores. Os autores modernos: Köppen,

---

[3] Cotard, *Arch. Neurol. Psychiatr.*, nᵒˢ 10 e 12, 1882; Régis, *Gazette médicale de Paris*, 1882; Séglas, "Diagnostic des délires de persécution systématisés". *Sem. Méd.*, 1890, p. 419-420. Não esqueçamos que, para Griesinger, a *Verrücktheit* era sempre secundária a um acesso melancólico. Griesinger, *Arch. f. Psychiatr.*, t. CXLVIII.

[4] Ver, em particular, Legrand du Saulle, *Délire des persécutions*, 1871, Pion, p. 63-102.

[5] Cf. Lasègue, *Legrand du Saulle*, Falret.

Sérieux e Capgras,[6] que se fundamentam em uma nosografia precisa do delírio de reivindicação, reconhecem aí um dos traços essenciais da síndrome.

É importante distinguir duas ordens de concepções.

As primeiras dão relevância aos fatos clínicos incontestáveis, em que os sinais diagnósticos entre a psicose maníaco-depressiva e a psicose paranoica se revelam insuficientes, em que há, incontestavelmente, combinação das duas síndromes.

As útlimas, inspiradas por tais fatos, tentam encontrar, sob as aparências clínicas da paranoia típica, os traços da psicose maníaco-depressiva e lhes dar um valor patogênico.

Exponhamos, primeiramente, as concepções sobre os fatos de associação ou de combinação das duas psicoses.

Eles são reconhecidos desde há muito pelos pesquisadores.[7] Ségias,[8] em 1888, relata um caso em que o delírio de perseguição se combina com a melancolia ansiosa, de modo a tornar impossíveis as discriminações que ele fixou. Gilbert Ballet,[9] no congresso de Blois de 1892, insiste nas formas que ele considera como transições entre a melancolia e o delírio de perseguição. Ele insiste nos conteúdos de ideias hipocondríacas nessas formas. Taguet[10] insiste nas formas intermitentes do delírio, que aparecem nos estados de superexcitação periódica da inteligência, da sensibilidade e da vontade.

Esses fatos, por volta de 1900, estavam na ordem do dia e eram objeto de discussões apaixonadas. Estas eram provocadas pela confiança por demais absoluta que certos autores davam ao progresso clínico representado pelo isolamento da noção de *delírio sistematizado* na França, da *Verrücktheit* ou da *paranoia primária* na

---

[6] Köppen. "Sur la paranoïa périodique", *Neurol. Zbl.*, XVIII, p. 434, 1899; Sérieux e Capgras, *op. cit.*, p. 255.

[7] Mendel, "Sur une forme de folie périodique", *Allg. Zschr. f. Psychiatr.*, 1888, bd 44, p. 660.

[8] Séglas, *A.M.P.*, jan. 1888.

[9] G. Ballet, "Idées de persécution observées chez les dégénérés à préoccupations hypocondriaques ou mélancoliques", Congresso de Blois, 1892.

[10] Taguet, "Du délire intermittent", *A.M.P.*, 1882, p. 209.

Alemanha. Do mesmo modo, as querelas verbais se multiplicavam em torno do termo *delírio sistematizado secundário* na França,[11] em torno do de *paranoia periódica*[12] na Alemanha. Para Kraepelin, esse termo de paranoia periódica é uma *contradictio in adjecto*, e ele não hesita, nessa época, em tachar de "candura" aqueles que o usam. Também Bleuler,[13] que publica 11 casos belíssimos de delírio periódico, qualifica-os de *periodischer Wahnsinn*, esse termo tendo em alemão um valor que o aproxima da *Verwirrtheit* e da *Amentia*, quer dizer, de nossa *confusão mental*. O próprio Kraepelin, em suas coletâneas de casos clínicos,[14] cita um caso magnífico, em que se vê o delírio de interpretação, na sua forma mais típica, alternar com um delírio místico com sentimento de influência e tendências expansivas, acompanhando oscilações do humor depressivas e eufóricas de andamento tipicamente ciclotímico.

Sobre esses fatos são particularmente numerosos os trabalhos provenientes da escola de Bordeaux. Régis, muito orientado para a pesquisa das determinações orgânicas do delírio, inspira a tese de Lalanne[15] sobre os perseguidos melancólicos. Anglade, sobre cujas ideias voltaremos, inspira as de Dubourdieu[16] e de Soum[17] sobre as relações da psicose periódica e da paranoia.

---

[11] Anglade, "Des délires systématisés secondaires", relatório ao Congresso de Marselha, 1899; Ségias, em suas *Leçons cliniques*, opõe constantemente paranoia primitiva e paranoia secundária; cf. Meschede, "De la paranoïa périodique". Nesse trabalho apresentado no XIII Congresso Internacional de Medicina, realizado em Paris em 1900 (Section de psychiatrie, p. 140), ele defende o termo paranoia periódica.

[12] Mönkemmoler, "Sur la paranoïa périodique". *Allg. Zschr. f. Psychiatr.*, 1906, p. 538.

[13] Bleuler, "Über periodischen Wahnsinn", *Psych. Neurol. Wschr.*, bd. 4, 1902/1903, p. 121.

[14] Kraepelin, Einführung in die psychiatrische Klinik, 1907, p. 96 e segs.

[15] Lalanne, *Les persécutés mélancoliques*, tese de Bordeaux, 1897, Durand, 218 p.

[16] Dubourdieu, *Contribution à l'étude des délires de persécution symptomatiques de psychose périodique*, tese de Bordeaux, 1909, Imprimerie commerciale, 120 p.

[17] Soum, *Sur une association de la folie intermittente et de la paranoïa*, tese de Bordeaux, 1912.

Todos os autores citados precedentemente, de Séglas a Anglade e a seus alunos, tendem a ver nesses fatos uma determinação do delírio pelas variações maníaco-depressivas. O prognóstico favorável dos acessos delirantes nessas formas dá uma grande força a esse ponto de vista.

Seja como for, essa interpretação, que poderíamos chamar de *unitária*, parece-nos mais fecunda que a concepção de uma simples coexistência ou associação de duas psicoses, tal como ela se apresenta na teoria de Masselon[18] sobre as psicoses associadas, e nas conclusões da tese de Bessière[19] sobre esses mesmos fatos.

Está demonstrado que a clínica mostra casos em que acessos típicos da psicose maníaco-depressiva se combinam com a eclosão de sistemas delirantes mais ou menos organizados, particularmente sob a forma de delírios de perseguição. Essa eclosão se produz nos períodos premonitórios dos acessos ou no seu declínio. O delírio se estende mais ou menos nos intervalos dos períodos e oferece remissões mais ou menos completas. Às vezes, o delírio se apresenta como um equivalente verdadeiro do acesso maníaco ou depressivo.

São esses fatos manifestos que permitem introduzir a segunda ordem de concepções que temos de expor agora, as que tentam encontrar a *patogenia* essencial da paranoia legítima em tais *variações ciclotímicas*, em outros termos, a fazer da paranoia uma manifestação particular da psicose maníaco-depressiva. A tentativa mais caracterizada desse gênero se produziu na Alemanha, é a de Specht.[20] Em um primeiro trabalho, o autor coloca que não se pode fazer distinção entre a mania crônica e a paranoia crônica, tal como ela se apresenta entre os reformadores religiosos, políticos, filosóficos, os inventores delirantes etc. Ele encontra igualmente nos querelantes não só, depois de Köppen, a alteração maníaca do humor, mas a logorreia, a grafomania, a inquietude, a impulsão de agir, a ideorreia, a distração, características da mania.

---

[18] René Masselon, "Les psychoses associées. Psychose maniaque depressive et délire d'interprétation", *A.M.P.*, jun. 1912, p. 641.

[19] Aug. – Ch. René Bessière, *Paranoïa et folie périodique.* Paris, 1912, 1913.

[20] Specht, *Zbl. Nervenh. u. Psychiatr.*, XXVIII, t. XVI, p. 595.

Ele demonstra,[21] em casos favoráveis, a passagem de acesso de mania que evolui por períodos típicos à instalação permanente de um delírio paranoico sobre o fundo de subexcitação persistente nos intervalos.

Quanto aos delírios de perseguição, considerados pelos antigos autores[22] como secundários aos estados melancólicos, Specht os relaciona aos *estados mistos* da concepção kraepeliniana. Nesses delírios predominaria a tonalidade depressiva, e o fator maníaco elevaria o sentimento do eu e daria a impulsão às ideias delirantes.

Essa concepção, da qual não fazemos mais que indicar as linhas mestras, foi repelida por Kraepelin e criticada severamente por seus alunos[23] na Alemanha, e na Itália por Exposito.

Deve-se notar que, sem que ela se exprima de modo tão dogmático, essa concepção nunca deixou de tentar certos espíritos. Acreditamos encontrá-la em particular, não confirmada por certo, mas, contudo, muito ativa, nas orientações teóricas de Anglade. É possível reconhecê-la em alguns dos seus escritos,[24] nas conclusões

---

[21] Specht, "Über die Klinische Kardinalfrage der Paranoïa", *Zbl. Nervenh. u. Psychiatr.*, 1908.

[22] Ver Griesinger, *loc. cit.*

[23] Ver Bumke, "Über die Umgrenzung der manisch-depressiven Irreseins", *Zbl. Nervenh. u. Psychiatr.*, jun. 1909; Löwy, "Beitrag zur Lehre von Querulantenwahn", *Zbl. Nervenh. u. Psychiatr.*, 1910; Wilmans, "Zur Klinischen Stellung der Paranoïa", *Zbl. Nervenh. u. Psychiatr.*, 1910; Exposito, "Sulle natura e Sull'unità delle cosidette psicosi affective", *Il Manicomio*, 1907, nº 2, e "Paranoïa e psichosi maniaco depresiva", *Rivista Italiana di Neuropatologia, Psichiatria e Elletroterapia*, v. IV, t. IX, p. 400-415, set. 1911.

[24] "Espantamo-nos *a priori*", escreve Anglade, "que a mania, essencialmente caracterizada pela incoerência das ideias e pela desordem dos atos, possa ser o ponto de partida de um delírio sistematizado secundário: o fato não é contestável. Uma ideia delirante pode se organizar mesmo no decorrer de um acesso de mania. Os fatos clínicos bem observados provam que uma fase maníaca de loucura circular pode ser exclusivamente representada por ideias delirantes sistematizadas de perseguições". Anglade, "Congresso de Marselha", 1899, p. 57. Ver ainda Anglade, "Le syndrome jorgonophasie logorrhéique en psychologie", *Société de Médecine de Bordeaux*, 1911.

Da Psicose Paranoica em suas Relações com a Personalidade | Jacques Lacan

das teses[25] que ele inspirou; mas, sobretudo, é preciso procurar essa orientação patogênica nesses verdadeiros tesouros de fatos e de dados estatísticos que esse autor deixa confinados em relatórios administrativos notáveis.[26]

Por certo, acreditamos que é preciso abster-se de confundir a variação ciclotímica com os estados afetivos secundários às ideias delirantes. Ou, melhor dizendo, acreditamos ser preciso distinguir com Bleuler o distúrbio *global* do humor, depressivo ou hiperestênico, ou variação afetiva holotímica – e os estados afetivos *ligados a certos complexos* representativos, que representam uma situação vital determinada, ou variação afetiva *catatímica*.[27]

Um autor como Ewald[28] faz com que um papel essencial no determinismo dos delírios paranoicos seja precisamente desempenhado pelas variações holotímicas – "oscilações do *biotonus*" –, ao mesmo tempo em que preserva, aliás, o papel dos fatores caracterológicos e reativos. Tais oscilações formam, para ele, a base de sua constituição "hipoparanoica", que representa uma tentativa de precisar, de outra forma que não por traços caracterológicos tão

---

[25] Citemos em parte aquelas da tese de Dubourdieu (grifo nosso):

I – Ao lado da forma crônica e progressiva do delírio de perseguição, tal como a descrevem os autores e *que não é a mais comum*, encontra-se uma multidão de variedades do delírio de perseguição que não adotam nem o aspecto, nem a evolução, nem as reações da psicose sistematizada progressiva.

II – As ideias delirantes de perseguição estão, às vezes, apenas esboçadas nos acessos maníacos ou melancólicos; mas acontece frequentemente que elas se mostram com uma importância e um grau de sistematização tais que a confusão com as principais formas do delírio crônico é possível.

[26] Consultar Anglade, *Asile d'alienées de Bordeaux, Rapport médical pour l'année 1911*, Bordeaux, Imp. moderne, 1912.

[27] O problema não perdeu nada de sua atualidade, como o provam os belíssimos casos relatados por Dupré e P. Kahn, "Manie intermittente et paranoïa quérulante", *Société de Psychiatrie*, sessão de 17 de março de 1910; P. Kahn. "Un cas de délire de persécution chez un excité maniaque", *L'encéphale*, p. 476-483, nov. 1912.

[28] Ewald, "Paranoïa und manisch-depressives Irreseln", *Zschr. Ges. Neurol. Psychiatr.*, 49; Ewald "Charakter, Konstitution und Aufbau des manisch-depressiven Irreseins", *Zschr. Ges. Neurol. Psychiatr.*, 71.

frequentemente contraditos pela clínica, o fator biológico constitucional. Lange[29] sublinha as dificuldades dessa tentativa. Contudo, ele mesmo apresenta casos em que o fator hipomaníaco é manifesto, outros em que a diversidade dos diagnósticos formulados sobre o mesmo sujeito mostra justamente o parentesco dos dois tipos de distúrbio.

A complexidade dos fatores em causa é evidente; contudo, não acreditamos que seja estéril retomar o estudo dos distúrbios do humor de tipo maníaco-depressivo na paranoia levando em conta essas novas precisões.

Com o doutor Petit, que nos concedeu a honra de nos associarmos a ele para expor a ampla colheita de fatos que ele distinguiu nessa via, retomaremos incessantemente o estudo comparado dos mecanismos ideativos na mania[30] e na paranoia. Por outro lado, demonstraremos que, mesmo nos casos de paranoia querelante, que parecem à primeira vista representar um tipo mesmo da psicorrigidez hiperestênica, revelam-se remissões nos sentimentos agressivos e na convicção delirante, que correspondem a estados periódicos de depressão. Desses estados, um caso, observado durante vários anos, permite-nos afirmar a natureza holotímica.

Não nos estenderemos mais sobre esses fatos nem sobre sua interpretação, que estão destinados a lançar uma nova luz sobre o valor psicológico da mania e da paranoia.

II. *Relações clínicas e patogênicas das psicoses paranoicas com a dissociação mental das psicoses paranoides e da esquizofrenia, conforme os autores*

Sabemos que, na descrição kraepeliniana, a paranoia se distingue das parafrenias e dos estados paranoides pela "ordem que nela permanece conservada no pensamento, nos atos e na vontade", por sua invasão "sem ruptura" (*Schleichend*) com a personalidade

---

[29] Lange, art. cit., p. 140.
[30] Os antigos autores (Campagne) estudaram os casos de *mania raciocinante*.

anterior, por sua *duração* sem evolução demencial. A concepção de Sérieux e Capgras reflete, até no termo *loucura raciocinante,* a mesma ideia, a da coerência lógica do delírio consigo mesmo e com a personalidade anterior. Ela sublinha na evolução a *ausência de enfraquecimento* demencial.

Os casos, descritos como típicos desses caracteres diferenciais, não se apresentaram sob o mesmo ângulo para todos os autores, e existe por reconhecer sob seus sintomas um parentesco de natureza com os estados de *dissociação mental* muito mais manifesto do que apresentam as demências paranoides.

Houve autores que sustentassem esse ponto de vista desde a definição do grupo nosológico. Citemos Schneider,[31] para quem a paranoia, longe de ser uma espécie clínica, é apenas uma síndrome que aparece no terreno de outras doenças; assim, ele descreve um dos casos, considerado como típico por Kraepelin, como o resto, reduzido a um *deficit* do juízo, de uma demência precoce abortiva.

Heilbronner,[32] do mesmo modo, agrupa na demência paranoide os casos ditos de paranoia legítima de Kraepelin.

Lévy-Bianchini[33] reduz a paranoia ao quadro dos únicos doentes que ele denomina *mattoïdes*: são os reformadores, inventores etc. Todos os delírios de filiação, de imaginação, de perseguição seriam apenas demências paranoides.

Mac Donald[34] põe em relevo o delírio mais ou menos agudo, os períodos de confusão intimamente ligados à doença, as alucinações episódicas, a sistematização imprecisa e incompleta do delírio cuja fixidez é apenas aparente, a incoerência encontrada, às vezes, na

---

[31] Schneider, "Ein Beitrag z. Lehre v. d. Paranoïa", *Allg. Zschr. Psychiatr. u. psych. gericht. Med.*, 60.

[32] Heilbronner, por outro lado, distingue radicalmente o delírio dos querelantes da paranoia legítima pelo valor organizador da ideia fixa, pela constância do sistema delirante e sua curabilidade, "Hystérie u. Querulantenwahn", *Zbl. Nervenh. u. Psychiatr.*, 15 out. 1907.

[33] Lévy-Bianchini, "Observations sur les tableaux cliniques de la démence paranoïde", *Rev. Neur.*, 30 jul. 1906.

[34] W. Mac Donald, "L'état actuel de la paranoïa", *Am. J. of. Insn.*, jan. 1904.

linguagem e nos escritos, o verdadeiro enfraquecimento que teste-munham o raciocínio e a conduta.

Para Dercum,[35] existem apenas graus, sem diferença fundamental de natureza, da hebefrenia até à paranoia simples.

Como na parte precedente de nossa exposição, nós nos limitaremos à nosografia adquirida e trataremos de reconhecer aquilo que nas teorias pode ser relacionado aos fatos.

Duas ordens de concepções devem ser, ainda aqui, distinguidas. Umas se fundamentam em *certos casos*, em que manifestações esquizofrênicas passageiras ou duradouras podem ser reveladas no doente seja antes, seja depois do momento em que um exame permitiu formular o diagnóstico de psicose paranoica. Esses casos, como aqueles em que aparece a combinação com a psicose maníaco-depressiva, colocam um *problema patogênico* geral, que os autores resolvem diversamente.

Inversamente, o estudo comparativo de certos sintomas típicos da paranoia leva certos autores a dissociar da entidade clínica algumas de suas formas, para aproximá-las dos delírios parafrênicos e paranoides.

Não há dúvida de que existem fatos frequentes, em que um surto *fugaz* de sintomas *esquizofrênicos* precedeu em alguns anos o surgimento de uma psicose paranoica que se estabelece e dura.

Certos *surtos alucinatórios*, por outro lado, admitidos como episódios evolutivos por todos os autores (inclusive Sérieux e Capgras),[36] outros sintomas ainda sobre os quais ainda voltaremos, podem em certos momentos colocar a questão de uma parafrenia ou de um estado paranoide com evolução mais ou menos larvar. Enfim, a *saída* de uma psicose paranoica típica, evoluindo para uma *dissociação* mental manifesta de tipo paranoide, não é nada incomum.

Kahn,[37] na Alemanha, apresenta fatos que demonstram "que muito paranoico legítimo atravessa em um período precoce um pro-

---

[35] Dercum, "The heboïd-paranoïd group". *Am. J. of. Insn.*, abr. 1906.

[36] Cf. Sérieux e Capgras, *op. cit.*, p. 59-62, e a notável obs. V, p. 63-80.

[37] Kahn, *Zbl. Neurol. Psychiatr.*, 36, 1924, 264.

cesso esquizofrênico e que ele conserva disso um ligeiro *deficit* a partir do qual a paranoia se instala". Kahn se apoia nesses fatos para se opor às teorias psicogênicas e sugerir que talvez um pequeno *deficit* devido a um processo esquizofrênico é um terreno que predispõe à psicose paranoica e talvez sua condição necessária.[38]

Claude, em 1925,[39] relata um belo caso em que uma psicose paranoica comprovada, durante muito tempo compatível com uma vida profissional eficaz, ainda que fecunda em conflitos, evolui para uma psicose paranoide.

Lange, no artigo que citamos, evoca diversos casos da mesma natureza.[40] Observemos que ele defende a autonomia clínica da paranoia. Contudo, vários dos casos descritos como delírios de interpretação por Sérieux e Capgras se lhe afiguram como *processos esquizofrênicos*[41] (em particular o de Strindberg).[42]

Bleuler, na última edição de sua obra,[43] tem de tomar partido sobre esses casos. Ele admite, com efeito, que, ao lado da paranoia verdadeira, que os mecanismos puramente psicogênicos determinam, casos clínicos de aspecto semelhante podem depender de um processo esquizofrênico leve que "não apresenta ainda nenhum dos sintomas permanentes específicos da esquizofrenia".

Trata-se, então, apenas de um certo enfraquecimento dos elos associativos, sem nenhuma das graves alterações dos elos lógicos que pode mostrar um processo mais avançado.

Lembremos que os fatores psicogênicos, que Bleuler distingue na paranoia, são, além do conflito interno do sentimento ético de insuficiência e do sentimento de si reativado, e o jogo de acontecimentos que aguçam esse conflito,

---

[38] Ver Kahn, *Zschr. Ges. Neurol. Psychiatr.*, Ref. 29 und Ref. 3.
[39] Claude, "Les psychoses paranoïdes", *L'encéphale*, mar. 1925.
[40] Lange, art. cit., p. 142.
[41] Lange, art. cit., p. 89.
[42] Lange, art. cit., p. 142. A simples leitura da autodescrição do delírio de Strindberg (ver *Les folies raisonnantes*, p. 352-366) parece, com efeito, dar razão a Lange.
[43] Cf. Bleuler, art. cit., p. 153.

Concepções da Psicose Paranoica como Determinada por um Processo Orgânico   109

1. uma afetividade com *forte ação de circuito*, que se distingue, além disso, pela *estabilidade* de suas reações;
2. uma certa *desproporção* entre a afetividade e o entendimento.[44]

Bleuler admite, desde então, que essa mesma desproporção pode ser realizada em sentido inverso por um processo esquizofrênico leve, que diminui a resistência dos elos associativos intelectuais, o que faz conceber que o quadro da paranoia pode ser realizado por um processo esquizofrênico.

Por isso mesmo, admite que "se, em regra, não se pode pôr em evidência nenhum enfraquecimento da coerência dos elos lógicos, deve sem dúvida existir em todo paranoico alguma tendência à dissociação, ou uma coordenação menos forte do que no homem normal; sem isso ele não reagiria de um modo catatímico tão unilateral e nítido". Ele atribui, então, ao paranoico traços do esquizoide, sem querer, com isso, "designar nada de realmente patológico, nem de esquizofrênico propriamente falando".

"Para engendrar a afecção paranoica, essa disposição esquizoide deve se combinar com uma afetividade do tipo estável e com forte ação de circuito."[45]

Bleuler evoca, por outro lado, os trabalhos de Hoffman e de von Economo, que demonstrariam correlações hereditárias válidas entre paranoia e esquizoidia.

Quaisquer que sejam essas avaliações, Bleuler mantém suas conclusões no campo dos fatos. Toda tentativa de redução da paranoia a mecanismos esquizofrênicos não pode fundamentar-se senão sobre casos clínicos demonstrativos em que a verdadeira natureza da afecção seja revelada bastante claramente para *reformar um diagnóstico* dado. Ora, diz Bleuler, "tais inversões de diagnóstico

---

[44] Ver na p. 70-74 a exposição das teorias de Bleuler sobre a paranoia e também Bleuler, *Lehrbuch der Psychiatrie*, p. 406. Poderíamos dizer, ainda, que um mecanismo *paratímico* larvar (ver Bleuler, *op. cit.*, p. 63) imita o mecanismo catatímico.

[45] Bleuler, *op. cit.*, p. 142.

não são tão frequentes para que se possa ter o direito de incorporar uma grande parte das paranoias no processo esquizofrênico".[46]

E ele completa nestes termos as conclusões cuja maior parte relatamos anteriormente (ver p. 67-71).

"A disposição ao delírio paranoico não deixa de ter correlação com a esquizoidia e a esquizofrenia."

Certas formas pouco frequentes de delírio nas esquizofrenias leves e fixadas não podem ser atualmente diferenciadas das paranoias. Por outro lado, temos razões para admitir que na esquizofrenia existe sempre um processo anatômico, mas não nas paranoias."[47]

Certos autores, como Hoffmann, levando ao extremo as induções clínicas que se podem tirar desses casos complexos, não hesitam em agrupar as psicoses paranoicas no quadro das afecções esquizofrênicas.

Pensamos, com Lange, que não há nada a ganhar em estender tão indefinidamente um quadro clínico, ao qual já se pode de modo legítimo reprovar o excesso de extensão. Tais aproximações só têm interesse se nos conduzirem, ao contrário, a estabelecer discriminações clínicas mais rigorosas. Descobrindo-se, em um mecanismo subnormal de aparência, uma forma degradada de um mecanismo de natureza mórbida reconhecida, atingimos uma análise semiológica mais sutil, que é o único meio para a observação aderir aos mecanismos reais.

---

[46] Bleuler, *op. cit.*, p. 155.

[47] Bleuler acrescenta, enfim: "As formas que não correspondem ao conceito kraepeliniano da paranoia (a paranoia querelante estando aí compreendida), as parafrenias, por exemplo, ou bem pertencem certamente à alçada da esquizofrenia ou, se não, não podem ser atualmente de forma alguma distinguidas."

Bleuler, com efeito, recusa toda autonomia a esse grupo, de definição discutida, das parafrenias kraepelinianas. Ele se fundamenta na análise clínica e na catamnésia da maior parte dos casos de Kraepelin, para constituir formas de esquizofrenia. Dois terços dos casos, com efeito, se desenvolverão ulteriormente em quadros esquizofrênicos comprovados, quer dizer, pelo menos até estados catatônicos agudos ou outros estados também incontestáveis (Bleuler, *op. cit.*, p. 157).

Claude ("Les psychoses paranoïdes", *L'encéphale*, art. cit.) critica também vivamente a concepção das parafrenias e adota o mesmo ponto de vista.

Concepções da Psicose Paranoica como Determinada por um Processo Orgânico 111

É nessa via que, desde 1921, Guiraud[48] se empenhou. Ele se opõe aos autores que não querem ver, no sintoma *interpretação* no delirante paranoico, nada mais que os próprios mecanismos do erro normal de base afetiva. Para demonstrá-lo, ele assenta seu estudo em uma das formas que os clássicos reconhecem como uma das mais frequentes da interpretação no delirante: a interpretação sobre as *formas verbais*.[49] Primeiramente, ele dá um catálogo de ordem formal desses fatos: alusões verbais, relações cabalísticas, homonímias, raciocínios por jogo de palavras. Porém, quando ele os situa com relação à personalidade do doente, um contraste clínico se impõe por si mesmo entre as interpretações que encontram uma *justificação* na lógica passional e as interpretações que não dependem de nenhuma justificação dessa ordem.

A clínica mostra que a primeira ordem de fatos depende da "intensidade de um estado afetivo prevalente", que polariza a associação dos conteúdos verbais em um sentido determinado e realiza uma perda localizada do sentido crítico.

Nos outros fatos, ao contrário, não se mostra "nenhuma tentativa de verificação, nenhuma explicação geral, nenhum sistema. Da consonância das palavras ou de seus fragmentos brota uma certeza indiscutida, que o doente não tenta coordenar logicamente com processos intelectuais".

Exemplos como esses, diz ainda o autor, "merecem o nome de interpretações somente porque os *portanto*, os *por conseguinte* e outras preposições de relação lógica são conservadas, o que dá à linguagem uma marca silogística. Mas, atrás dessa máscara, não há nem dúvida, nem crítica, nem tentativa de agrupamento sistemático; a aproximação das ideias se faz de saída com a certeza da evidência. Essa certeza foi elaborada na profundeza do inconsciente afetivo e sai daí absoluta. A função lógica é reduzida a um resíduo: o hábito de exprimir nossos pensamentos sob a forma de raciocínio".

---

[48] Guiraud, "Les formes verbales de l'interprétation délirante", *A.M.P.*, 1921, 1º sem., p. 395-412.

[49] Sérieux e Capgras colocam esse ponto em relevo desde as primeiras páginas de seu livro. Ver *op. cit.*, p. 32-37. "Não há sinal simbólico", escrevem eles, mais importante que a palavra para esses sujeitos".

O autor não pode abster-se de evocar a propósito desses casos as leis citológicas desordenadas que presidem a proliferação de um neoplasma, e fala por metáfora de "neoplasma psicológico".

Mecanismos passionais, por um lado; por outro, desordem da estrutura mental, muito profunda para não impor a ideia de sua *estrutura orgânica*: essas são as duas ordens de fatos que a análise de Guiraud permite distinguir nas interpretações dos paranoicos.

Nada, em todo o caso, está a seu ver mais afastado dos fatos que a explicação que quisesse "que o espírito falso do interpretador tenha, independentemente de todo fator emocional, uma tendência espontânea para procurar a explicação das coincidências fortuitas", e que, colocadas de lado as causas provocadoras do delírio, seja "a perversão intelectual que transforma o julgamento passional em ideia delirante e o fixa irrevogavelmente". Nosso autor está tão afastado da noção de uma falsidade do juízo quanto da ideia de "loucura raciocinante".

Uma análise como essa dos sintomas precisa as distinções clínicas e atinge as distinções patogênicas.

Por isso mesmo, "a ordem conservada nos pensamentos, nos atos e na vontade" é apenas um traço semiológico global e só tem um valor de aproximação grosseiro.

Bouman, em um artigo que já citamos, mantém por certo a autonomia da paranoia, mas põe em relevo entre os paranoicos um certo defeito do *sentido do real*, o termo real designando, aqui, aquilo que é praticamente acessível à ação. Esses doentes, com efeito, desconhecem, em primeiro lugar, a impossibilidade de atingir os fins que se propõem, a partir da situação, especialmente social, que ocupam. O autor aproxima esse fato da "perda de sua autocrítica e da crítica de seu próprio sistema". Ele acrescenta que, caso se olhe com atenção a pretensa lógica conservada de seu sistema de defesa, encontram-se aí relações entre os conteúdos "bem menos lógicos do que aceitaríamos dizer e que evocam frequentemente a causalidade aglutinada de Monakow".[50]

---

[50] Bouman, art. cit., p. 35.

Concepções da Psicose Paranoica como Determinada por um Processo Orgânico   113

No fim deste capítulo, na exposição das pesquisas de análise semiológica, veremos que um aluno de Bouman, Westerterp, acredita poder separar dos outros delírios paranoicos o delírio de perseguição, para classificá-lo nos estados esquizofrênicos.

III. *Relações clínicas e patogênicas da psicose paranoica com as psicoses de intoxicação e de autointoxicação. – Papel do onirismo e dos estados oniroides. – Relação entre os estados passionais e os estados de embriaguez psíquica. – Papel dos distúrbios fisiológicos da emoção*

Introduzimos esta parte de nossa exposição apenas para lembrança. Os problemas que ela levanta parecem, com efeito, só poder ser resolvidos depois que inúmeros progressos forem conseguidos no domínio que exploramos.

Encontramos incessantemente, na pena dos autores, o voto de que um estudo melhor das sequelas delirantes, que persistem depois dos delírios agudos, dos estados confusionais, dos estados de embriaguez delirante e de diversos tipos de onirismo venha nos dar novos esclarecimentos sobre o mecanismo dos delírios.

O estudo do alcoolismo nos trouxe fatos fortemente sugestivos de *ideias fixas pós-oníricas*, de *delírios sistematizados pós-oníricos*, de *delírios sistematizados de sonho a sonho*, de *delírios com eclipses* (Legrain). São conhecidos verdadeiros *estados paranoicos secundários* ao alcoolismo. E é sabida a frequência dos *delírios de ciúme* alcoólico.

Esses fatos parecem estranhos ao quadro de nossas psicoses, do qual são eliminados por definição os casos de etiologia tóxica manifesta.

Eles, não obstante, estão estreitamente relacionados. Sabe-se, com efeito, que, no determinismo dos acidentes subagudos e crônicos do alcoolismo, foi possível invocar, com razões bem fortes, um mecanismo diferente da ação direta do tóxico: o da insuficiência hepática[51] secundária à intoxicação, por exemplo.

---

[51] Ver Klippel, "Du délire des alcooliques", *Mercredi Médical,* out. 1893. "De l'origine hépatique de certains délires alcooliques", *A.M.P.*, set./out. 1894.

Desde então, a questão que se coloca é a de saber se os estados de autointoxicação, tais como podem ser realizados pelos distúrbios digestivos diversos, a estafa etc., não podem desempenhar um papel essencial nas psicoses.

Trata-se de supor *estados iniciais* a estas, totalmente diferentes dos estados de consciência aparentemente normais que constatamos quando as sequelas delirantes vêm a nós para exame. Veremos mais adiante que a observação parece, com efeito, mostrar estados iniciais semelhantes, que poderiam com Kretschmer ser qualificados de *estados hiponoides*.

Os alemães, por outro lado, se consagraram a distinguir os *estados de onirismo* dos estados confusionais, com os quais se tende muito habitualmente a confundi-los, como apareceu no relatório de Delmas[52] sobre as psicoses pós-oníricas e na discussão que se seguiu. Entre esses estados ditos *oniroides*, oferece-se à análise toda uma gama de formas fenomenológicas da vida mental, cujo estudo parece indispensável para a compreensão dos distúrbios psicopatológicos.[53]

Mas o desencadeamento de tais estados pela intoxicação exógena e endógena não é tudo. É preciso levar em conta as disposições anteriores do sujeito.[54]

Disposições fisiológicas, tais como o equilíbrio neurovegetativo anterior do sujeito, desempenham aí um papel certo. O *desequilíbrio parassimpático*, particularmente, parece desempenhar um papel determinante no surgimento dos estados de embriaguez atípicos e dos estados subagudos alcoólicos.[55] Devemos com nosso mestre, o doutor Heuyer, trazer a esse respeito novos fatos.

---

[52] Cf. Relatório de Delmas, "Les psychoses post-oniriques". Congresso de Estrasburgo, 1920, e na discussão, as intervenções de Charpentier e de Hesnard.

[53] Ver, por exemplo, Mayer-Gross, *Selbstschilderungen der Verwirrtheit. Die oneiroïde Erlebnisform* (États oniroïdes), Berlim, Springer, 1924.

[54] Escreve Anglade: "Fomos apressados demais em relegar a um plano de fundo a predisposição na etiologia da confusão mental." Sobre a influência da predisposição na produção dos sintomas de intoxicação, ver Lewin, *Die Nebenwirkungen der Arzneimittel.*

[55] Cf. Santenoise e Vidacovitch, "Contribution physiologique à l'étude des psychoses d'intoxication. Rôle étiologique du déséquilibre neuro-végétatif", *A.M.P.*, p. 133-180, jul. 1925.

Por outro lado, as disposições psicológicas parecem não menos importantes, e numerosos autores, particularmente os alemães, admitem que as perturbações mentais do alcoolismo dependem bem mais das disposições psicopáticas anteriores do sujeito do que da intoxicação.[56]

É preciso, com efeito, ver na própria intoxicação não uma causa primeira, mas frequentemente um sintoma de distúrbios psíquicos, quer ela represente uma tentativa do sujeito para compensar um desequilíbrio psíquico,[57] quer ela seja o estigma mesmo de uma deficiência moral. Em ambos os casos, as fraquezas psíquicas do terreno vão ser reencontradas nas consequências da intoxicação.

Assinalemos, por outro lado, o interesse teórico das aproximações que a observação impõe entre os *estados de embriaguez psíquica* e os *estados passionais*, particularmente quanto à exaltação patológica do sentimento da crença.[58] James, para quem a crença comporta um elemento afetivo essencial, salientou o fato de que certos estados de embriaguez parecem determinar experimentalmente o sentimento da crença. Por outro lado, a crença delirante nos estados de embriaguez psíquica parece tanto mais duradoura quanto mais elaborada no sentido perceptivo.[59]

Tentou-se atribuir, nas nossas psicoses, um papel todo particular à intoxicação pelo café, tão frequentemente observada, com efeito,

---

[56] Ver os estudos estatísticos de Drenkhahn, *Deutsche Militärärztliche Zeitschrift*, 20 maio 1909, em que se vê, após as medidas proibitivas tomadas contra o alcoolismo no exército alemão, a proporção dos distúrbios catalogados como neuróticos e psicóticos se elevar em uma proporção estritamente compensatória da diminuição dos distúrbios ditos alcoólicos. Ler ainda Ferenczl, "Alkohol und Neurosen", *Jahrb. psychoanal. u. psychop.*, 1911. Selecionado em Ferenczi, *Bausteine zur Psychoanalyse*, t. I, p. 145-151.

[57] Ver os estudos de Janet sobre os *asteno-alcoólicos*.

[58] Essas aproximações permitem, em particular, representarem-se as particularidades do choque emotivo, quando ele sobrevém em um estado preliminar de emotividade difusa, e as fixações emocionais que se seguem.

[59] Isso é pelo menos o que parece surgir nas observações emitidas a propósito de uma apresentação de doente por De Clérambault. Ver *Bull. S.C.M.M.*, p. 274, 1923.

em certos sujeitos, mulheres próximas à menopausa, nas quais explode um delírio paranoico. Mesmo aí não se poderia falar de uma determinação exclusiva pelo tóxico.[60]

Devemos um lugar importante ao papel patogênico atribuído à *emoção*. As perturbações orgânicas concomitantes da emoção foram objeto de numerosos trabalhos; ao lado dos distúrbios vasculares, o laboratório revelou perturbações humorais: choque hemoclásico, variações da química sanguínea. A clínica traz fatos certos[61] de desencadeamento das psicoses pela emoção. São conhecidos, aliás, os trabalhos teóricos da srta. Pascal e seus alunos sobre as psicocoloidoclasias[62] e as psicoses de sensibilização.[63] É em uma "reação de alergia mental" que essa autora quer procurar a gênese da psicose. A srta. Pascal interpreta, nesse sentido, toda a descrição de Kretschmer.

Notemos, enfim, a ligação da psicose com os *distúrbios endócrinos*. Com muita frequência, as observações dão relevância ao desencadeamento da psicose por ocasião de um período crítico da evolução genital. Existe, aí, uma ligação causal que, por certo, não é puramente psicológica. O papel da menopausa foi evidenciado por autores como Kant,[64] Kleist,[65] que lhe dão um papel essencial no determinismo da paranoia.

Esses determinismos não poderiam ser estranhos aos delírios que estudamos. Não esqueçamos, entretanto, que eles excedem o quadro nosológico que se lhes estabelece habitualmente. De resto, esses determinismos humorais, ainda que fossem mais claramente confirmados nos fatos, deixariam intacto o problema da estrutura

---

[60] Heuyer e Borel, "Accidents subaigus du caféisme", *Bull. S.C.M.M.*, 1922.

[61] Cf. Tinel, Robin, Cénac, "Psychose interprétative d'origine émotive. Du prognostic de ces états interprétatifs", *Soc. de Psych..* 18 fev. 1926.

[62] Pascal e Davesne, "Psychocolloïdoclasies, anaphylaxie mentale et spontanée", *La Presse Médicale*, 24 nov. 1925.

[63] "Psychoses de sensibilisation. Allergie mentale", C. Pascal e Andrée Deschamps, *A.M.P.*, p. 449-460 e 820, maio-jun. 1931.

[64] Kant, "Zur strukturanalyse der klimakterischen psychosen", *Zschr. Ges. Neurol. Psychiatr.*, 1926.

[65] Kleist, "Die Involutionsparanoïa", *Allg. Zschr. Psychiatr. u. Psych. Gericht. Med.*, 70.

Concepções da Psicose Paranoica como Determinada por um Processo Orgânico 117

psicológica complexa dos delírios paranoicos, que é o problema a que nos dedicamos.

O conjunto dos trabalhos que relatamos até o momento neste capítulo tende, em suma, a submeter o determinismo da paranoia a fatores orgânicos. Isso, mostrando seu parentesco com as psicoses, em que, por mais longe que estejamos de poder apreciar ou mesmo, às vezes, de precisar esses fatores, eles parecem incontestavelmente predominantes. Mas o problema não pode ser resolvido em profundidade por uma via como essa. De direito e de fato sempre se oporá a objeção de que se trata de fatos de *associação mórbida,* e isso tanto mais ainda que as combinações semiológicas que apresentam esses fatos são muito diversas e não permitem presumir uma patogenia orgânica unívoca da paranoia. Poderemos, portanto, sempre reservar os casos clássicos à *evolução pura.* Nestes, a impossibilidade reconhecida de revelar-se uma alteração orgânica, ou um *deficit* nítido de uma função psíquica elementar, a evolução coerente do delírio, sua estrutura conceitual e sua significação social recuperarão todo seu valor e recolocarão em questão as relações da psicose e da personalidade.

Certos autores estão, portanto, empenhados em uma outra via e procuraram, na própria *análise psicológica* dos sintomas e da evolução da psicose, a demonstração negativa que ela ressaltou nos mecanismos diferentes daqueles do desenvolvimento da personalidade.

Vamos estudar agora essas pesquisas nas escolas francesa e alemã.

IV. Análises francesas do "automatismo psicológico" na gênese das psicoses paranoicas. – Recurso à cenestesia por Hesnard e Guiraud. – Automatismo mental, de Mignard e Petit. – Significação dos "sentimentos intelectuais" de Janet. – A noção de estrutura em psicopatologia, segundo Minkowski

A gênese orgânica dos *delírios crônicos* sempre esteve na ordem do dia das pesquisas francesas. Elas recaíram primeiramente

118 Da Psicose Paranoica em suas Relações com a Personalidade | Jacques Lacan

sobre o conjunto desse quadro nosográfico, sem que fossem distinguidas as psicoses alucinatórias das psicoses interpretativas. Elas continuam, ainda, a portar a marca dessa indistinção, e é possível constatá-lo em artigos recentes dos mais informados autores, em que não encontramos, em absoluto, especialmente isolado o grupo que nos interessa.[66] Por isso, ainda não foi publicado um estudo plenamente satisfatório do sintoma, que coloca para nosso tema o problema psicológico maior: a *interpretação*.

A hesitação que aparece nesses estudos, sobre as delimitações nosológicas atuais, é, de resto, justificada. As doutrinas recentes da psicologia alucinatória crônica estenderam, com efeito, desmedidamente o domínio da alucinação, tendendo a incluir aí os fenômenos que a consciência percebe como *xenopáticos*. Há uma verdadeira regressão quanto às análises anteriores, de uma qualidade clínica e intelectual superior;[67] resulta disso, naturalmente, uma discordância das teorias com os fatos clínicos. Os alemães insistiram em numerosos trabalhos sobre a crítica severa a que se deve submeter o diagnóstico do fenômeno alucinatório. Os últimos trabalhos de Claude e seus alunos[68] marcam uma nova e melhor colocação desses fatos, e nosso trabalho é orientado no mesmo sentido.

Seja como for, as pesquisas que vamos relatar têm em comum o traço de estar consagradas a estudar o período *primitivo*[69] da psicose, a demonstrar aí o caráter *irruptivo* dos distúrbios em relação à personalidade, a ressaltar que esses distúrbios não decorrem de tendências preexistentes desta, mas provocam, aí, reações *secundárias*, que constituem o delírio, a sublinhar, enfim, esse caráter se-

---

[66] Cf. os artigos recentes de Janet e o artigo de Guiraud, mais adiante citado, sobre os delírios crônicos.

[67] Cf., em particular, a tese de Petit sobre as autorrepresentações aperceptivas.

[68] Cf. Claude e Ey, "Évolution des idées sur l'hallucination", *L'encéphale*, maio 1932, e os trabalhos paralelos de Schröder na Alemanha (*Fremddenken u. Fremdhandeln*).

[69] É o período dito de *inquietude* que os antigos autores colocaram em valor nos pródromos dos delírios.

cundário do delírio pela *perplexidade* que provocam primeiramente os distúrbios primitivos, e as *oscilações* da elaboração delirante.

O único vínculo teórico comum a essas pesquisas é a noção muito flexível de *automatismo psicológico,* que não tem nada em comum, senão a homonímia, com os fenômenos de automatismo neurológico. Graças à complexidade dos sentidos do termo automatismo, ele convém perfeitamente a uma série de fenômenos psicológicos que, como bem o mostrou nosso amigo H. Ey, são de ordem extremamente diversa.[70]

Assim, a única definição que é bastante compreensiva para as acepções de uma diversidade súbita que comporta esse termo só pode ser estabelecida relativamente à definição *positiva* que demos dos *fenômenos da personalidade*. Quando a ordem da causalidade psicogênica, tal como a definimos anteriormente, é modificada pela intrusão de um fenômeno de causalidade orgânica, diz-se que há um *fenômeno de automatismo*. Esse é o único ponto de vista que resolve a ambiguidade fundamental do termo *automático*, permitindo compreender ao mesmo tempo seu sentido de *fortuito* e de *neutro* que se entende com relação à causalidade psicogênica, e seu sentido de *determinado* que se entende com relação à causalidade orgânica.

A opinião dos autores se mostrou, por outro lado, muito divergente quanto à natureza precisa dos *fenômenos de automatismo* que condicionam os delírios crônicos. Não reteremos, de resto, de suas análises senão o que convém às psicoses paranoicas.

É preciso assinalar primeiro o papel atribuído pelos autores às perturbações da *cenestesia*. Por esse termo, compreende-se o conjunto das sensações proprioceptivas e enteroceptivas: tais como sensações viscerais, sensações musculares e articulares, mas somente enquanto elas permanecem vagas e indistintas[71] e, propria-

---

[70] H. Ey. "La notion d'automatisme en psychiatrie", *L'evol. Psych.*, 2ª série, nº 3, 1932.

[71] "É o caos não esclarecido das sensações, que de todos os pontos do corpo são sem cessar transmitidas ao *sensorium*" (Henle, em Ribot, *Les maladies de la personnalité*, 23).

120 Da Psicose Paranoica em suas Relações com a Personalidade | Jacques Lacan

mente falando, enquanto, como isso se passa em estado de saúde, ficam no estado de sensações puras, sem chegarem à percepção consciente.[72] Essas sensações difusas seriam a base do sentimento psicológico do eu individual; essa é pelo menos a teoria que Ribot fez com que fosse admitida.

Desde então era tentador procurar em uma alteração mais ou menos controlada dessa cenestesia a origem dos *sentimentos* mórbidos ditos de *despersonalização*, e depois estender seus efeitos aos *sentimentos de inibição* e de *depressão*, aos *sentimentos de influência*, assim como aos *sentimentos de estranheza* e de *transformação do mundo externo*. Os distúrbios da cenestesia, cuja diversidade permanece, aliás, inexplicada, estariam na base desses fenômenos. Tal explicação estava muito em moda por volta de 1900.[73] Essa teoria ainda guarda seu prestígio. Ela forma a peça mestra de uma doutrina geral da gênese dos distúrbios mentais engenhosamente construída por Hesnard.[74] Com efeito, é por uma modificação da cenestesia que, nessa doutrina, um distúrbio humoral de origem tóxica ou infecciosa é considerado como desordenador da afetividade subconsciente. É frequentemente após a cura do distúrbio humoral que a transformação afetiva vem exprimir-se na consciência, e sob uma forma intelectual pela lei do "simbolismo natural a todo estado afetivo". As convicções delirantes primitivas nascem assim, a lógica e a imaginação do doente virão acrescentar a elas uma sistematização explicativa.

É inútil relevar o caráter obscuro do papel que representa nessa teoria a pretensa "lei do simbolismo" fundada de modo completamente analógico sobre a experiência psicanalítica. Seria o caso de explicar por que alguns dos distúrbios afetivos que se invocam são

---

[72] Cf. Lalande, *Vocabulaire philosophique*, verbete "Coenesthénie".

[73] Cf. Ducasse e Vigouroux "Du délire systematisé", *Rev. Psychiatr.*, p. 50 e segs., 1900; Marandon de Montyel, "De la genèse des conceptions délirantes et des hallucinations dans le délire systématisé", *Gaz. Hôp.*, nº 64, p. 644, 5 jun. 1900.

[74] Hesnard, "La folie pensée organique", *J. Psychol. Norm. Path.*, p. 229-241, 1921.

Concepções da Psicose Paranoica como Determinada por um Processo Orgânico 121

experimentados às vezes como puramente subjetivos, outras vezes sentidos como impostos de fora, outras vezes, enfim, são inteiramente objetivados.

A teoria cenestopática continua sedutora porque inúmeros casos de delírio paranoico mostram um período de ideias hipocondríacas, ao qual ela parece convir de modo particular. Contudo, nada permite afirmar, em um exame atento, que distúrbios cenestopáticos estejam realmente na base de tais ideias. Elas podem depender, com efeito, de um mecanismo muito mais complexo, da ordem, por exemplo, da ideogênese das formações delirantes que se relacionam ao mundo externo.[75]

Não há, na verdade, nenhum vínculo seguro entre as cenestopatias verificadas e as diversas psicoses. Também Janet criticou vigorosamente essa explicação não hesitando em falar de seu caráter totalmente verbal.[76]

Uma renovação foi dada a essa teoria por Guiraud,[77] que modifica o sentido do termo cenestesia, servindo-se dele para designar uma hipótese: *a sensação do tônus nervoso intracentral*. Em consequência, as ideias hipocondríacas seriam cenestopatias provenientes dos centros nervosos, superiores aos centros mesencefálicos e tuberianos, de que dependem as regulações neurovegetativas e humorais da afetividade. A situação desses centros explicaria a impossibilidade de toda objetivação somática dessas cenestopatias hipocondríacas. Por outro lado, para explicar as anomalias da percepção objetiva, sentimento de estranheza, fenômenos pseudoalucinatórios etc., Guiraud faz intervir os *distúrbios da cronaxia* que recairiam eletivamente sobre certos sistemas neurônicos desses centros superiores: tratar-se-ia, portanto, na base do delírio, de *cenestopatias distônicas*. A explicação é engenhosa, mas continua insuficiente

---

[75] Ver sobre esse tema a 20ª Lição de Séglas (*Leçons Cliniques*).

[76] Ver Raymond e Janet, art. cit., p. 522, e o último artigo de Janet, citado mais adiante.

[77] Guiraud, "Les délires chroniques (hypothèses pathogéniques contemporaines)", *L'Encéphale*, 1925, nº 9, p. 665-673.

para explicar fenômenos como a interpretação ou a ilusão da memória. Por mais elementar que se suponha o distúrbio primário que serve de núcleo a esses fenômenos nas nossas psicoses, seu caráter objetivado e, sobretudo, sua relação eletiva com os fatores *sociais* da personalidade não podem, com efeito, ser explicados por nenhuma teoria neurônica.

Quanto às teorias que se pretendem neurológicas, que se reclamam o título de automatismo mental, elas continuam *a fortiori* estranhas a nosso tema.[78]

O termo *automatismo mental*, no entanto, serviu, desde 1912, a Mignard e a Petit[79] como título de uma doutrina que se atinha aos fatos clínicos. Com esse termo, esses autores dão relevância à autonomia relativa do sistema delirante em relação à personalidade. Os fatos que eles estudam se relacionam diretamente ao quadro de nosso trabalho. A descontinuidade do delírio com a personalidade anterior do sujeito não é o apanágio, dizem os autores, unicamente das psicoses alucinatórias crônicas: é possível constatá-la, também, nos delírios interpretativos, em que a constituição paranoica está longe de ser a regra. Mas, sobretudo, "é no decorrer da fase delirante propriamente dita que é possível observar, ao lado da velha personalidade variável mas contínua no seu passado e no seu presente, a coexistência de um segundo sistema mais ou menos

---

[78] Para De Clérambault, aliás, as psicoses paranoicas têm um mecanismo psicogênico, pois que ele as faz depender de um *sentimento de desconfiança* antigo: "O sentimento de desconfiança é aí antigo, o começo do delírio não pode ser marcado no passado." Junto a tal doente "a desconfiança, por outro lado, regula as relações do eu total com a totalidade do ambiente e muda sua concepção de seu eu" (De Clérambault, *Bull. S.C.M.M.*, fev. 1921, art. cit., p. 66-67). A crítica bleuleriana respondeu antes (ver p. 68) a tais afirmações.

[79] Mignard e Petit, "Délire et personnalité", comunicação ao VII Congresso belga de neurologia e de psiquiatria, Ypres-Tournai, 1912, 14p. Eles empregam o termo *automatismo mental* para designar sua concepção do delírio, e o distinguem por uma análise clínica rigorosa das diferentes manifestações de automatismo no confuso, no maníaco, no psicastênico, no histérico e no hebefreno-catatônico.

coordenado de sentimentos e de tendências que servem de embasamento às concepções mórbidas, espécie de nova personalidade delirante em oposição mais ou menos marcada à primeira".[80] A gênese desse sistema deve ser procurada nas tendências afetivas recalcadas, principalmente em virtude das pressões sociais. "Aproveitando-se de um estado de confusão, de excitação ou de depressão, ou simplesmente de um estado afetivo um pouco intenso ou prolongado, uma corrente psíquica, que se formou mais ou menos subconscientemente, aparece à luz da consciência, e vem súbita ou lentamente, mas imperiosamente, com suas tendências, seus sentimentos e suas crenças próprias se opor ou se impor ao sujeito."[81] Esses autores falam do verdadeiro "neoplasma mental" que a personalidade do sujeito tem de levar em conta. Na medida em que ele é apenas uma revelação de uma parte dessa personalidade, esta parece poder aderir a ele completamente, mas essa evolução, por clássica que seja, está longe de ser a regra. Há, com muito mais frequência, combate entre a personalidade e o sistema que nossos autores chamam de *parasita*. Esse combate pode permanecer muito tempo indeciso. Ele pode terminar por uma espécie de fixação e de colocação em plano de fundo do delírio que, por mais aparência de convicção e de organização que ele conserve, permanece desde então puramente retrospectivo ou, pelo menos, sem alcance eficiente. Os autores veem em tais estados formas de cura de um distúrbio inicial que poderia ter uma saída mais grave. Eles propiciam observações do delírio de interpretação que vêm em apoio a essa concepção.

As formas ditas atenuadas ou resignadas dos delírios são por esse aperfeiçoamento restituídas no seu valor típico, seu alcance significativo e sua frequência. Desse tema clínico, Mignard devia

---

[80] Mignard e Petit, extrato do *Bulletin de la Société de Médecine Mentale de Belgique*, nº 165, dez. 1912, p. 5.

[81] Mignard e Petit, *ibid.*, p. 6.

mais tarde produzir uma doutrina.[82] Não podemos nos deter nela, nem tampouco na teoria da *polifrenia* de Revault d'Allonnes[83] etc. Já há muito Janet preferira uma concepção dos delírios que não mais deixou de aperfeiçoar depois. Ele deve a ideia à observação dos sujeitos nos quais teve o mérito, como vimos antes, de ser o primeiro a mostrar as disposições delirantes: os obsedados psicastênicos. São esses doentes, com efeito, que revelaram a Janet a importância semiológica daquilo que ele chamou de *sentimentos intelectuais*. Em uma de suas primeiras obras, Janet os agrupa em diferentes variedades do *sentimento de incompletude*:[84] incompletude na ação, em que se encontram os sentimentos de dificuldade, de inutilidade da ação, depois de automatismo, de dominação, de descontentamento, de intimidação, de revolta; incompletude nas operações intelectuais, em que se classificam os sentimentos de estranheza, de *jamais vu*, de *fausse reconnaissance*, de dúvida; incompletude nas emoções; e, enfim, na percepção de sua própria pessoa, ou seja, estranheza do eu, desdobramento, despersonalização.

Um catálogo semelhante foi completado a partir daí; ele possui um grande valor sugestivo agrupando acidentes homólogos do desenvolvimento psíquico. Contudo, ele só teria um interesse meramente semiográfico se Janet não mostrasse a correlação desses sintomas com toda uma série de insuficiências psicológicas, que se manifestam nas operações voluntárias intelectuais e emocionais de ordem elevada e complexa: por exemplo, ineficácia dos atos sociais, abulia, especialmente profissional, perturbações da atenção amnésia etc. –, necessidades de direção moral, de estimulação, ne-

---

[82] Mignard, "L'emprise organo-psychique", *L'Encéphale*, 1922; "La subduction mentale morbide", *A.M.P.*, maio 1924.

[83] Revault d'Allonnes, "La polyphrénie", *A.M.P.*, out. 1923, t. II, p. 229-243. A polifrenia é definida por Revault d'Allonnes "como uma doença psíquica adquirida ora curável, ora crônica, caracterizada por sintomas e uma evolução de deslocação psíquica com persistência de uma personalidade residual, objetivações e pseudopersonificações de fragmentos psíquicos emancipados, e em particular de produções verbais". Concepção que poderia aplicar-se a certos delírios puramente interpretativos.

[84] Raymond e Janet, *op. cit.*, t. I, p. 264-319.

cessidade de ser amado etc. O conjunto do quadro constitui os "estigmas psicastênicos".[85]

Janet, às teorias que explicam esses sintomas por distúrbios intelectuais ou emocionais, opõe uma outra que lhe é própria: *a teoria psicastênica*. Esta está fundada em um conjunto de pesquisas que Janet não parou de desenvolver.[86] Elas estabelecem a hierarquia dos fenômenos psicológicos não sobre uma distinção escolástica de "faculdades" ditas emocionais, intelectuais, voluntárias, mas sobre o estudo dos "atos concretos" e sobre o "desenvolvimento" que implica sua complexidade progressiva. Percebe-se, então, que esses atos conservam o traço das colaborações sociais que permitiram adaptá-los.

Essa colaboração é primitiva com relação à aparição dos fenômenos mentais complexos. Ela permite esclarecer alguns dos enigmas que apresentam os fenômenos de consciência, tais como juízos de valor, volição, sentimentos depressivos ou triunfantes, em particular sua característica notável de "desdobramento intencional". Para isso, é preciso aproximá-los dos atos que eles preparam ou acompanham normalmente e das correlações sociais desses atos. Percebemos, então, que papel formador na elaboração do pensamento psicológico desempenharam os fatos primitivos do comando e da execução, do "dar" e do "pegar", do "mostrar" e do "ocultar".

Concebe-se, desde então, que as atividades complexas e sociais, as mais tardiamente adquiridas, sejam as primeiras lesadas em toda insuficiência do psiquismo, que essas insuficiências se revelem eletivamente por ocasião das relações sociais.

Por outro lado, compreendemos não apenas que os estados assim provocados sejam percebidos na consciência como mal integrados à personalidade do sujeito, mas também que eles sejam tão facilmente atribuídos a uma ação externa, e a uma ação humana estrangeira.

Janet aplica esse método de análise em um artigo recente,[87] com um cuidado minucioso pelo fato clínico, ao estudo dos sentimen-

---

[85] Ver Janet, *op. cit.*, p. 261-442.

[86] Cf. a sequência das obras de Janet e particularmente o curso do Collège de France de 1929 sobre a personalidade.

[87] Janet, "Les sentiments dans le délire de persécution", *J. de Psychol.*, p. 401-461, 15 mar.-15 abr. 1932, p. 161-241, 15 mar.-15 jun. 1932.

tos de imposição, de influência, de penetração, de substituição; de roubo, de adivinhação e de eco do pensamento, de estranheza do mundo externo. Não se podem negar os esclarecimentos que essa análise projeta sobre a significação desses fenômenos, e mesmo que não permita retificar a descrição frequentemente inexata que dela se fez com base nas expressões forçosamente sumárias do doente.

Esses sentimentos são observados frequentemente em nossos intérpretes mais típicos. Sérieux e Capgras ressaltam certos sintomas episódicos dessa série na sua descrição, mas eles aparecem sobretudo em um grande número de suas observações. Contudo, eles são mais típicos da psicose dita alucinatória crônica. Janet, falando do delírio de perseguição, se prendeu ao mais difícil, quer dizer, a todos esses fenômenos pseudoalucinatórios que se é levado a representar grosseiramente como os produtos de uma lesão ou de uma irritação cerebral.

O autor apresenta amplos conhecimentos sobre o mecanismo da *ilusão da memória*, fenômeno que depende, e no mais alto grau, das insuficiências de adaptação ao real; mas ele não ataca, para si mesmo, o fenômeno tão delicado da *interpretação*. Contudo, sua análise impõe, quanto a esse tema, sugestões preciosas. E é muito mais concebível que a interpretação mórbida, bem diferente do mecanismo normal da indução errônea ou da lógica passional, possa depender de um distúrbio primitivo das atividades complexas, distúrbio que a personalidade imputa naturalmente a uma ação de natureza social.

Qualquer que seja a expressão intelectual que lhes imponham as necessidades da linguagem, para o doente como para o observador, é preciso conceber os *sentimentos intelectuais* como estados afetivos, quase inefáveis, de que o delírio representa apenas a explicação secundária, frequentemente forjada pelo doente após uma perplexidade prolongada.

Um ponto teórico importante é constituído pela concepção patogênica que tal análise impõe a seu autor. Essa concepção, contrariamente ao que às vezes se crê, é fisiológica – tanto é verdade que uma análise psicológica minuciosa não vai prejudicar os direitos de uma concepção organicista do psiquismo. Se o autor se recusa, com efeito, a concluir prematuramente por qualquer alteração de um sistema de neurônios especializado, cuja existência permanece cientificamente mítica, é, no entanto, a uma concepção biológica desses distúrbios que ele adere. Concepção energética antes de mais nada, ela se exprime por metáforas, tais como "perda da função do real, abaixamento da tensão psicológica, queda do nível mental", ou crises "de psicolepsia", que correspondem a fatos clinicamente observáveis. Os atos complexos são os primeiros lesados por esses fenômenos patológicos, e os sentimentos mórbidos, descritos anteriormente, marcam a perturbação de sua regulação.

A causalidade biológica desses fatos é bem acentuada pela influência de condições como as doenças, a fadiga, as emoções, as substâncias excitantes, a mudança de meio, o movimento, o esforço, a atenção, que agem não como fatores psicogênicos, mas como fatores orgânicos.

Esses *sentimentos intelectuais*, normalmente afetados pela regulação das ações (sentimento de esforço, de fadiga, de fracasso ou de triunfo), parecem também traduzir, com frequência, de forma direta, uma modificação orgânica. Eles tenderão, contudo, nos dois casos, a surgir para o sujeito como condicionados pelos valores socialmente ligados ao sucesso dos atos pessoais (estima de si, autoacusação), e uma conclusão delirante, correspondente a essas ilusões, aparecerá.

Notemos, voltando a um ponto já abordado, que um controle preciso desses dados poderia ser trazido pelo estudo psicológico atento dos fenômenos subjetivos da psicose maníaco-depressiva.

Coloquemos em relevo, antes de deixar Janet, que os psicólogos modernos mais econômicos em hipóteses são obrigados a fazer intervir, em diversos pontos da teoria das funções psicológicas normais, esses mesmos sentimentos reguladores. Parece que, contrariamente às doutrinas intelectualistas de Spinoza e de Hume, a teoria da crença não pode prescindir de uma intervenção específica de tais sentimentos (James). Os fatos clínicos de uma determinação psicopatológica da crença, por certos estados de embriaguez, por exemplo, vêm apoiar essa teoria.

Esses sentimentos parecem também indispensáveis não só à teoria da lembrança e da identificação do passado, mas até mesmo à própria teoria da percepção (ver B. Russell, *Análise do espírito*). Não podemos nos estender sobre as teorias de psicologia pura. Assinalemos que elas podem esclarecer o valor verdadeiro de distúrbios como *a ilusão da memória* e *a interpretação* em nossas psicoses.

Poucos estudos, como dissemos, se opuseram na França à concepção reinante de uma interpretação mórbida, cujo mecanismo não difere da interpretação normal. É preciso, no entanto, assinalarmos, nesse sentido, um artigo muito notável de Meyerson e Quercy sobre as *interpretações frustras*.[88]

Segundo a concepção clássica, dizem os autores, a interpretação impressiona "por seu caráter de acabamento e de complexidade psicológica". Pode-se distinguir nela, dizem eles:

"– Um distúrbio da afetividade.

– Um trabalho de reconstrução, de coordenação e de explicação que, ao chegar a um fim, produz uma ideia delirante e, se ele permanece em estado de esboço, constitui o sentimento de estranheza e de automatismo.

– Uma matéria dos fatos: percepções, lembranças de percepções ou lembranças afetivas que servirão de ponto de referência: a atividade delirante aí se prenderá, aí se deterá um instante para poder reiniciar.

– Enfim, uma expressão verbal: um esquema, um símbolo ou uma fórmula."

"Um distúrbio da afetividade transtornou o equilíbrio do doente e lhe deu o sentimento de insegurança. A necessidade do familiar exige um trabalho de reclassificação, de reorganização. Essa reorganização se faz em torno de alguns fatos, tomados frequentemente ao acaso, e que desempenharão o papel de cristais de poeira em uma

---

[88] Meyerson e Quercy, "Des interprétations frustes", *J. de Psychol.*, p. 811-822, 1920.

mistura em alta fusão. A cristalização será, aliás, pouco estável no princípio: somente mais tarde ela chegará a um sistema coerente, a expressões verbais fixas."

Vemos toda a oposição dessa análise com o ponto de vista clássico sobre a interpretação considerada como "a inferência de um percepto exato com um conceito errado" (Dromard, ver p. 59). Aqui encontramos, ao contrário, a alteração de um percepto, por uma interferência afetiva fortuita, surgida sob a forma de um *sentimento intelectual* patológico, depois secundariamente a tentativa, bem-sucedida ou não, de redução do distúrbio pelas funções conceituais, mais ou menos organizadas, da personalidade.

Os autores são induzidos a tal concepção pelos fatos que trazem com o nome de interpretações frustras, e que são interpretações em que faltam certos elementos da interpretação completamente desenvolvida.

Esse é o caso do doente no qual, após um período alucinatório, o delírio de perseguição se reduziu pouco a pouco a puras interpretações. Acontece um dia que uma vizinha, ocupada em podar uma cerca, solta estas palavras: "Tudo isso é selvagem." O doente fica transtornado. No entanto, ele não pode afirmar que essas palavras o visavam. "Isso lhe pareceu engraçado." Isso continua a lhe parecer engraçado. Ele está certo que a vizinha não pode lhe querer mal. A anamnese do doente, que merece ser lida nos pormenores, traduz ao mesmo tempo sua boa vontade (a ausência certa de reticência) e sua impotência para explicar aquilo que lhe aconteceu.

Esse doente está nesse momento perfeitamente orientado e conserva as reações intelectuais e mnêmicas na média normal.

Estamos, aí, na presença de uma atitude mental que se caracteriza por um estado afetivo quase puro, e em que a elaboração intelectual se reduz à percepção de uma *significação pessoal* impossível de precisar.

Tal redução do sintoma se apresenta como um fato de demonstração notável, mas, para que toda elaboração conceitual faltasse, parece ser necessário estarmos diante de um caso em que a reação de defesa psicológica seja má, e a observação nos indica, com efeito, que o caso se agrava ulteriormente e apresenta um quadro que se revela esquizofrênico.

Em um outro caso, que os autores citam, vemos uma interpretação frustra de um mecanismo diferente, que melhor dá relevância ao alcance do primeiro caso: ao passo que, com efeito, se tratava neste de um sentimento vivido quase inefável, mas que o estado intelectual do doente permitia evocar e discutir com precisão, a interpretação, no segundo caso, caso de um débil senil, é frustra em virtude de uma apresentação estereotipada, ligada a um enfraquecimento intelectual e à evanescência do fenômeno.

Concordamos, naturalmente, que os casos que nos relatam esses autores não entram no quadro nosológico de nossos delírios. Eles colocam, no entanto, o problema da gênese exata das interpretações neles.

Toda assimilação de um fenômeno mórbido à experiência introspectiva de um sujeito normal deve, com efeito, sofrer uma crítica severa. Blondel, em seu livro sobre a consciência mórbida, nos mostrou o método, e concluiu que a maior parte das experiências vividas pelos doentes mentais, inclusive algumas que nos parecem muito próximas das reações psicológicas do sujeito sadio, comportam uma parte impenetrável à intuição que guia a introspecção normal.[89]

As conclusões desse estudo guiaram, desde então, muitos pesquisadores e alguns procuraram definir a estrutura das propriedades da consciência mórbida. Esse é o sentido, por exemplo, das pesquisas de Minkowski[90] sobre as intuições temporais e espaciais nas diversas formas de doenças mentais.

---

[89] Blondel, *La conscience morbide*, Alcan, 1920.

[90] Ver, em particular, Minkowski, "Du symptôme au trouble générateur", *Schweiz. arch. Neurol. Psychiatr.*, vol. 22, fasc. I, 1928.

Pesquisas análogas sobre a estrutura da consciência delirante são muito difundidas na Alemanha e se fundamentam nos trabalhos dos fenomenologistas.

Esses trabalhos, totalmente diferentes da ordem puramente descritiva que seu nome designa habitualmente em psiquiatria, dependem de um método muito rigoroso, elaborado por um movimento de pesquisa puramente filosófico. Eles têm por objeto os fenômenos psicopatológicos apenas de modo ocasional. Segundo a

Concepções da Psicose Paranoica como Determinada por um Processo Orgânico   131

É assim que, para Minkowski, os sentimentos de influência, de estranheza do mundo exterior, de transitivismo que experimenta o doente só exprimiriam as modificações patológicas de suas intuições do espaço, do tempo, da causalidade, de seu contato com o mundo e os seres.

O delírio de relação viria de algum modo fluir naturalmente nessas formas. Para compreender um delírio de ciúme, por exemplo, é preciso evitar imputar à doente, ciumenta de uma outra mulher, uma construção dedutiva ou indutiva mais ou menos racional, mas compreender que sua estrutura mental a força a se identificar com sua rival, quando ela a evoca, e a sentir que é substituída por esta. Em outros termos, as estereotipias mentais são consideradas nessa teoria como mecanismos de compensação não de ordem afetiva, mas de ordem fenomenológica. Inúmeros fatos clínicos foram assim interpretados de modo brilhante por Minkowski.[91]

Acreditamos que qualquer distinção entre as estruturas ou formas da vida mental e os conteúdos que as preencheriam repousa sobre hipóteses metafísicas incertas e frágeis. Essa distinção parece a alguns ser imposta pelas psicoses orgânicas e pelas demências, mas estas apresentam uma desorganização psíquica profunda onde não subsiste mais nenhum vínculo psicogênico e, na verdade, como observa muito bem Jaspers, não se trata aí de verdadeiras psicoses.[92]

Nas psicoses que estudamos, ao contrário, é impossível decidir se a estrutura do sintoma não é determinada pela experiência vital da qual parece ser o traço; melhor dizendo, conteúdo e forma só

---

definição de Husserl, que é seu iniciador, a fenomenologia é "a descrição do domínio neutro do vivido e das essências que aí se apresentam". Nós não podemos dar aqui mesmo uma ideia do método de que se trata. Digamos somente que Minkowski, que parece não ignorar essas pesquisas, transforma profundamente, como costuma fazer, seu método e seu espírito.

[91] Minkowski, "Jalousie pathologique sur un fond d'automatisme mental", *A.M.P.*, p. 24-48, jun. 1929.

[92] Donde o nada das objeções que se escuta serem colocadas todo dia às pesquisas psicogênicas, cuja fragilidade seria demonstrada pelo isolamento de uma entidade como a paralisia geral, por exemplo. Aí estão verdadeiras objeções de preguiça.

132 Da Psicose Paranoica em suas Relações com a Personalidade | Jacques Lacan

poderão ser dissociados arbitrariamente na medida em que o papel do trauma vital nas psicoses for resolvido.

V. Análises alemãs da Erlebnis paranoica. – A noção de processo psíquico, de Jaspers. – O delírio de perseguição é sempre engendrado por um processo, para Westerterp

Desde há muito os autores alemães guardaram a originalidade mórbida da *Erlebnis* paranoica. Neisser encontra o sintoma primitivo da paranoia nas experiências de "significação pessoal".[93] Da mesma forma, Cramer vê nisso a característica do delírio; Tiling[94] vê, do mesmo modo, em um sentimento basal de mal-estar, a origem da modificação que sofre toda a personalidade.

Marguliès[95] considera como caráter comum aos sintomas centrais da paranoia não a desconfiança, mas uma inquietude imprecisa.

Heilbronner[96] atribui da mesma forma ao paranoico verdadeiro, por oposição ao reivindicador, um delírio muito difuso de "significação pessoal" dos fatos externos.

Além disso, os alemães sempre apresentaram um interesse extremo pelos documentos autobiográficos que permitem penetrar as experiências mórbidas.

Jaspers concedeu uma atenção particular às *experiências paranoicas*. Na sua *Psicopatologia geral*, ele se exprime assim:[97]

"A velha definição da paranoia: *um juízo falso impossível de corrigir* não é mais admissível, depois que se puseram em relevo

---

[93] Neisser, "Eröterungen üb. d. Paranoïa", *Zbl. Nervenh. u. Psychiatr.*, 1892.

[94] Tiling, "Zur paranoïafrage", *Psychiatr. Wschr.*, 1902, nº 43-44.

[95] Marguliès, *Die primäre Bedeutung der Affekte in ersten Stadium der Paranoïa*, 1901. Ver, também, *Mschr. Psychiatr. Neurol.*, 10.

[96] Heilbronner, "Hystérie u. Querulantenwahn", *Zbl. Nervenh. u. Psychiatr.*, 15 out. 1907.

[97] Ver K. Jaspers, *Psychopathologie générale*, Heidelberg, 1913. Trad. franc. Kastler e Mendousse, Alcan, p. 533.

as *experiências subjetivas* dos doentes que são a fonte do delírio (ideias delirantes verdadeiras), enquanto em outros casos os estados de alma, os desejos, os instintos fazem nascer as ideias errôneas (ideias de superestimação etc.) de uma maneira mais ou menos compreensível." Essas experiências se apresentam assim, por exemplo: "*Inúmeros* acontecimentos, que sobrevêm ao alcance dos doentes e chamam sua atenção, *despertam* neles *sentimentos desagradáveis pouco compreensíveis.* Esse fato os preocupa bastante e os aborrece. Algumas vezes tudo lhes parece *tão forte*, as conversas ressoam *com veemência demasiada em seus ouvidos*, algumas vezes mesmo qualquer barulho, um acontecimento ínfimo é suficiente para irritá-los. Eles têm sempre a impressão de que 'são eles que são visados' nisso. Acabam por ser completamente persuadidos disso. Observam que falam mal a seu respeito, que é precisamente a eles que prejudicam. Colocadas sob forma de juízo, essas experiências engendram o delírio de relação."

Continua Jaspers: "Esses doentes têm, além disso, numerosos sentimentos, que procuramos expressar com os termos: expectativa indefinida, inquietude, desconfiança, tensão, sentimento de um perigo ameaçador, estado de temor, pressentimentos etc." Ele nota o sobrevir episódico de fenômenos pseudoalucinatórios. "Todos esses distúrbios não alcançam, contudo, um verdadeiro estado de psicose aguda. Os doentes orientados, ponderados, acessíveis, frequentemente até aptos ao trabalho, têm todo o lazer e o zelo necessário para elaborar, para explicar suas experiências, um sistema bem-organizado e ideias delirantes numerosas, explicativas, nas quais eles próprios não reconhecem frequentemente mais que um caráter hipotético. Quando tais experiências se dissiparam após um tempo bastante longo, não se encontram mais que os conteúdos delirantes de juízos petrificados; a experiência paranoica particular desapareceu." O tom psicastênico desses fenômenos iniciais é notado. Seguem duas observações típicas dessas experiências subjetivas, uma em um reivindicante com tom depressivo, outra mostrando o desenvolvimento extensivo, primitivamente incoerente, das interpretações delirantes em um sujeito cuja personalidade é transformada por esse delírio. Jaspers opõe essas verdadeiras *experiências paranoicas* ao caráter sistematizado e concêntrico das ideias de superestimação e das *ideias errôneas*.

É em fatos como esses que se fundamenta van Valkenburg[98] para negar que a psicose nunca é determinada por uma reação afetiva.

Ele constata no princípio da psicose um sentimento de despersonalização e toda uma série de pequenos sinais somáticos, nos quais ele se fundamenta para admitir um processo cerebral, aliás não acessível ainda à observação direta. Os casos que ele relata não parecem, no entanto, poder ser considerados como psicoses paranoicas verdadeiras.

Para a análise destas, conceitos analíticos de uma grande prudência foram fornecidos por Jaspers. Eles nos parecem estar na dependência de um método íntegro e poder servir para esclarecer os fatos.

O conceito maior é o de processo psíquico.

O *processo psíquico* se opõe diretamente ao *desenvolvimento* da personalidade, que é sempre exprimível em *relações de compreensão*. Ele introduz um elemento novo e heterogêneo na personalidade. A partir da introdução desse elemento, uma nova síntese mental se forma, uma nova personalidade submetida de novo às *relações de compreensão*. O *processo psíquico* se opõe, assim, por outro lado, ao decorrer dos processos orgânicos cuja base é uma lesão cerebral: estes, com efeito, são sempre acompanhados de desagregação mental.

Jaspers descreve, assim, vários tipos formais de evolução, que podem, confessa ele, ter apenas um valor meramente descritivo, mas têm o interesse de permitir classificar os fatos.

---

[98] Van Valkenburg, "Over waanworming", *Med. Tschr. Genlesk.*, 2, 1917. Nossas pesquisas na literatura estrangeira mostram o quanto é difundida a doutrina que admite, na base das psicoses, fatos de automatismo.

Concepções da Psicose Paranoica como Determinada por um Processo Orgânico   135

Para que um fenômeno psicopático seja considerado como uma *reação*[99] da personalidade, é preciso demonstrar que seu "conteúdo tem uma relação compreensível com o acontecimento original, que ele não nasceria sem esse acontecimento e que sua evolução depende do acontecimento, de sua relação com ele".[100] Reação imediata, ou descarga em que se conclui uma longa maturação, a psicose reativa depende do destino do sujeito, está ligada a um acontecimento que tem um valor vivido (*Erlebniswert*).

Tal reação, apesar dos traços que ela deixa na vida sentimental e afetiva, é para Jaspers, em princípio, redutível.

Totalmente diferente é o caráter do *processo psíquico*: é essencialmente uma mudança da vida psíquica, que não é acompanhada de nenhuma desagregação da vida mental. Ele determina uma nova vida psíquica que fica parcialmente acessível à compreensão normal e permanece parcialmente impenetrável a ela. "Existem", diz Jaspers, "no doente, ilusões que ele não submete a nenhuma crítica. Essas ilusões desempenham um papel, e do mesmo modo o doente tem uma maneira própria de tomar posição em face das fases agudas anteriores. Tudo isso faz com que devamos concluir por uma alteração geral da personalidade e da consciência".

Contudo, esse desenvolvimento novo conserva caracteres típicos que é preciso distinguir em cada caso. Bleuler descreveu certos tipos nos seus estudos sobre a vida esquizofrênica. Mayer-Gross descreveu outros; ele opõe os casos de dominação dissimulada muito pouco perceptível da doença àqueles em que a personalidade primitiva luta por sua manutenção, àqueles em que os estados novos são acolhidos com abandono atônico, àqueles em que eles provocam, ao contrário, um entusiasmo extraordinário.[101]

---

[99] Sobre a noção de reação, ver Schneider, "Der Begriff des Reaktion in der Psychiatrie", *Zschr. ges. Neurol. Psychiatr.*, 95, 1925; e Redalié, "La notion de réaction en psychiatrie", *Schweiz, arch. Neurol. Psychiatr.*, Zurique, 1929, v. 24, fase. 2.

[100] Jaspers, *Psychopathologie Générale*, p. 314.

[101] Mayer-Gross, "Über das problem der typischen Verläufe", *Zschr. ges. Neurol. Psychiatr.*, 78, p. 429, 1912.

Essas modificações psíquicas, causadas por *processos*, são em princípio definitivas.

Jaspers distingue, ainda, modificações intermediárias na *reação* e no *processo*. São aquelas que, embora sendo determinadas de modo puramente biológico e sem relação com os acontecimentos vividos pelo doente, são, entretanto, restauráveis e deixam intacta a personalidade: tais são os *acessos*, as *fases* e os *períodos*, cujos exemplos podem ser encontrados em várias doenças mentais. Reiss estudou a evolução da personalidade no decorrer das fases maníacas.

Em todos esses casos persiste uma organização da vida psíquica. Essa organização é totalmente destruída nos processos orgânicos grosseiros: as lesões evolutivas do cérebro, na verdade, provocam distúrbios mentais que têm apenas a aparência de uma verdadeira psicose. A observação nos mostra, de fato, que a cada instante de sua evolução intervêm alterações psíquicas sempre novas, heterogêneas entre elas, sem liame estrutural comum.

No primeiro trabalho[102] em que Jaspers apresentou esses conceitos, fundamentando-os na observação comparada de quatro casos de delírio de ciúme, ele concluía pelo quadro que se segue:

Desenvolvimento de uma personalidade	*Processo psíquico*	*Processo físico-psicótico*
Desenvolvimento lento dos sintomas, segundo um modo análogo ao progresso normal da vida, tal como se manifestou desde a infância.	A partir de um momento determinado, um novo desenvolvimento se inaugura.	
	Enxerto parasitário único comparável ao progresso de um tumor.	Irrupção sempre nova de instâncias psíquicas heterogêneas.

---

[102] K. Jaspers, "Eifersuchtswahn. Ein Beitrag zur Frage, Entwicklung einer Persönlichkeit oder Prozess?", *Zschr. ges. Neurol. Psychiatr.*, bd I, 1910. Originalien, p. 567-637, ver p. 612.

Os episódios agudos não ocasionam nenhum transtorno duradouro. O *statu quo ante* se restabelece.

Os processos agudos têm por consequência um transtorno não restaurável.

Que o transtorno seja passageiro ou duradouro depende do processo físico subjacente, não das propriedades do processo psíquico paralelo direto.

Que um episódio agudo alcance a cura e que não dependa de um processo físico psicótico, trata-se, então, de uma *reação* ou de um episódio *periódico*. Os sujeitos que apresentam esses episódios agudos dependem, por outro lado, do primeiro grupo.

É possível deduzir a vida inteira de uma predisposição pessoal unívoca.

Encontram-se limites em uma dedução como esta, quando se chega ao momento preciso em que sobrevém o elemento novo, o transtorno heterogêneo.

Esta delimitação decorre, em última, análise das particularidades dadas do processo físico.

Uma certa determinação regular, concebível em termos psicológicos e comparável ao progresso da vida psíquica normal, mostra-se na evolução e no decurso do processo em que existe uma nova unidade coerente e um encadeamento fortemente racional e penetrável intuitivamente.

Ausência anárquica de regularidade no decurso dos sintomas mentais. Todas as manifestações se seguem em transições nas quais não aparece nenhuma derivação psicológica. Pois elas dependem secundariamente não apenas do *processo psicológico paralelo direto*, mas muito mais do processo físico da lesão cerebral.

Quatro casos de delírio de ciúme, agrupados dois a dois, ilustram de modo notável essa oposição da psicose que se apresenta como um *desenvolvimento* àquela que aparece como um *processo*.

Nos dois primeiros casos relatados, é possível constatar, segundo Jaspers, os seguintes traços clínicos: [103]

"1. Trata-se de pessoas certamente um pouco particulares, que demonstram obstinação e são bastante excitáveis sem que, no entanto, se possam distingui-las das milhares de pessoas que apresentam os mesmos traços.

2. O delírio de ciúme (logo seguido de ideias de perseguição) manifesta-se em um lapso de tempo relativamente curto, sem limites nítidos, mas que não ultrapassa cerca de um ano.

3. Essa formação delirante é acompanhada de sintomas diversos: inquietude ('você não ouviu nada?'); ideia delirante de ser observado ('falam baixo e zombam do sujeito'); ilusões da memória ('as escamas lhe caem dos olhos'); sintomas somáticos interpretados ('vertigem? cefaleia? distúrbios intestinais?').

4. Esses doentes consentem em relatar de modo muito expressivo o que foi seu envenenamento e os estados assustadores que se seguiram. Não se tem nenhum ponto de apoio para confirmar as alucinações se submetemos esse diagnóstico à crítica conveniente, o que o torna tão raro (*sic*).

5. Não se encontra nenhuma causa externa ao desencadeamento de todo o processo (a saber, nem qualquer modificação das circunstâncias de vida, nem o menor acidente).

6. No curso ulterior da vida (observados sete anos e oito anos nesses casos), não se encontra nenhuma adjunção de novas ideias delirantes, mas o sujeito guarda seu delírio antigo, não o esquece; ele considera seu conteúdo como a chave de seu destino e traduz sua convicção por atos. É possível e verossímil que se completem as ideias delirantes, mas isso se limita a antedatar certos dados da época fatal relativamente curta e do tempo que a precedeu; e se

---

[103] Ver Jaspers, "Eifersuchtswahn...", já citado, p. 600.

Concepções da Psicose Paranoica como Determinada por um Processo Orgânico **139**

esses dados acrescentam alguns conteúdos novos ao delírio, não aparece nada de novo no seu modo. O sujeito não é reticente.

7. A personalidade permanece, tanto quanto se pode julgar, não perturbada, e não se trata de um enfraquecimento demencial (*Verblödung*) qualquer. Há um desarranjo delirante que podemos conceber como localizado em um ponto, e a personalidade antiga o elabora racionalmente com seus sentimentos e seus instintos antigos.

8. Essas personalidades apresentam um complexo de sintomas que podemos aproximar da hipomania: consciência de si nunca enfraquecida, irritabilidade, tendência para a cólera e o otimismo, disposições que, à menor ocasião, se transformam em seu contrário: atividade incessante, alegria de empreender."

Assim se apresenta o delírio de ciúme que condiciona um *processo*. Ele é essencialmente caracterizado pela ruptura que representa no desenvolvimento da personalidade. Essa ruptura é constituída pela contribuição dessa experiência nova, aliás bastante curta, a partir da qual o desenvolvimento da personalidade prossegue segundo relações que se tornam novamente compreensíveis.

Tal processo se opõe essencialmente aos casos, cujos tipos são os dois outros exemplos de Jaspers:

Trata-se, aqui, de indivíduos cujas tendências ciumentas remontam à juventude. Jaspers assinala a frequência de anomalias instintivas, particularmente sexuais. O quadro delirante aparece de modo compreensível por ocasião dos acontecimentos suscetíveis, com efeito, de irritar a paixão do sujeito. As ideias delirantes assim surgidas são reanimadas nas novas ocasiões e, com o tempo, são esquecidas em parte e, em parte, transformadas; persiste apenas a tendência a novas explosões durante ocasiões apropriadas. Aqui, não há ideias de perseguição, nem de envenenamento; por outro lado, há forte tendência à dissimulação.[104]

Tais análises são cunhadas pela melhor observação clínica, e nós mesmos poderíamos relatar uma observação notavelmente de acordo com o primeiro tipo descrito por Jaspers.

---

[104] Jaspers, *ibid.*, p. 624.

O interesse teórico do conceito de *processo* não é menor. Ele parece, de fato, permitir opor às formas de paranoia determinadas psicogenicamente um grupo de afecções mais próximas das parafrenias. E parece que uma classificação como essa esteja, com efeito, mais de acordo com a natureza real dos mecanismos em jogo, por pouco precisa que ela se apresente ainda.

É a tal grupo que Westerterp,[105] aluno de Bouman, em um trabalho recente, tentou acrescentar todas as paranoias que têm forma de delírio de perseguição. Ao passo que as outras formas do grupo kraepeliniano teriam para Westerterp uma evolução em que nunca são rompidas as relações de compreensão e representam o desenvolvimento normal de uma personalidade, o delírio de perseguição se apresentaria sempre de modo diferente. Westerterp traz em apoio a seus dizeres observações detalhadas.

Westerterp insiste na necessidade de uma anamnese rigorosa e dirigida. Se deixarmos, com efeito, o doente expor à sua vontade o sistema do delírio, ainda pior, se lhe sugerirmos a sistematização, deixa-se escapar a verdadeira evolução clínica. A anamnese deverá ater-se especialmente a precisar as experiências iniciais que determinaram o delírio. Perceberemos, então, sempre que elas apresentaram logo de início um caráter enigmático. O doente percebe que "alguma coisa nos acontecimentos tem a ver com ele sem que compreenda o que é".[106]

Não se deve tomar por primitiva a explicação secundária e tardia que o doente fornece para si mesmo de sua perseguição, explicação que, no entanto, é tentador aceitar por seu valor afetivo quando o doente atribui a origem de sua perseguição a uma falta cometida por ele.

Westerterp evidencia, aqui, minuciosamente as armadilhas a que a tendência a querer tudo compreender leva o observador; ele descobre com muita sutileza, nos casos em que foi exercida a pe-

---

[105] Westerterp, "Prozess und Entwicklung bei verschiedenen Panaroïatypen", *Zschr. ges. Neurol. Psychiatr.*, 91, p. 259-379.

[106] Westerterp, artigo já citado, p. 319.

netração psicológica por demais hábil de pesquisadores anteriores, os defeitos da armadura dessas explicações psicogênicas demasiado satisfatórias. Os levantamentos sobre o caráter anterior também devem ser submetidos a uma crítica minuciosa. Ele assim resume suas observações:[107]

"1. Em um período circunscrito que os doentes bem podem delimitar, os fenômenos patológicos começam a aparecer nos sujeitos que de outro modo nada apresentavam de particular.

2. Eles acreditam observar uma atitude hostil e um interesse particular do meio que eles acolhem primeiramente como fatos estranhos.

3. Essa transformação não se prende nem diretamente, nem de modo compreensível, a uma experiência significativa para eles.

4. Após um curto lapso de tempo encontram uma explicação que os satisfaz mais ou menos, para os fenômenos que descrevemos no § 2, na ideia delirante de serem perseguidos por uma certa categoria de homens por causa de uma ação precisa.

5. Então, uma forte desconfiança vem cada vez mais em primeiro plano.

6. O delírio, nascido assim secundariamente, permanece alimentado pela continuação das manifestações do processo, mas tira também de si mesmo interpretações compreensíveis, como toda ideia prevalente.

7. Não existe nenhuma alucinação."

Após ter assim exposto, em uma primeira parte de nosso trabalho, as concepções diversas dos autores sobre as relações da psicose paranoica com o desenvolvimento da personalidade, vamos, baseados em nossas observações clínicas, apresentar a nossa.

---

[107] Westerterp, *ibid.*, p. 303.

PARTE II

O CASO "AIMÉE" OU A PARANOIA DE AUTOPUNIÇÃO

Acabamos de apresentar os fundamentos teóricos e as soluções históricas do problema que constitui nosso tema, a saber, as relações da psicose paranoica com a personalidade.

A contribuição que vamos trazer está fundada no estudo pessoal de uns 40 casos, dos quais uns 20 pertencem ao quadro das psicoses paranoicas.

Acreditamos que, em vez de ser obrigatório publicar o conjunto de nosso material de modo forçosamente resumido, é, ao contrário, pelo estudo, tão integral quanto possível, do caso que nos pareceu mais significativo que poderemos dar o máximo de alcance intrínseco e persuasivo a nossos pontos de vista.

Escolhemos, pois, o caso que vamos relatar agora por duas razões. Primeiro, em virtude de nossa informação: observamos, quase cotidianamente, essa doente durante cerca de um ano e meio, e completamos esse exame por todos os meios oferecidos pelo laboratório e pela pesquisa social.

O segundo motivo de nossa escolha é o caráter particularmente demonstrativo do caso: ele corresponde, com efeito, a uma psicose paranoica, cujo tipo clínico e cujo mecanismo, a nosso ver, merecem ser individualizados. Tanto um quanto outro nos parecem dar a chave de certos problemas nosológicos e patogênicos da paranoia, e, em particular, de suas relações com a personalidade.

1

EXAME CLÍNICO DO CASO "AIMÉE"

História e quadro da psicose. Análise de escritos literários. Diagnóstico. Catamnésia.

O ATENTADO

No dia 10 de abril de 193..., às oito horas da noite, a sra. Z., uma das atrizes mais apreciadas pelo público parisiense, chegava ao teatro onde se apresentaria. Foi abordada, na porta de entrada dos artistas, por uma desconhecida que lhe fez esta pergunta: "A senhora é que é a sra. Z.?" A interrogante estava vestida corretamente com um casaco com golas e punhos debruados de pele, usava luvas e levava uma bolsa; nada, no tom da pergunta, suscitou a desconfiança da atriz. Habituada às homenagens de um público ávido por se aproximar de seus ídolos, ela respondeu afirmativamente e, com pressa de terminar, quis passar. A desconhecida então, diz a atriz, mudou de feição, tirou rapidamente de sua bolsa uma faca e, com o olhar injetado de ódio, levantou seu braço contra ela. Para aparar o golpe, a sra. Z. agarrou a lâmina diretamente com a mão e seccionou, assim, dois tendões fletores dos dedos. Já os presentes haviam dominado a autora da agressão.

A mulher se recusou a explicar seu ato, a não ser diante do delegado. Em sua presença, respondeu normalmente às perguntas sobre

148   Da Psicose Paranoica em suas Relações com a Personalidade | Jacques Lacan

identidade (nós a chamaremos daqui por diante de Aimée A.), mas falava coisas que pareceram incoerentes. Há muitos anos a atriz vem fazendo "escândalos" contra ela. Zomba dela, ameaça-a. Está associada em suas perseguições a um acadêmico, célebre homem de letras, P. B. Este revela a vida privada da perseguida "em inúmeras passagens de seus livros". Já há algum tempo que a sra. A. tinha a intenção de pedir explicações à atriz. Atacou-a porque a viu fugir. Se não a tivessem segurado, ela a feriria uma segunda vez.

A atriz não registrou queixa.

Conduzida à prisão provisória, depois a Saint-Lazare, a sra. A. ficou dois meses na prisão. No dia ... de junho de 193..., ela foi internada na clínica do Asilo de Sainte-Anne, de acordo com o relatório de perícia médico-legal do dr. Truelle, que concluía que "a sra. A. sofre de delírio sistematizado de perseguição à base de interpretações com tendências megalomaníacas e substrato erotomaníaco". Aí a observamos durante cerca de um ano e meio.

ESTADO CIVIL

A sra. A. tinha 38 anos quando de sua entrada. Nasceu em R. (Dordonha) em 189..., seus pais eram camponeses. Tem duas irmãs e três irmãos, um dos quais chegou à posição de professor primário. Ela é empregada na administração de uma companhia ferroviária, para onde entrou com a idade de 18 anos e, ali, até a véspera do atentado, pôde manter seu emprego, exceto por um período de 10 meses em que foi colocada à disposição por problemas mentais.

É casada com um empregado da mesma companhia, que ocupa um cargo em P., na região parisiense. Mas a doente trabalha há cerca de seis anos em Paris, onde vive, portanto, sozinha. Tem um filho que é criado por seu marido. Ela os visita mais ou menos periodicamente.

Essa situação se estabeleceu por vontade da doente, que, anteriormente, era empregada no mesmo escritório do marido e pediu sua transferência quando de sua reintegração depois do período de disponibilidade que indicamos. Relatamos agora os testemunhos oficiais sobre os distúrbios mentais que ela apresentou.

O DOSSIÊ HOSPITALAR E POLICIAL DOS DISTÚRBIOS MENTAIS ANTERIORES

Seis anos e meio antes de sua entrada na clínica, a doente já havia sido internada voluntariamente na casa de saúde de E., onde ficara seis meses.

Diremos, em seguida, quais os fatos que motivaram a resolução de sua família.

Os laudos fornecem as seguintes informações. O laudo de internação do dr. Chatelin: "Distúrbios mentais que evoluem há mais de um ano; as pessoas com as quais ela cruza na rua dirigem-lhe insultos grosseiros, acusam-na de vícios extraordinários, mesmo se essas pessoas não a conhecem; as pessoas de seu meio falam mal dela o mais que podem e toda a cidade de Melun está a par de sua conduta, considerada como depravada; ela também quis deixar a cidade, mesmo sem dinheiro, para ir a qualquer lugar. Nessas condições, o estado da sra. A. etc."

O laudo imediato da casa de saúde diz: "Fundo de debilidade mental, ideias delirantes de perseguição e de ciúme, ilusões, interpretações, propósitos ambiciosos, alucinações mórbidas, exaltação, incoerência de quando em quando. Ela acreditava que zombavam dela, que era insultada, que lhe reprovavam a conduta: queria fugir para os Estados Unidos."

Destacamos algumas das palavras da doente: "Não pensem que eu tenho inveja das mulheres que não dão o que falar delas, das princesas que não sentiram a covardia na pele e não sabem o que é uma afronta."

"Há pessoas que constroem currais para melhor me tomar por uma vaca leiteira."

"Julgam-me muito frequentemente de modo diferente do que eu sou."

"Há também coisas muito vis e remotas sobre mim que são verdadeiras, verdadeiras, verdadeiras, mas a planície está a favor do vento" (*sic*, no relatório).

"Há também comentários de comadres de Casas de Tolerância e certo estabelecimento público" (*sic*, *ibid.*).

"É por essa razão que eu não respondo ao sr. X., o cavaleiro da Natureza, e também por uma outra."

"Antes de mais nada, que querem de mim? Que eu construa para vocês grandes frases, que eu me permita ler com vocês este cântico: Ouçam do alto do céu, o grito da Pátria, católicos e franceses sempre."

Algumas dessas frases mostram com bastante clareza temas delirantes permanentes que tornaremos a encontrar em uma data mais recente, enquanto algumas outras têm um aspecto de incoerência, das quais só podemos presumir o caráter mais discordante que confusional.

Ela saiu "não curada" a pedido da família.

Pelo menos duas vezes depois ela despertou a atenção da polícia.

Nós encontramos, com efeito, em seu dossiê, a cópia de informações dadas *sem assinatura*, expedida pela Polícia Judicial, datada de cinco anos após sua primeira internação (um ano e meio antes do atentado), a um jornalista comunista que devia tê-la repelido várias vezes. Ela, com efeito, assediava seu escritório para conseguir a publicação de artigos em que expunha suas queixas, totalmente pessoais e delirantes, contra a sra. C., a escritora célebre.

Pouco mais de um ano depois (cinco meses antes do atentado), encontramos indícios de um fato muito mais grave.

Após vários meses de espera, a doente recebe da editora G., na qual apresentou um manuscrito, uma recusa. Ela pula no pescoço da funcionária que lhe comunica a recusa e a agride tão gravemente que, em consequência, uma indenização de 375 francos lhe é exigida pela incapacidade temporária de trabalhar da vítima. O delegado que a interroga após essa ação é indulgente para com a emoção da vaidade literária atingida; ao menos, é preciso acreditar que ele não percebe nada demais em seu estado, uma vez que a solta com uma firme admoestação.

Por outro lado, temos os rascunhos de cartas enviadas um pouco antes ao delegado de seu bairro para apresentar queixa contra P. B. e contra a editora que devia ser o palco de sua façanha.

ATUAL ATITUDE MENTAL DA DOENTE QUANTO À HISTÓRIA DE SEU DELÍRIO E QUANTO A SEUS TEMAS

Digamos logo que os temas do delírio em seu conjunto, e não só as queixas da doente contra sua vítima, estão, por ocasião da internação, completamente reduzidos. "Como eu pude acreditar nisso?" Ou melhor, é completa a redução das convicções outrora formuladas sobre esses temas. A doente exprime essa volta por propósitos não ambíguos. Ao mesmo tempo em que conta, com precisão, não só os episódios principais de sua vida e suas respectivas datas, mas até suas perturbações mentais, mostra-se capaz de analisar com bastante penetração introspectiva. Em todos esses pontos é evidente a boa vontade da doente. Lembremos que ela está plenamente orientada, que apresenta uma integridade intelectual completa nas provas de capacidade. Nunca apareceram durante a anamnese perturbações do curso do pensamento; a atenção, muito pelo contrário, está vigilante.

A lembrança dos temas delirantes provoca-lhe uma certa vergonha (a propósito de alguns escritos, grosseiros nos termos, de certas ações repreensíveis), um sentimento de ridículo (a propósito de seus procedimentos erotomaníacos e megalomaníacos), e também sentimentos de remorso... Estes, entretanto, talvez não se coadunem com sua expressão (particularmente a respeito de sua vítima, o tom dos termos empregados permanece mais frio que seu sentido).

Há aí uma série de reações afetivas que colocam, com razão, a questão de sua influência sobre a sinceridade da doente. Quanto à exposição de certos conteúdos, sua reticência e mesmo sua dissimulação são evidentes. No início de sua estada na clínica, ansiosa quanto à sua sorte futura, ela mostra alguma desconfiança, esforçando-se por penetrar nas intenções da anamnese. Mas, por outro lado, sabe quais são nossas informações e nossos meios de controle, e vê lucidamente que é de seu interesse ser franca. De fato, veremos que, sobre as tendências profundas de sua natureza e sobre certos pontos ocultos de sua vida, obtivemos confidências preciosas, às quais nada a coagia e cuja sinceridade não deixa margem a dúvida.

Mas há um terceiro plano que não podemos desconhecer para avaliarmos bem seu estado atual. Ainda que os temas de seus delírios agora não acarretem mais nenhuma adesão intelectual, alguns dentre eles não perderam todo o valor de evocação emocional no sentido das crenças antigas. "Eu fiz isso porque queriam matar meu filho", ela dirá ainda. Ela empregará uma forma gramatical como essa, direta e conforme à crença antiga, por ocasião de uma anamnese excepcional realizada por uma autoridade médica superior ou em presença de um público numeroso. No primeiro caso, sua emoção se traduz por uma palidez visível, por um esforço perceptível para se conter. Diante do público, sua atitude corporal, sempre sóbria e reservada, será de uma plasticidade altamente expressiva e de um enorme valor patético, no melhor sentido do termo. Cabeça erguida, braços cruzados nas costas, ela fala com voz baixa, porém trêmula; na verdade, chega até à desculpa, mas invoca a simpatia que uma mãe desperta ao defender seu filho.

Embora nada possamos deduzir do grau de consciência das imagens interiores assim reveladas, podemos percebê-las como extremamente poderosas na doente.

Por outro lado, há certos fenômenos que não deveríamos absolutamente confundir com a reticência: certas amnésias e desconhecimentos que, como veremos, incidem de modo inteiramente sistemático sobre suas relações com certos atores do drama delirante.

Por ocasião das primeiras anamneses, a voz era sem brilho, sem tom; a modéstia da atitude mal ocultava a desconfiança. Entretanto, revelavam facilmente as aspirações para o futuro: ela as fundamentava certamente em raciocínios justificativos duvidosos ("Uma pessoa no manicômio é um peso para a sociedade. Eu não posso ficar aqui toda minha vida"); contudo, uma consciência exata da situação estava longe de retirar-lhes todo caráter plausível.

Da mesma forma, ela traía impetuosamente sua maior angústia, a de um possível divórcio. Esse divórcio, recentemente desejado por ela, como veremos, é o que, agora, ela mais temia: com efeito, a outra parte ganhando, acarretaria a separação de seu filho. Essa criança parece ser o único objeto de sua preocupação.

Nas anamneses ulteriores poderão ser vistos maior confiança, jovialidade muitas vezes, desânimo outros dias, com alternâncias. Contudo, o humor se mantém sempre em uma tonalidade média, sem a menor aparência ciclotímica.

Além disso, suas relações com seu médico não estão isentas de um eretismo de imaginação vagamente erotomaníaco.

HISTÓRIA E TEMAS DO DELÍRIO

O delírio que apresentou a doente Aimée revela a gama quase completa dos temas paranoicos. Temas de perseguição e temas de grandeza nele se combinam estreitamente. Os primeiros se exprimem em ideias de ciúme, de dano, em interpretações delirantes típicas. Não há ideias hipocondríacas, nem ideias de envenenamento. Quanto aos temas de grandeza, eles se traduzem em sonhos de evasão para uma vida melhor, em intuições vagas de ter de realizar uma grande missão social, em idealismo reformista, enfim, em uma erotomania sistematizada sobre uma personagem da realeza.

Esbocemos resumidamente os grandes traços desses temas e a história de seu surgimento.

A história clínica permite situar aos 28 anos, 10 anos antes de sua última internação, o começo dos distúrbios psicopáticos de Aimée. Casada há quatro anos, empregada no mesmo escritório que seu marido, ela está grávida na ocasião.

As conversas de seus colegas parecem, então, visá-la: eles criticam suas ações de maneira desagradável, caluniam sua conduta e lhe predizem infortúnios. Na rua, os transeuntes sussurram a seu respeito e lhe demonstram desprezo. Reconhece nos jornais alusões dirigidas contra ela. Anteriormente, parece que ela já havia manifestado a seu marido um ciúme despropositado. As acusações se tornam precisas e nitidamente delirantes. Ela teria dito, para si mesma, com frequência: "Por que fazem isso comigo? Eles querem a morte de meu filho. Se essa criança não viver, eles serão responsáveis."

É nítido o tom depressivo. Quando entrou na clínica, em uma carta que nos envia (junho de 193...), a doente escreve: "Durante meus períodos de gravidez eu estava triste, meu marido me censurava por minhas melancolias, as desavenças surgiram e ele dizia que tinha ressentimentos por eu ter saído com um outro antes de conhecê-lo. Isso me desagradou muito."

Os pesadelos atormentavam seu sono. Ela sonha com caixões. Os estados afetivos do sonho se misturam às perseguições diurnas.

As pessoas que a cercam notam alarmadas as múltiplas reações. Um dia, arrebenta a facadas os dois pneus da bicicleta de um colega. Uma noite, ela se levanta para jogar um jarro d'água na cabeça de seu marido; outra vez, é um ferro de passar que serve de projétil.

Contudo, Aimée colabora ardentemente na confecção do enxoval da criança esperada por todos. Em março de 192..., ela dá à luz uma criança do sexo feminino, natimorta. O diagnóstico é asfixia por circular de cordão. Segue-se uma grande confusão na doente. Ela atribui a desgraça a seus inimigos; de repente, parece concentrar toda a responsabilidade disso em uma mulher que durante três anos foi sua melhor amiga. Trabalhando em uma cidade afastada, essa mulher telefonou pouco depois do parto para saber das novas. Isso pareceu estranho a Aimée; a cristalização hostil parece datar de então.

A partir daí, os hábitos religiosos até então mantidos são repentinamente interrompidos por Aimée. Há muito tempo que ela se vê repelida, por aqueles que lhe são próximos, em suas tentativas de expansão delirante. Ela permanece, então, hostil, fechada, muda durante longos dias.

Uma segunda gravidez acarreta a volta de um estado depressivo, de uma ansiedade, de interpretações análogas. Uma criança nasceu a termo em julho do ano seguinte (a doente está com 30 anos). Ela se dedica à criança com um ardor apaixonado; ninguém mais vai cuidar dela até os cinco meses. Ela a amamentará até os 14 meses. Durante a amamentação, ela se torna cada vez mais interpretante, hostil a todos, briguenta. Todos ameaçam seu filho. Provoca um incidente com motoristas que teriam passado perto demais do carrinho do bebê. Causa diversos escândalos com os vizinhos. Quer levar o caso à justiça.

Seu marido vai sendo, então, informado de que, sem que ele soubesse, ela havia enviado seu pedido de demissão à empresa que os empregava e que havia solicitado um passaporte para os Estados Unidos fazendo uso de um documento falso para apresentar a autorização marital requerida. A seu favor, ela invoca o fato de querer ir aos Estados Unidos em busca do sucesso: será romancista. Confessa que teria abandonado seu filho. Atualmente, essa confissão lhe provoca apenas um pequeno embaraço: foi por seu filho que se lançou nessa empresa. Sua família a intima a renunciar a suas loucas imaginações. A doente guarda uma lembrança sofrida dessas cenas. "Minha irmã", conta-nos, "se lançou de joelhos e me disse: 'Verás o que te acontecerá, se não renunciares a essa ideia.' Então", acrescenta ela, "eles fizeram um complô para tirar meu filho que eu alimentava e mandaram me prender numa casa de saúde".

Já conhecemos sua internação no asilo particular de E., sua permanência de seis meses, o diagnóstico dado de delírio de interpretação. É difícil precisar atualmente os traços de discordância que parecem, então, colorir o quadro clínico. Possuímos uma carta escrita por ela, da casa de saúde, a um escritor, diferente de seu futuro perseguidor e com o qual os seus sabem que ela estava muito preocupada.

Manhã de domingo, E... Seine.

Senhor,

Embora eu não o conheça, envio-lhe um fervoroso apelo para que use a influência de seu nome com o intuito de me ajudar a protestar contra minha internação na casa de saúde de E... Minha família não

> podia compreender que eu pudesse deixar M... e meu lar, daí um complô, um verdadeiro complô, e eis-me numa casa de observação, o pessoal é simpático, o dr. D. também, meu médico, rogo-lhe que examine minha ficha com ele e faça com que cesse uma permanência que só pode ser prejudicial à minha saúde. Senhor romancista, talvez o senhor estivesse muito contente de estar em meu lugar, para estudar as misérias humanas, eu interrogo as minhas companheiras, algumas das quais são loucas e outras tão lúcidas quanto eu, e quando eu tiver (*sic*) saído daqui, eu me proponho morrer de rir por causa do que me acontece, pois acabo me divertindo realmente por ser sempre uma eterna vítima, uma eterna desconhecida. Santa Virgem, que história a minha! O senhor a conhece, todo mundo a conhece mais ou menos, a tal ponto falam mal de mim, e como eu sei por seus livros que o senhor não gosta da injustiça, peço-lhe que faça alguma coisa por mim. Sra. A., casa de saúde, avenida de..., E..., Seine.

Aparece aí uma alegria bastante discordante do conjunto das palavras, e a frase: "Todo mundo conhece mais ou menos minha história" permite colocar a questão de saber se aí não estão expressos sentimentos de penetração, de adivinhação do pensamento.

Seja como for, a doente, que saiu "não curada", porém um pouco melhor, descansa alguns meses com sua família e volta, então, a cuidar de seu filho. Parece que dá conta disso de modo satisfatório.

Entretanto, recusa-se a retomar seu cargo no escritório da cidade de E... Mais tarde dirá ao médico perito que seus perseguidores a coagiam a deixar a cidade. Para nós, invoca que não queria tornar a aparecer diante de seus colegas com a vergonha de uma internação. Nas entrevistas mais cerradas, ela nos confia que, na realidade, guardava uma profunda inquietude. "Quais eram os inimigos misteriosos que pareciam persegui-la? Ela não devia realizar um grandioso destino?" Para procurar a resposta dessas perguntas é que ela quis sair de sua casa, ir para a cidade grande.

Foi, com efeito, para Paris que ela solicitou à administração sua mudança de cargo. Isso lhe é concedido e em agosto de 192... (cerca de seis meses antes do atentado) ela vem morar em Paris.

É aí que progressivamente construirá a organização delirante que antecipou o ato fatal.

A sra. Z., sua vítima, havia ameaçado a vida de seu filho. A questão que lhe foi colocada uma centena de vezes era de saber como tinha chegado a essa crença.

É patente o fato de que a doente não teve, antes de seu ato, nenhuma relação direta ou indireta com a atriz.

"Um dia", diz ela, "como eu trabalhava no escritório, enquanto procurava, como sempre, em mim mesma, de onde podiam vir essas ameaças contra meu filho, escutei meus colegas falarem da sra. Z. Compreendi então que era ela quem nos queria mal".

"Uma vez, no escritório de E., eu tinha falado mal dela. Todos concordavam em considerá-la de boa família, distinta... Eu protestei dizendo que era uma puta. É por isso que ela devia me querer mal."

Não se pode deixar de ficar surpreendido com o caráter incerto de uma gênese como essa. A mais exaustiva pesquisa social não pôde nos revelar que ela tivesse falado a alguém a respeito da sra. Z. Apenas uma de suas colegas nos relata vagas menções contra o "pessoal de teatro".

A doente nos observou com exatidão que nos jornais, pouco depois de sua chegada a Paris, ainda se faziam ouvir muitos ecos de um processo que deu muito o que falar e no qual sua futura vítima era manchete. E, certamente, ao lado das intuições delirantes, é preciso dar lugar ao sistema moral de Aimée, cuja exposição coerente encontraremos em seus escritos, à indignação que ela sente em razão dessa importância que é concedida na vida pública "aos artistas".

Aimée reconhece, por outro lado, por ocasião de sua chegada a Paris, ter visto pelo menos duas vezes a sra. Z. representando, uma vez no teatro, outra no cinema. Mas ela é incapaz de se lembrar que peça era representada, ainda que fizesse parte, ela sabe disso, do repertório clássico e que lhe devia ser fácil, por suas leituras extensas, lembrar-se do título. O tema do filme também lhe escapa, ainda que tenhamos razões para pensar que só pode tratar-se de um romance, cujo autor é precisamente seu principal perseguidor. Há nisso tudo uma dissimulação que nos esconderia uma perseguição passional assídua? Trata-se, antes, de um tipo de amnésia eletiva cujo alcance tentaremos demonstrar.

Seja como for, o delírio interpretativo prossegue seu curso. Nem todas as interpretações dizem respeito à atriz, porém um grande número se relaciona a ela. Elas surgem da leitura dos jornais, dos cartazes, das fotos expostas. "As alusões, os equívocos no jornal fortaleceram-me em minha opinião", escreve a doente. Um dia (ela precisa o ano e o mês), a doente lê no jornal *Le Journal* que seu filho ia ser morto "porque sua mãe era caluniadora", era "vil" e que se "vingariam dela". Isso estava claramente escrito. Havia, além disso, uma fotografia que reproduzia a empena de sua casa natal na Dordonha, onde seu filho passava férias naquele momento, e ele, de fato, aparecia em um canto da foto. Uma outra vez, a doente fica sabendo que a atriz vem representar em um teatro bem próximo de seu domicílio; ela fica transtornada. "É para zombar de mim."

Todos os elementos perturbadores da atualidade são utilizados pelo delírio. O assassinato de Philippe Daudet é muitas vezes evocado pela doente. Ela faz alusão a isso em seus escritos.

Os estados de ansiedade onírica desempenham um papel importante. A doente vê em sonho seu filho "afogado, morto, preso pela GPU". Ao despertar, sua ansiedade é extrema. Ela espera realmente a chegada do telegrama que deve anunciar-lhe a desgraça ocorrida.

Por volta de um ano antes do atentado, é tomada, diz-nos uma de suas colegas, pela ameaça da guerra sobre seu filho. Esse temor é expresso com uma iminência tal que, em vista da pouca idade de seu filho, todos zombam e essa é uma de suas raras expansões.

"Eu temia muito pela vida de meu filho", escreve a doente; "se não lhe acontecesse mal agora, aconteceria mais tarde, por minha causa, eu seria uma mãe criminosa".

Esses temores apresentam, de fato, no espírito de Aimée, um grau variável de iminência. Imediatamente ameaçadores nas ansiedades pós-oníricas, eles às vezes só incidem, ao contrário, em um longínquo prazo. "Farão meu filho morrer na guerra, fá-lo-ão bater-se em duelo." Em certos períodos, a doente parece tranquilizada.

No entanto, a ideia obsedante persiste: "Não há pressa", diz ela, "porém *lá longe a tempestade se forma*".

A futura vítima não é a única perseguidora. Como certos personagens dos mitos primitivos se revelam como dublês de um tipo heroico, assim aparecem atrás da atriz outras perseguidoras, cujo protótipo último, como veremos, não é ela mesma. São Sarah Bernhardt, estigmatizada nos escritos de Aimée, a sra. C., essa romancista contra a qual quis abrir processo em um jornal comunista. Vemos, a partir daí, o valor, mais representativo que pessoal, da perseguidora que a doente reconheceu. Ela é o tipo da mulher célebre, adulada pelo público, bem-sucedida, vivendo no luxo. E se a doente faz em seus escritos o processo vigoroso de tais vidas, dos artifícios e da corrupção que ela lhes imputa, é preciso sublinhar a ambivalência de sua atitude; pois ela também, como veremos, desejaria ser uma romancista, levar uma grande vida, ter uma influência sobre o mundo.

Um enigma semelhante ao primeiro é colocado pela implicação do romancista P. B. no delírio de Aimée. Sabemos que, em suas primeiras declarações, feitas sob o ímpeto da convicção ainda persistente, esse perseguidor vinha no primeiro plano de seu delírio.

Poderíamos pensar, de acordo com certas expressões da doente, que a relação delirante tenha sido aqui, primeiramente, de natureza erotomaníaca e tenha passado ao estado de despeito. É P. B., com efeito, podemos ler no relatório do dr. Truelle, "quem a teria coagido a deixar seu marido"; "deixavam entender que ela o amava, diziam que eles eram três". Ao observar isso mais atentamente, podemos ver que desde o início se tratava de uma relação ambivalente, de uma nuança pouco diferente daquela que liga a doente à principal perseguidora. "Eu acreditava", escreve-nos a doente, "que me obrigariam a tomá-lo como que por uma ligação espiritual: eu achava isso odioso e, se pudesse, teria deixado a França". Quanto às relações que imagina entre esses dois perseguidores maiores, estas não nos esclarecem mais. Ela não pensava que eles fossem amantes, "mas eles agem como se assim fosse... eu pensava que havia intrigas como na corte de Luís XIV".

A data de aparecimento do perseguidor masculino no delírio também continua sendo um problema. Contrariamente ao conteúdo do relatório médico-legal, a doente sempre sustentou diante de nós que ele só havia aparecido em seu delírio depois de sua chegada a Paris.

Reencontramos aqui a mesma imprecisão nas conjunturas iniciais, a mesma amnésia na evocação de suas circunstâncias, sobre o que já insistimos. Apesar desses traços, a revelação do perseguidor deixou, entretanto, na doente, a lembrança de seu caráter iluminativo. "Isso agiu como um ricochete em minha imaginação", ela nos declarou repetidas vezes, evocando esse instante. Ela acrescenta esta justificação provavelmente secundária: "Pensei que a sra. Z. não podia estar só para me fazer tanto mal impunemente, era preciso que ela fosse apoiada por alguém importante." Leitora assídua de novos romances e seguindo avidamente o sucesso dos autores, a doente achava, com efeito, imenso o poder da celebridade literária.

Em vários romances de P. B., ela acreditou se reconhecer. Percebia neles incessantes alusões à sua vida privada. Acreditava-se visada pela palavra "cólera" que surge na passagem de uma linha para a outra, ridicularizada pela ironia do escritor quando em algum lugar, no seu texto, aparecem estas exclamações: "Que andar, que graça, que pernas!"

Essas interpretações parecem tão fragmentárias quanto imediatas e intuitivas. Para responder a uma amiga que, pressionada por ela, teve de ler um desses romances ("exatamente; ela lhe disse, minha história") e que se espanta por não encontrar nada de semelhante, sua argumentação, nem por isso, é menos desordenada. "Não se roubam as cartas da heroína? enquanto de mim também foram roubadas etc."

Podemos descobrir, aliás, em seu perseguidor os mesmos "dublês" que em sua perseguidora. São R. D., sr. de W. redatores no *Journal*. Em seus artigos, ela reconheceu alusões e ameaças. Nos rascunhos dos escritos que pudemos estudar, seus nomes acham-se cobertos de invectivas. Às vezes um sobrenome com intenção estigmatizante mascara aquele que ela designa, tal como o de "Ro-

Exame Clínico do Caso "AIMÉE"   161

bespierre", personagem que ela abomina, e que designa P. B., "que dirige contra ela escândalos juntamente com as atrizes". Essas personagens a plagiaram, copiaram seus romances não publicados e seu diário íntimo. "É preciso ver", escreve, "as cópias que foram feitas nas minhas costas". "O jornal *L'Oeuvre*", escreve ainda, "foi lançado nas minhas costas". Ela pensa, com efeito, que esse jornal é subvencionado para se opor à sua missão beneficente.

Sobre os temas delirantes ditos de grandeza, torna-se mais difícil informar-se pelas entrevistas. Mas sabemos que, na época em que seu delírio florescia, Aimée fizera com audácia, diante da indiferença de sua família, acusações megalomaníacas contra o jornal *L'Oeuvre*. Guardamos, por outro lado, os rascunhos de panfletos fervorosos, nos quais intimava aqueles que, "ela compreendia, queriam mal a seu cetro". Atualmente, não podemos evocar, sem que ela suplique que paremos, essas frases que ela sente como um imenso ridículo.

É importante, no entanto, penetrar na ideologia relacionada a isso, por mais pobre e inconstante que pareça, pois ela torna em parte compreensíveis as perseguições que a doente acusa.

Todas essas personagens, com efeito, artistas, poetas, jornalistas, são odiadas coletivamente como grandes provocadoras dos infortúnios da sociedade. "Trata-se de uma ralé, uma raça"; eles "não hesitam em provocar por suas bazófias o assassinato, a guerra, a corrupção dos costumes, para conseguir um pouco de glória e prazer". "Eles vivem", escreve nossa doente, "da exploração da miséria que desencadeiam".

Quanto a ela, considerava-se chamada para reprimir esse estado de coisas. Essa convicção repousava nas aspirações vagas e difusas de um idealismo altruísta. Ela queria realizar o reino do bem, "a fraternidade entre os povos e as raças".

Ela fala desses assuntos com extrema repugnância, e somente cerca de um ano após sua internação e que, um dia, ela nos confessou, com a condição de que evitássemos olhá-la durante sua confissão. Revela-nos, então, seus devaneios que tornam comoventes não apenas a puerilidade deles, mas, também, uma espécie de candura entusiasta: "Isso devia ser o reino das crianças e das mulheres. Elas deviam estar vestidas de branco. Era o desaparecimento do reino da maldade sobre a Terra. Não devia mais haver guerra. Todos os povos deviam ser unidos. Isso devia ser belo etc."

Ela manifesta em inúmeros escritos íntimos os sentimentos de amor e de angústia que lhe inspiram as crianças, sentimentos que estão em uma relação evidente com suas preocupações e seus temores para com seu próprio filho. Sente-se nela uma participação muito emocionada nos sentimentos da infância, nos seus tormentos, nos seus males físicos. Ela invectiva, então, a crueldade dos adultos, a falta de cuidado das mães frívolas.

Ela fica alarmada, como dissemos, com a sorte futura dos povos. As ideias da guerra, do bolchevismo a frequentam, e se misturam com suas responsabilidades para com o filho. Os governantes esquecem o perigo; provavelmente, bastará que eles sejam lembrados disso; ela se crê destinada a isso. Porém, os povos estão entregues a maus pastores. Ela recorreu, a partir daí, às autoridades beneficentes, ao pretendente da França, ao príncipe de Gales, a quem ela pedirá para ir fazer um grande discurso em Genebra.

A importância de seu papel em tudo isso é imensa, na medida mesma de sua imprecisão. Seus sonhos, de resto, não são puramente altruístas. Uma carreira de "mulher de letras e de ciências" lhe está reservada. As mais diversas vias lhe estão abertas: romancista já, ela conta também em "se especializar em química". Precisaremos mais adiante o esforço, desordenado porém real, que ela faz, então, para adquirir os conhecimentos que lhe faltam.

Contudo, ela sabe "que deve ser alguma coisa no governo", exercer uma influência, guiar reformas. Isso é independente de suas outras esperanças de ser bem-sucedida: isso deve se produzir em virtude de sua influência, de alguma predicação. "Isso devia ser alguma coisa como Krishnamurti", ela nos diz, enrubescendo.

Enquanto espera, esse apostolado a arrasta a encaminhamentos bastante estranhos. Durante um período, curto, aliás, essa mulher, cuja pesquisa apontará, por outro lado, costumes regulares, acredita que "deve ir aos homens". Isso quer dizer que ela aborda os transeuntes ao acaso e os entretém com seu vago entusiasmo; ela nos confessa que procurava também com isso satisfazer a "grande curiosidade" que tinha pelos "pensamentos dos homens". Mas os pensamentos dos homens não lhe permitem ficar a meio-caminho: ela é levada várias vezes aos hotéis, onde, contra a vontade ou não, é preciso que ela se decida. Esse período que ela chama "de dissipação" é curto; situa-se em 192... (três anos antes de sua internação). Seu alcance psicológico exato é, de resto, complexo; em uma carta ela escreve que procurava, assim, esquecer P. B. (?).

À medida que nos aproximamos da data fatal, um tema se precisa, o de uma erotomania que tem por objeto o príncipe de Gales. Que papel representou, no deslanchamento desse tema, a necessidade de um recurso benevolente? Difícil dizer. Seguramente uma parte, difícil de elucidar, do delírio leva essa nota de benevolência. Ela disse ao médico perito que, um pouco antes do atentado, havia em Paris grandes cartazes que informavam ao sr. P. B. que, se ele continuasse, seria punido. Ela tem, portanto, protetores poderosos, mas parece que os conhece mal. Com respeito ao príncipe de Gales, a relação delirante é bem mais precisa. Temos um caderno seu onde ela anota cada dia, com data e hora, uma pequena efusão poética e apaixonada que dirige a ele.

28 de janeiro de 193...

Eu corro ao quai d'Orsay
Para ver meu senhor
Meu senhor, meu bem-amado
Pulei pela janela

Os cabelos louros como o sol
Os olhos espelho do infinito
Uma silhueta alta e fina
Ah! como eu o teria seguido

Fiquei desarvorada
O dia e a noite estão perturbados
O rio gelado não podendo
Afogar todo o meu ímpeto

Com sua Alteza a distância
Continua sempre imensa
Para ser vencida com asas.
O coração não é rebelde.

Abro docemente minha porta
Segue toda a minha escolta
Meus assíduos estão presentes
A tristeza e o desânimo

Mas nesse dia como companheira
Senta-se bem junto à minha janela
Na pessoa de meu senhor
A coragem sem abandono.

As viagens, que sobressalto
Os atentados, os acidentes
Como tudo se acumula
E a partida das mulas!

Que sua Alteza me permita
Que eu lhe diga tudo isto
Tenho muitíssimo cuidado
Com a traição desses animais

Pelos montes da Cordilheira
Quando as águias planarão
Ao nível dos Grandes da terra
Os Windsors se medirão.

Ela mistura a Alteza augusta com suas preocupações sociais e políticas; é junto a ela que tentará um último recurso. O quarto de hotel em que morava estava recoberto de retratos do príncipe; ela juntava igualmente os recortes de jornal relativos a seus movimentos e sua vida. Não parece que tenha tentado aproximar-se dele na ocasião de uma estada do príncipe em Paris, a não ser por um impulso metafórico (poema citado). Por outro lado, parece que lhe remeteu pelo correio, por várias vezes, seus poemas (um soneto por semana), memoriais, cartas, uma das quais quando da viagem do príncipe à América do Sul, instando que desconfiasse dos embustes do sr. de W. (já anteriormente mencionado), diretor da Presse Latine, que "dá a palavra de ordem aos revolucionários, pelos jornais, com as palavras em itálico". Mas, detalhe significativo, até o fim, ela não assina suas cartas.

Encontramo-nos, observemos, diante do próprio tipo da erotomania, segundo a descrição dos clássicos, retomada por Dide. O traço maior do platonismo ali se mostra com toda a nitidez desejável.

Assim constituído, e apesar dos surtos ansiosos agudos, o delírio, fato a destacar, não se traduziu em nenhuma reação delituosa durante mais de cinco anos. Certamente, nos últimos anos, certos sinais de alerta se produzem. A doente sente a necessidade de "fazer alguma coisa". Porém, ponto notável, essa necessidade se traduz primeiro pelo sentimento de uma falta para com deveres desconhecidos que ela relaciona com os mandamentos de sua missão delirante. Provavelmente, se ela conseguir publicar seus romances, seus inimigos recuarão assustados.

Assinalamos suas queixas junto às autoridades, seus esforços para fazer com que um jornal comunista aceitasse ataques contra uma de suas inimigas, suas importunações junto ao diretor desse jornal. Estas lhe custam mesmo a visita de um inspetor de polícia, que usou de uma intimidação bastante rude.

Pelo menos ela quer explicar-se com seus inimigos. Encontramos anotados em folhas os endereços dos seus principais perseguidores. Um episódio bastante pitoresco foi o da entrevista que lhe foi concedida, no primeiro ano de sua estada em Paris, pelo romancista P. B. para "pedir-lhe explicações". Ela está, então, longe de ter chegado ao estágio das violências; mas adivinha-se bastante bem o embaraço intrigado do escritor pela breve narrativa que a doente nos deu do estranho encontro: "Eu fui ao editor perguntar se podia vê-lo, ele me disse que ele vinha todas as manhãs apanhar sua correspondência, e eu o esperei na porta, apresentei-me e ele me propôs dar uma volta de carro pelo bosque, o que aceitei; durante esse passeio, eu o acusei de falar mal de mim, ele não me respondeu, por fim, tratou-me de mulher misteriosa, depois de impertinente, e eu não tornei a vê-lo mais."

Nos últimos oito meses antes do atentado, a ansiedade está crescendo. Ela sente, então, cada vez mais a necessidade de uma ação direta. Pede a seu senhorio que lhe empreste um revólver e, diante de sua recusa, pelo menos uma bengala "para amedrontar essas pessoas", quer dizer, os editores que zombaram dela.

Ela depositava suas últimas esperanças nos romances enviados à livraria G. Daí sua imensa decepção, sua reação violenta quando eles lhe são devolvidos com uma recusa. É lamentável que não a tenham internado então.

Ela se volta, ainda, para um derradeiro recurso, o príncipe de Gales. Somente nesses últimos meses é que lhe envia cartas assinadas. Ao mesmo tempo, envia-lhe seus dois romances, estenografados e cobertos com uma encadernação de couro de um luxo comovente. Eles lhe foram devolvidos, acompanhados da seguinte fórmula protocolar.

> *Buckingham Palace*
> *The Private Secretary is returning the typed manuscripts which Madame A. has been good enough to send, as it is contrary to Their Majesties' rule to accept presents from those with whom they are not personally acquainted.*
> *April, 193...*

Esse documento data da véspera do atentado. A doente estava presa, quando ele chegou.

Entretanto, tinha, junto aos seus, as mais alarmantes atitudes. Elas não podiam ser acolhidas com o discernimento que era necessário. Tentativas de explicação de seus tormentos foram brutalmente repelidas. Então, toma a resolução de se divorciar e de deixar a França com a criança. No mês de janeiro que precede ao atentado, ela manifesta suas intenções à irmã em uma cena em que demonstra uma agitação interior e uma violência de termos, dos quais sua irmã ainda conserva uma recordação de assombro. "É preciso", diz-lhe, "que você esteja pronta para testemunhar que André (seu marido) me bate e bate na criança. Eu quero me divorciar e ficar com a criança. Estou pronta para tudo, senão eu o matarei". Devemos observar que os parentes da doente temem suas ameaças tanto relativas ao filho quanto ao marido.

A partir daí há cenas contínuas em que ela insiste em se divorciar. Além disso, as visitas à sua casa na cidade de E., que se haviam espaçado cada vez mais, tornam-se de uma frequência quase cotidiana. Ela não deixa mais seu filho, acompanha-o à escola, vem apanhá-lo na saída, o que a criança, é claro, não gosta muito.

Ela diz que vivia, então, em um temor perpétuo e iminente do atentado que deveria atingir seu filho. Sua família não vê em sua nova atitude mais que um zelo intempestivo e insiste, sem a menor delicadeza, para que ela pare com importunações que só prejudicam a criança.

Desde então, a doente está cada vez mais desvairada. Um mês antes do atentado, ela vai "à fábrica de armas de Saint-Étienne, praça Coquillère", e escolhe um "facão de caça que tinha visto na vitrina, com uma bainha".

Contudo, em seu estado de extrema emoção, forja para si verdadeiros raciocínios passionais. Ela necessita ver sua inimiga de frente. "Que pensará ela de mim", se pergunta, com efeito, "se eu não me mostro para defender meu filho? Que eu sou uma mãe covarde". Ela não encontrou o endereço da sra. Z. no anuário Bottin, mas é informada sobre o teatro onde ela se apresenta toda noite.

Uma noite, um sábado às sete horas, ela se prepara para ir ter, como toda semana, com sua família: "Uma hora ainda antes desse infeliz acontecimento, eu não sabia ainda onde iria, e se não iria visitar, como de hábito, o meu garotinho."

Uma hora depois, compelida por sua obsessão delirante, ela está na porta do teatro e ataca sua vítima. "No estado em que me encontrava então", disse muitas vezes a doente, "eu teria atacado qualquer um dos meus perseguidores, se eu os pudesse atingir ou me encontrasse com eles por acaso". Com frequência, estremecendo até, ela insistirá, diante de nós, na ideia de que teria sido capaz de atentar contra a vida de qualquer um desses inocentes.

Nenhum alívio se segue ao ato. Ela fica agressiva, estênica, exprime seu ódio contra sua vítima. Sustenta integralmente suas asserções delirantes diante do delegado, do diretor da prisão, do médico-perito: "O diretor da prisão e sua mulher vieram me perguntar por que eu tinha feito aquilo, eu estava surpresa por ver que ninguém incriminava a minha inimiga." "Sr. doutor", escreve ela ainda em um bilhete de tom extremamente correto, no décimo quinto dia de sua reclusão, "gostaria de pedir-lhe para que fizesse retificar o juízo dos jornalistas a meu respeito, chamaram-me de *neurastênica*, o que pode vir a prejudicar minha futura carreira de mulher de letras e de ciências".

"Oito dias após meu ingresso", escreveu-nos em seguida, na prisão de Saint-Lazare, "escrevi ao gerente de meu hotel para comunicar-lhe que estava muito infeliz porque ninguém quis me escutar nem acreditar no que eu dizia; escrevi também ao príncipe de Gales para dizer-lhe que as atrizes e escritores me causavam graves danos".

Obtivemos a minuta dessa carta ao príncipe; ela se distingue das outras pela incoerência de seu estilo.

Confia longamente a suas companheiras de cárcere, "uma dançarina russa que atirou num delegado de polícia porque ela era bolchevista, uma ladra de lojas e uma dinamarquesa acusada de desfalque" (ela nos precisa), as perseguições que havia sofrido. Suas companheiras aquiescem, encorajam-na e aprovam-na. "Vinte dias depois", escreve a doente, "quando todos já estavam deitados, por volta das sete horas da noite, comecei a soluçar e a dizer que essa atriz não tinha nada contra mim, que não deveria tê-la assustado; as que estavam ao meu lado ficaram de tal modo surpresas que não

Exame Clínico do Caso "AIMÉE" 169

queriam acreditar no que eu dizia, e me fizeram repetir: mas ainda ontem você falava mal dela! – e elas ficaram estupefatas com isso. Foram contar à Madre Superiora que, a todo custo, queria me enviar à enfermaria".

Todo o delírio caiu ao mesmo tempo, "o bom como o ruim", diz-nos ela. Toda a fragilidade de suas ilusões megalomaníacas surge para ela ao mesmo tempo que a inanidade de seus temores.

Aimée entra no asilo 25 dias depois.

EXAMES E ANTECEDENTES FÍSICOS

A estatura da doente está acima da média. Esqueleto amplo e bem-constituído. Ossatura torácica bem-desenvolvida, acima da média observada nas mulheres de sua classe. Nem gorda nem magra. Crânio regular. As proporções craniofaciais são harmoniosas e puras. Tipo étnico bastante bonito. Ligeira dissimetria facial, que fica dentro dos limites habitualmente observados. Nenhum sinal de degenerescência. Nem sinais somáticos de insuficiência endócrina.

Taquicardia branda quando de sua entrada, número de pulsações: 100. A palpação revela um pequeno bócio, de natureza endêmica, pelo qual a mãe e a irmã mais velha são igualmente afetadas. No período que precede a primeira internação, recebe tratamento para esse bócio (extrato tireoidiano?). Ela tomava essa medicação "sem seguir as prescrições e em quantidades maciças".

Um mês depois de sua entrada, o pulso voltou a 80. A pressão dos glóbulos oculares, exercida durante um minuto, dá, no segundo quarto de minuto, uma diminuição da frequência a 64.

Durante vários meses conserva um estado subfebril leve, criptogenético, de três ou quatro décimos acima da média matinal e vespertina. Contraiu, pouco antes de seu casamento, uma congestão pulmonar (de origem gripal – 1917) e suspeitou-se de bacilose. Exames radioscópicos e bacteriológicos repetidos deram resultado negativo. A radiografia nos mostrou uma opacidade hilar à esquerda. Outros exames negativos. Perdeu quatro quilos durante os primeiros meses de sua permanência, recuperou-os novamente, depois

170 Da Psicose Paranoica em suas Relações com a Personalidade | Jacques Lacan

voltou a perdê-los. Seu peso estabilizou-se há vários meses em 61 quilos.

Exame neurológico negativo, B. W.* e outras reações serológicas negativas no sangue e no líquido encefalorraquiano. B. W. do marido negativa. Durante os primeiros seis meses da internação, interrupção das regras, que eram normais até então. Metabolismo basal medido repetidas vezes: normal. Dois partos cujas datas anotamos. Uma criança natimorta asfixiada por circular do cordão. Não se constatou anomalia fetal nem placentária. Diversas cáries dentárias por ocasião dos estados de gravidez. A doente tem uma dentadura postiça no maxilar superior. Segundo filho, menino bem-desenvolvido, boa saúde. Atualmente com oito anos. Normal na escola.

Assinalemos, quanto aos antecedentes somáticos, que a vida levada pela doente desde a sua estada em Paris, trabalhando no escritório das 7 às 13 horas, depois preparando-se para o *baccalauréat*,** percorrendo bibliotecas e lendo desmedidamente, caracteriza-se por um *surmenage* intelectual e físico evidente. Ela se alimentava de maneira muito precária, escassa e insuficiente para não perder tempo, e em horas irregulares. Durante anos, mas só depois de sua permanência em Paris, bebeu cotidianamente cinco ou seis xícaras de café preparado por ela mesma e muito forte.

O pai e a mãe, camponeses, ainda vivem. A mãe é considerada na família como tomada por "loucura de perseguição". Uma tia rompeu com todos e deixou uma reputação de revolta e desordem em sua conduta.

A mãe ficou grávida oito vezes: três filhas antes de nossa doente, um aborto espontâneo depois dela, e por fim três meninos, seus irmãos mais novos. Dessas oito gravidezes, seis filhos ainda estão vivos. A família insiste muito quanto à emoção violenta sofrida pela

---

*Bordet Wassermann, reação serológica para diagnóstico de sífilis. (Nota da edição brasileira.)
**Grau concedido após o término dos estudos secundários. (Nota da edição brasileira.)

mãe durante a gestação de nossa doente: a morte da filha mais velha se deveu, com efeito, a um acidente trágico, ela caiu, na frente de sua mãe, na boca de um forno aceso e rapidamente morreu em decorrência de queimaduras graves.

ANTECEDENTES DE CAPACIDADE E FUNDO MENTAL

Inteligência normal, acima das provas de testes utilizadas no serviço asilar.

Estudos primários bons. Obtém seu certificado. Não é aprovada em um exame destinado a encaminhá-la para o ensino primário. Não persevera. É admitida aos 18 anos, depois de um exame de admissão, na administração onde permaneceu; aos 21 anos alcança um ótimo lugar no exame público, o que assegura sua titulação e seus direitos. Durante sua permanência em Paris é reprovada em um exame de nível mais elevado; ao mesmo tempo preparava (aos 35 anos) seu *baccalauréat*. É reprovada três vezes.

Consideram-na em seu serviço como muito trabalhadora, "pau para toda obra", e atribuem a isso seus distúrbios de humor e de caráter. Dão-lhe uma ocupação que a isola em parte. Uma sondagem junto a seus chefes não revela nenhuma falha profissional até seus últimos dias em liberdade. Muito pelo contrário, na manhã seguinte ao atentado, chega ao escritório sua nomeação para um cargo acima do que ocupava.

Descrevemos anteriormente a redução atual de seu delírio. Em suas respostas às entrevistas, ela se exprime com oportunidade e precisão. A indeterminação e o maneirismo só se introduzem em sua linguagem quando a fazemos evocar certas experiências delirantes, elas mesmas constituídas por intuições imprecisas e indizíveis logicamente. O mesmo ocorre com os bilhetes que nos envia. "As confissões de Bécassine",* tal é, por exemplo, o título que dá a um relato que lhe pedimos sobre sua história. Mas, no relato seguinte, as frases são curtas e plenas; nenhuma busca de efeitos; o ritmo

---

*Tipo humorístico de criada bretã. (Nota da edição brasileira.)

do relato, fato notável em uma doente como essa, não é retardado por nenhuma circunlocução, parêntese, retomada, nem raciocínio formal. Mais adiante reproduziremos longos fragmentos de seus escritos do período delirante.

COMPORTAMENTO NO ASILO. TRABALHO E ATITUDE MENTAL

Nenhuma perturbação na boa ordem do serviço hospitalar. Diminui o tempo que poderia dedicar a seus trabalhos literários favoritos para executar inúmeros trabalhos de costura com que presenteia o pessoal do serviço. Esses trabalhos são de feitura delicada, de execução cuidadosa, porém de gosto pouco esclarecido.

Recentemente a designamos para o serviço da biblioteca, o qual executou a contento.

Nas relações com as outras doentes, demonstrou tato e discernimento. Nada mais engraçado que as satisfações diplomáticas que soube dar a uma grande delirante paranoica, erotomaníaca, como ela, quanto ao príncipe de Gales, mas firme em suas convicções delirantes. Nossa doente tem, é claro, a superioridade, se não da atitude, pelo menos da indulgência e da ironia. Contudo, a outra doente rompeu com qualquer acordo depois de intensas discussões motivadas pelo recente processo do assassino do presidente Doumer.

As anomalias do comportamento são raras; risos solitários aparentemente imotivados, bruscas excursões pelos corredores: esses fenômenos não são frequentes e só foram observados pelas enfermeiras.

Nenhuma variação ciclotímica perceptível.

A doente mantém uma grande reserva habitual de atitude. Por trás desta, tem-se a impressão de que suas incertezas internas não foram de modo algum apaziguadas. Vagos retornos erotomaníacos podem ser pressentidos sob suas efusões literárias, embora se limitem a isso. Não se pode ver aí uma recidiva delirante.

"Retomar o meu posto, trabalhar, voltar a ver o meu filho", diznos com frequência, "eis toda a minha ambição".

No entanto, projetos literários abundam em seu espírito, "uma vida de Joana d'Arc, as cartas de Ofélia a Hamlet". "Quantas coisas eu não escreveria agora se estivesse livre e tivesse livros!"

Citemos uma carta que ela nos envia no segundo mês de sua permanência. Seu tom é curioso e, apesar das retratações que ela expressa, a autenticidade da renúncia se revela ambígua.

Depois de falar de sua irmã, em termos que retomaremos, ela acrescenta: "Ela sabe que eu sou muito independente, que eu me havia entregue a um ideal, uma espécie de apostolado, o amor ao gênero humano ao qual eu subordinava tudo. Eu o persegui com uma perseverança sempre renovada, chegava até a me desprender ou desprezar os vínculos terrestres, e toda a intensidade de meu sofrimento eu consagrava aos males que assolam a Terra... Agora que os acontecimentos me devolveram à minha modéstia, meus planos mudaram e eles já não podem perturbar em nada a segurança pública. Não me atormentarei mais por causas fictícias, cultivarei não só a calma como a expansão da alma. Cuidarei para que meu filho e minha irmã não se queixem mais de mim por causa do meu excessivo desinteresse."

Atualmente ela parece satisfazer-se com a esperança de uma saída, que embora não a veja tão próxima, não deixa ainda assim de considerá-la como certa.

PRODUÇÕES LITERÁRIAS

Já evocamos ou citamos alguns escritos da doente. Vamos estudar agora as produções propriamente literárias que ela destinava à publicação.

Seu interesse de singularidade já justificaria o lugar que lhes atribuímos, se além disso não tivessem um grande valor clínico, e isso sob um duplo ponto de vista. Esses escritos nos informam sobre o estado mental da doente na época de sua composição; mas, sobretudo, permitem que possamos apreender ao vivo certos traços de sua personalidade, de seu caráter, dos complexos afetivos e das imagens mentais que a habitam, e essas observações proporcionarão uma matéria preciosa ao nosso estudo das relações do delírio da doente com sua personalidade.

De fato, tivemos a felicidade de poder dispor desses dois romances que a doente, após a recusa de vários editores, enviou como último recurso à Corte Real da Inglaterra (ver p. 166).

Ambos foram escritos pela doente nos oito meses que antecederam o atentado, e sabemos em qual relação com o sentimento de sua missão e com o da ameaça iminente contra seu filho.

O primeiro data de agosto-setembro de 193... e foi escrito, segundo a doente, de um só fôlego. Todo o trabalho não teria ultrapassado mais de oito dias, se não houvesse sofrido uma interrupção de três semanas, cuja causa examinaremos mais adiante; o segundo foi composto em dezembro do mesmo ano, em um mês aproximadamente, "numa atmosfera febril".

Lembremos desde já que os dois romances nos chegaram em forma de exemplares estenografados, em que não aparece nenhuma particularidade tipográfica. Esse traço se confirma nos rascunhos e manuscritos que temos em nosso poder, e se opõe à apresentação habitual dos escritos dos paranoicos interpretantes: maiúsculas iniciais nos substantivos comuns, sublinhas, palavras destacadas, vários tipos de tinta, todos traços simbólicos das estereotipias mentais.[1]

---

[1] O próprio grafismo chama a atenção, antes de mais nada, por sua rapidez, sua altura oscilante, sua linha descontínua, o defeito de pontuação. Todos esses traços se enfatizam nos períodos que correspondem a uma exaltação delirante.

Solicitamos a ajuda de nosso amigo Guillaume de Tarde que, iniciado desde há muito tempo por seu pai, o eminente sociólogo, na análise grafológica, se diverte com isso nas horas vagas. Eis os traços, anotados enquanto falava, que ele destacou:

"Cultura. Personalidade. Sentido artístico instintivo. Generosidade. Desdém pelas coisas insignificantes e pelas intriguinhas. Nenhuma vulgaridade.

Fundo de candura, de virgindade de alma, com traços de infantilismo. Reações, sonhos, medos de criança.

Ímpeto interior, capaz de exercer influência. Agitação, com um certo aspecto simpático. Ambos, no entanto, com uma qualidade mais intelectual que afetiva.

Grande sinceridade para consigo mesma. Indecisão. Voluntária apesar de tudo.

Ternura. Muito pouca sensualidade. Acessos de angústia, que suscitam nela um certo espírito de maquinação, de possibilidades de maldade.

As duas obras têm valor desigual. A segunda traduz, sem dúvida, uma baixa de nível, tanto no encadeamento das imagens quanto na qualidade do pensamento. Entretanto, o traço comum é que ambas apresentam uma grande unidade de tom e que um ritmo interior constante lhes garante uma composição. Nada, com efeito, de preestabelecido em seu plano: a doente ignora aonde será levada quando começa a escrever. Nisso ela segue, sem o saber, o conselho dos mestres ("Nada de plano. Escrever antes de pôr a nu o modelo... A página em branco deve sempre ser misteriosa", P. Louys).

A primeira obra poderia se intitular *Idílio*. Está longe de não ter valor intrínseco. Mais de uma vez encontraremos uma imagem de valor poético inegável, na qual uma visão justa encontra sua expressão em um feliz equilíbrio de precisão e sugestão. Na passagem seguinte se manifestará a irrupção desajeitada de um movimento impulsivo de sua sensibilidade. Um pouco medíocre esse intervalo: a expressão incompleta, mal-explorada, deve-se à sua falta de habilidade; só raramente ela parece suprir os *deficits* do pensamento.

Mesmo que aqui não se trate de expressões de origem *automática imposta*, o leitor em parte alguma terá essa impressão de *estereotipia* do pensamento, sobre a qual já insistimos analisando alhures certos escritos mórbidos.[2]

Quanto às circunlocuções da frase: parênteses, incidentes, subordinações intricadas, quanto a essas retomadas, repetições, rodeios da forma sintática, que exprimem nos escritos da maior parte

---

Fora dos acessos persiste na doente não uma hostilidade, nem uma desconfiança verdadeiras, e sim, antes, uma inquietude contínua, fundamental, sobre si mesma e sua situação."

Pedimos desculpas ao nosso amigo por reproduzir, sem haver submetido à sua revisão, essas palavras expressas ao sabor da fala, as quais talvez ele não subscrevesse com todo rigor. Achamos que são bastante notáveis para não as mencionarmos aqui, ainda que de forma imperfeita, assumindo, portanto, inteira responsabilidade.

[2] Consultar nosso artigo, escrito em colaboração com Lévy-Valensi e Migault, "Escritos 'inspirados': esquizografia". *A.M.P.*, nº 5, 1931. [Publicado neste volume.]

dos paranoicos as estereotipias mentais de ordem mais elevada, é bastante notável constatar sua ausência total não só no primeiro escrito, como também no segundo.

Ao contrário, trata-se de uma sucessão de frases curtas; elas se encadeiam em um ritmo que chama a atenção, em primeiro lugar, por sua desenvoltura e seu tom de verve.

Destaquemos de saída algumas das tendências afetivas que se revelam nesses escritos.

Em primeiro plano, aparece um sentimento da natureza ligado às raízes profundas da personalidade, a experiências infantis muito plenas e que não foram esquecidas.

Ao lado disso, exprime-se uma aspiração amorosa, cuja expressão verbal é tanto mais tensa quanto na realidade é mais discordante com a vida, mais fadada ao fracasso. Revela-se uma sensibilidade que qualificaremos de essencialmente "bovariana", referindo-nos diretamente com essa palavra ao tipo da heroína de Flaubert. Essa discordância afetiva está bem de acordo com a emergência incessante de movimentos próximos à sensibilidade infantil: bruscas revelações de pensamento fraterno, lançar-se para a aventura, pactos, juramentos, laços eternos.

Mas esses desvarios da alma romântica, embora frequentemente apenas verbais, não são estéreis em nossa doente: têm por contrapartida uma compreensão conservada muito imediata e muito fresca da alma da infância, de suas emoções, de seus prazeres, de sua aflição e de seus segredos. Encontramos a todo momento a expressão mais feliz disso.

Todos esses traços nos indicam, sob diferentes formas, alguma fixação infantil da sensibilidade. Outro ponto: ela não guardou apenas o sentimento da natureza onde sua infância floresceu, dos ribeirinhos e dos bosques da Dordonha, mas, também, o da vida camponesa, de seus trabalhos e de seus dias. Inúmeras vezes veremos surgir sob sua pena termos de agricultura, de caça e de falcoaria.

Esses toques de "regionalismo" são, aliás, bastante inábeis, mas são o signo de sua ingenuidade; e esse traço pode tocar exatamente aqueles que têm pouquíssimo gosto pelos artifícios de tal literatura.

De resto, sente-se nela a presença de uma real cultura telúrica. A doente conhece muito bem seu patoá, a ponto de ler a língua de Mistral. Se fosse menos autodidata, poderia tirar melhor partido disso. Citemos agora algumas passagens. Escolheremos não as melhores, mas as mais significativas. Todos os grifos são nossos. Deformamos, assim, ligeiramente o aspecto do texto, mas, se confiamos no leitor para distinguir o alcance de cada uma dessas indicações, acreditamos que não nos negará sua atenção. O título do romance é *O detrator*; está dedicado à sua alteza imperial e real, o príncipe de Gales. Eis aqui o seu começo:

CAPÍTULO PRIMEIRO

A Primavera,

Nos limites do Nordeste da Aquitânia, na primavera, os cimos ficam enegrecidos de nortada, mas os vales são tépidos, pálidos, cerrados: eles guardam o sol. As mulheres tomam para seus filhos a beleza entre as cores do vale escuro. Ali as tulipas não ficam geladas no inverno, em março elas são compridas, delicadas e todas coloridas de sol e de lua. As tulipas tomam suas cores da terra macia, as futuras mães as tomam das tulipas!...

Nesse vale as crianças cuidam das vacas ao som das sinetas.

As crianças brincam, perdem-se, o som das sinetas as chama a seu cuidado.

Mas é mais fácil cuidar do que no outono, quando os azinhais atraem os animais, então é preciso correr, seguir os traços da lã dos cordeiros esgarçada nas sarças, as escorregadelas na terra que se desfaz sob os pés sabugosos, as crianças procuram, emocionam-se, choram, não ouvem mais o som das sinetas.

Em abril, os animais têm seus segredos, entre os arbustos a erva se agita ao vento, ela é fina, *focinhos leitosos a descobrem*. Que sorte! O leite será bom esta noite, eu beberei um bocado, diz o cão com a língua de fora. O dia inteiro as crianças brincaram umas com as outras e com os filhotes dos animais, eles se acariciam, eles se amam.

O que acontece? O rebanho as deixa? As crianças olham para o céu, uma estrela! Vamos para casa, adeus tulipas, riacho, fontes, vamos para casa, sigamos o som das sinetas. Quantas fontes você conhece, fontes que você pode esvaziar de um gole, diz o menor ao mais velho que é profeta? Eu! Quantas você quiser! Mas eu não vou mostrá-las a você, você se descalçaria para se banhar. *Ah! não profanar minhas fontes.* Eu posso levar você à beira do riacho se você prometer sempre responder quando eu chamar. *Sempre te responderei, diz o menor, não apenas uma vez, sempre.* Seus olhos são fontes vivas; eles são maiores que as tulipas.

Barulho em casa, à mesa, as irmãs maiores estão vigilantes; o pai diz: "David voltou do regimento esta noite." A maior para de comer, furtivamente ela escuta.

Ela deita as crianças, as menores dormem logo que as põe no berço. É isso que a fez sorrir? Ela sorri. Ela senta atrás da janela sem lâmpada. Sonha com o noivo desconhecido. Ah! se houvesse um que a amasse, que a esperasse, que desse seus olhos e seus passos para ela!

Ela pergunta em voz alta, pensa nisso, ela queria tanto!

Ele só me fará perguntas se conhecer as respostas, jamais terá um mau olhar, eu me reconhecerei no seu rosto, os que se amam se parecem!

Pensamentos ferozes, pensamentos fortes, pensamentos ciumentos, pensamentos suaves, pensamentos alegres, todos vão para ele ou vêm dele.

Não são mais do que os dois no claro obscuro, seu coração queima como brasa, os planetas em fogo batem asas, a lua joga suas flores purpurinas no quarto.

Ela pensa em tudo que a deslumbra, na rocha adamantina da gruta, na coroa imarcescível do pinheiro, ela escuta seu murmúrio, é o prelúdio.

Entre as macieiras um fauno faz trejeitos segurando uma aljava:

"O amor é como a torrente, não tente estancá-lo no meio de seu curso, anulá-lo, barrá-lo, você o acreditará subjugado e ele te afogará. As fontes são tão imutáveis quando elas vêm do coração da terra quanto do coração do homem!" (...)

Aimée trabalha como uma verdadeira camponesa. Ela sabe *desfiar* as roupas velhas, *emparelhar* as meias, *desamarrotar* um monte de roupa lavada depois da colheita, conhece o melhor queijo do *cincho*, não pega uma galinha multo *ovada* para matar, mede os *punhados* de grão, faz *feixes* de ramagem para os animais delicados no inverno, faz frango desfiado para as crianças, confecciona para elas personagens em aljôfar, em papelão, em massa, crocantes ou de vento, serve uma refeição fina nas ocasiões solenes, trutas de torrente ao creme, galinha recheada de castanhas e peixada.

Com ela os perigos do campo são evitados: *não se anoitar contando com os pirilampos,* achar abrigos durante a tempestade para não ficar imobilizada pela saia incômoda ou carregada pelas torrentes. (...)

Chegando aos Ronciers, sobressai um barranco arborizado. Por todos os lados crescem árvores. Será que elas vão sair do lugar, esmagar a renda dos tetos, a lã espessa dos musgos? Será que ao pôr do sol elas vão se juntar à linha do horizonte onde as árvores são gigantes! *Conquistar* como sentimos essa palavra até entre as plantas, viver perto do céu! E as colinas não lhes cedem em nada, elas se alinham para a ofensiva, acinzentadas pelos cheiros do mato cor de malva.

David descobre seu caminho. Ele veste seguro sua farda de soldado. Esse órfão que vive com os homens manteve toda a sua rudeza. Depois de se encher de água turva, sua mãe tombou no campo num verão quente quando os peixes morrem no leito estreito da torrente.

Seus cabelos estão jogados para trás *como a cabeleira de uma espiga de centeio, ele é como um magnífico vespão cor de aurora e de crepúsculo.*

Esse camponês sabe se virar. Ninguém o iguala em arrumar, num piscar de olhos, um campo de pernas para o ar, *ele reconhece o foiceiro pela foiçada, poda as árvores,* doma os touros, faz trelas finas, acha a toca da lebre, as picadas de javali, sacode as sacas de sementes, sabe a idade dos pastos, evita as farpas, o precipício, os atoleiros, e sempre protege as safenas de suas pernas nuas.

Ele sabe também usar a pena, evitar as lesões gramaticais, ele manda seus pensamentos para Aimée.

A primavera já lançou suas cobertas, cobertas escarlates, cobertas índigo, pálidas ou vivas, lâminas, odres, gavinhas, vasos, sinos, taças grandes como asas de escaravelho, os insetos vão beber nos olhos das flores. Na sebe, o abrunheiro floresce e a cerejeira balança suas coroas brancas. As lianas que a cobrem são furadas por lagartas aneladamente dispostas ou apinhadas em grupo, ladrilhos de mosaico. *Sob esse emaranhado há a nota viva do coral das lesmas e dos chapeuzinhos de musgo recobrindo as sarças*, as pererecas tropeçam nas folhas aos menores toques de gafanhotos ou caem na relva seca que grita como um gonzo. (...)

À sombra de teus cílios como à sombra das sebes, sente-se o frescor da vereda ignorada, a lama do caminho se apaga quando tu apareces, mudas até a cor do tempo.

Já confiei meu segredo à nuvem que corre no estreito vale, alento do regato que a noite refrescou, ele nivela as colinas e galopa ao vento.

Vendo as coroas na cerejeira, achei que eu não te amava bastante, suas florzinhas eram brancas, jamais as vi tão brancas, elas esvoaçam à minha volta como esvoaçam meus pensamentos, eu disse a elas meu segredo e também às estrelas que o espalharam no mundo esquecido!

De manhã, ao alvorecer, abro os postigos, as árvores que vejo estão aureoladas de alabastro, a penumbra as envolve, estou emocionada, essa aurora é doce como um amor.

> Pegue minha mão, eu dou a você
> Pois desde que eu o vi
> Já não amo mais Deus como antes.
> Eu o amo mais, eu o amo menos,
> É você ou talvez ele que eu amo?
> Sem dúvida, vocês são o mesmo!

(...) Ela sonha. Um marido! Ele, um carvalho, e eu, um salgueiro furta-cor, que o entusiasmo do vento une e faz murmurar. Na floresta, seus ramos se cruzam, entrelaçam-se, perseguem-se nos dias de vento, as folhas amam e vibram, a chuva lhe envia os mesmos beijos.

Oh! Como sou ciumenta, meu marido é um carvalho e eu uma cerejeira branca! Eu sou muito ciumenta, ele é um carvalho e eu um salgueiro furta-cor! Na floresta instável, a chuva lhes envia os mesmos beijos.

Curvo-me para pegar um gládio, eu o encontrei em meu caminho; e preciso conquistar o direito de amar!

No entanto a alegria está na casa, o pai, a mãe são felizes. Esses dois adultos ágeis, cujos corpos foram maltratados pela terra tenaz, com muitos Y nas faces e rugas na testa, amam seus filhos tanto quanto a terra e a terra tanto quanto seus filhos.

Recebem-se visitas, mostram-se vestidos, pobres joias malfeitas, depois galos de raças, habitantes dos alpendres, secador com trutas reacendendo, plantas aromáticas do jardim. Calcula-se que será preciso perder quatro dias para se casar, o que é muito em plena estação! Um para comprar os panos, outro para comprar ouro, outro na costureira e o quarto para passar o contrato. É extraordinário quando o feno se faz preciso e que todos, pequenos e grandes, se encarniçam no trabalho. Aimée observa os meninos e escuta sua canção divina.

Escuta o que diz o irmãozinho!
Escuta o que diz a criança!

À beira da torrente, deixo a madeira morta seguir o seu curso e sou toda risos quando deslizam minhas canoazinhas onde está sentada toda uma comitiva de besouros ou de escaravelhos que vão estupidamente para a morte. *Espalho braçadas de estelárias*, de olhos, de juncos sobre a água, num instante minhas flores têm pernas, suas cores se misturam, até parece a cauda de um vestido que desceu do céu. Nos cavos, durante o inverno escarchado, todas as boquinhas das estudantes tremem fazendo um ruído esplêndido, doce, eu as estendo sobre dez centímetros de neve florida, seus corpos, seus braços deixam um molde em cruz, os dedos redondos e seus cabelos de linhas harmônicas em todos os sentidos; elas se levantam sem os cotovelos *esticando a rótula*, reconfortadas, felizes, já não mais terão frio durante o dia. Ah! não há nada melhor que tocar violino na neve durante o inverno. Às meninas gulosas sempre às escondidas por gulodices, eu lhes ensino a guardar na boca uma maçã ou uma noz, mesmo se a glote se levanta, em seguida eu descasco uma coxa de noz bem branca, elas a comem sem nunca pensar em minhas astúcias inocentes. (...)

Nesse momento, irrupção de uma curiosa fantasia de metamorfose de seu sexo:

Eu vou ser recebido como rapaz, irei ver minha noiva, ela estará sempre em pensamentos, terá as crianças nos olhos, eu a desposarei, ela seria tristíssima, ninguém escutaria suas canções. Se ela se lamenta, eu a insultaria da porta, dir-lhe-ia que parto mar afora, ela deixará cair seu dado, olá! voltando lhe contarei histórias épicas. Conheço todas as pedras de meu país, as azuis, as brancas, as marrons: são minhas amigas, falo com elas. Que fazes aí? Sirvo-me de uma escada para frequentar o bosque, se eu te incomodo, arrasta-me, dá-me o ímpeto, de salto em salto, pisotearia tudo, a torrente me receberá. Guardo-te, serves-me de assento quando estou cansado, escoras meu pé quando eu subo, tu és bela e eu te amo, tu que muitas vezes me quebraste meus tamancos e ensanguentaste meus tornozelos nus! Gostaria que se dissesse que sou bonito como uma pedra na água, oh! minhas amigas as pedras, não esqueçam minhas orações. (...)

Citemos agora um devaneio, cujo alcance queremos apreciar. O termo de sentimento panteísta, que talvez já pertença à opinião de alguns ao ler certas passagens, parece-nos, antes, dever ser reservado às intuições mais intelectuais.

Digamos que, a nosso ver, encontra-se aqui um sentimento da natureza de uma qualidade mais profunda que aquele despertado no coração de toda mocinha nos domingos de primavera.

De resto, em Aimée, uma fusão afetiva como essa não é a perda do eu, mas, ao contrário, sua expansão sem limite. É no seu registro mesmo que, acima, se exprimia, curiosamente, o tema do ciúme.

Tenho um sonho: os animais dos bosques abandonam suas forças, suas asas, seu veneno, eu os reúno, incito-os na longa rota; os primeiros, os grandes são feitos de modo a se safar sob as árvores, os pequenos seguem, cuidado com os preguiçosos! Eu os esmago com minhas sandálias novas, o rebanho avança, upa! todos em vagões e a lua também está muito contente por viajar, eu acompanho como mestre meus estranhos amigos: nas refeições como leão, bebo a seiva na casca de um carvalho novo, aspiro a copa da madressilva, descasco o rizoma do feto e separo em duas as tolhas do álamo para simular ares de vitória.

Quando a tempestade sopra e derruba ninhos aninhados bem lá no alto, rodopio como ela. Vestido para vencer o céu, reconforto esses náufragos, eles vivem, eu os salvo porque amo a borrasca com sua vinda incômoda, seus segredos, seus frêmitos, seu terror e, na sua partida, seus eflúvios de pólen espargido.

Eu os preveni quando o incêndio estourou no bosque. Era preciso ouvir o crepitar! As bagas de genebra estalavam seco e as fagulhas me seguiam, o assombro me havia dado asas e o pilriteiro esporões, eu parecia o pássaro aviador, em volta de minhas hélices o ar ressonava, mais rápido que as nuvens eu vencia o vento (...).

Na passagem, podemos notar claramente uma alusão ao príncipe de Gales, identificado com o rouxinol (*Nightingale*). Depois voltamos às imaginações da infância em um tom bem de acordo com o delírio da doente (cf. as reflexões de Kraepelin sobre esse tema, p. 49).

Outras vezes a criança quebra as varas com o joelho e as alisa, constrói quintas, com todos esses cilindros aumentariam todas as madrepérolas muricadas do mar para ter árvores interplanetárias, pontes intercontinentais. Seu espírito viaja sobre o oceano, sobre a crista do sumo e une o universo. Seus longos cílios palpitam de felicidade. (...)

Depois, como um motivo musical, uma prosopopeia anuncia a chegada dos representantes do mal.

Querem diamantes para suas coroas? Estão no alto dos ramos, a seu alcance, sob seus passos. Atenção quando caminham! Se os encontrarem, não digam nada. As puritanas os quereriam para seus rosários, a cortesã em seu quarto cheio de espelhos até o teto se cobriria com eles, a milionária em seu camarote no espetáculo o faria seu único enfeite, pois ela não está em absoluto vestida, seu vestido colante é da cor de sua carne, não vemos onde ele começa (...).

No capítulo seguinte, "O Verão", aparecem, com efeito, os estrangeiros cuja influência sedutora vai perturbar a harmonia dessa inocência, "um desconhecido" e "uma cortesã".

Ela, maquilada como uma roseira de outono com rosas vivas demais para seus ramos negros e desfolhados. O colírio de pele de serpente tinge seus olhos viciosos. Os seus sapatos não são para andar, os chapéus de bambu, de crina, de seda, de tule, ela os veste de maneira espalhafatosa. Seus vestidos são bordados com canutilhos: é todo um museu, uma coleção de modelos inéditos ou excêntricos, neles o grotesco domina, mas há de se cobrir esse corpo sem encanto, há de se fazer olhado. Todo esse aspecto artificial surpreende, ela expulsou o natural, os aldeões não olham mais as outras mulheres. Ela sabe como manejar os homens! Passa os dias na sua banheira, depois a cobrir-se de enfeites; mostra-se, intriga, maquina. (...)

Desde então, "cochichos, risadinhas, apartes, complôs" compõem a pintura expressiva da ambiência do delírio de interpretação.

Notemos agora essa expressão bem direta do sentimento de ciúme:

Quando eu te perdi ainda que fosse apenas na imaginação, minha respiração se acelera, meu rosto se contrai, minha testa se enruga. Pânico no coração, pânico das turbas, é sempre terrível, é o pisotear e a morte.

No encontro os dois noivos estão agitados, seus corações batem tão forte que eles não escutam o ruído da cascata que cai a seus pés. David raspa sua vara ou bate as sarças: a confiança? Será que a tem?

O trabalho de esfriamento continua e ao final todos participam.

Aimée se vê obrigada a escutar as confidências impudicas e levianas da serva Orancie.

Realmente, o mal está em torno dela, mas não nela. (...)

Assinalemos essa participação universal, assim como a última frase que reproduz um dos comentários da doente anotados por ocasião de sua primeira internação. Pintura da angústia:

O regato corre, se esfria na maçã do rosto, vai refrescar o lóbulo da orelha, molha o pescoço, logo é uma cascata, ouço sua queda no lençol, o ruído enche o quarto. O silêncio é horrível, ele morde, é um cão danado, não o escutamos vir, porém sua passagem é maldita, a lembrança de um silêncio permanece na alma para incomodá-la, adeus miragens, esperanças! (...)

No terceiro capítulo, "O Outono", a desgraça ronda a heroína. "A coalizão desfez o que os dois noivos fizeram." "A mãe está doente, as crianças nervosas, lá fora, chovem os sarcasmos", "a multidão adora o mal, o aclama, se maravilha". É ainda em uma elevação da alma para as grandezas da natureza que a heroína se refugia.

Seu coração se comove ante a beleza dos plátanos carregados de ouro que orlam a estrada, uma aleia de rainha com seus alabardeiros potentes.

Ela eleva seu coração para os céus, ele está lá em cima, bem no alto, em direção às regiões solitárias.

Cores brancas e azuis de minha inocência que invadiam minha alma, que serão vocês amanhã?

Estarão na muda, no verdor sombrio do Oceano? Estarão perpassados por esse bólido de fogo que se estatela contra a terra para não mais voltar a viver?

Já ela não pode mais se rebelar contra seu corpo.

No caminho, um casal vai com um grande ruído de sapatos ferrados, tão grandes quanto os seus vazios ressoam. O marido é orgulhoso e forte, ele tem um filho, ele o olha, a mulher leva a criança que se agarra a seu pescoço e a suas tetas caídas; a criança sorri, a mãe tem um semblante de animal feliz, eles se amam. Aimée inveja o par. (...)

Com "o inverno", os estrangeiros deixaram o país.

David dorme pouco, de manhã cedinho contorna a casa, ela ouve se afastar seu passo pesado, ele faz eco no seu coração.

Nas geladas noites do inverno, o céu fica cheio de estrelas, põe algumas nas janelas dos quartos frios para que o despertar dos pobres seja mais doce. Aimée veste as crianças e todos se reúnem na primeira refeição matinal composta de castanhas meio fervidas com um raminho de azevinho. A mãe olha as crianças, as crianças olham a mãe! No tempo ruim, a mais velha as acompanha à escola, é preciso atulhar o barranco, quebrar os resvaladouros, evitar pedaços de gelo na saia, a neve que pega nos calçados, os atalhos escarpados, os jogos no caminho.

O frio cria as cores ao fixar a seiva nos galhos, esse amante das noites devolve à natureza sua tez sem brilho de noiva, depois a reveste com o manto branco da inocência até os próximos amores.

Fora, um acúmulo de neve nas árvores e um silêncio tal que nos detemos para escutá-lo, e tememos que seja interrompido.

Essa calma apazigua Aimée. Ela pode ouvir a si mesma. Alterar, desdizer sua palavra, mas então que fazer com esse coração ardente, com esse coração ávido que incessantemente perseguiria as sombras?

E por que refrear seus ímpetos toda a sua vida?

Por que não confessar, não amar?

Quem amar!

Ele então, mas ele! e contar-lhe até seus ciúmes, até as torturas de seu corpo casto.

Nua, toda nua, ela a quem um gesto vulgar fere. Ela falará, eles se tomarão a ver, ele disse: "Como quiseres!"

Agora eu quero te amar, David, agora sou eu que te quero amar!

O que são esses flocos leitosos na água, esses despojos cutâneos nas folhas mortas, essas plumas espargidas? Na terra a semente rebenta, a flor era cor do tempo, ela será cor da sombra; no pomar a casca se rompe, torna-se reluzente.

O fenômeno da muda se perpetua através dos tempos. Todos os reinos suscetíveis de vida suportam as comoções, sua agitação desordenada que dilacera para liberar ou para submeter. (...)

Segundo as palavras da doente, a última passagem sobre a muda é que a "deixou em suspenso" durante três semanas, enquanto todo o escrito lhe exigiu apenas oito dias. Tinha de se documentar, nos diz, e a passagem era necessária "pela transição". Vê-se bem aí essa interferência de ímpetos impulsivos, "forçados" talvez, e de inibições escrupulosas, que caracteriza, voltaremos a isso, o ritmo psíquico da doente.

Essa reconciliação dá lugar a uma expressão direta do sentimento de culpa:

Seria por algum castigo futuro, por alguma falta possível de temer, as árvores descabeladas se balançam, meu coração segue o ritmo e se dobra com os soluços.

O remorso os persegue. Eles se encontram muitas vezes no caminho longo.

Os olhos de Aimée estão cingidos de negro, um dia ela não se levanta mais. (...)

O romance termina com a morte da heroína e especialmente com o tema dos sentimentos da mãe diante da morte da criança.

Oh, vocês!, de quem a maldade é imunda, pensem no calvário insensato de uma mãe cujo sopro do seu sopro o vento comprime e extingue, cuja vaga humana afoga o pequeno grumete que luta com a face violeta de dor ou branca de esgotamento.

Oh, criança, oh, meninas que morrem, flores brancas que uma surda foice abate, fonte vicejante exaurida, apartada pelo negro e sublime mistério do globo, paloma caída do ninho e que faz seu sudário no chão assassino, frágil peito de pássaro que expira no bico ensanguentado do gavião, negra visão, *que amem vocês!*

Abracem este corpo de criança!
Antes que o coloquem no ataúde,
Chorem, chamem mais e mais
Terão para se consolar,
Um metro cúbico no cemitério
Onde seu corpo virá rezar
Descobrirão então
Que a terra pode ser muito querida
Quando ela os liga à criança.
Ajoelhem-se abençoando-a
Com seus olhos abrindo-a logo
Para encontrar um camafeu branco!

Voltaremos ao valor desse grito singular "que amem vocês!" que conclui a visão de morte.

O segundo escrito, como dissemos, está longe do primeiro em valor estético, embora nada lhe deva em qualidade "pitoresca". É uma sátira que visa a pincelar um quadro dos escândalos e das misérias de nosso tempo; mas, assim como os maus penetravam no idílio, também na sátira subsiste uma aspiração por um estado melhor.

É preciso levar em conta aqui as dificuldades próprias do gênero e reconhecer o que se deve à falta de cultura da autora, às suas inabilidades do ofício. O autodidatismo transparece a cada momento: truísmos, declamações banais, leituras malcompreendidas, confusão nas ideias e nos termos, erros históricos.

A esses frutos de uma intoxicação literária somam-se os traços de desordem mental. O estilo permite notar traços de "automatismo", no sentido muito amplo de um eretismo intelectual sobre um fundo deficitário.[3] Podemos ver verdadeiros esboços de "fuga de ideias"; entretanto, são apenas episódicos.

De resto, o início dessa obra, por seu ritmo, sua mordacidade, sua alacridade, não é menos surpreendente que o da primeira. Marcas de fadiga conceitual podem ser vistas no resto do escrito;[4] embora, ainda, com alguns momentos felizes.

Faltam, também aqui, as anomalias sintáticas clássicas dos escritos paranoicos.

Encontramos a mesma busca preciosa na escolha das palavras, mas dessa vez com um resultado bem menos feliz. Palavras extraídas de um dicionário explorado ao acaso seduziram a doente, verdadeira "namorada das palavras", segundo seus próprios termos, por seu valor sonoro e sugestivo, sem que nem sempre acrescentasse a isso discernimento e atenção ao seu valor linguístico adequado ou a seu alcance significativo. Elas sobrecarregam certos trechos e poupam outros; e a alternância se acentua por impulsões mentais, cujo caráter "forçado" aparece aqui mais nitidamente, e por uma escrupulosa minúcia que se marca em um trabalho de marchetaria verbal.

Quanto aos temas explorados, são os próprios temas do delírio que se desdobram aqui livremente; mas o escrito permite compreender melhor sua coerência com a personalidade da doente.

Eis o início do romance, igualmente dedicado ao Príncipe "de seus pensamentos, e intitulado "Com sua licença".

---

[3] Remeter-se a nosso artigo anteriormente citado.

[4] Remeter-se, igualmente, a nosso artigo anteriormente citado.

Minha família tinha vendido um asno no mercado. No dia seguinte, ficamos muito surpresos ao vê-lo voltar, de noite, para casa. Nós nos apressamos, todos os oito, em cercá-lo, ele foi acariciado, comeu açúcar e levamos longe nosso carinho a ponto de dar-lhe uma recompensa digna de seu coração e de seu espírito.

Decido conduzi-lo a Paris. A partir de Ronciers o caminho é longo. Meus irmãos arreiam solidamente o solípede e trocam o bridão pelas rédeas. Eu tiro o manto que as gramadeiras familiares fizeram, a refeição frugal. Ponho meu vestido coral, meu gorro basco, *eu pego minha adaga* e minha irmã mais velha envolve-me na minha capa para proteger-me da chuva miúda. Digo adeus àqueles que eu amo; somos muito unidos e com eles só conheci devoção, amizade e deferência.

Sem demora, monto meu hemíono selado.

Onde vais com esse passo, me diz um campônio? depois um outro, depois um outro. Estando triste, fraquejo.

Paro no albergue onde a criada amável quer logo saber de mim aonde vou. Ela escova meu animal, acha-o muito alegre, fogoso.

A Academia, ela diz, olhando-me de esguelha.

Aquiesço e sorrio.

Realmente?

Senhor*?* Senhorita? O irmão? A irmã?

É assim que me saúdam quando passo, eu respondo sem hesitação.

Ele conhece seu ofício e sabe muito bem o que deve dizer às mulheres. Assume um ar soberbo, conquistador.

Uma adulta geme pela morte de seu filho na guerra e pergunta se não haveria meio de evitá-la.

Decerto, sente-se na beira do caminho, não se mexa, espere *que a água do rio suba de novo a corrente*. A lua sempre a viu nesse lugar.

No caminho encontramos um animal horrível que chamam um *aka*. Ele envia projéteis em todos os sentidos, ninguém fica indene com ele, nós também apressamos o trote.

Pisamos os escaravelhos e eu me inclino para observar dois singulares insetos que roçam suas antenas.

Você desiste a meu favor, diz um?

Você desiste a meu favor, diz o outro?

Um quer a clientela do outro. Foi o suficiente para que meu solípede tomasse o modelo. Encontramos um amolador e ele lhe disse: "Você desiste a meu favor?" Assim sucedeu e a clientela do amolador passa para o Acadêmico. (...)

A vivacidade do estilo é surpreendente. O procedimento da viagem que servirá de ligação aos temas disparatados da sátira, o lugar-comum de Huron que assiste, ao mesmo tempo irônico e cândido, aos espetáculos da civilização, ambos tão velhos quanto a retórica, são retomados aqui com exatidão. Notemos de passagem o retorno da fantasia de metamorfose masculina (ver anteriormente), e também da imagem obsedante, que determinará, sem dúvida, a escolha da arma branca (ver anteriormente: "Eu me curvo para pegar um gládio"), enfim, a ironia amarga que substitui aqui a efusão afetiva.

Novamente algumas canções dos caminhos e dos bosques; observemos a busca preciosa de palavras raras. (Assinalemos que os "anatídeos" são os patos, *anas*.)

> Ao longo das sebes, perto do chão, os bacíferos, em cima os andróginos. No tanque, os anatídeos colocaram seu pescoço como vela de gurupés e mergulham em Anfitrite. Todos os que vão e vêm têm a penugem da miséria, tiraram tantas penas de suas asas. Frequentemente eles me hospedam e à noite eu me enfio nos lençóis de cetim atrás dos repes da única peça camponesa. Amo seus costumes agrestes em sua propriedade ribeirinha, perto dos viveiros da natureza. Admiro o talvegue do vale feito com briônias e caniços. (...)
>
> Caminho assim por entre eles durante longos dias, me abrigo sob os *telheiros* quando a chuva desce as encostas em declive e arrasta as *copas quebradas*: até à noite continuo ladeando a estrada asfaltada, reluzente de água, onde o arco-íris se partiu, pilhando suas cores em rastros, em manchas.
>
> Eu estou aguerrida: no crepúsculo, quando minha sombra se projeta na colina, não me assusto com os ruídos de asas na orla dos bosques, com a encruzilhada dos caminhos, com os latidos do podengo, com a fuga da toca, com o javali que pasta perto das fossadas, com a passagem da perdiz; meu animal aguça a orelha diante do estrige e das falenas, e campeia perto das queimadas. Mantenho um solilóquio. (...)

Depois a chegada a Paris (o "flibusteiro" designará doravante seu principal perseguidor):

Eu chego a Paris, não acredito no que vejo; o tumulto da rua me impede o descanso. Olho os altos tornos com suas gargantas, seus ventres, suas chaminés e as mulheres emperiquitadas com vestidos de seda. Jamais coloquei um deles, digo-lhes isso, e elas tagarelam muito.

Em toda parte aonde vou me observam, olham-me com um ar de suspeita de modo que à minha porta a multidão não tarda em me apedrejar. O flibusteiro a incita. Quero sair, fazem uma investida que me obriga a recuar, e eu pago um direito de ancoragem.

Suporto algumas avanias. É pau para toda obra, diz uma mulher. Olham-na, ela fala de Jaime I, diz uma outra.

Durmo muito mal, eu caço as feras no matagal com sua Alteza. Leem isso nos meus olhos.

Nessa desordem, aparecem interpretações delirantes referentes ao que seus colegas falam sobre ela (tal como "É pau para toda obra", cuja autenticidade pudemos verificar) e sentimentos episódicos de adivinhação do pensamento (adivinham seus sonhos).

E eis as declamações reivindicatórias:

No dia seguinte batem à minha porta:
"Desça, é para você a carreta",
Ela responde *Príncipe* quando lhe dizem *Poeta*.
Enlaço um menino que treme à minha porta
Somos um só, tão o abraço é forte.
A velha, com muco no nariz, está nas macas,
Infecta, sórdida, me acabrunha com mofas.
Segue a multidão das mulheres bêbadas
Goelas sangrentas ou línguas assassinas
Nas coxas inscrições cifradas
Seguem as sufragistas, peripatéticas
As advogadas, burocratas, mundanas,
Tirando minhas roupas para se cobrirem.
De repente, eu vejo, praça do Trono
Ondeando sobre o chão, os brasões, as espadas,

As capas, os escudos, os colmeais
Eu pego a bandeira branca das flores-de-lis
A criança empurrando meu braço levanta sua haste
Tremulam em Paris longe das serpentes que rastejam
Eles vão vencedores, as flores-de-lis
O coração me leva, o sangue me chama
Eu beijo o solo, todo banhado de seu sangue
A multidão impedida, conferência e fugindo
Me lança uma espada de brilho rebelde
Partimos sozinhos, e a multidão suspeita
Do escaninho das janelas nos espreita ao passar.
O deserto, o silêncio está mais longe
As sapas, as oficinas, as bruxas operando
E ninguém quer ser testemunha.
Fundo de madeira, eis a guilhotina.
É um incorruptível, diz o historiador; não bebe, não tem
mulheres, matou milhares como um covarde, o sangue
corre da praça do Trono até a Bastilha. Foi preciso
Bonaparte apontando seus canhões sobre Paris para deter
a carnificina. (...)

Ser livre ou morrer, acrescentaram...
Mas não se pode ser livre.
Eu digo que na sociedade se um homem é livre é que os
outros não o são.
Assim quando lerem as inépcias da história, deverão
lembrar esta passagem:
A Revolução deificou a Razão.
Uma estátua, vá, zás! Aí está. Está bem assentada.
Eles têm esses arroubos! Mas é a Razão do mal. (...)

Contra os literatos, agora, o discurso começa como o de Petit-Jean.

Os *poetas são o inverso dos Reis*, estes amam o povo, os outros amam a glória e são inimigos da felicidade do gênero humano.

Se eu cito Demóstenes e sua obstinação em solapar a autoridade de Felipe da Macedônia, Aristóteles preceptor de Alexandre, o Grande, e em seguida seu inimigo mortal. A retórica de Aristóteles não repousa em base alguma, é sempre o tema da licença, dos subterfúgios com a virtude por fachada, é uma traição contra seu rei. Eis ainda Cícero, cúmplice do assassinato de César, e Shakespeare colocando o assassino na altura de grande homem. No século XVIII, os filósofos pérfidos atacam os soberanos e os nobres que os protegem e os hospedam. Outras vezes, tiram dos grandes os sentimentos que eles não têm e com os quais se enfeitam. E o povo não reage. É por isso mesmo que as nações se deixam riscar da história do mundo, e se houvesse apenas Paris, na França, logo o seríamos. Se há uma ilha que esteja habitada só por animais monstruosos e horríveis, é ela, é a própria cidade com suas prostitutas às centenas de milhares, seus rufiões, suas pocilgas, suas casas de prazeres a cada 50 metros enquanto a miséria se acumula no único cômodo do pardieiro.

Eu lhes poderia enumerar, desde a guerra na França e mesmo no estrangeiro, o que as agitações celeradas dos poetas desencadearam. *Eles me matam em efígie* e os bandidos matam; cortam em pedaços e os bandidos cortam em pedaços, fazem segredos e os povos fazem segredos; preparam sedições, excitam em vez de apaziguar, pilham, destroem e vocês destroem: vocês são vândalos.

Quando souberem de uma revolta, um crime, procurem bem. Que faz Fulano? Quer infundir em você sua influência perigosa e vã de homem sem costumes e sem bondade. Não há acontecimentos ruins onde os amantes de glória não sejam mais ou menos culpados, na província ou mesmo no estrangeiro. Não há escândalo que não tenha sido sugestionado pela conduta ou manobras desenvoltas de alguns amantes das letras ou de jornalismo (...).

A doente acrescenta pitorescamente em seguida:

Os que leem livros não são tão bestas quanto os que os fazem, eles lhes acrescentam.

Fuga das ideias?

Meu hemíono tropeça ao passar diante das Câmaras, quero fazê-la seguir adiante por meio de golpes de citações, de sentenças, de exaltações líricas, assumo ora um ora outro, o tom de um vigário que tem o hissope, o tom de um advogado com tiradas elevadas. De nada adianta. Na república, quando não se pode falar, nos aliviamos como podemos, o hemíono se obstina.

Chovia, chovia sempre
No restaurante os cozinheiros mexem a salada.
Cem vezes no oficio
Retomem seu trabalho
Pulam-no sem parar e tornem a poli-lo
Acrescentem algumas vezes e com frequência suprimam.

Meu hemíono me apostrofa com esse velho adágio. Eu teria rido muito mais se não tivesse compreendido que se tratava de um bordado; só as mulheres têm paciência nessas coisas.

Parto tão depressa que com minhas solas de borracha eu caio e me levanto presto, súbito, porém jurando. Quem vende estes sapatos, estas novidades! Tusso, espirro! Os americanos? Eu não confio em meus sapatos amarelos; eu faço a queixa, examino meu sapato. Qual o seu número?, pergunta-me um estrangeiro, e o seu?, digolhe. Fazemo-nos compreender a custo de mímicas. Os americanos têm a noiva, ela pegou sua valise para ir ao país deles quando lhe falaram de Jerônimo, mandem de volta essa tola.

Vendedor de roupas,
Vendedor de peles de coelhos,
Vendedor de peles de urso, de lobos, de crocodilo,
Vendedor de cetáceos,
Vendedor de roupas,
Ao vidraceiro!

Eis agora uma ideia do progresso social que, como é bastante comum, se inspira nos gostos da doente, pouco levada a apreciar o comunismo da vida moderna. Ela aspira ao

"dia em que cada um terá em sua casa os meios para se servir e não terá de contar com uma solidariedade que não existiu ainda, onde cada um terá seu sítio onde se trabalhará por turnos, longe do agrupamento das cidades, onde cada cidade se estenderá – Londres dá um exemplo único disso –, se alinhará para chegar até o campo, onde o solo surribado fará os rebeldes voltar à terra. Vocês mudarão também as histórias do carvão em histórias de carvoeiros.

Embora haja matizes, as mulheres de província são mais potáveis que as das cidades, o ambiente as proteje". (...)

Ouçamos o que diz sobre a religião e saboreemos a passagem sobre o milagre:

O sermão continua. Case-se pela igreja para ter o direito de contar com uma segunda vida, para fazer-se perdoar por ter sido desagradável com seu marido, por ter feito cenas por causa de uma fita, por tê-lo feito perder a cabeça. Assim poderá se arrepender diante do altar, absorver-se no recolhimento, abrir seu coração ao céu e cerrá-lo a seu esposo, ficar à vontade ao fazer bobagens para ter o direito de visar a pedir graças diante do altar e de postergar o pagamento do tributo que deve em bondade, em inteligência. As mulheres compreenderam e pouco faltou para serem arrebatadas pelo entusiasmo, o chapéu não ficava mais em suas cabeças. Implore ao mesmo tempo às intrépidas coortes do céu e admire tudo o que é indigno na terra. Não se dê ao trabalho de procurar conhecer a verdade, nunca fale de seus filhos, isto é, ignore o objetivo de seu destino, viva indiferente, coloque bem suas coxas, evite sua grande preocupação: a de não estar casada. Tolere tudo salvo o bem e não olhe mais além da sua porta. As mulheres consentem, persignam-se e estão satisfeitas por terem faltado a todos os seus deveres, exceto o de estarem presentes diante do púlpito. Elas gastam seu tempo em trabalhos inúteis, em complicações vãs. Enquanto a religião a mantém assim em sua soberana influência, não confie em sua candura, as injúrias se acumulam na sua porta e quando despertar, não mais poderá abri-la, ficará surpresa, a religião não é uma garantia contra as lutas da vida. Os milagres não se limitam só aos cristãos. Mas é difícil explicar-lhe essa verdade evidente que a medicina reconhece; sem dúvida você vai com tanta emoção para diante de seu ídolo, que ela a influencia a ponto de fazer esquecer seus sofrimentos e dar um vigor novo; dois seres vivos podem do mesmo modo conhecer o sentimento do bem levado ao ponto mais extremo se a sensibilidade se presta a isso. Sem dúvida alguma lhe aconteceu ficar boa de uma enxaqueca porque uma amiga lhe conta uma história engraçada, e se você medir a extensão das emoções à grandeza do sentimento, você está em presença do milagre, é a relatividade das influências diante da relatividade do sentimento. (...)

196 Da Psicose Paranoica em suas Relações com a Personalidade | Jacques Lacan

Vejamos a invectiva maior contra suas inimigas, as "mulheres de teatro":[5]

> As cortesãs são a escória da sociedade, elas minam seus direitos e a destroem. Fazem das outras mulheres hilotas da sociedade e arruínam sua reputação.
> Ao sair do teatro, vejo passar um outro cortejo. Quando me aproximo, colocam-se, em frente à velha desfibrada que tinha coxas de um bilhão, seus delegados, com seus mantenedores, seus catitas personificados pelos jornalistas. Na carroça se depositou seu corpo flácido. Leia então sob a axila, diz um estivador ao outro: beleza, leia então no cóccix: generosidade, leia então na virilha: inteligência, leia então no dedinho do pé: grandes ideias. O flibusteiro segura as rédeas.
> Qual não foi minha surpresa! Explicaram-me, é uma intriga com os lêmures, empurrem então! é preciso colocar essa pele de loba à altura da rainha; segue a deusa das maquinações infernais com o ventre de pelos de cães, seguem os delegados com *baforadas* que infectam, *logo uma cabra que sai do teatro francês* com uma rosa úmida e viscosa completamente desabrochada para fora e um topete louro entre os chifres, os jornalistas lhe fizeram pastar as mais belas flores do jardim de Paris, ela espalhou suas virtudes por toda parte. É preciso fugir!
> Os poetas lhe falam um após outro, o público se atém às coxas com benevolência, o patrão do jornal se serve dela diante do auditório. Eu não posso mais avançar, o cortejo me impede a marcha, pergunto o que isso significa, calam-se, é um segredo de comédia, está rotulado: "Honra e Pátria".
> É por demais cru, senhora! Mas você prefere fazê-lo confessar, eu lhe falei como no bordel volante que se vende nas livrarias especiais. (...)

O texto acaba com a volta ao lar:

> Na torrente, a verdade corre da fonte e o céu concentra sua cólera se nela tocamos. O dia se dispersa, o céu e a terra, lampadéforos, se harmonizam. Eu chego a Ronciers; as crianças soletram

---

[5] Notemos que essa idílica sonhadora não recua ante invectivas muito escatológicas: "cara de porca", "cagalhão", são as mais gentis.

o silabário enquanto se aromatiza a refeição. A família está em pé à minha volta, consternada, ansiosa, todos se abraçam ao mesmo tempo cheios de terror ante o Reino da Vergonha.

DIAGNÓSTICO

Que diagnóstico fazer sobre uma doente como essa, no atual estado da nosografia? O que domina com muita evidência o quadro é o delírio. Esse delírio merece o nome de *sistematizado* em toda a acepção que os antigos autores davam a esse termo. Por mais importante que seja considerar a inquietação difusa que está em sua base, o delírio impressiona pela organização que liga seus diversos temas. A estranheza de sua gênese, a ausência aparente de qualquer fundamento na escolha da vítima não lhe conferem traços particulares. Voltamos a encontrá-las no mesmo grau nas erotomanias puras mais "ideologicamente" organizadas.

Esse caráter, somado ao conjunto dos outros signos somáticos e mentais, faz-nos afastar, desde o primeiro momento, os diagnósticos de demência orgânica, de confusão mental. Tampouco levaremos em conta o de demência paranoide.

Não se trata, é claro, de delírio crônico alucinatório. Voltaremos a considerar a existência de algumas alucinações episódicas, que é admitida por todos os autores (ver Sérieux e Capgras, citado no Capítulo 4 da Parte I, nota 36) no quadro do delírio de interpretação.

Devem-se deitar de lado igualmente as diversas variedades de parafrenias kraepelinianas. A *parafrenia expansiva* apresenta alucinações, um estado de hipertonia afetiva, essencialmente eufórica, uma luxúria do delírio, que são estranhos ao nosso caso.

A *parafrenia fantástica* só apresenta mitos cósmicos, místico-filosóficos, pseudocientíficos, metafísicos, tramas de forças divinas ou demoníacas, que ultrapassam de muito em riqueza, complexidade e estranheza o que vemos em nosso delírio. Além disso, nele, a relação do eu para com todos esses temas é bem solta. Nesses casos, já não há mais medida comum entre as crenças delirantes e as crenças aceitáveis nos limites normais, ainda que levadas ao seu extremo. As que se referem ao mundo externo se exprimem menos em temas de relação que em temas de transformação, cujo tipo é a cosmologia absurda. Quanto às crenças do sujeito sobre seu próprio eu, elas incidem, nas parafrenias, não sobre capacidades que devem revelar o futuro, sobre ambições mais ou menos idealistas que devem realizar o futuro, mas, sim, sobre atributos de onipotência, de enormidade, de virgindade, de eternidade, concebidos como presentes e realizados.

Não se trata tampouco, em nosso caso, de *parafrenia confabulante*, delírio de imaginação rico em inumeráveis e complexas aventuras, em histórias de raptos, falsos matrimônios, trocas de crianças, enterros simulados, de que conhecemos exemplos muito belos.

A *psicose paranoide esquizofrênica*, de Claude, deve ser deixada de lado pelas mesmas razões. Nossa paciente conservou nos limites normais a noção de sua personalidade; seu contato com o real manteve uma eficácia suficiente; a atividade profissional prosseguiu até a véspera do atentado. Esses sinais eliminam tal diagnóstico.

A partir daí, somos levados ao amplo quadro definido por Claude com o nome de *psicoses paranoicas*. Nosso caso, por sua sistematização, seu egocentrismo, seu desenvolvimento lógico a partir de premissas falsas, pela elaboração tardia dos meios de defesa, se enquadra perfeitamente dentro desses limites gerais.

Também se adapta perfeitamente à descrição kraepeliniana que tomamos por critério. A "conservação da ordem nos pensamentos, nos atos e na vontade" pode aqui ser afirmada nos limites clínicos em que a reconhecemos como válida. Encontra-se aqui "a combinação íntima, enlaçada no plano ambivalente da afetividade", dos temas de perseguição e de grandeza. Desses temas, o delírio nos mostra tanto quanto possível toda a gama, com exceção das ideias hipocondríacas, cuja raridade é notada na concepção kraepeliniana da paranoia. Veremos que nosso caso demonstra as relações coerentes dos temas do delírio com a afetividade do sujeito.

Quanto aos mecanismos elementares, geradores do delírio, podemos dizer, antes do estudo aprofundado que vamos tentar fazer, que ilusões, interpretações, erros da memória formam sua base, e que permanecem exatamente no quadro da descrição clínica de Kraepelin.

Paranoia (*Verrücktheit*), esse é o diagnóstico ao qual nos prenderíamos a partir de agora, se uma objeção não nos parecesse poder ser levantada em virtude da *evolução curável* do delírio em nosso caso. Já indicamos as referências teóricas que nos permitem pôr de lado essa objeção (ver p. 75-78). Mostramos que o método comparativo, aplicado em um grande número de casos, permitiu a vários autores concluir que nada fora de sua própria evolução permite distinguir os casos curáveis dos casos crônicos da paranoia *legítima*. A maior parte dos autores[6] e, ponto decisivo, o próprio Kraepelin abandonaram o dogma da cronicidade da psicose paranoica.[7] Kraepelin, ao menos, admite que depois da remissão, ligada para ele à solução do conflito gerador, persiste uma disposição *latente* à recidiva delirante. Nada se opõe a tal concepção.

Seja o que for, a descrição magistral de Kretschmer mostrou um tipo de delírio paranoico em que se observa a cura e, se for aceita a análise que vamos tentar de nosso caso, veremos o parentesco que ele apresenta com esse tipo.

Pode-se, apesar disso, em relação com essa evolução favorável, adiantar outros diagnósticos?

"Bouffée" delirante dos degenerados, poderíamos dizer? Porém, se desejarmos dar a esse termo, atualmente tão discutível, um sentido clínico que possa ser discutido em nosso caso, ele será definido por sinais como estes: brusca invasão, variabilidade e inconsistência dos temas, sua difusão, suas discordâncias, sinais, todos eles, que se opõem à organização antiga, progressiva, constante do delírio em nosso sujeito.

Sem dúvida alguma, nosso caso seria classificado por Magnan nos *delírios dos degenerados*. Esse quadro correspondia, então, a uma entidade clínica que se opunha ao delírio crônico, como a paranoia à parafrenia (ver p. 9), e esse diagnóstico, com exceção da hipótese que implica o termo degenerescência, coincide com o nosso. Sabemos, porém, que a doutrina da degenerescência só se

---

[6] Com exceção de Bleuler (ver nota 82 do Capítulo 3, Parte I).

[7] Ver artigo citado de Lange (ver nota 97 do Capítulo 3, Parte I).

apoiava em referências imprecisas a fatos globais e malcontrolados. Abdicamos dela; devemos ter em mira a definição das entidades mórbidas com um valor clínico mais tangível.

A *esquizofrenia*, de Bleuler, oferece, em nosso caso, esse quadro clínico mais rigoroso? Sabemos que ela abarca diversas das variedades de psicose que já afastamos, parafrenias, psicoses paranoides, mas as excede em muito. A evolução curável de nosso caso pode nos permitir incluí-lo entre as esquizofrenias de evolução remitente e curável a que se refere Bleuler (ver p. 110)? Certamente, o ponto de vista poderia ser discutido entrando-se no domínio da análise dos mecanismos.

A esquizofrenia, como se sabe, é caracterizada pelo "afrouxamento dos elos associativos" (*Abspannung der Assoziations-bindungen*). O sistema associativo dos conhecimentos adquiridos é sem dúvida o elemento de redução maior dessas convicções errôneas, que o homem normal elabora sem cessar e conserva de maneira mais ou menos duradoura. A ineficácia dessa instância pode ser considerada como um mecanismo essencial de um delírio como o de nosso sujeito.

Mas, aí está um ponto de vista doutrinal que não teria valor se a esquizofrenia não coordenasse de modo muito clínico um grande número de fatos. Para conservar esse valor, a concepção deve evitar a pretensão a uma extensão indefinida.

Ora, em nosso caso, nenhum dos distúrbios definidos da ideação, da afetividade e do comportamento, que são os sintomas fundamentais da esquizofrenia, é comprovado clinicamente nem situado na anamnese. Quanto aos distúrbios esporádicos que nossa doente apresentou e sobre os quais voltaremos, tais como sentimentos de estranheza, de *déjà vu*, talvez de adivinhação do pensamento, e mesmo as raríssimas alucinações, eles podem manifestar-se entre os sintomas acessórios da esquizofrenia, mas de modo algum lhe pertencem especificamente. Os distúrbios mentais da primeira internação puderam nos fazer pensar por um momento em um estado de discordância. Porém, nenhum documento que possuímos nos permite afirmá-lo.

Resta a hipótese de uma forma da *psicose maníaco-depressiva*. Certamente insistimos (ver p. 99-105), em nossa exposição das teorias, nas intermitências tão frequentemente encontradas nos delírios, nas notas de hiperestenia maníaca, ou de depressão, às vezes misturadas, que nela desempenham seguramente um papel essencial. Apesar de certos traços suspeitos dos distúrbios por ocasião da primeira internação, nenhuma dessas características aparece com suficiente nitidez em nosso caso, para que lhe possamos dar algum valor diagnóstico.

Esses últimos pontos de nossa diagnose ficam, entretanto, na dependência da evolução futura da doente. Esperamos seguir a catamnésia e relataremos todo fato novo e significativo.

No interior do quadro existente da paranoia, nosso diagnóstico ficará, sem dúvida alguma, com o de *delírio de interpretação*. "As interpretações delirantes, múltiplas e diversas, primitivas e predominantes", "as concepções delirantes variadas em que a ideia diretriz parece secundária", a intricação dos temas de grandeza e perseguição, "a falsidade e a inverossimilhança flagrante do romance delirante", "a atividade normal", "as reações, em suma, em relação com seu móvel", "a ausência de sinais de degenerescência", "a conservação do sentido moral", "a extensão progressiva do delírio, a transformação do meio externo", enfim, todos os traços estão presentes em nosso caso, através dos quais Sérieux e Capgras opõem com extremo rigor o delírio de interpretação ao delírio de reivindicação.

Só falta o sinal da incurabilidade. Mas nós já afastamos a objeção que essa ausência coloca.

Notemos como traço negativo, em conformidade com os clássicos, a ausência em nosso caso dessa organização "em setor", completamente sujeita à ideia de um preconceito suposto ou real, que caracteriza o delírio de reivindicação, assim como do importantíssimo sinal da exaltação hipomaníaca.

Precisemos, ao contrário, alguns traços que, em relação com a descrição clássica, constituem a particularidade do delírio de nosso caso. Esse não é em absoluto centrípeto, já que nele as ameaças estão precisamente centradas em torno da criança. Uma nota de autoacusação intervém (a criança está ameaçada porque sua mãe mereceu mais ou menos ser punida). Esses dois traços pertencem, no clássico quadro diagnóstico de Séglas, aos delírios melancólicos, e, por mais ambíguo que façam parecer o delírio de nosso caso, concordam com a nota depressiva que nele predomina. Esta se completa por uma nota ansiosa, muito evidente no caráter de iminência, manifestado por paroxismos, dos temores delirantes. Voltaremos a nos referir a esses diversos aspectos e aos esclarecimentos que trazem ao mecanismo particular desse delírio.

Transcrevamos, para terminar este capítulo, o laudo quinzenal que nós mesmos redigimos por ocasião da entrada da doente:

"Psicose paranoica. Delírio recente, tendo chegado a uma tentativa de homicídio. Temas aparentemente resolvidos depois do ato. Estado oniroide. Interpretações significativas, extensivas e concêntricas, agrupadas em torno de uma ideia prevalente: ameaças a seu filho. Sistema passional: dever a cumprir para com este. Impulsões polimorfas ditadas pela angústia: diligências junto a um escritor, junto à sua futura vítima. Execução urgente de escritos. Remessa destes à Corte da Inglaterra. Escritos panfletários e bucólicos. Cafeinismo. Desvios de regime. Duas exteriorizações interpretativas anteriores, determinadas por incidentes genitais e complemento tóxico (tireoidina). Atitude vital tardiamente centrada por um apego materno exclusivo, mas em que dominam anteriormente valores interiorizados, permitindo uma adaptação prolongada a uma situação familiar anormal, a uma economia provisória. Bócio mediano. Taquicardia. Adaptação à sua situação legal e maternal presente. Reticência. Esperança."

Por meio desse laudo e por toda a discussão do diagnóstico, vê-se que fomos introduzidos na pesquisa dos mecanismos da psicose. Será que podemos permitir-nos precisar esses mecanismos? É o que vamos tentar por meio de uma análise sintomática minuciosa de nosso caso. Não se trata, com efeito, de caso único, e estamos convencidos de que, em psiquiatria particularmente, todo estudo em profundidade, se é sustentado por uma informação suficiente, garante-se por um alcance equivalente em extensão.

2

A PSICOSE DE NOSSO CASO REPRESENTA UM "PROCESSO" ORGANOPSÍQUICO?

> Análise dos sintomas elementares do delírio: interpretações, ilusões da memória, distúrbios da percepção. Seu valor igual de fenômenos representativos simples. Seus dois tipos: sintomas oniroides e sintomas psicastênicos. Sua relação com os distúrbios orgânicos.

Para penetrar no mecanismo da psicose, analisaremos, em primeiro lugar, um certo número de fenômenos ditos *primitivos* ou *elementares*. Por esse nome, com efeito, de acordo com um esquema frequentemente admitido em psicopatologia (como vimos no Capítulo 4, Parte I), designam-se sintomas nos quais se exprimiriam primitivamente os fatores determinantes da psicose e a partir dos quais o delírio se construiria segundo reações afetivas secundárias e deduções por si mesmas racionais. Atualmente confundida na França com hipóteses neurológicas de uma doutrina particular, essa concepção encontrou na Alemanha uma expressão de valor puramente clínico e analítico na noção do *processo* psíquico (ver item V, Capítulo 4, Parte I).

Essa noção se fundamenta no dado clínico de um elemento *novo*, *heterogêneo*, introduzido pelo *x* mórbido da personalidade. É sobre ela que nos guiaremos para discernir o valor *primitivo* dos fenômenos que vamos estudar agora.

Tentaremos, ao mesmo tempo, precisar a natureza do agente mórbido demonstrando os fatores orgânicos que parecem estar em correlação com esses fenômenos.

Observemos o mecanismo elementar que parece regular o crescimento do delírio, a saber, a *interpretação*. A doutrina clássica, como se sabe, considera-o como um ato psicológico que, a partir das tendências próprias a um certo tipo de personalidade, falsidade de juízo, hostilidade para com o meio, se realiza segundo mecanismos normais (ver p. 54-57). Basta um estudo atento de um caso como o nosso para perceber que não se trata disso.

Para nos convencermos disso, basta seguir o método de exame indicado com muito rigor por Westerterp (ver p. 140-141). O que importa é fazer precisar ao doente, sempre evitando sugerir-lhe algo, não seu sistema delirante, mas, sim, seu estado psíquico no período que precedeu a elaboração do sistema. Pode-se, então, constatar a importância dos fenômenos que ressaltamos no decorrer de nossa observação, no período anterior à primeira internação (ver Observação, p. 153-154). São a ansiedade, os sonhos terrificantes que muitas vezes a engendram. Mas, além disso, é toda uma série de fenômenos, cuja autenticidade nos é assegurada pela descrição espontânea da doente. Já assinalamos, em relação a alguns, sua existência ou salientamos seu vestígio. É, antes de mais nada, um sentimento de transformação da ambiência moral. "*Durante minha amamentação*", diz a doente, "*todo o mundo havia mudado* ao meu redor... Meu marido e eu, parecia-me que nos tornáramos estranhos um ou outro". Ela denuncia, também, fenômenos mais sutis, sentimentos de *estranheza* do meio, de *déjà vu* e, muito provavelmente, um sentimento de *adivinhação do pensamento*. Todavia, é só por conta de questões precisas por nós colocadas que a doente reconheceu esse sentimento de adivinhação, cuja presença de um documento escrito (ver p. 155-156) nos levava a buscar, e podemos afirmar com todo rigor a qualidade absolutamente típica do fenômeno.[1]

Parece-nos impossível, no estudo do mecanismo das *interpretações* que se vêm acrescer a esse quadro, negligenciar esses fenômenos. Mas estudemos primeiramente a evolução geral dos distúrbios. Nós não pudemos analisar os distúrbios apresentados quando da primeira internação. Pudemos apenas afirmar seu caráter de *surto agudo* e, na ordem da discordância, sua *intensidade máxima* em relação ao curso da evolução. A saída da casa de saúde marca uma melhora do estado mental. Mas um estado fundamental de inquietude persiste (ver p. 156) até que se organize o delírio.

Reconhecemos que essa evolução em três fases, que designaremos, por nossa conta, como fase aguda, fase de meditação afetiva, fase de organização do delírio, concorda singularmente com o esquema clínico da doutrina de Hesnard; e, embora acreditemos, por outro lado, que seus complementos teóricos sejam passíveis de importantes objeções (ver p. 120), fica, no entanto, essa indicação bem geral de que uma curva evolutiva como essa parece trair a ação essencial de fatores orgânicos.

Em nosso caso, o papel dos *estados puerperais* está clinicamente manifesto e parece ter sido desencadeante. Aos dois estados de gravidez corresponderam os dois surtos iniciais do delírio. Além disso, é preciso ressaltar o *estado distireoidiano* que desempenha seu papel no aparecimento dos distúrbios precedentes, e talvez também o abuso do tratamento tireoidiano, abuso que, como as pessoas do seu meio disseram, foi maciço. No período ulterior do delírio, o *ritmo menstrual* determinava regularmente recrudescências ansiosas, e a doente teve suas regras no dia seguinte à sua agressão. Apesar das reservas extremas, não colocaremos totalmente de lado o que é devido à ação do *cafeinismo*, que só data, aliás, de sua chegada a Paris. Nessa ação, o desequilíbrio neurovegetativo seria, aliás, mais importante que o próprio tóxico.

---

[1] Ver Heuyer, "Le devinement de la pensée", *A.M.P.*, 1926, p. 340.

Examinemos agora mais detidamente a natureza desses distúrbios mentais primitivos, que parecem determinados por esse conjunto de fatores.

A *interpretação* se apresenta aqui como um distúrbio primitivo da percepção que não difere essencialmente dos fenômenos pseudoalucinatórios, cuja presença episódica destacamos, desde o início, em nosso caso. Que se entenda bem o que dizemos. Não pensamos em nenhuma ação local ou eletiva de um distúrbio dos humores sobre algum sistema de neurônios, cujo jogo produziria a interpretação, segundo a imagem de um "cérebro que moeria o pensamento". Deixamos essas hipóteses que são apenas verbalismos.

Pensemos em mecanismos clinicamente mais controláveis. Aliás, eles não são unívocos. Certas interpretações nos parecem depender de mecanismos fisiológicos, próximos aos do sonho. No sonho, como se sabe, o jogo das imagens parece, ao menos em parte, desencadeado por um contato com a ambiência reduzido a um mínimo de sensação pura. Aqui, ao contrário, há percepção do mundo exterior, mas ela apresenta uma dupla alteração que a aproxima da estrutura do sonho: ela nos parece refratada em um estado psíquico intermediário ao sonho e ao estado de vigília; além disso, o limiar da crença, cujo papel é essencial na percepção, está aqui diminuído. Por isso é que propomos, provisoriamente e na falta de melhor, para esses estados especiais da consciência, o termo de *estado oniroide*. Alertamos, contudo, que os alemães, que introduziram esse termo na literatura psiquiátrica, dão-lhe um sentido fenomenológico mais preciso e tendem a identificá-lo a uma entidade nosológica em que esses fenômenos se apresentam em estado puro e por acesso.[2]

Não há dúvida quanto à existência desses estados em nossa doente. O papel desempenhado pelos sonhos se verificou antes da primeira internação: sonhos ansiosos, sonhos de morte, sonhos ameaçadores já dirigidos contra a criança (ver Observação, p. 155-156). Esses sonhos continuaram no período mórbido que corresponde à estada em Paris.

---

[2] Ver Mayer-Gross, *op. cit.*

A Psicose de Nosso Caso Representa um "Processo" Organopsíquico? 207

O estado mórbido específico começa no despertar e dura um tempo variável. Podemos traduzi-lo por uma objetivação dos conteúdos do sonho e pela crença que corresponde a ele: a doente, por exemplo, vive várias horas após seu despertar com receio do telegrama que lhe anunciará a morte de seu filho, morte que ela viu em sonho. Ela exprime, ainda, fenômenos mais sutis em que se mostra a passagem com as *interpretações* delirantes complexas: a doente, em sonho, caça na selva com a Alteza por quem está apaixonada; "de manhã, escreve ela, leem isso nos meus olhos" (ver p. 191). Não se pode dar a última palavra, observemo-lo desde já, quanto à relação desses estados com o sonho fisiológico. As imagens do sonho têm, com efeito, uma *significação* cujo valor de revelação quanto aos mecanismos psicogênicos não mais podemos negar depois de Freud. Até que se tenham informações mais completas, o conteúdo das interpretações está, portanto, a nosso ver, em relação com esses mecanismos, e se nossa teoria tende a despojar a interpretação de seu caráter *raciocinante*, ela não anula, por isso, seu alcance *psicogênico*, ela somente o faz remontar às modificações atípicas, mais ou menos larvares, das *estruturas perceptivas.* Modificações correspondentes das *estruturas conceituais* se manifestam na organização geral do delírio. Nesse ponto também seremos levados a reduzir a parte que atribuem à atividade propriamente racional do sujeito, os psicogeneticistas e, bem mais ainda, por um paradoxo do qual estão inconscientes, os organicistas.

Contudo, se os mecanismos oniroides que acabamos de indicar lançam uma luz sobre o caráter *convicto* imediato da interpretação, para empregar um termo que devemos a De Morsier, sobre sua extensão, sobre o caráter aparentemente fortuito do objeto que ela transforma, eles deixam sem explicação alguns outros traços característicos das *interpretações* típicas.

Pode-se até observar em nossa doente uma espécie de oscilação entre os estados ansiosos oniroides e essas interpretações verdadeiras. Precisemos as características próprias à *interpretação delirante.*

Em primeiro lugar, encontramos nela um caráter de *eletividade* muito especial. Ela se produz em relação a uma conjuntura inteiramente particular. Ela se apresenta, além disso, como uma experiência *surpreendente*, como uma *iluminação* específica, característica que os antigos autores, cuja visão nenhuma teoria psicológica encobria, tinham em vista, quando designavam esse sintoma pelo termo excelente de fenômeno de "significação pessoal" (ver p. 132). É indiscutível seu parentesco com os sentimentos de *estranheza* inefável, de *déjà vu*, de *jamais vu*, de *fausse reconnaissance* etc., que se mostram correlativamente em numerosas observações (de Sérieux e Capgras em particular) e que nossa doente apresenta. Por outro lado, certas interpretações se aproximam do *erro da leitura* a ponto de quase ser impossível distinguir-se dele. Sabemos o papel que desempenham em todos esses fenômenos os estados de *fadiga psíquica* no sentido mais geral.

Não é, como pode parecer à primeira vista, de maneira puramente fortuita que uma *significação pessoal* vem transformar o alcance de certa frase escutada, de uma imagem entrevista, do gesto de um transeunte, do "fio" a que o olhar se engancha na leitura de um jornal.

Ao olharmos com mais atenção, vemos que o sintoma não se manifesta com referência a quaisquer percepções, a objetos inanimados e sem significação afetiva, por exemplo, mas especialmente com referência a *relações de natureza social*: relações com a família, os colegas, os vizinhos. De um alcance semelhante é a leitura do jornal, cujo poder representativo que retira do fato de ser um signo de união com um grupo social mais vasto mal se imagina nos simplórios (e até mesmo nos indivíduos cultos). O delírio de interpretação, como escrevemos em outro lugar, é um delírio do patamar, da rua, do foro.

Essas características nos levam a admitir que esses fenômenos dependem desses estados de insuficiências funcionais do psiquismo, que atingem eletivamente as atividades complexas e as atividades sociais, e cuja descrição e teoria foram fornecidas por Janet em sua doutrina da psicastenia. A referência a essa síndrome explica a presença, manifesta em nosso caso, de perturbações dos *sentimentos intelectuais*. A teoria permite, além disso, compreender que papel desempenham nas perturbações as relações sociais no sentido mais amplo, como a estrutura desses sintomas, bem integrados à personalidade, reflete sua gênese social e, enfim, como os estados orgânicos de fadiga, de intoxicação, podem desencadear seu aparecimento (ver p. 125-127).

Certos fatos de nosso caso, no entanto, pareciam ainda escapar tanto a uma quanto a outra de nossas teorias: a do *estado oniroide* como a do *fenômeno psicastênico*. Eles continuam, para nós, enigmáticos. Vejamos, por exemplo, este (que relatamos anteriormente na p. 157): um dia do ano 1927, precisava a doente, ela havia *lido* no jornal *Le Journal* um artigo de um de seus perseguidores, no qual se anunciava que se mataria seu filho porque sua mãe era maledicente, que se vingariam dela etc. Além disso, ela havia *visto* uma fotografia que era a da empena de sua casa natal. A criança passava ali, então, suas férias e, no jardim próximo, sua imagem fácil de reconhecer a designava aos golpes dos assassinos.

A significação de um fenômeno como esse, para o qual todas as nossas hipóteses (e muito mais ainda as teorias clássicas) continuavam inadequadas, nos foi revelada por acaso.

Conversávamos um dia (exatamente um 2 de março) com nossa doente. Os planos de anamnese, dos quais alguns se gabam por trazerem benefícios à psiquiatria, possuem poucas vantagens junto a imensos inconvenientes. O de mascarar os fatos não reconhecidos não nos parece de menor monta do que este outro, que é o de impor ao sujeito a confissão dos sistemas conhecidos. Assim, discorríamos passando de um polo a outro, quando tivemos a surpresa de ouvir nossa doente dizer o seguinte: "Sim, é como no tempo em que eu ia ao jornal comprar os números atrasados de um ou dois meses antes. Eu queria reencontrar neles o que havia lido, por exemplo, que iriam matar meu filho e a foto na qual eu o havia reconhecido. Porém, jamais reencontrei o artigo nem a foto, dos quais, no entanto, eu me recordava. No final, o quarto estava entulhado desses jornais."

Inquirida por nós, a doente reconheceu que só podia se recordar de um fato: o de, a um dado instante, *ter acreditado lembrar-se* desse artigo e dessa fotografia.

O fenômeno se reduzia, portanto, a uma *ilusão da memória*. E, se o estudássemos, constataríamos que ele se enquadrava perfeitamente em nossas hipóteses precedentes. Esses distúrbios mnêmicos são, com efeito, bem frustros: nunca constatamos, em um exame clínico sistemático e minucioso, distúrbios amnésicos de evocação, a não ser os que assinalamos em nossa observação e que incidem eletivamente no momento de introdução no delírio dos principais perseguidores. Veremos ulteriormente como concebê-los. Por outro lado, nós mesmos submetemos nossa doente aos testes especiais de memória de fixação e obtivemos os resultados mais normais, o que corresponde muito bem ao fato de que a atividade profissional da doente permaneceu satisfatória até o fim.

Esses distúrbios consistem, portanto, unicamente em uma insuficiência da rememoração, que permite a uma imagem-fantasma (ela mesma evocada pelas associações de uma percepção, de um sonho ou de um complexo delirante) se transformar em imagem-recordação. Certos clínicos, Arnauld em particular, já haviam entrevisto a importância desses distúrbios na gênese do delírio.

Para compreendê-los, refiramo-nos um instante às doutrinas dos psicólogos. Aprendemos que a constituição da imagem-recordação está subordinada a regulações psíquicas delicadíssimas. Elas compreendem não somente a coordenação associativa das imagens, dos acontecimentos, mas, além disso, repousam essencialmente sobre certas intuições temporais, que podemos chamar de *sentimentos do passado*, assim como sobre os sentimentos de origem afetiva que dão, se assim podemos dizer, seu *peso* não só à recordação, mas à própria percepção: podemos chamá-los, pouco importa sua etiqueta, de *sentimentos de familiaridade* ou ainda *sentimentos de realidade*. Bertrand Russel (já citado), com esse rigor concreto de expressão que conserva, mesmo filosofando, o pensador anglo-saxão, assim se exprime sobre esse sentimento original de realidade, sem o qual tanto a perceção como a recordação ficam incertas e incompletas. "Ele é análogo, diz ele, ao sentimento de respeito." Sentimos quanto essa referência de natureza social abunda no sentido em que somos levados.

Em suma, a autonomia psicofisiológica desses *sentimentos intelectuais* e desses *sentimentos do tempo* foi demonstrada por suas dissociações psicopatológicas, tais como elas se manifestaram, em numerosas doenças mentais, para pesquisadores como Bleuler, Blondel e, em seguida, Minkowski.

Porém, foi Janet quem demonstrou pela primeira vez a função fisiológica reguladora desses sentimentos intelectuais nas atividades humanas complexas, e muito particularmente naquelas que trazem a marca de uma gênese social.

Dentre esses sentimentos reguladores há os que se referem ao tempo; eles estão ligados essencialmente à eficácia da síntese psíquica que realiza o *momento presente* em seu alcance para a ação, instância designada por Janet pelo termo *função de presentificação*.[3]

Por isso, na ordem patológica, as ilusões da memória que descrevemos são assimiláveis aos fenômenos descritos por Janet com o título de *quedas de tensão psicológica* ou *crises de psicolepsia*.[4]

Se quisermos conceber uma imagem mais precisa do mecanismo dessas ilusões, evoquemos um fato do sonho, bem conhecido em psicologia: o indivíduo que dorme e desperta bruscamente por um ruído provocado recorda-se de ter formado em sonho um encadeamento de imagens, que lhe parece ter tido uma duração importante e do qual, no entanto, toda ordem está manifestamente destinada a *ocasionar* o ruído que efetivamente provocou o despertar, e do qual, aliás, o sujeito não podia prever nem a vinda inesperada nem

---

[3] Ver Janet, *Obsessions et psychasthénie*, já citado, t. I, p. 481.

[4] Ver Janet, *Obsessions et psychasthénie*, I, p. 591. – "The psycholeptic crisis", *Boston Medic. and Surg. Journ*, 28.1.1905. – *De l'angoisse à l'extase*, 1928, II, p. 305, 627.

Janet ressaltou admiravelmente o papel desses distúrbios da memória nos sentimentos ditos sutis, experimentados pelos perseguidos alucinados (ver Janet, "Les sentiments dans le délire de persécution", art. cit., p. 442). Só tomamos conhecimento desse artigo após termos constatado, interpretado e até produzido, em uma conferência pública, fatos um pouco diferentes do que relatamos. Sentimos sua confirmação de nossos pontos de vista e integramos ao nosso Capítulo 4, Parte I, uma indicação, demasiado sucinta a nosso ver, da doutrina desse artigo.

a qualidade. Esse fato, como todos aqueles que deixam tão enigmática a questão da duração dos sonhos, faz com que se perceba bem a dificuldade que apresenta uma orientação temporal objetiva no desenvolvimento representativo das imagens.

Seja como for, após nossa descoberta, numerosos fatos que a doente nos havia revelado, sem que déssemos a eles a devida atenção, surgiram, então, para nós em seu pleno valor.

Ela nos contou, por exemplo, que um dia, bastante animada pela contradição, foi ter com sua irmã mais velha e a presenteou com um sachê de perfumes intacto, que a própria irmã lhe havia dado e era destinado ao armário da *lingerie*. Ela lhe mostrou que o sachê estava intacto e, ao mesmo tempo, repreendeu-a por ter suposto, sem razão, portanto, que ele estava rasgado. Sua irmã afirma, a esse respeito, jamais ter proferido coisa semelhante ou parecida. E nossa doente, que há algum tempo sofre incessantemente iguais desmentidos dos fatos, retira suas imputações e fica profundamente inquieta com seu próprio estado.

O caráter eletivo do distúrbio, ligado à contradição em relação à sua irmã, aparecerá melhor ainda quando soubermos o papel afetivo representado por ela.

Outro fato: nossa doente, como tantos outros psicopatas no período de incubação ou de eflorescência de sua doença, consultava abundantemente um desses videntes cuja propaganda se espalha livremente nos classificados dos jornais. Era um certo professor R... de la Haye, a quem ela solicitava periodicamente, mediante pagamento, uma consulta de horóscopo. Que em uma delas lhe tenha sido anunciado que uma mulher loura desempenharia um importante papel em sua vida, o de uma fonte de infortúnios, essa foi a crença na qual a doente, durante sua psicose, apoiou em parte sua convicção delirante, no que concerne sua principal perseguidora. Ora, hoje ela sabe, tendo sido feita a averiguação, que jamais lhe foi escrito nada semelhante.

Esses fatos são diferentes das *interpretações retrospectivas* dos clássicos, tais como nossa doente os apresentou, por outro lado. Ela nos diz, por exemplo, recordar-se de ter visto, sem nisso prestar atenção, logo no início, um desenho de propaganda antituberculosa que representava uma criança sob a ameaça de uma espada suspensa sobre ela. Somente alguns meses depois (ela tem uma recordação disso, distinta do primeiro fato) é que ela compreendeu que esse desenho visava ao destino de seu filho.

Não multiplicaremos os exemplos. Queremos apenas ressaltar que (postos de lado esses fatos que remetem às interpretações retrospectivas) numerosas interpretações são *ilusões da memória*, isto é, representam objetivações ilusórias, no passado, de imagens em que se exprimem seja a convicção delirante (a casa e a criança), seja os complexos afetivos que motivam o delírio (conflito com a irmã, ver mais adiante).

Para sermos escrupulosos, assinalemos, enfim, fenômenos alucinatórios inteiramente episódicos. Nós os designamos no plural porque pensamos que não há fato mental errático. Mas a doente nos disse somente que depois de todos os problemas pelos quais ela passava ela tivera "*grande-medo* de ouvir coisas que não existiam" e tinha, *duas vezes*, estando em seu quarto, ouvido a injúria clássica dos perseguidos alucinados: "Vaca!" Essas alucinações episódicas no delírio de interpretação são conhecidas por todos os autores. Não queremos abordar, a esse respeito, o complexo problema das alucinações, nem mesmo os que são colocados pelas alucinações muito especiais de que tratamos aqui. Digamos somente que acreditamos que as noções patogênicas trazidas aqui não nos parecem dever se limitar unicamente aos fenômenos estudados por nós; elas podem, particularmente, trazer melhor compreensão dos mecanismos obscuros da psicose alucinatória crônica.

Acreditamos, por nossa análise, ter destacado o verdadeiro caráter dos *fenômenos elementares* do delírio em nossa doente. Podemos agrupá-los em quatro tópicos: a) *estados oniroides* frequentemente coloridos de ansiedade; b) distúrbios de "*incompletude*" *da percepção*; c) *interpretações propriamente ditas*; d) *ilusões da memória*. Estes dois últimos grupos de fenômenos nos parecem estar na dependência, como o segundo, de mecanismos *psicastênicos*, ou seja, que se apresentam como distúrbios da percepção e da rememoração, ligados eletivamente às relações sociais.

Essa concepção é diferente da doutrina clássica, que vê na interpretação uma alteração do raciocínio, fundada sobre elementos constitucionais do espírito. Acreditamos que nossa análise constitui, em relação à clássica, um progresso real, ainda que seja apenas para compreender os frequentes casos em que esse suposto fator constitucional falta de maneira manifesta e onde é impossível discernir, na origem do delírio, o menor fato de raciocínio ou de indução delirante.

Nossa concepção permite, por outro lado, compreender a relação das interpretações com certos estados orgânicos, relação que, fora de qualquer correlação clínica, já poderia ser pressentida na evolução por surtos desses fenômenos.

Quererá isso dizer que os mecanismos que demonstramos dão suficientemente conta do conjunto do delírio? Os organicistas tendem a dar ao sistema do delírio o alcance de uma elaboração intelectual de um valor secundário e de pouco interesse. Apesar do reforço que lhes demos até aqui, não os seguiremos a esse respeito.

Os fenômenos ditos primitivos, por serem primários no tempo, e mesmo, estamos de acordo nesse ponto, desencadeadores, não explicam a fixação e a organização do delírio. Chegaremos a dizer que eles trouxeram para sua construção toda a matéria, ou seja, esse elemento *novo, heterogêneo* à personalidade, que permitiria definir nossa psicose como um processo?

Aí está um ponto que só poderemos responder após ter estudado as relações do delírio com a história e com o caráter da doente, com o que vamos tentar conhecer de sua personalidade.

O estudo que faremos em seguida das estruturas conceituais reveladas pela organização do sistema do delírio nos permitirá, talvez, penetrar ainda mais fundo na natureza real dos mecanismos que acabamos de analisar.

3

A PSICOSE DE NOSSO CASO REPRESENTA UMA REAÇÃO A UM CONFLITO VITAL E A TRAUMAS AFETIVOS DETERMINADOS?

Complemento da observação do caso Aimée: história do desenvolvimento da personalidade do sujeito. Seu caráter: os traços psicastênicos nele são primitivos e predominantes, os traços ditos paranoicos, secundários e acessórios. O conflito vital e as experiências que têm conexão com ele.

É preciso, agora, completar a observação da doente, resumindo inúmeros fatos que recolhemos em nossas pesquisas sobre os acontecimentos de sua vida e sobre suas reações pessoais. Para essas pesquisas não negligenciamos nenhum meio de investigação disponível. Nós mesmos questionamos oralmente tanto a doente quanto seu marido, sua irmã mais velha, um de seus irmãos, uma de suas colegas de escritório: mantivemos correspondência com outros membros de sua família. Enfim, por intermédio de uma assistente social esclarecida, completamos nossas observações junto aos superiores hierárquicos da doente, ao seu senhorio, aos seus vizinhos etc.

De todos esses fatos acumulados, extrairemos apenas os que controlamos ao menos por uma verificação, levando em conta, por outro lado, na apreciação e na hierarquia de nossas fontes, as regras comumente admitidas pela crítica do testemunho.

As dificuldades que tivemos para obter fatos precisos *sobre a infância* da doente junto à sua família sugerem-nos uma observação geral: poderíamos dizer que, sobre a infância de um sujeito, os registros familiares parecem sofrer os mesmos mecanismos de censura e de substituição que a análise freudiana nos ensinou a conhecer no psiquismo do próprio sujeito. A razão é que neles a pura observação dos fatos é perturbada pela estreita participação afetiva que os misturou à sua própria gênese. Quanto aos parentes colaterais, entra em jogo, além disso, a defasagem vital que alguns anos bastam para produzir na época da infância. Aqueles que pudemos ver, a irmã mais velha e um dos irmãos, têm, respectivamente, cinco anos a mais que a doente e 10 anos a menos. Necessidades econômicas, por outro lado, acrescentaram seu efeito aos fatores psíquicos: a irmã que criou a doente durante seus primeiros anos teve de deixar o teto paterno aos 14 anos, a própria doente aos 18, o que nos dá os limites de observação tanto da irmã quanto do irmão.

Não obstante, os traços gerais da personalidade do sujeito foram conservados pela tradição familiar, e o trabalho de transformação quase mítico, comum de observar nesses traços, deixa apenas transparecer melhor o seu valor característico e profundo.

A doente, disseram-nos, já era "personalíssima". Única em toda a casa, sabia contradizer a autoridade algo tirânica, em todo o caso incontestada, do pai. Essas contradições, ao precisá-las, incidiam em pormenores de conduta dos quais sabemos, por mais insignificantes que sejam em si mesmos, que valor afetivo podem representar, muito particularmente nos pormenores, providos de significação simbólica, do toucador: porte de um penteado, laço de um cinto. As esperanças que a inteligência reconhecida de nossa doente dava a seus parentes valiam-lhe, nesses pontos, concessões, e até certos privilégios mais positivos. Alguns desses privilégios, tais como uma roupa branca mais fina que a de suas irmãs, parecem ainda provocar nelas uma amargura que não arrefeceu.

O autor responsável por essa diferença de tratamento parece ter sido sua mãe. O intensíssimo vínculo afetivo que uniu Aimée de modo muito particular à sua mãe parece-nos que deve ser salientado.

Esse vínculo é confesso: "Nós éramos duas amigas", diz a doente. Mesmo agora, ela não o evoca sem lágrimas, as quais nem a própria ideia de separar-se de seu filho nunca provocou em nossa presença. Nenhuma reação nela é comparável à que desencadeia a evocação do pesar atual de sua mãe: "Eu deveria ter ficado junto dela", esse é o tema constante das lamentações da doente.

Ora, a mãe se mostrou desde há muito como uma interpretativa, ou, para apreender melhor os fatos, como manifestando nas relações na vila uma vulnerabilidade com um fundo de inquietude, logo transformada em desconfiança. Citemos um fato que nos contaram: uma vizinha, por exemplo, lhe prediz que um de seus animais doentes não ficará bom de modo algum, ei-la inicialmente suscetível à ameaça dessas palavras, que se sente percebida como uma ameaça mágica, em seguida persuadida da vontade de prejudicar de sua vizinha, enfim, desconfiando de que esta tenha envenenado o animal etc. Essa disposição, antiga e reconhecida, se precisou há mais de 10 anos em um sentimento de ser espiada, escutada pelos vizinhos, temor que lhe fez aconselhar a leitura em voz baixa das cartas que, iletrada, ela teve de mandar ler. Enfim, após os recentes acontecimentos ocorridos com sua filha, ela se fechou em um isolamento feroz, imputando formalmente à ação hostil de seus vizinhos mais próximos toda a responsabilidade do drama.

Precisaremos mais adiante o que pensamos sobre o alcance da similaridade do desenvolvimento psíquico entre a filha e a mãe.

Observemos que Aimée só teve, até onde chegam suas recordações, intimidade na infância com seus irmãos, todos mais jovens que ela; aos mais velhos ela estava ligada por relações de camaradagem própria à "rapaziada", o que ela evoca com ternura. Quanto a suas irmãs mais velhas, haviam exercido sobre ela uma autoridade

218 Da Psicose Paranoica em suas Relações com a Personalidade | Jacques Lacan

materna; depois, elas tinham, segundo as necessidades de todos, deixado o lar.

Um traço particular da conduta de Aimée aparece desde a infância. "Ela nunca estava pronta junto com os outros. Ela estava sempre atrasada." Esse traço clínico manifesto, *lentidão e demora dos atos*, cujo alcance Janet mostrou na ordem dos sintomas psicastênicos, tomará todo seu valor dos numerosos traços de mesma ordem, que aparecerão no curso do desenvolvimento.

Os escritos da doente conservaram a marca da profunda influência que a vida do campo exerceu sobre ela. Sabe-se das qualidades educativas superiores que apresenta essa vida comparada às das cidades. "Os trabalhos e os dias" dos campos, tanto por seu alcance concreto quanto por seu valor simbólico, só podem ser favoráveis ao desenvolvimento na criança de um equilíbrio afetivo e de relações vitais satisfatórias.

Os escritos ulteriores de Aimée nos dão o testemunho de que, sem precisarmos o ano, mas com certeza desde antes da adolescência, os traços de sua sensibilidade, que não são comuns, se formam em contato com o meio agreste: a expansão quase erótica de si mesma que a criança encontra na natureza tem todas as características de uma paixão e, cultivada ou não, essa paixão engendrou o gosto pelo devaneio solitário.

O cultivo do devaneio é confessadamente precoce. É possível que uma parte das promessas intelectuais que a doente produziu tenha derivado disso, e que seja por conta dessa particularidade que ela deve ter parecido aos seus como designada dentre todas para aceder à situação superior de professora.

Porém, esse desenvolvimento da atividade imaginativa assumiu em Aimée a forma de uma verdadeira derivação da energia vital. Ainda não podemos decidir quais as relações da psicose com essa anomalia. Coloquemos desde já que o fato de que ela tenha começado a existir nas relações com o real marcadas por um valor positivo pode ter desempenhado um papel na evolução favorável da própria psicose.

Nada temos a relatar quanto ao estado psicológico da puberdade que sobreveio aos 15 anos.

A deficiência psíquica, cuja origem tentamos precisar, manifesta seus primeiros sinais na ordem escolar por volta dos 17 anos. Parece que é possível assegurar sua natureza afetiva, e não capacitária. Aimée, com efeito, obteve na escola pública sucessos suficientes para ser enviada, sendo a primeira de sua casa, à escola primária superior da cidade vizinha. Ali, suas educadoras acreditam que ela esteja destinada a satisfazer as ambições de sua família ingressando na carreira do ensino primário.

Ora, após um fracasso, ela se desanima e renuncia a prosseguir nesse sentido. A partir de então, causa espanto em sua família ao pretender aspirar a vias mais livres e mais elevadas. Ela manifesta, assim, ao mesmo tempo essa *abulia profissional* e essa *ambição inadaptada*, que Janet também descreveu entre os sintomas psicastênicos. Em correlação com sua indocilidade, ela parece manifestar esse outro sintoma reconhecido, que é a *necessidade de direção moral*. Deixemos, entretanto, a esse sentimento o valor somente retrospectivo e talvez justificativo que tem, quando a doente nos confia não só sua reprovação decepcionada contra as educadoras laicas "que dão suas aulas e não se preocupam com você", mas também seu pesar por ouvir dizer das professoras religiosas que "estas sim, formavam as moças, enxergavam longe etc.".

A partir de então, o caráter ambíguo de sua personalidade é interpretado por um de seus professores como um traço de dissimulação natural. "Quando acreditamos compreendê-la, ela nos escapa."

É nessa época que se situa o desabrochar, depois o fim infeliz de sua primeira ligação de amizade que tinha marcado a vida da doente. Uma companheira de infância, candidata junto com ela aos exames de ensino, sucumbe em alguns anos à evolução de uma tuberculose pulmonar. Esse fim precoce, que Aimée liga, segundo a ótica da adolescência, a algum drama sentimental, a comove profundamente e inspira, como já vimos, seu melhor escrito.

Aimée, de volta por um tempo à sua terra natal, vai se afastar de novo para entrar no serviço público, que será doravante a causa de seus deslocamentos.

Não deixemos o período de infância e de adolescência que finaliza, então, sem citar um episódio que nos parece valer menos pela emoção ainda vivaz que provocou na doente do que pelo valor quase mítico que guardou na tradição familiar. Todos os traços característicos da conduta de Aimée se encontram nesta história: ela demorou se arrumando por ocasião dos preparativos de uma saída em grupo; como ficou atrás dos seus, quis juntar-se a eles por um caminho através dos campos; teve a inabilidade de irritar um touro, do qual só escapou por um triz. Esse tema do touro perseguindo volta com frequência nos sonhos de Aimée (ao lado de um sonho de víbora, animal que pulula em sua terra) e é sempre de mau agouro. Tornamos a encontrá-lo nos seus escritos. Talvez o psicanalista chegasse a penetrar mais profundamente no determinismo desse acontecimento, em suas sequelas afetivas e imaginativas, e a depreender relações simbólicas sutis entre esses elementos.

Aimée toma contato com o vasto universo em uma sede administrativa da província afastada de sua terra natal. Ela não fica isolada. É hospedada por um tio, cuja mulher não é outra senão a sua irmã mais velha, casada com o ancião aos 15 anos, após ter sido sua empregada. Essa pessoa, que já exercera sua autoridade na primeira infância de Aimée, reaparecerá mais tarde em sua vida, para desempenhar então um papel que, como veremos, será decisivo.

Dessa vez, o contato será breve: durará apenas um trimestre.

Após esse curto período em que experimentou suas novas funções, Aimée passa "nos primeiros lugares" do exame público, que lhe dá uma situação titular, e é enviada para uma comuna bastante afastada, onde permanecerá três anos. Porém, sua estada na pequena cidade deixará suas marcas.

Foi aí, com efeito, que aconteceu o primeiro amor de Aimée. Para nos atermos às regras críticas que nos impusemos, deveríamos deixar de lado esse episódio, sobre o qual nossas informações se restringem apenas às palavras de Aimée. Por pouco rigorosas que possam ser, estas são, no entanto, por demais reveladoras das reações de nossa paciente, e essas reações são nesse acontecimento por demais típicas para que possamos negligenciá-las.

A Psicose de Nosso Caso Representa uma Reação a um Conflito Vital... 221

Uma análise como a que tentamos está fadada ao fracasso se o observador não tiver a ajuda de todo o seu poder de simpatia. Entretanto, não podemos deixar de evocar a figura do sedutor de Aimée sem alguma nota cômica. Don Juan de cidade pequena e poetastro da igrejinha "regionalista", essa personagem seduz Aimée pelos charmes malditos de um ar romântico e de uma reputação bastante escandalosa.

Aimée manifestou, nessa ocasião, a reação sentimental típica de seu caráter. "Para ter feito isso", ela nos disse, "que eu havia feito em meu espírito e em meu coração, era preciso que eu fosse seduzida a um ponto extraordinário". Trata-se, antes de mais nada, de um deleite sentimental completamente interiorizado. A desproporção com o alcance real da aventura é manifesta: os encontros, bastante raros a ponto de terem escapado à espionagem de uma cidade pequena, de início desagradaram a doente; ela cede, enfim, mas para ouvir logo de seu sedutor, decididamente apaixonado por seu papel, que ela não foi para ele senão o lance de uma aposta. Tudo se limita ao último mês de sua estada na cidade pequena. Entretanto, essa aventura que leva consigo os traços clássicos do entusiasmo e da cegueira próprios à inocência vai reter o apego de Aimée por três anos. Durante três anos, na cidade afastada em que seu trabalho a confinará manterá seu sonho por uma correspondência trocada com o sedutor que ela não deve rever. Ele é o único objeto de seus pensamentos, e entretanto ela nada sabe nos contar sobre ele, mesmo à colega, de algum modo sua conterrânea, que é então a segunda grande ligação de amizade de sua vida. Estando inteiramente dedicada à ação moral para com seu ídolo, e, não obstante, consciente de estar iludida, ela se compraz em um ardor todo de sonhos: ela se isola, "afastando", nos diz, "todos aqueles que tivessem sido oferecidos como partidos convenientes". Seu desinteresse é, então, completo e se expressa de maneira comovente em um pequeno traço: declina as satisfações de vaidade que lhe oferece a colaboração literária nas folhas da capela sob o cuidado de seu amante.

Interiorização exclusiva, gosto pelo tormento sentimental, valor moral, todos os traços de um apego como esse concordam com as reações que Kretschmer relaciona ao caráter *sensitivo*. Relatamos sua descrição de modo suficientemente detalhado para solicitar que se reportem a ela (ver p. 81-83). As razões de fracasso de uma ligação como essa parecem só se dever à escolha infeliz do objeto. Essa escolha traduz, ao lado de arrebatamentos morais elevados, uma falta de instinto vital de que dá testemunho, aliás, em Aimée, a impotência sexual que o transcorrer de sua vida permite corroborar, tão seguramente quanto essa investigação o comporta.

De repente, cansada de suas complacências tão vãs quanto dolorosas, Aimée não tem mais do que ódio e desprezo pelo objeto indigno de seus pensamentos: "Passo bruscamente do amor ao ódio", diz-nos espontaneamente. Reconheceremos a legitimidade dessa observação.

Esses sentimentos hostis ainda não estão extintos. Eles são marcados pela violência do tom das réplicas que Aimée opõe às questões com que a pusemos à prova: "Triste indivíduo", assim o designa, empalidecendo ainda. "Ele pode morrer. Não me fale mais desse cáften... e desse grosseiro". Tornamos a encontrar aí essa duração indefinida, na consciência, do complexo passional que Kretschmer descreve como mecanismo de *repressão*.

No momento em que se produz essa inversão sentimental, Aimée mais uma vez mudou de residência. Ela trabalha agora na cidade, que só deixará quando de sua primeira internação.

Nesse novo posto, viverá durante quatro anos (até o seu casamento) em uma relação íntima com uma colega de escritório, sobre cuja personalidade acreditamos ser necessário nos estender um pouco.

Essa personalidade pode ser classificada, em uma primeira aproximação, no tipo kretschmeriano do caráter *expansivo*. Ela se completa com traços de atividade lúdica e de gosto pelo domínio de si mesma, o que a aproxima, para permanecer nos quadros de Kretschmer, da subvariedade por ele designada com o nome de *intrigante refinada*.

Isso quer dizer que sua atividade e suas reações, como Kretschmer o escreve quanto aos tipos correspondentes, se opõem às de nossa paciente, "como ao objeto sua imagem invertida no espelho".

A Psicose de Nosso Caso Representa uma Reação a um Conflito Vital... **223**

Vamos mostrá-lo com a comparação da atividade das duas mulheres, e esse expediente nos fará compreender melhor a atitude social de nossa paciente, tal como ela se apresentava antes de qualquer eclosão propriamente mórbida. Digamos, de uma vez por todas, que nossas informações procedem de várias fontes opostas.

Estamos antes da guerra: senhorita C. de la N. pertence a uma família nobre, que decaiu socialmente há pouco e não perdeu todo vínculo com seus parentes que mantêm ainda sua posição. Ela considera o trabalho a que foi compelida como muito inferior à sua condição moral, o que faz com que não se preocupe muito com ele. Toda sua atividade é empregada em manter sob seu prestígio intelectual e moral o pequeno mundo de seus colegas: ela rege suas opiniões, governa seus lazeres, assim como em nada negligencia para aumentar sua autoridade pelo rigor de suas atitudes. Grande organizadora de noitadas em que a conversa e o *bridge* são levados até bem tarde, ela conta ostensivamente numerosas histórias sobre as relações passadas de sua família, não desdenha em absoluto de fazer alusão às que lhe restaram. Ela representa junto a essas simplórias meninas o atrativo dos costumes nos quais ela as inicia. Por outro lado, sabe impor o respeito por meio de um recato e de hábitos religiosos não desprovidos de afetação.

É através dessa amiga, notemo-lo agora (já que nossas anamneses só o revelaram após vários meses e, diga-se de passagem, sem que tenhamos, de alguma maneira direta, solicitado a sua reminiscência), que pela primeira vez chegam aos ouvidos de Aimée o nome, os hábitos e os sucessos de sra. Z., que era então vizinha de uma tia da narradora, e também o nome de Sarah Bernhardt, que sua mãe teria conhecido no convento, ou seja, as duas mulheres que a doente designará mais tarde como suas maiores perseguidoras.

Tudo levava Aimée a sofrer as seduções dessa pessoa, a começar pelas diferenças com que ela mesma se sente marcada em relação a seu meio: "Era a única", nos diz, "que saía um pouco do comum, no meio de todas essas meninas feitas em série".

Das duas amigas, uma é a sombra da outra; profundamente influenciada por seu caráter, Aimée não é, entretanto, a tal ponto dominada que não "resguarde uma parte de si mesma". "Com essa amizade", nos diz, "opondo-a às suas duas primeiras amizades, eu guardava sempre um jardim secreto": é o reduto no qual a personalidade sensitiva se defende contra as investidas de seu contrário.

Contudo, em relação a seu meio, Aimée reagiu de modo completamente diferente. O que predomina em suas relações com seus colegas é um sentimento de desacordo. Desse desacordo ela deixa indícios, no fundo objetivos, dirigindo à sua amiga declarações como esta: "Você é afortunada. Adivinha sempre tudo o que elas vão dizer. Quer uma delas emita alguma opinião, a minha é sempre diferente?" O que faz a amiga encorajá-la com esta réplica: "Tanto quanto eu me lembre, você não se parece com as outras. Quando discutimos, você tem respostas completamente inesperadas." Esse desacordo não é absolutamente desejado, a doente antes de tudo sofre com ele. Logo em seguida, ela o transforma em um desprezo por seu sexo: "As mulheres só se interessam por mexeriquinhos, por intriguinhas, pelas faltas banais de cada um." Além disso, ela acrescenta a isso um sentimento de sua superioridade. "Para ela, essas coisinhas que elas falam passam despercebidas. O que a surpreende é um traço significativo do caráter etc." "Eu me sinto masculina." Ela deixou escapar a palavra-chave. A amiga conjuga: "Você é masculina." A *inversão psíquica* em um caso como esse está, com certeza, apenas no estado de esboço. Poderíamos, ainda, desconfiar de um verbalismo imaginativo, se os traços suspeitos não tirassem alguma confirmação da impotência sexual constante em Aimée, e de seus acessos ulteriores de *dom-juanismo*, cujo valor sintomático, no homem como na mulher, de inversão sexual larvar, é reconhecido depois das pesquisas dos psicanalistas.[1] Com efeito, lemos os resumos que a doente nos deu sobre um de seus "acessos de dissipação" (ver p. 161). É o mesmo sentimento que Aimée exprime em duas ocasiões bem diferentes, não só quando quer nos falar das maneiras de pensar que a distinguem das outras mulheres, como também quando nos conta suas singulares impulsões à desordem: o sentimento de

---

[1] Ver O. Fenichel, *Perversionen, Psychosen, Charakterstösungen*, p. 81.

uma afinidade psíquica pelo homem bem diferente da necessidade sexual: "Eu tenho tal curiosidade, nos diz, sobre a alma masculina, sinto um imenso fascínio por ela."

Esse caráter de jogo na atitude sexual parece se confirmar, na época a que nos referimos, em uma série de aventuras que ela dissimula muito bem dos que a cercam. Nessa menina desejável, o gosto da experiência se acomoda a uma frieza sexual real. Sua virtude, pelo menos no sentido farisaico, se acha também frequentemente a salvo. Não é possível que se impeça, no entanto, de relacionar a nova atitude amorosa de Aimée com o fracasso doloroso de sua primeira aventura.

Por isso, suas buscas sentimentais não parecem desprovidas de um bovarismo, em que os sonhos ambiciosos desempenham seu papel. A influência da amiga nada faz para que se acalme sua imaginação. Pelo menos vários fracassos de seu amor-próprio a conduzem à realidade. Ela sente que é chegado o momento em que a vida lhe exige uma escolha. Ela a faz em uma atmosfera conturbada, que, mesmo considerando-se a *boutade*, se exprime muito bem nesta réplica de Aimée às objeções de sua família: "Se eu não o pego", diz de seu noivo, "uma outra o pegará".

A sabedoria familiar lhe contrapõe, com efeito, não sem intuição psicológica, sua pouca aptidão para o estado conjugal: sua lentidão de ação, suas deficiências práticas, sua abulia psicastênica, ligadas ao gosto agora reconhecido pelo devaneio imaginativo, constituem o melhor dessas objeções: "Você nunca será exata. Os cuidados domésticos não foram feitos para você etc."

Contudo, nossa paciente, não sem coragem, dirige sua escolha para um de seus colegas, que lhe oferece como esposo as melhores garantias de equilíbrio moral e de segurança prática.

A influência da amiga continua ainda nas sugestões suntuárias que ela consegue, por meio de Aimée, impor aos noivos. Mas essa influência termina, nesse traço que permaneceu para todos memorável, com o feliz acaso de um deslocamento administrativo.

Aimée se encontra perante os deveres da vida a dois. Ela parece, de início, ter se dedicado com muita sinceridade. O desentendimento se introduziu primeiramente no trato doméstico no tocante aos gostos. Reprova a seu marido não ter nenhum interesse pelos seus. Pudemos fazer uma ideia da personalidade do marido; não tivemos necessidade de solicitá-lo para que nos trouxesse informações tão prolixas quanto benévolas sobre sua mulher. Trata-se de um homem muito ponderado em seus julgamentos e, é bem provável, em sua conduta também, mas em quem nada dissimula a orientação muito estreitamente positiva dos pensamentos e dos desejos, e a repugnância a qualquer atitude inutilmente especulativa; ao contrário, uma exuberância do verbo bem meridional vem dar a esses traços um caráter agressivo, feito para chocar nossa doente.

Do mesmo modo, a frigidez sexual de Aimée priva o conflito de qualquer elemento refreador. Desde essa época, imputa-se a Aimée ter se queixado de ciúme; mas seu marido também faz a mesma coisa. Os dois esposos tiram a matéria dessas repreensões das confissões recíprocas que fizeram sobre o passado deles. Parece que então, para Aimée, essas repreensões nada mais são do que o que ficaram sendo para seu marido, armas com que se exprime o desentendimento que se comprova. Trata-se apenas ainda desse tipo de ciúme, qualificado por Freud de *ciúme de projeção*.[2]

Em breve Aimée retorna a esse vício, a leitura, nem sempre tão "impune", quanto os poetas o creem. Ela se isola, diz seu marido, em mutismos que duram semanas. A negligência dos cuidados domésticos não surge em absoluto logo de início, mas seu marido observa com muita sagacidade a importância de traços de conduta que conhecemos bem em Aimée: *demoras na ação, abulia, perseverações*.[3] Mudar de ocupação é a operação que lhe é mais difícil; ela se servirá do mais fútil pretexto para ficar em casa se, por exemplo, lhe chamam para um passeio, mas, uma vez que saiu, na hora de voltar só criará empecilhos.

Ele nota, aliás, sintomas mais surpreendentes ainda, que sobrevêm por acesso. Impulsões bruscas no andar, na caminhada, risos

---

[2] Ver Freud, "Sur quelques mécanismes névrotiques dans la jalousie, la paranoïa et l'homossexualité", *Rev. Fran. Psychanal.*, 1932, nº 3, trad. J. Lacan.

[3] Ver Janet, *Obsessions et psychasthénie*, já citado, p. 338-339.

intempestivos e imotivados, acessos paroxísticos de fobia da sujeira, lavagens intermináveis e repetidas das mãos; todos fenômenos típicos das *agitações forçadas* de Janet.[4]

É então que se produz um acontecimento que será decisivo no desenvolvimento da vida de Aimée: oito meses depois de seu casamento, sua irmã mais velha vem morar sob o teto conjugal. As mais nobres intenções ligadas a essa imunidade temível de que goza, tanto para si quanto junto aos outros, a virtude afligida pela desgraça, são essas as armas irresistíveis com as quais esse novo ator intervém na situação.

O que sua irmã traz a Aimée é o apoio de sua dedicação, de sua experiência, são também os conselhos de sua autoridade, e mais ainda uma enorme necessidade de compensação afetiva. Viúva de um tio que foi em primeiro lugar seu empregador, que depois fez dela sua mulher com a idade de 15 anos, essa Ruth de um Booz merceeiro não realizou uma necessidade de maternidade, profundamente sentida por sua natureza. A partir de uma histerectomia total sofrida aos 27 anos por razões que desconhecemos, essa insatisfação, exaltada pela ideia de que não há esperança para ela e sustentada pelo desequilíbrio emotivo da castração precoce, torna-se a instância dominante de seu psiquismo. Pelo menos ela nos confessou isso sem disfarce, quando nos disse com toda a candura ter encontrado seu consolo no papel de mãe que conquistou junto ao filho de sua irmã a partir do fim do primeiro ano, ou seja, desde alguns meses que antecederam a primeira internação de Aimée. Pudemos, com efeito, entrar diretamente em contato com essa pessoa convocando-a para uma entrevista, cujo objetivo expresso era não só nos informar sobre o estado de sua irmã, como também sobre as medidas a considerar eventualmente quanto ao futuro dela.

Por essa razão, ela chegou em um estado de extrema emoção, não deixando de se exaltar no decorrer da conversa, na verdade puro monólogo, em que ficamos estritamente passivos.

---

[4] Ver Janet, já citado, p. 172-181.

Ela nos apresentou, durante cerca de uma hora, sem oscilações, um estado de extrema agitação. O eretismo verbal e gestual em que se exprimia nos pareceu traduzir um fundo de estenia autenticamente hipomaníaco. Espasmos glóticos, esboços de soluços continuamente iminentes revelavam, por outro lado, seu caráter essencial de paroxismo emotivo; eram acompanhados de sinais neuropáticos manifestos, tiques faciais, mímica caricata, cuja existência habitual nos foi confirmada pelo marido de Aimée que estava presente.

A irmã de Aimée nos expressou antes de tudo um temor desmesurado diante de uma eventual liberação de nossa paciente, na qual ela não via nada menos do que uma ameaça imediata para sua própria vida, assim como para as do marido e da criança. Assim, acabou por fazer súplicas que eram, aliás, desnecessárias, para remediar tão grandes infortúnios. Acabou suas declarações com um quadro apologético de sua dedicação para com a doente, da atenção sem trégua de que dera provas ao seu lado, enfim, das angústias que tivera. O conjunto, por seu tom de defesa lacrimosa, não deixava de revelar alguma incerteza da consciência.

Pudemos notar, entretanto, sinais aparentes de insuficiência glandular, envelhecimento precoce, tez ictérica, bócio, cuja existência concomitante em Aimée e em sua mãe assinala a natureza endêmica, enfim o próprio desequilíbrio emotivo cujos efeitos relatamos.

Seja qual for o lugar que se deva reservar aos eventos na motivação de uma semelhante atitude, resulta do concurso de todas as nossas informações que a intrusão da irmã de Aimée foi seguida de seu embargo na direção prática do lar. Julgamos que, por mais benéfica que possa ter sido essa ação em seus resultados materiais, os esforços de adaptação psíquica de nossa doente tenham com isso se tornado cada vez mais difíceis, tanto mais que nada praticamente impunha sua necessidade. Os vínculos afetivos com seu marido se tornaram cada vez mais incompreensíveis e problemáticos.

"Eu me dava conta de que não significava mais nada para ele. Pensava frequentemente que ele seria mais feliz se eu lhe devolvesse a liberdade, e que pudesse construir sua vida com outra."

A Psicose de Nosso Caso Representa uma Reação a um Conflito Vital... 229

Entretanto, tendo caráter sensitivo e psicastênico, Aimée não poderia apaziguar simplesmente com tal abandono, nem mesmo se contentar com o refúgio do devaneio. Ela sente a situação como uma humilhação moral e a exprime nas censuras permanentes que lhe formulam sua consciência. Não se trata aí, porém, de uma pura reação de seu foro íntimo; essa humilhação se objetiva na reprovação, bem real, que sua irmã lhe impõe incessantemente por seus atos, por suas palavras e até em suas atitudes.

Mas a personalidade de Aimée não lhe permite reagir diretamente por uma atitude de combate, que seria a verdadeira reação paranoica, entendida no sentido que esse termo assumiu desde a descrição de uma constituição que levou esse nome. Não é, com efeito, dos elogios e da autoridade que lhe são conferidos pelos que a cercam que sua irmã vai tirar sua principal força contra Aimée; é da própria consciência de Aimée. Aimée reconhecia por seu valor as qualidades, as virtudes, os esforços de sua irmã. Ela é dominada por ela, que lhe representa sob um certo ângulo a imagem mesma do ser que ela é impotente para realizar, como ela o foi, em um grau menor, ao que parece, pela amiga com qualidades de líder. Sua luta surda com aquela que a humilha e lhe toma o lugar só se exprime na ambivalência singular das opiniões que ela tem a seu respeito. Com efeito, é surpreendente o contraste entre as fórmulas hiperbólicas por meio das quais presta homenagem às generosidades de sua irmã e o tom frio com que as expressa. Às vezes sem querer explode a confissão: "Minha irmã era por demais autoritária. Ela não estava comigo. Estava sempre do lado do meu marido. Sempre contra mim."

Atualmente, se ela acredita que deve se felicitar pelo fato de que, devido à presença de sua irmã, seu filho escapasse ao que chama a dureza revoltante de seu marido, nem por isso deixa de comentar que desde o início "jamais pôde suportar" os direitos assumidos por sua irmã na educação da criança.

Mas o ponto notável é que Aimée nunca emite tais confissões a não ser nos momentos em que sua atenção, dirigida para um outro objeto, permite-lhe de algum modo deslizar espontaneamente para fora de seu controle.

Tentemos, ao contrário, atacar ativamente o enigma dessa irmã que chegou, há vários anos, a substituir Aimée tão completamente que a opinião da sua cidadezinha admite que a tenha suplantado – e, então, nos chocamos com uma reação de denegação (*Verneinung*), do tipo mais puro, cujas características e valor a psicanálise já nos ensinou a reconhecer.

Essa reação é marcada por sua violência afetiva, suas fórmulas estereotipadas, seu caráter de oposição definitiva. Ela é redibitória em qualquer exame mais livre e põe regularmente um fim na sequência das proposições.

Devemos reconhecer aí a confissão do que é tão rigorosamente negado, a saber, no caso presente, da queixa que Aimée imputa à sua irmã por ter raptado seu filho, queixa em que é surpreendente reconhecer o tema que sistematizou o delírio.

Ora, é a esse ponto que devemos chegar, essa queixa no delírio foi afastada da irmã com uma constância cujo verdadeiro alcance a análise vai nos mostrar.

Vimos, em primeiro lugar, sob a influência meioprágica da primeira gravidez, que ocorreu cinco anos após o casamento, eclodirem esses sintomas oniroides e interpretativos, cujo caráter difuso e assistemático foi salientado pelo nosso estudo. É com o trauma moral da criança natimorta que aparece em Aimée a primeira sistematização do delírio em torno de uma pessoa, a quem são imputadas todas as perseguições que ela sofreu. Essa espécie de cristalização do delírio se produziu de forma tão súbita que o testemunho espontâneo da doente não deixa dúvida; e ela se produziu com a amiga de outrora, senhorita C. de la N., de cuja ação na vida de Aimée estamos informados. Certamente, um elemento fortuito é colocado pela própria doente no primeiro plano dessa descoberta iluminante: a amiga, por telefone, pede notícias logo após o desenlace infeliz do acontecimento. Mas não se deve perceber uma relação mais profunda entre a pessoa da perseguidora e o conflito moral secreto em que vive Aimée há muitos anos? A pessoa assim designada foi para Aimée ao mesmo tempo a amiga mais querida e a dominadora de que se tem inveja; ela surge como um substituto da própria irmã.

Se não é em sua irmã que Aimée reconhece a inimiga, é porque intervê resistências afetivas cujo poder resta explicar. Voltaremos a isso no próximo capítulo. Mas, desde já, a natureza familiar do vínculo que a une à sua inimiga mais íntima permite compreender o desenvolvimento sistemático em que Aimée se refugia.

Não há dúvida de que a estrutura psicastênica da personalidade de Aimée desempenha seu papel nessa escolha desviada de seu ódio. Quando, pela primeira vez, Aimée passa a uma reação de combate (a uma reação conforme com a descrição aceita da constituição paranoica), ela só o alcança, com efeito, por um viés; substitui o objeto que se oferece diretamente a seu ódio por um outro objeto, que provocou nela reações análogas pela humilhação sofrida e pelo caráter secreto do conflito, mas que tem a vantagem de escapar ao alcance de seus golpes.

A partir daí, Aimée não deixará de derivar seu ódio para objetos cada vez mais distanciados de seu objeto real, como também cada vez mais difíceis de atingir. O que a guiará na escolha desses objetos será sempre a conjugação de coincidências fortuitas e de analogias afetivas profundas. O nome da sra. Z. (fomos informados pelas reminiscências da doente que só vieram tardiamente) chegou a seu conhecimento por meio dos próprios relatos da amiga, que se tornou sua perseguidora. A partir daí, a pessoa que "rema o barco" de todo o complô é a sra. Z. informada pela amiga; com efeito, é uma pessoa "mais poderosa", como também mais inatingível. Durante anos o delírio aparece, portanto, como uma *reação de fuga* diante do ato agressivo; do mesmo modo, a partida de Aimée para longe de sua família, da criança que ama. E os próprios temores que sua irmã manifesta atualmente quanto à sua vida, ainda que a própria doente nunca a tenha ameaçado, têm todas as características de uma advertência do seu instinto. Sem dúvida, por ocasião das últimas cenas em que Aimée queria forçar seu testemunho e falava em matar seu marido se não obtivesse o divórcio, ela pôde sentir, na violência do tom da doente, até onde iam realmente suas ameaças assassinas.

No ponto a que chegamos sobre o desenvolvimento de nossa doente, entremos na história de seu delírio que traçamos anteriormente (Capítulo I, Parte II) de modo detalhado.

Queremos somente realçar dois pontos:

1. A relação dos *surtos delirantes* com os acontecimentos que tocam no conflito central da personalidade de Aimée.

2. A evolução de seu *caráter* sob a influência do delírio. A relação é evidente quanto ao primeiro ponto. O surto delirante difuso que desabrocha com a segunda gravidez permanece compatível com uma vida profissional e familiar sensivelmente normal até nos primeiros meses de amamentação. Observemos de passagem que a menor amplitude das desordens, a intensidade diminuída da inquietude, que distinguem esse surto do primeiro, parece ligada ao primeiro esboço de sistematização, cujo mecanismo acabamos de descrever.

Até o quinto mês de amamentação, por outro lado, Aimée é quem cuida exclusivamente de seu filho (testemunho do marido).

Todos concordam em reconhecer que esses cuidados são regulares, oportunos e absolutamente satisfatórios. Só os distinguem talvez certa brusquidez nas atitudes, abraços súbitos, uma vigilância um pouco violenta.

Mas logo, apoiando-se em certas inexperiências de Aimée, a irmã impõe sua direção na educação da criança. As grandes reações interpretativas (querelas, escândalos, ideias delirantes) se multiplicam então, até o intento de fuga, na base de devaneios ambiciosos. Essa reação, que parece de natureza essencialmente psicastênica, leva o conflito a seu auge ("Arrancaram-me o meu filho") e justifica a internação.

É durante a estada na casa de saúde que a perda de contato com o real se manifesta ao máximo na doente: pouco antes de sua saída, é ainda um tecido de sonhos megalômanos que forma o corpo de suas intenções e de seus pensamentos ("Ela será uma grande romancista, fará de seu filho um embaixador etc.").

A acalmia que se verifica durante alguns meses de repouso que lhe foram então concedidos corresponde a um período em que, longe dos conflitos do lar, ela assume sozinha o encargo de seu filho, sem que disso, aliás, resulte qualquer inconveniente.

Contudo, por uma reação que não somente instâncias mórbidas governam, mas em que surgem razões oportunas, Aimée se recusa a retomar seu trabalho no mesmo meio e a vida do lar nas mesmas condições.

Deixam-na, então, viver só de seu salário em Paris. Esse isolamento pode ter sido favorável como garantia imediata contra um perigo de fato: no entanto, permanece muito mais discutível como medicação psicológica.

A doente, com efeito, durante dois meses, visitará regularmente a cada semana seu filho e seu lar. Disseram-nos então que (dentro do melhor hábito burguês) ela separava todo mês do salário com que vivia uma pequena economia destinada à maioridade do filho. Tudo indica, então, um esforço de coordenação da conduta. Mas a insuficiência psicastênica se traduz por um rápido amolecimento do empreendimento.[5] Seguramente, tem pretextos mais do que suficientes para negligenciá-lo.

Ao conflito moral vieram se acrescentar seu afastamento material e suas intermitências de presença, a ponto de que tudo em seu meio familiar, ambiência, direção, pequenos fatos cotidianos, se tornasse para ela totalmente estranho. Suas intervenções e sua própria presença serão cada vez mais mal recebidas em casa. Ela fingirá ignorar seu marido quando de suas visitas, depois quase não as fará e cada vez mais se enclausurará nas atividades compensatórias e quiméricas que ela criou para si em seu isolamento parisiense. As criações delirantes crescerão proporcionalmente.

São também as variações da "situação vital", tomada em seu conjunto, que parecem determinar a cada instante as flutuações da convicção de realidade, do caráter de iminência que a doente confere às ameaças de seu delírio.

---

[5] Sobre a realização incompleta dos empreendimentos dos psicastênicos, ver Janet, *op. cit.*, p. 341.

Nos períodos em que ela reencontra seu papel materno, em que sua *surmenage* habitual é interrompida (férias de 192...), as crenças delirantes se reduzem ao estado de simples ideias obsedantes. Enfim, suas tentativas, condenadas, para resolver o conflito por um divórcio que lhe devolvesse o filho parecem corresponder a um sobressalto supremo da doente diante da *expiração do prazo impulsivo* do delírio, diante do batente inelutável que a espera na via de derivação afetiva em que seu psiquismo se comprometeu. Esses esforços últimos, que racionalmente parecem provenientes de fantasmas do delírio, correspondem, não obstante, a um esforço obscuro e desesperado das forças afetivas em direção à saúde.

Ninguém no meio ambiente de Aimée estava em condições de reparar na urgência da situação. Com o mesmo desconhecimento bastante desculpável com que repetidas vezes acolheram suas tentativas de confidência delirante, os seus repeliram rudemente investidas das quais só podiam perceber o caráter inoportuno.

Por isso, com a firmeza quase consciente de uma necessidade longamente alimentada, em uma última hesitação crepuscular, na hora mesmo em que pouco antes a doente pensava ainda em que ia ficar junto a seu filho, ela efetivou a violência fatal contra uma pessoa irresponsável, na qual é preciso perceber o símbolo do "inimigo interno" da própria doença da personalidade.[6]

O segundo ponto sobre o qual queremos insistir é o da conduta da doente durante seu delírio e, particularmente, no decorrer de sua vida solitária em Paris.

Tudo, como dissemos, a conduziu a realizar progressivamente um isolamento quase completo. Parece que acionamentos de expansão delirante junto a suas novas colegas só fizeram com que fosse rejeitada.

Observemos a conservação eficaz da atividade profissional, não obstante com um caráter excessivo ("pau para toda obra", ver p. 172 e 191) e adverso, que está registrado nas observações periódicas

---

[6] Ver, sobre essa noção do assassinato a que o doente visaria mais ou menos conscientemente ao eclodir a doença objetivada: Guiraud, "Les meurtres immotivés", *Évol. Psych.*, n⁰ 2, mar. 1931.

de seu dossiê administrativo. Além disso, aparecem distúrbios do caráter que parecem depender secundariamente das ideias delirantes: atitudes injuriosas para com seus superiores (a uma vigia, "as instruções de uma mulher como você, limpa-se a b... com elas"), queixas caluniosas dirigidas contra seus colegas às autoridades superiores (carta de denúncia de defraudações ao diretor do Tribunal de Contas). O caráter impulsivo e discordante dessas diligências faz com que, muito sabiamente, não deem andamento a elas. Chegaram, entretanto, por fim, a confinar a doente em uma atividade em que ela trabalha sozinha e onde eventualmente seus erros teriam o mínimo de consequências. Notemos, no entanto, o balanço favorável de seus esforços, que se traduz pela sanção de uma promoção, que ocorreu no mesmo dia em que foi encarcerada.

As próprias interpretações delirantes, que estão estreitamente ligadas a esses distúrbios da conduta, se exprimem frequentemente como tormentos éticos objetivados, próximos dos escrúpulos psicastênicos. Fazem alusão a suas "bobagens", a suas infrações. É para puni-la por sua conduta deplorável que a ameaçam.

Ao lado dessa vida profissional em que a adaptação é relativamente conservada, a doente leva uma outra vida "irreal", ela nos diz, ou "inteiramente imaginária". "A doente", conta uma de suas colegas, "vivia uma vida absurda"; mais ainda: "Ela estava fechada em seu sonho."

Essa vida não fica, entretanto, limitada às angústias e aos devaneios de seu delírio. Ela se traduz em uma atividade certamente ineficaz, mas não completamente vã. A doente, como dissemos, findas as horas de seu trabalho profissional, se dedica a uma atividade intelectual em que se traduzem no mais alto grau o desalinhavado e a desordem, que são as características permanentes de seus esforços. Ela prepara seu *baccalauréat*, toma aulas particulares, passa longas horas nas bibliotecas públicas. Negligencia, para isso, a sua alimentação, entrega-se ao café "para vencer uma enorme necessidade de sono". Após três anos, ela se recusará a fazer uso de suas férias de outra forma que não seja se dedicando inteiramente a essas atividades: "Eu passei os 20 dias de uma de minhas licenças sem sair da Biblioteca

Nacional." Reconhecemos, aí, o caráter forçado das *perseverações psicastênicas*: acontece que, conta seu marido, ela rejeita, em uma ocasião particularmente favorável, rever seus parentes após uma longa separação, alegando que prepara o exame de *baccalauréat*.

Essas atividades se mostram ineficazes: fracassa três vezes no *baccalauréat*.

Cada vez mais confinada nessas quimeras, que, por mais condenadas que sejam, representam ainda assim esforços de adaptação, ela negligencia então seu próprio filho, parece pouco atenta por ocasião de duas crises de apendicite que a criança apresenta. Depreendemos aí o próprio mecanismo dessas discordâncias da conduta sobre as quais insiste Blondel: a saúde da criança, que forma o tema ansioso central de seu delírio, deixa-a indiferente, na realidade. Sua família formula, então, um juízo definitivo sobre o que ela não pode se impedir de compreender como sendo uma indiferença moral fundamental. Contudo, nessa época, o próprio marido é para ela "o remorso em pessoa" (escrito da doente).

O veredicto desfavorável da família se reforça com a descoberta de mentiras. Nessa vida psíquica dominada em sua maior parte pelo irreal, pelo sonho e pelo delírio, a dissimulação era de se esperar. Em tais doentes, dissimulação e reticência são apenas o avesso de uma crença delirante, cujo caráter incompleto eles indicam. É por meio de suas mentiras que esses doentes transigem com o sentido que eles conservam da realidade. Para pagar a indenização que ela deve oferecer aos defensores da empregada que molestou (ver p. 150), ela forja para uso dos seus uma história de incêndio provocado por sua falta de destreza. Várias vezes ela se entrega na casa dela a pequenos furtos destinados a cobrir seus *deficits* orçamentários: joias e livros, que pertencem ao patrimônio, são roubados por ela sem que ninguém saiba.

Tanto mais que é só no último período de tal evolução que aparecem os traços "paranoicos" de reivindicação familiar: o divórcio, e de reivindicação social, tal como ela se mostra no traço seguinte.

É seu irmão mais novo que nos relata, incidentalmente, que deve o fato de ter chegado à sua situação de professor à ajuda moral e material de nossa paciente. Alguns meses antes de sua agressão, por ocasião de um descanso em comum, ela o aborda subitamente em um estado de exaltação em que lhe parece estar fora de si e lhe dirige mais ou menos estas palavras: "Não é verdade que você abandonará seu ofício? Que se vingará com sua pena? Que publicará todas as injúrias que lhe fizeram sofrer?"

Esses temas de revolta e de ódio aparecem como *secundários* ao próprio delírio. Ressaltemos que na mesma época a doente chega a dar uma forma literária não desprovida de valor, não só aos melhores elãs de sua juventude, como também às experiências mais valiosas que pôde viver, às de sua infância.

Na sua situação atual de interna, a doente, a nosso ver, parece encontrar nas faltas constantes de sua adaptação ao real e na atividade imaginativa correspondente os recursos precisos de compensação afetiva e de esperança que lhe permitem tolerar sua clausura. Esta lhe é abrandada por meio de medidas que dão para seu próprio controle uma confiança que nenhuma de suas ações desmentiu.

Não se pode deixar de enfatizar as qualidades muito especiais de suas criações imaginativas; elas não propiciam à doente de modo algum apenas apaziguamentos que antecipam o futuro, mas se distinguem, ainda, por sua extrema plasticidade, próxima às representações infantis, por seu tom muito especial de efusão entusiasta, já observada por nós nos escritos, e que contribui para essa impressão de infantilismo da afetividade.

Assim, a primeira pessoa que visitará após sua liberação será a senhorita C. de la N. À sua antiga amiga ela pedirá perdão por todo o mal que injustamente lhe desejou, do qual certamente nada lhe disse, senão ao romper com a correspondência, mas que poderia ter tido enormes consequências. Vários outros encontros, como no fim de um romance sentimental, terão por objetivo encerrar o passado. Irá ter com a criada de seu hotel: "E então", nos diz a doente, "ela começará a chorar, contará como me defendeu. Saberei tudo o que se passou, tudo, tudo, tudo". Tal é a nota, muito mais imaginativa que emocional, entretanto, com seu valor afetivo que domina atualmente a vida interior da doente.

Tocaremos, no próximo capítulo, nas discussões que são levantadas pelo diagnóstico de cura. Digamos somente aqui que toda tentativa atual de readaptação em liberdade está afastada em virtude dos obstáculos insuperáveis que são próprios ao meio.

A irmã mais velha se opõe formalmente à simples ideia de ter de se encontrar com nossa doente, mesmo em nossa presença. Diante de um apelo por carta feito por esta, ela respondeu em termos tais que acreditamos ser conveniente poupar nossa doente de ouvi-los e participar-lhe somente o essencial. A própria doente, após breves conversas com seu marido, se opõe, a partir de então, a qualquer novo encontro. Seria preciso, ela afirma, que "lhe colocassem em uma camisa de força para arrastá-la até ele". Ela mantém contato apenas com um irmão que a visita regularmente; e vive na esperança de encontrar seu filho.

A doente emite sobre sua vida juízos que não deixam em absoluto de ter razão. Eles se exprimem frequentemente por meio de lamentações, mas, no entanto, não são de modo algum marcados pelo cunho das complacências íntimas do remorso. "Eu sou atormentada", diz ela, "por natureza e sempre". "Em suma, jamais soube aproveitar os bons momentos da vida. Fui infeliz o tempo todo", e mais: "Sempre tive a impressão de estragar minha vida com pequenas coisas que não valem nada." "Deveria ter ficado junto à minha mãe", essa é sua conclusão.

Notemos, ainda, que a doente fala frequentemente, como observamos, de projetos literários. Mas, ainda que certas facilidades de documentação lhe tenham sido concedidas, ela remete tudo isso ao futuro: "O que eu não escreveria se estivesse fora daqui?" O balanço dessa atitude se traduz praticamente em uma produção que, apesar de nossos incentivos, permaneceu quase nula desde sua entrada no serviço. Ela se restringiu a algumas poesias curtas; embora sejam de uma qualidade bem inferior não só em relação a suas produções maiores, mas também em relação a suas tentativas anteriores do mesmo gênero, nas quais ela mostrava uma felicidade sem igual.

Em contrapartida, entregou-se aos trabalhos de bordado, cuja execução satisfatória já notamos. Esses trabalhos são destinados a presentear. Mas faz tudo para se impor esses compromissos, de modo que literalmente não lhe resta tempo para respirar.

Ao fim dessa análise, que não omite nenhum elemento de nossa investigação à crítica de nossos leitores, terminaremos este capítulo com algumas conclusões.

Nada nos permite falar, em nossa doente, de disposição congênita, nem mesmo adquirida, que se exprimiria nos traços definidos da constituição paranoica.

Para que o admitíssemos, com efeito, seria preciso confundir sistematicamente entre elas duas séries de sintomas completamente diferentes. Cotejemos, com efeito, os traços maiores do caráter de nossa doente com os que são considerados como essenciais na constituição paranoica.[7]

A. A *superestima de si mesmo* nos é descrita essencialmente como orgulhosa, vaidosa e tendendo à cabotinagem;[8] não podemos confundi-la com a *autoscopia inquieta* do psicastênico, nem com os *tormentos éticos* do sensitivo.

B. A atitude mental de *desconfiança*, tal como a descreveram para nós como primitiva ao delírio, é inteiramente diferente das *crises de ansiedade* que de fato desencadeiam este, e a cujo caráter paroxístico e a cuja dependência de perturbações episódicas de natureza orgânica acreditamos ter dado a devida relevância (ver, nesta parte, o Capítulo 2).

C. Quanto à *falsidade do juízo*, concebem-na para nós como idêntica a esse vício congênito da atividade racional que distingue o espírito sistemático, o espírito falso,[9] e, geralmente, todos aqueles que caem no erro em virtude de seu "amor infeliz pela lógica".[10]

---

[7] Reportar-se à tese de Montassut e à obra de Génil-Perrin já citadas: cf., do mesmo modo, nosso artigo sobre a "Structure des psychoses paranoïaques".

[8] Observemos o caráter popular de tais interpretações; a opinião do guarda que conduziu a doente ao delegado se exprimia assim: "Ela fez tudo isso só para que falem dela." "Aí está", diz a doente, a psicologia de policial".

[9] Ver F. Paulhan, *Les types intellectuels. Esprits logiques et esprits faux*, Alcan, 1896.

[10] Ver, na tese de Montassut, a referência dessa expressão muito feliz. Lembremo-nos desta frase de uma carta de Abelardo: "*Odiosum mundo me fecit logica.*"

1. O que vemos aqui, ao contrário, são *expansões imaginativas* que certamente desembocam em um rendimento das atividades mentais inferior em sua eficácia (Janet), mas que representam, no entanto, um contato intuitivo positivo com o real (ver os escritos de nossa doente). Reencontramos, aqui, a concepção blondeliana da consciência *mórbida*:[11] longe de perceber nesse caso uma simples *diminutio capitis* da consciência normal, o eminente psicólogo a representa para nós como a atividade psíquica tal como ela pode se apresentar em sua completude, antes que as necessidades sociais a tenham reduzido unicamente aos elementos que sejam comunicáveis e orientados para a ação prática. O *sentimento da natureza*, que Montassut observa com muita precisão como frequente nos paranoicos, não é em absoluto, como ele o afirma, uma simples consequência de sua inadaptação social. Ele representa um sentimento de um valor humano positivo, cuja destruição no indivíduo, mesmo se ele melhora sua adaptação social, não pode ser considerada como um benefício psíquico.

Seja como for, os distúrbios do juízo, que em uma paciente como a nossa resultam dessa predominância da atividade imaginativa, não revelam estrutura racional em sua origem, nem em seu desenvolvimento. Sua fonte, assim como sua expressão são essencialmente de natureza afetiva. Não correspondem a nada de abstrato, mas a uma certa posição do sujeito em face das realidades interna e externa. A seu respeito diríamos, de bom grado, que o sujeito não pôde suficientemente *distanciar*-se: ele fica dominado por elas, exprime-as de modo forçado e, além disso, considerando seu caráter incomunicável, só poderia exprimi-las de um modo simbólico.

2. Quanto à *inadaptação social*, dada como característica da constituição paranoica, ela se apresenta, de fato, como o resultado de distúrbios psíquicos extremamente diversos. Seu caráter de *reação comum* é bem explicável pela natureza das sínteses de que

---

[11] Cf. a obra várias vezes citada de Blondel e sua bela conferência de Genebra, 27 de fevereiro de 1922, publicada no *J. de Psychol.*, 1923.

depende e que são o próprio acabamento da personalidade. É esse mesmo caráter que nos obriga a precisar em cada caso as insuficiências psíquicas que estão na sua base.

Todos os traços que, em nossa doente, poderiam se aproximar das características atribuídas à constituição dita *paranoica* – superestima megalomaníaca, desconfiança, hostilidade para com o meio, erros de juízo, autodidatismo, acusação de plágio, reivindicações sociais – só surgem em Aimée *secundariamente à eclosão delirante*.

De que natureza são, pois, as insuficiências psíquicas particulares que pudemos relevar no desenvolvimento de nosso sujeito e de seu caráter? Acreditamos poder encontrar sua expressão mais aproximada nas descrições vizinhas de Janet e de Kretschmer, relacionando-se uma à psicastenia, a outra ao caráter sensitivo.

Tudo, porém, na evolução da própria psicose, suas oscilações, sua reatividade psicológica, sua curabilidade aparente, nos leva a confirmar essa aproximação pelas descrições que esses autores forneceram dos delírios que se manifestaram em seus pacientes.

As magistrais descrições desses dois autores, clinicamente convergentes em numerosos pontos, são, no entanto, bastante diferentes por sua concepção patogênica. Janet tem do distúrbio fundamental da psicastenia uma concepção *estrutural* e *energética*, e parece remetê-lo a um defeito congênito. Kretschmer tem do caráter sensitivo uma concepção *dinâmica* e *evolutiva*, e o relaciona essencialmente à história do sujeito.

Essas duas concepções têm, no entanto, isto de comum: visam exclusivamente aos fenômenos da personalidade. Nós já o demonstramos anteriormente (ver p. 89-90 e p. 125).

Apoiando-se em seus pontos de vista e em uma análise clínica que realizamos tão integralmente quanto possível, podemos tentar precisar a natureza do distúrbio inicial que, em nosso caso, vicia o desenvolvimento da personalidade?

É isso que vamos tentar fazer no próximo capítulo.

Para esclarecer esse problema, é preciso, antes, salientar as relações que pensamos ter tornado evidentes entre a evolução do delírio e certos *acontecimentos traumáticos* em relação a um *conflito vital* do sujeito. Isso quer dizer que esses acontecimentos o determinam de maneira exaustiva?

É a mesma questão que nos colocamos a propósito dos processos de natureza orgânica, que nos pareceram provocar o desencadeamento dos surtos *hiponoides* no sentido mais geral.

Aqui, entretanto, seguramente parece que fizemos um progresso. Se os *processos agudos* que estudamos deixavam dificilmente explicáveis a fixação e a sistematização das ideias delirantes, a permanência do *conflito*, ao contrário, ao qual se relacionam os *acontecimentos traumáticos*, dá conta tanto melhor da permanência e do aumento do delírio, quanto seus próprios sintomas parecem refletir a estrutura desse conflito.

No entanto, a mesma objeção vale tanto para os processos *hiponoides*, cuja observação é comum não apenas em doentes bastante diferentes como também em sujeitos normais, quanto para esses *traumatismos* psíquicos que formam a trama de toda vida humana: por que tanto uns quanto outros determinam em um caso dado uma *psicose* e uma *psicose paranoica*, e não qualquer outro processo neurótico ou desenvolvimento reativo?

Esse é o problema difícil a que nos prenderemos em uma última parte do estudo de nosso caso, sem esperar trazer esclarecimentos definitivos nem mesmo novos. Pelo menos, nos empenharemos em precisar que ideias diretoras devem, a nosso ver, presidir a organização das pesquisas clínicas quanto a essa questão.

Será, enfim, na medida em que essas diretrizes nos esclarecerem sobre o problema que coloca nossa análise da personalidade de nossa paciente, a saber, de como se pode abordar a natureza exata de sua anomalia, que poderemos dar uma resposta válida à questão das relações de sua psicose e de sua personalidade.

4

A ANOMALIA DE ESTRUTURA E A FIXAÇÃO DE DESENVOLVIMENTO DA PERSONALIDADE DE AIMÉE SÃO AS CAUSAS PRIMEIRAS DA PSICOSE

O protótipo "caso Aimée" ou a paranoia de autopunição. Autonomia relativa do tipo clínico e sugestões teóricas.

I. De como a psicose de nossa paciente foi realizada pelos mecanismos de autopunição que prevalecem na estrutura de sua personalidade

Para abordar os difíceis problemas que nos colocamos neste capítulo, esforcemo-nos por lançar sobre o caso estudado um olhar tão direto, tão nu, tão objetivo quanto possível. Observamos a conduta de um organismo vivo: e esse organismo é o de um ser humano. Como organismo, apresenta reações vitais *totais*, que, sejam quais forem seus mecanismos íntimos, têm um caráter *orientado* para a harmonia do conjunto; como ser humano, uma proporção considerável dessas reações ganha seu *sentido* em função do meio social que desempenha no desenvolvimento do animal-homem um papel primordial. Essas funções vitais sociais, que caracterizam, aos olhos da comunidade humana, diretas *relações de compreensão*, e que na representação do sujeito estão polarizadas entre o ideal subjetivo do eu e o juízo social de outrem, são aquelas mesmas que definimos como *funções da personalidade*.

Grande parte dos fenômenos da personalidade é consciente, e, como fenômenos conscientes, revelam um caráter *intencional*.[1] Pondo-se de lado um certo número de *estados*, aliás discutidos, todo fenômeno de consciência, com efeito, tem um *sentido*, em uma das duas acepções que a língua dá a esse termo: de significação e de orientação. O fenômeno de consciência mais simples, que é a imagem, é símbolo ou é desejo. Ligado à ação, torna-se percepção, vontade e, em uma síntese última, juízo.

As *intenções* conscientes são desde há muito o objeto da crítica convergente dos "físicos" e dos moralistas, que mostraram todo o seu caráter ilusório. Essa é razão principal da dúvida metódica lançada pela ciência sobre o *sentido* de todos os fenômenos psicológicos.

Mas, por mais ilusório que seja, esse sentido, do mesmo modo que qualquer fenômeno, tem sua lei.

O mérito dessa nova disciplina, que é a psicanálise, é ter nos ensinado a conhecer essas leis, a saber: aquelas que definem a relação entre o sentido objetivo de um fenômeno de consciência e o fenômeno objetivo a que corresponde: positivo, negativo, mediato ou imediato, essa relação é, com efeito, sempre determinada.

Por meio do conhecimento dessas leis pôde-se, assim, restituir seu valor objetivo, mesmo para esses fenômenos de consciência, em relação aos quais se havia assumido uma posição tão pouco científica ao desprezá-los, tais como os sonhos, cuja riqueza de sentido, no entanto surpreendente, era considerada como puramente "imaginária", ou ainda os "atos falhos" cuja eficácia, no entanto tão evidente, era considerada como "desprovida de sentido".

---

[1] Sobre a teoria da intencionalidade da consciência, reportar-se à obra fundamental de Brentano, *Psychologie von Empirischen Standpunkte*, 1874.

Não há mesmo nas condutas inconscientes e nas reações orgânicas o que, à luz dessas pesquisas, não possa ser revelado como evidentemente provido de um sentido psicogênico (condutas organizadas inconscientes; fuga para a doença, com seu duplo caráter de autopunição e de meio de pressão social; sintomas somáticos das neuroses).

Esse método de interpretação, cuja fecundidade objetiva se revelou nos vastos campos da patologia, se tornaria ineficaz no limiar do domínio das psicoses?

Não questionamos as classificações clínicas e queremos evitar qualquer síntese, mesmo teórica, que seja prematura. Porém, trata-se, aqui, apenas de aplicar aos fenômenos da psicose um método de análise que já deu suas provas em outra parte.

Se uma psicose, com efeito, entre todas as entidades mórbidas, exprime-se quase puramente por meio de sintomas psíquicos, recusaremos a ela por isso mesmo todo sentido psicogênico? Parece-nos que seria abusar do direito de prejulgar, e que a questão só pode ser resolvida depois de ser posta à prova.

Observemos, pois, a conduta de nossa paciente, sem medo de *compreendê-la* demasiado, mas, para nos resguardarmos das "projeções" psicológicas ilusórias, partamos do estudo da psicose plenamente manifesta.

Comecemos esse estudo pelo extremo oposto de nossas abordagens precedentes: examinemos essa cura clínica da psicose, cujas circunstâncias notáveis já relatamos, cujo valor diagnóstico já discutimos, mas cujo determinismo ainda não abordamos de fato. Talvez, segundo a máxima antiga, *a natureza da cura nos demonstrará a natureza da doença.*

De saída, pode-se falar em cura? Sim, se damos a esse termo o valor clínico de redução de todos os sintomas mórbidos; quanto à persistência de uma predisposição determinante, não podemos decidir sobre ela, já que é esse o problema que tentamos cingir.

O fato é que, no vigésimo dia de sua detenção, e com um caráter brusco bem nítido, a psicose manifestada pelo delírio com seus diferentes temas curou. Depois, a paciente permaneceu no asilo, e essa cura se manteve até o momento presente, ou seja, durante um ano e meio aproximadamente.

Tentemos interpretar essa cura do delírio. Ela não se assemelha às reduções delirantes consecutivas à sedação de um distúrbio orgânico endógeno ou exógeno. Conhecem-se esses estados mentais que marcam o declínio das *bouffées* confusionais, dos episódios esquizofrênicos, dos acessos maníacos e melancólicos, das intoxicações exógenas diversas. A redução das ideias delirantes aí é lenta, oscilante, parcial; ela dá o maior poder aos métodos psicoterápicos de readaptação ao meio.

Acreditamos, aliás, ser possível eliminar esses estados orgânicos na doente, ao nos apoiarmos principalmente sobre a conservação da atividade profissional até o ato último do delírio. A única intoxicação que pode ser discutida é o cafeinismo; mas não devemos exagerar o papel atribuído ao café nos distúrbios mentais. Por outro lado, a intoxicação nessa doente é, sem dúvida alguma, posterior à eclosão do delírio (ver p. 169-170).

Completamente opostas ao que se observa nesses estados são as características da redução do delírio em nosso caso. Em nossa doente, todo o delírio e todos os seus temas, temas de idealismo altruísta e de erotomania, como os temas de perseguição e de ciúme, "o bom e o ruim", segundo seus próprios termos, caem de uma só vez. Essa subitaneidade é confirmada pelo espanto dos que a cercam (testemunho de suas companheiras de cela) e a reação de vigias informados (observação da irmã vigia da prisão): ela faz com que coloquem a doente sob observação imediata na enfermaria penitenciária.

Tais curas instantâneas do delírio se observam em um tipo único de caso, e mesmo assim eventualmente: isto é, nos delirantes ditos *passionais*[2] após a realização de sua obsessão assassina. O delirante, após o assassinato, sente nesse caso um alívio característico acompanhado pela queda imediata de todo o aparelho da convicção delirante.

---

[2] Cf. Relatório de Lévy-Valensi, já citado, no Congresso de Medicina Legal de 1931.

Não se encontra aqui nada semelhante logo após a agressão. Certamente, essa agressão fracassou e a doente não transparece nenhuma satisfação especial pela evolução favorável que se verifica rapidamente no estado de sua vítima; mas esse estado persiste ainda por 20 dias depois. Nada mudou, então, do lado da vítima.

Ao contrário, quer-nos parecer que alguma coisa mudou do lado do agressor. A doente "realizou" seu castigo: ela experimentou a companhia de diversos delinquentes onde está confinada, por uma brutal tomada de contato com seus fatos, seus costumes, suas opiniões e suas exibições cínicas para com ela; pôde constatar a reprovação e o abandono de todos os seus; e de todos, com exceção apenas daqueles cuja proximidade lhe inspira uma vida repulsa.

O que ela "realiza" ainda é que *atingiu a si mesma* e paradoxalmente é apenas então que ela sente o alívio afetivo (choros) e a queda brusca do delírio que caracterizam a satisfação da obsessão passional.

Vê-se o ponto a que chegamos. O que fizemos permaneceria enigmático se um número enorme de fatos objetivos não impusesse, a partir de agora, à ciência médica, a existência e o imenso alcance dos mecanismos psíquicos de *autopunição*. Que esses mecanismos se traduzam em condutas complexas ou em reações elementares, a inconsciência em que o sujeito permanece quanto à sua finalidade dá todo seu valor ao alcance deles, dirigido contra as tendências vitais essenciais do indivíduo. A análise de suas correlações subjetivas ou objetivas permite demonstrar que esses mecanismos têm uma gênese social, e é isso o que exprime o termo *autopunição* pelo qual são designados ou o de *sentimentos de culpa* que representa a sua atitude subjetiva.

Que esses fatos se impusessem primeiramente aos praticantes da psicanálise, isso só se deve à abertura psicológica de seu método, pois nada implicava essa hipótese nas primeiras sínteses teóricas dessa doutrina. Não podemos empreender aqui a demonstração desse ponto que pensamos retomar em outro lugar: a análise dos determinismos autopunitivos e a teoria da gênese do superego que ela engendrou representam na doutrina psicanalítica uma síntese superior e nova.

248 Da Psicose Paranoica em suas Relações com a Personalidade | Jacques Lacan

Mas as primeiras teorias, concernentes à semiologia simbólica dos recalcamentos afetivos, se apoiam em fatos que só os dados *experimentais* da técnica psicanalítica mostravam em sua plenitude. Aqui, ao contrário, a hipótese se desprende bem mais imediatamente na *observação* pura dos fatos, cuja aproximação é, por si só, demonstrativa, desde que, como em toda observação dos fatos, se aprendesse a vê-los.

Não podemos aqui fazer mais do que remeter aos trabalhos[3] publicados sobre esse assunto. Poder-se-á aí se convencer do alcance psicopatológico considerável desses mecanismos, principalmente se ficamos algumas vezes hesitantes em reconhecer sua extensão a certas reações mórbidas de mecanismo puramente biológico. O que nos parece, com efeito, original e precioso em tal teoria é o determinismo que ela permite estabelecer em certos fenômenos psicológicos de origem e de significação sociais, daqueles que definimos como *fenômenos da personalidade.*

---

[3] Para os médicos de língua francesa, nenhum trabalho nos parece mais surpreendente que o notável relatório de Hesnard e Laforgue, "Les processus d'autopunition en psychologie des névroses et des psychoses, en psychologie criminelle et en pathologie générale", Relatório da V Reunião dos Psicanalistas Franceses (Paris, jun. 1930).

Sobre a doutrina do Superego, ler a obra fundamental de Freud, *"Das Ich und das Es"*, *I.P.V.*, 1923, traduzido para o francês nos *Essais de psychanalyse*, Payot. Ler também: *Jenseits des Lustprinzips* (*Ges. Schr.*, bd VI, p. 225), traduzido no mesmo volume.

Ler também Freud, "Das ökonomische Problem des Masochismus", 1924. In: *Studien zur Psychoanalyse der Neurosen*, artigo que uma nota do dr. Laforgue nos indica como tendo sido traduzido para o francês.

Ler-se-ão também com proveito sobre nosso assunto as obras de Alexander, *Psychoanalyse der Gesamtpersönlichkeit*, e: *Der neurotische Charakter.*, *Int. Zschr. Psycho-Anal.* XIV, 1928 e, sobretudo, Alexander e Staub, *Der Verbrecher und seine Richter.* Encontrar-se-á o estudo de um tipo criminológico particularmente interessante para o nosso assunto no artigo de Alexander, "The neurotic criminal", publicado em nov. 1930 na *Med. Review of Reviews.*

Acrescentemos sobre o assunto específico dos mecanismos de autopunição em sua relação com a paranoia: Hoffmann, "Entwicklungsgeschichte eines Falles von sozialer Angst", *Int. Zschr. Psycho-Anal.*, XVII, 1931. E ainda um trabalho muito notável de O. Fenichel, "Zur Klinik des Strafbedürfnisses", *Int. Zschr. Psycho-Anal.* XI, 1925.

Examinemos que esclarecimentos uma hipótese como essa pode trazer para nosso caso. Ela explica o *sentido* do delírio. A tendência à autopunição nele se exprime de algum modo diretamente. Os perseguidores ameaçam a criança "para punir sua mãe", "que é maledicente, que não faz o que deve etc.". O valor afetivo primário dessa tendência se exprime exatamente na ambivalência das concepções delirantes da doente sobre esse ponto. Vamos percebê-lo no traço que se segue.

Diante do enigma que um delírio como esse coloca, não podemos nos impedir de repetir à doente a mesma questão aparentemente vã: "Por que", perguntaram-lhe um dia pela centésima vez em nossa presença, "você acredita que seu filho está ameaçado?" Impulsivamente, ela responde: "Para me castigar." "Mas de quê?" Aqui ela hesita: "Porque eu não cumpria minha missão..." Mas logo depois: "Porque meus inimigos se sentiam ameaçados por minha missão..." Apesar de seu caráter contraditório, ela mantém o valor dessas duas explicações.

Muitas das *interpretações* delirantes da doente, como já assinalamos de passagem, não exprimem mais do que seus escrúpulos éticos: faz-se alusão às menores faltas de sua conduta, mais tarde a desordens secretas.

Mas levemos mais adiante nossa análise e observemos o caráter tão particular de seus perseguidores, isto é, principalmente de suas perseguidoras. Sua multiplicidade, a ausência de qualquer relação real entre elas e a doente colocam bem em evidência sua significação puramente simbólica.

Elas são, já o dissemos, os duplos, os triplos e as sucessivas "tiragens" de um *protótipo*. Esse protótipo tem um duplo valor, afetivo e representativo.

O poder afetivo do protótipo é dado por sua existência real na vida da doente. Mostramos anteriormente que ele era representado por essa irmã mais velha, de quem Aimée sofreu todos os graus de humilhação moral e de censuras de sua consciência. Em um menor grau, a sua amiga íntima, a senhorita C. de la N., que para Aimée representava tão eminentemente a adaptação e a superioridade para com seu meio, objeto de sua íntima inveja, desempenhou um papel análogo; porém, segundo a relação ambivalente, própria precisamente à inveja, sentimento que comporta uma parte de identificação; e isso nos leva à segunda significação do protótipo delirante.

Qual é, com efeito, para Aimée, o valor representativo de suas perseguidoras? Mulheres de letras, atrizes, mulheres do mundo, elas representam a imagem que Aimée concebe da mulher que, em algum grau, goza da liberdade e do poder social. Mas aí explode a identidade imaginária dos temas de grandeza e dos temas de perseguição: esse tipo de mulher é exatamente o que ela própria sonha se tornar. A mesma imagem que representa seu ideal é também o objeto de seu ódio.

Aimée atinge, portanto, em sua vítima seu ideal exteriorizado, como a *passional* atinge o objeto único de seu ódio e de seu amor. Mas o objeto que Aimée atinge só tem um valor de puro símbolo, e ela não sente com seu gesto nenhum alívio.

Contudo, pelo mesmo golpe que a torna culpada diante da lei, Aimée atinge a si mesma, e, quando ela o compreende, sente então a satisfação do desejo realizado: o delírio, tornado inútil, se desvanece.

A natureza da cura demonstra, quer-nos parecer, a natureza da doença.

Ora, não parece haver identidade entre o mecanismo fundamental do delírio e os traços marcantes da personalidade da doente? Esses tipos clínicos com os quais o caráter de nosso sujeito nos revelou sua congruência precisa, o *psicastênico*, o *sensitivo*, não se revelam eles próprios por suas reações mais marcantes, seus escrúpulos obsessivos, pela inquietude de sua ética, por seus conflitos morais internos, como belíssimos tipos de *Heautontimoroumenoi*: toda sua estrutura pode, ao que parece, ser deduzida da prevalência dos mecanismos de autopunição.

A partir daí, enquanto, na personalidade normal, *processos orgânicos* leves e *acontecimentos* comuns da vida deixam somente a marca de uma oscilação mais ou menos rapidamente compensada, concebemos que eles tenham na *personalidade autopunitiva* um

A Anomalia de Estrutura e a Fixação de Desenvolvimento da Personalidade de AIMÉE... 251

alcance inteiramente diferente. Nos efeitos de degradação afetiva e intelectual que eles comportam momentaneamente, tudo o que favorece os mecanismos autopunitivos será por eles fixado e retido: esses efeitos, ainda que insignificantes, parecem sofrer aqui uma verdadeira somação. O desequilíbrio primitivo se acresce, assim, sempre no mesmo sentido, e é possível compreender a passagem da anomalia, que se traduz no caráter, à psicose.

Se, com efeito, distúrbios orgânicos e acontecimentos da história só nos dão o desencadeamento do processo mórbido, a fixação e a estrutura da psicose só são explicáveis em função de uma anomalia psíquica anterior a essas instâncias. Essa anomalia, tentamos precisá-la sem nenhum *parti pris*. Ora, o que nossa pesquisa forneceu foi, insistimos neste ponto, um distúrbio que só tem sentido em função da personalidade ou, se preferirmos, um distúrbio *psicogênico*.

II. *De como ao conceber esses mecanismos autopunitivos, segundo a teoria freudiana, como uma certa fixação evolutiva da energia psíquica chamada libido, dá-se conta das correlações clínicas mais evidentes da personalidade do sujeito*

Mas poderão nos objetar: que mais faz você além de dar um nome teórico, o de *autopunição*, aos traços puramente clínicos que sua análise já nos revelou sobre o caráter e a personalidade do sujeito? Concordamos com que você tenha demonstrado que a psicose encontra seu determinismo essencial em uma *anomalia da personalidade*, e que sua descrição fornece uma imagem bastante aproximada dessa anomalia. Quanto ao termo autopunição, é apenas uma palavra para designá-la. Indica, quando muito, sua relação com uma função psicológica normal, porém estaremos apenas mais prevenidos a esse respeito, já que ela não explica a sua especificidade.

É aqui que vamos demonstrar o alcance científico da doutrina freudiana, na medida em que ela relaciona uma parte importante dos distúrbios mentais ao metabolismo de uma energia psíquica chamada *libido*. A evolução da *libido* na doutrina freudiana parece corresponder com muita precisão, em nossas fórmulas, a essa parte, considerável na experiência, dos *fenômenos da personalidade*, cujo fundamento *orgânico* é dado pelo *desejo sexual*.

O que nos trazem, com efeito, as doutrinas psicológicas, estranhas às doutrinas freudianas, na investigação das doenças mentais? Sem dúvida, descrições clínicas cuja síntese de observação de algumas possui um alto valor, mas, em compensação, considerações teóricas cuja hesitação quanto à natureza mesma do mórbido não pode deixar de impressionar até o próprio profano.

Em um caso como o nosso, algumas dessas doutrinas indicarão o distúrbio mórbido na *perda do sentimento do real*; porém, o que será entendido com esse termo será apenas o nível inferior do *rendimento social* do sujeito, de sua *eficácia* na ação prática (Janet). Outros invocarão, ainda, a noção de um *contato com a realidade*, mas dessa vez se tratará de um contato de natureza *vital*: completamente oposto a essa apreensão do real que impõe a ação ou que a comanda, esse contato vital inefável é feito por uma troca de efusões e infusões afetivas com um estado do real que se pode qualificar de primordial. Esse real, com efeito, para nossos teóricos, corresponde à experiência, tal como ela se apresentaria em sua completude, antes que esses quadros inferiores do pensamento, que condiciona a linguagem, já o tenham reduzido às formas empobrecidas de real comum, que é apenas o reflexo de necessidades sociais. Podemos reconhecer aí a falange dos bergsonizantes. Mas, fato curioso, enquanto alguns veriam no presente caso uma regressão da consciência para esse estado de indiferenciação primordial (Blondel), outros sem hesitar atribuiriam o distúrbio inicial a uma deficiência desse *contato* vital com a realidade, que é para eles a fonte primeira de toda atividade humana; estes falariam de racionalismo mórbido (Minkowski) e nosso mestre e amigo dr. Pichon, citando Chesterton, nos diria: "O louco não é em absoluto o homem que perdeu a razão; o louco é aquele que perdeu tudo, menos sua razão."

Não estenderemos mais a exposição dessas contradições sugestivas.

A inovação de Freud nos parece capital no sentido em que traz à psicologia uma noção *energética*, que serve de medida comum a

A Anomalia de Estrutura e a Fixação de Desenvolvimento da Personalidade de AIMÉE... 253

fenômenos muito diversos. Trata-se da *libido*, cuja base biológica é dada pelo metabolismo do instinto sexual. A importância teórica dada a esse instinto deve ser confirmada pelo estudo dos fatos; ela acarreta, em todo caso, o benefício imediato de impor a pesquisa sistemática dos distúrbios do comportamento sexual até nos estados psicopatológicos, como nossas psicoses, em que há muito são negligenciados. É, com efeito, um ponto bem notável que esses distúrbios, não obstante evidentes, tenham permanecido, há muito, nos domínios que estudamos, confinados a uma espécie de plano de fundo teórico e mesmo clínico, fato em que se tentou reconhecer a intrusão de "interdições" de natureza pouco científica.

De fato, na doutrina de Freud, a noção de *libido* se revela como uma entidade teórica extremamente ampla, que ultrapassa em muito o desejo sexual especializado do adulto. Ela tende muito mais a se identificar com o *desejo,* o eros antigo tomado em uma acepção bem vasta, a saber, como o conjunto dos apetites do ser humano que ultrapassam suas estritas necessidades de conservação. A enorme preponderância desses instintos *eróticos* no determinismo de uma ordem importante de perturbações e reações psíquicas é um dos fatos globais mais bem demonstrados pela experiência psicanalítica. Diversos fatos da observação biológica tinham permitido desde há muito tempo entrever essa preponderância como uma propriedade fundamental de toda vida.

Quanto à imprecisão relativa do conceito de *libido*, ela não deixa para nós de ter seu valor. Tem, com efeito, o mesmo alcance geral que os conceitos de *energia* ou de *matéria* em física, e nessa qualidade representa a primeira noção que permite entrever a introdução em psicologia de *leis de constância energética*, bases de toda ciência.

É precisamente também na direção de tais leis energéticas que convergem as sugestões que os fatos a cada dia novos trazem a uma ciência ainda na infância. As primeiras concepções psicanalíticas fundaram a noção dos investimentos anormais da *libido* sobre órgãos não sexuais (sintomas histéricos). Ao mesmo tempo, elas penetravam nos modos de transferência da *libido* em suas projeções sucessivas sobre os objetos externos (complexo de Édipo – estádio de homossexualidade infantil normal – depois fixação ao objeto heterossexual da sexualidade adulta normal – mecanismos da transferência). O que foi estabelecido é que uma grande parte dessa evolução se efetuou antes da puberdade e mesmo em um estádio bem precoce do indivíduo (sexualidade infantil).

Foi então que se acrescentou a essas concepções um complemento, que de início só podia ser pressentido a respeito dos fatos do simbolismo normal (sonhos) e patológico (fobia, fetichismo): a saber, o papel capital das fixações libidinais na elaboração do *mundo dos objetos* no sentido mais geral. A função do "contato com o real" entrava, assim, na energética geral da *libido*. Essa concepção foi imposta pela análise dos sintomas da demência precoce[4] tal como a exerceram simultaneamente os psicanalistas e a própria escola que produziu dessa entidade mórbida uma síntese ao mesmo tempo mais clínica e mais psicológica com o título de *esquizofrenia*.[5]

Para o estudo dos sintomas dessa afecção, chegou-se a conceber que no primeiríssimo estádio de organização erógena (orgasmo oral do lactente)[6] a projeção libidinal é inteiramente fixada ao corpo próprio do lactente (estádio autoerótico primitivo), e que é através dos sucessivos investimentos da *libido* sobre objetos de valor vital, depois de valor sublimado, que se cria progressivamente o mundo objetal. Podemos, assim, apreender o determinismo de certos sintomas de *perda dos objetos* (*objektverlust*; sintomas hebefrênico-

---

[4] O primeiro trabalho publicado nesse sentido é de 1908 (*Zbl. Nervenh. u. Psychiatr.*, 31 Jahrgang, Zweites Julihelf, 1908, Neue, Folge, 19 bd). É o artigo *princeps*, de um alcance capital, de K. Abraham, "Die Psychosexuellen Differenzen der Hysterie und der Dementia praecox".

[5] Cf. Jung, *Über die Psychologie der Dementia praecox*, Halle, a.S., 1907; *Der Inhalt der Psychose*, Leipzig u. Wien, 1908.

[6] Esse ponto é essencial na doutrina. Para compreender sua importância, ler Abraham, "Kritik zu C. G. Jung, Versuch einer Darstellung der psychoanalytischen Theorie", *Int. Zschr. Psycho-Anal.*, I, 1913, coletado em Abraham, *Klinische Beiträge zur Psychoanalyse, I.P.V.*, 1921.

A Anomalia de Estrutura e a Fixação de Desenvolvimento da Personalidade de AIMÉE... 255

catatônicos e esquizofrênicos mais ou menos frustros) e de *investimentos* somáticos anormais (hipocondria).[7]

Essa concepção de uma compensação entre as fixações *narcísicas* e as fixações *objetais* trouxe esclarecimentos incontestáveis na compreensão do conjunto das psicoses.[8] É preciso reconhecer, no entanto, que essas primeiras sínteses ainda aguardam sua coordena-

---

[7] Encontraremos uma síntese feliz do conjunto dos trabalhos psicanalíticos sobre esse assunto no livro de O. Fenichel, *Perversionen, Psychosen, Charakterstörungen*, já citado, particularmente em seu capítulo das "Esquizofrenias", p. 68-106, do qual devemos apresentar uma tradução na *Rev. Fran. Psychanal.*

[8] Para dar uma ideia das sínteses sugestivas que os trabalhos empreendidos já permitem arriscar sobre o assunto, reproduzamos este quadro emprestado da obra de Abraham, *Versuch einer Entwicklungs-geschichte der Libido, I.P.V.*, p. 90.

Estádios de organização da libido.		Estádios evolutivos das ligações objetais.	Pontos de fixação prevalentes nos distúrbios psicopáticos.
VI. Estádio de acabamento genital.		Ligação ao objeto (pós-ambivalente).	Normalidade.
V. Estádio genital primário (fálico).		Ligação ao objeto com exclusão genital.	Histeria.
IV. Estádio sádico-anal secundário.		Ligação objetal parcial.	Neurose obsessiva.
III. Estádio sádico-anal primário.	Ambivalência	Ligação objetal parcial com incorporação.	Paranoia e paranoidia.
II. Estádio oral tardio (canibalismo).		Narcisismo. Incorporação total do objeto.	Grupo maníaco-depressivo.
I. Estádio oral primário (estádio de amamentação).		Autoerotismo (a-objetal, pré-ambivalente).	Diversas formas da esquizofrenia (estupor).

Assinalemos como fundamentais sobre a questão do narcisismo:
Os artigos de Freud, "Zur Einführung des Narzissmus". *Ges. Schr.*, bd VI; "Trauer und Melancholie", *Ges. Schr.,* bd V, assim como os artigos citados acima.
O artigo de Abraham, "Untersuchungen über die früheste prägenitale Entwicklungstufe der Libido", coletado em *Klin. Beiträge zur Psychoanalyse*, p. 231 e 258.

256   Da Psicose Paranoica em suas Relações com a Personalidade | Jacques Lacan

ção de um estudo sistemático dos fatos que elas dão a oportunidade de ver sob nova luz. Pensamos que a contribuição de monografias psicopatológicas, tais como a nossa, é essencial a qualquer progresso nessa via, e que só a análise comparativa dos trabalhos desse tipo permitirá esclarecer os estádios de estrutura do obscuro período do narcisismo.

Seja como for, é um estádio da evolução das tendências narcísicas que é de muito o melhor conhecido, é aquele que corresponde ao aparecimento das primeiras interdições morais na criança, à instauração de sua independência em face das ameaças de sanção externa, em outros termos, à formação dos mecanismos *autopunitivos* ou do *superego*.[9] Esse período corresponde a um estádio da evolução libidinal já tardio, e separado do narcisismo autoerótico primitivo por toda uma primeira diferenciação do *mundo dos objetos* (complexo de Édipo – complexo de castração); o princípio moral, com efeito, se estabelece como posterior ao *princípio de realidade*. Esse período merece o nome de *narcisismo secundário*: com efeito, a análise dos casos de fixação mórbida nesse estádio evolutivo permite demonstrar que ele equivale a uma *reincorporarão ao eu* de uma parte da *libido*, já projetada sobre os objetos (objetos de parentesco principalmente). Essa reincorporação tem todo o caráter de um fenômeno orgânico e pode ser perturbada por diversas causas exógenas (anomalias familiares) e endógenas. Esses distúrbios ficam, então, ligados a uma fixação afetiva da economia dita *sádico-anal* da *libido* nesse período.[10]

A prevalência mórbida dos mecanismos de autopunição será sempre acompanhada, portanto, de distúrbios que manifestam a função sexual. A fixação sádico-anal, que eles representam na maioria das vezes, explica sua correlação com os distúrbios *neuró-*

---

[9] Cf. Sobre esse assunto, precisamente, Anna Freud, "Introduction de la psychanalyse des enfants", conferência publicada na *Rev. Fran. Psychanal.*, nº 1, p. 70-96, 1932, e também F. Jones, "La conception du sur-moi", *Rev. Fran. Psychanal.*, 1927, nº 2.

[10] Cf. a obra e o capítulo citados de O. Fenichel.

A Anomalia de Estrutura e a Fixação de Desenvolvimento da Personalidade de AIMÉE... 257

ticos obsessivos e os sintomas ditos *psicastênicos*. Além disso, eles estão ligados a esse período, chamado pela doutrina de *homossexualidade infantil*, que corresponde à erotização dos objetos fraternos. Freud, em seus trabalhos tanto sociológicos quanto clínicos, mostrou a relação eletiva desse período com a gênese dos *instintos sociais*.[11]

Se o valor patogênico de uma *fixação* dada pode ser aproximado do de uma constituição, no que ele é sempre suscetível (Freud insiste nisso constantemente) de ser relacionado como ela a um determinismo orgânico congênito, esse valor dela se difere, no entanto, no que ele também sempre deixa lugar à hipótese de um determinismo traumático, demonstrável historicamente e evocável subjetivamente por uma técnica apropriada.

Nesse caso, uma *fixação* se traduz por traços psíquicos que só se manifestam nos limites fisiológicos, enquanto um acontecimento, próximo, quanto a seu sentido, do traumatismo primitivo, não ocorreu. Na ausência de toda liquidação afetiva do trauma primitivo (psicanálise), um acontecimento como esse desempenha, então, o papel de um recalcamento, isto é, as *resistências* inconscientes que ele desencadeia acarretam uma regressão afetiva até o estádio da fixação.

Sendo lembrados esses pontos teóricos, não nos parece haver dúvida quanto à compreensão que possibilitam das correlações clínicas mais importantes que se apresentam em nossa doente.

Eles explicam a concomitância de traços de morbidez propriamente psicastênicos e obsessivos (ver p. 217-218, 227-236).

Por outro lado, eles dão seu valor clínico às deficiências, que são negligenciadas no quadro de Janet e que dizem respeito à esfera sexual. Demonstramos sua importância em nosso caso. Com

---

[11] Cf. especialmente o artigo de Freud, que traduzimos na *Rev. Fran. Psychanal.*, "Sur quelques mécanismes névrotiques dans la jalousie, la paranoïa et l'homosexualité", já citado.
Cf. ainda *Totem et tabou*, Payot, e "Psychologie collective et analyse du moi", nos *Essais de Psychanalyse*, Payot.

efeito, encontramos em nossa doente a *incerteza do pragmatismo sexual* (escolha de parceiros de uma incompatibilidade máxima), que fica ainda próximo das condutas psicastênicas; pudemos observar, mais próximo do orgânico, a *impotência* para experimentar o orgasmo sexual, que em nossa doente é permanente e confessa; enfim, insistimos em toda uma série de traços da conduta que, por sua convergência, nos pareceram impor, pelo menos sob uma forma reservada, o diagnóstico de *inversão psíquica*: prevalência manifesta das ligações femininas; vivacidade do atrativo intelectual sentido pelas reações do sexo oposto; afinidades com esse sexo sentidas pela introspecção, e que, mesmo "bováricas", são significativas; enfim, essas desordens da conduta, tão singulares por sua gratuidade quanto por sua discordância com os pretextos éticos com os quais se recobriam, desordens que designamos pelo termo *dom-juanismo*, que exprime muito bem o caráter de busca inquieta de si mesma sobre um fundo de insatisfação sexual. Ao mesmo tempo, os complexos éticos, que dominam toda a personalidade da doente, estão misturados, em altíssimo grau, às reações psicossociais que acabamos de relatar.

Quanto à gênese histórica da psicose, nossa análise (ver capítulo precedente) nos revelou seu núcleo no *conflito* moral de Aimée com sua irmã. Esse fato não alcança todo o seu valor à luz da teoria que determina a fixação afetiva de tais sujeitos no *complexo fraterno*?

Enfim, acreditamos ser possível encontrar a regressão libidinal típica na estrutura mesma do delírio de Aimée. É o que agora vamos mostrar.

Freud, em uma análise célebre,[12] fez a observação de que os diferentes temas do delírio na paranoia podem ser deduzidos, de uma

---

[12] É a análise célebre do caso Schreber, que acaba de ser traduzida por M. Bonaparte e Loewenstein (ver *Rev. Fran. Psychanal*, nº 1, 1932). Observemos que esse caso, segundo a classificação kraepeliniana, deve ser alinhado nas parafrenias. Sobre o papel da homossexualidade na paranoia, cf. Ferenczi, "Uber die Rolle der Homosexualität in der Pathogenese der Paranoïa", artigo coletado nos *Bausteine zur Psychoanalyse* desse autor.

A Anomalia de Estrutura e a Fixação de Desenvolvimento da Personalidade de AIMÉE... 259

maneira por assim dizer gramatical, das diferentes denegações possíveis de se oporem à confissão libidinal inconsciente seguinte: *Eu o amo, ele* (o objeto de amor homossexual).

A primeira denegação possível: *Eu não o amo. Eu o odeio*, projetada secundariamente em *Ele me odeia*, fornece o *tema de perseguição*. Essa projeção secundária é imediata na fenomenologia própria ao ódio, e pode prescindir, quer-nos parecer, de qualquer outro comentário.

A segunda denegação possível: *Eu não o amo. É ela* (o objeto do sexo oposto) *que eu amo*, projetada secundariamente em *Ela me ama*, fornece o *tema erotomaníaco*. Aqui, a projeção secundária, pela qual a iniciativa amorosa parte do objeto, parece-nos que implica a intervenção de um mecanismo delirante próprio, deixado por Freud na obscuridade.

A terceira denegação possível: *Eu não o amo. É ela que o ama* fornece, com ou sem inversão projetiva, o *tema de ciúme*.

Há, enfim, segundo Freud, uma quarta denegação possível, é aquela que incide globalmente sobre toda a fórmula e diz: *Eu não o amo. Eu não amo ninguém. Amo somente a mim.* Ela explicaria a gênese dos temas de grandeza que, no caso que Freud analisa, são temas de onipotência e de grandeza, próprios à parafrenia. A regressão no caso estudado por Freud chega, com efeito, a um estádio completamente primitivo do narcisismo.

A distância evolutiva, diz Freud, que separa a *pulsão homossexual*, causa do recalcamento traumático, do *ponto de fixação narcísica*, que revela a regressão realizada, dá a medida da gravidade da psicose em um caso dado.

Essas fórmulas, destacadas do caso a que se relacionam, parecem tão gerais que é possível vê-las apenas como um jogo espirituoso. Contudo, ao aplicá-las ao nosso caso, vamos constatar não só que elas explicam de maneira luminosa a estrutura do delírio, como também que os modos especiais que elas aí apresentam dão a base teórica de sua relativa *benignidade*.

Em primeiro lugar, não se pode deixar de ficar surpreendido pelo fato de que a primeira que surgiu na sucessão das perseguidoras[13] foi a amiga mais íntima da doente; e de que, por outro lado, o desencadeamento do ódio de Aimée contra a senhorita C. de la N. correspondeu exatamente ao fracasso de sua esperança de maternidade. Aí estava, com efeito, a última esperança a que se prendia sua tentativa, já comprometida pela metade, de realizar de maneira completa, tanto do ponto de vista sexual quanto social, seu destino de mulher. Não se pode deixar de ver em seu fracasso o *recalcamento* que, reativando o componente psíquico homossexual, deu ao delírio sua primeira sistematização.

Essa perseguidora, certamente, jamais será esquecida (a doente a teria atingido no lugar da sra. Z., caso tivesse sido ela que pudesse encontrar). Até o fim ela dá seu *peso* afetivo ao delírio. Contudo, muito rapidamente, ela cede o primeiro plano a personagens de escalão superior, as grandes atrizes, as mulheres de letras que fazem do delírio de Aimée uma verdadeira *erotomania homossexual*. Essas personagens, como já vimos, simbolizam, além disso, o *ideal do ego* de Aimée (ou seu *superego*), assim como a primeira perseguidora a ele tinha sido em um momento identificada.

O papel dos perseguidores, vagamente marcado pela propensão erotomaníaca, e ao mesmo tempo unido por vínculos indiscerníveis à atividade da perseguidora maior ("Eles não são amantes. Mas agem como se fossem"), revela, por essa ambiguidade mesma, sua dependência do primeiro tema. Quanto ao tema francamente erotomaníaco que se forma tardiamente (amor pelo príncipe de Gales), seu caráter de *utopia* transcendental e a atitude mental de *platonismo* puro que a doente adota nesse ponto, segundo a descrição dos clássicos, tomam todo seu sentido se os aproximarmos da primeira ligação amorosa da doente. A elevada devoção, a fidelidade prolongada que ela inspirou a Aimée contrastam, com efeito, estranhamente com a brevidade e a insignificância dos encontros onde ele se formara, com o alcan-

---

[13] Freud insistiu sobre o caráter homossexual do perseguidor na paranoia. Demonstrou que as exceções aparentes entram, no entanto, nessa regra, pela sutilíssima análise de um desses casos paradoxais. Cf. Freud, "Mitteilung eines der psychoanalytischen widersprechenchen Falles von Paranoïa". *Ges. Schrift.*, bd V.

ce sem esperança e mesmo sem contrapartida das relações que ela acredita manter a distância com seu amante, sem nunca empreender nada para tornar a vê-lo. O paradoxo aparente dessa atitude fica esclarecido agora para nós. Sem dúvida, essa situação foi tão preciosa a Aimée quanto mais satisfazia sua falta de interesse pelas relações heterossexuais, ao mesmo tempo que lhe permitia desconhecer suas pulsões reprovadas para com seu próprio sexo. Essa aproximação entre o delírio e a paixão "normal" em um mesmo sujeito nos mostra, por outro lado, que, em uma forma da erotomania que poderíamos chamar de a forma simples, o traço da *iniciativa atribuída ao objeto* está ausente, enquanto o da *situação superior* do objeto escolhido ganha todo seu valor e tende mesmo a se reforçar. Mas parece, além disso, aqui, na gênese das perseguidoras, que esse traço da situação superior do objeto, longe de ser atribuível, como se diz, ao "orgulho sexual", é apenas a expressão do voto inconsciente da não realização sexual e da satisfação obtida em um *platonismo* radical.

Os *temas de ciúme* de nossa doente não são menos esclarecidos pelas fórmulas freudianas. As amantes que Aimée imputa sucessivamente a seu marido são, à medida que progride seu delírio, as mesmas que seu amor inconsciente designa por seu ódio delirante. Seu caráter delirante continua indiscernível, de tal modo que as acusações da doente visam também às colegas femininas que trabalham com seu marido; ele explode quando ela reprova ao pequeno empregado provinciano, modelo das virtudes burguesas, de "ter relações com as atrizes". Mas Freud demonstrou justamente que os delírios de ciúme propriamente paranoicos traduzem uma atração sexual inconsciente pelo cúmplice incriminado, e isso se aplica, de ponta a ponta, no delírio de Aimée.

Por fim, as *ideias de grandeza* da doente jamais comportaram nenhuma convicção presente de transformação de sua personalidade. Nunca passaram de devaneios ambiciosos, projetados sobre o futuro; essas ambições eram, de resto, em grande parte, de intenção altruísta e moralizante.

Esses dois traços reduzem ao mínimo o *alcance narcísico* das ideias de grandeza: além disso, as *pulsões homossexuais*, reveladas pelo delírio, têm um caráter muito sublimado. Tendem, com efeito, a se confundir com o *ideal do eu* da doente. E isso está bem de acordo com as reservas que já demonstramos quanto ao diagnóstico de *inversão psíquica*.

Fixação narcísica e *pulsão homossexual* são, portanto, nesse caso, oriundas de pontos evolutivos muito próximos da *libido*. Estão quase contíguas no estádio de gênese do *superego*. Esse fato, segundo a teoria, indica um fraco processo regressivo e explica a *benignidade* relativa e a *curabilidade* da psicose em nosso caso.

Acreditamos, pois, neste parágrafo, ter respondido a nossos supostos contraditores: atribuindo aos mecanismos de *autopunição* o determinismo da psicose em nosso caso, não nos referimos somente às instâncias psíquicas normais da "consciência moral", do "imperativo ético", ou, se quisermos ainda, do "demônio de Sócrates"; precisamos sua significação mórbida por toda uma série de *correlações clínicas* que a teoria prevê. É ao supor esse controle dos fatos que a teoria assume seu triplo valor de classificação natural, de indicação prognóstica e de sugestão terapêutica.[14]

III. *O protótipo "caso Aimée" ou a paranoia de autopunição. – Frutos de seu estudo: indicações de prática médica e métodos de pesquisa teórica*

Se pedissem que resumíssemos agora o balanço deste estudo, seríamos tentados a responder remetendo ao próprio estudo. Não temos

---

[14] Uma outra forma de perversão instintiva poderia ser discutida por um exame bem atento de nosso caso: a saber, essa *perversão do instinto materno* com a pulsão de assassinato, que somente certos sintomas da psicopatologia humana problematizam, mas que fatos manifestos da psicologia animal permitem afirmar.

Tal pulsão explicaria a organização "centrífuga" do delírio que constitui a atipia de nosso caso; seu recalcamento permitiria compreender uma parte do comportamento delirante como uma *fuga* para longe da criança. Algumas prevalências de imagens que destacamos em seus escritos (ver p. 188), certos temores obscuros sentidos pelos seus (ver p. 166-167) viriam apoiar essa hipótese. Além disso, ela nos daria uma nova explicação da cura que, aliás, só pode ser admitida na dependência da primeira: o saciamento autopunitivo, que está na base da cura, teria sido determinado em parte pela "realização" da perda definitiva de seu filho.

A Anomalia de Estrutura e a Fixação de Desenvolvimento da Personalidade de AIMÉE... 263

de modo algum, com efeito, a ambição de acrescentar uma entidade nova à nosologia já tão pesada da psiquiatria. Os quadros, como se sabe, nela se distinguem com muita frequência pela arbitrariedade de sua delimitação, por suas imbricações recíprocas, fontes de incessantes confusões, sem falar daqueles que são puros mitos. A história da psiquiatria demonstra suficientemente seu caráter vão e efêmero.

O grande movimento das pesquisas médicas deve nos lembrar que as sínteses sólidas são fundadas sobre observações rigorosas e tão amplas quanto possível, isto é, olhando-se mais de perto, sobre um número bastante restrito de observações.

Essas condições se impõem ainda mais à psiquiatria, tanto mais que esta – não é, que pena, um truísmo lembrá-lo –, sendo a medicina do psíquico, tem por objeto as *reações totais* do ser humano, isto é, as *reações da personalidade* no primeiro plano. Ora, como acreditamos ter demonstrado, não há informação suficiente sobre esse plano senão por meio de um estudo tão exaustivo quanto possível da vida do sujeito. Contudo, a distância que separa a observação psiquiátrica da observação médica corrente não é tamanha que explique os 23 séculos que separam Hipócrates, o pai da medicina, de Esquirol, em quem veríamos, de bom grado, o padrasto da psiquiatria. O isento método da observação psiquiátrica[15] já era conhecido, com efeito, por Hipócrates e sua escola. E a cegueira secular que se seguiu só nos parece imputável à dominação inconstante, mas contínua, de preconceitos filosóficos. Tendo dominado 15 séculos com Galeno,[16] esses preconceitos são mantidos de um modo notável pela psicologia atomística da Enciclopédia, reforçados ainda pela reação comtista que exclui a psicologia da ciência, e permanecem não menos florescentes na maior parte dos psiquiatras contemporâneos, quer sejam psicólogos ou supostos organicistas. O principal desses

---

[15] Ler o livro de uma documentação sem igual do doutor A. P. Aravantinos, *Esculape et les Asclépiades* (em grego moderno), em Leipzig em 1907 (Imp. W. Drügulin).

[16] Aludimos aqui, particularmente, à doutrina do *plurivitalismo*, que desemboca, quanto à psicologia, em uma atitude prática equivalente à do materialismo mecanicista que devia se seguir.

preconceitos é que a reação psicológica não oferece ao estudo interesse em si mesma, porque ela é um fenômeno complexo. Ora, isso é verdadeiro apenas em relação aos mecanismos físico-químicos e vitais que essa reação põe em jogo, mas falso no plano que lhe é próprio. Ele é, com efeito, um plano, que tentamos definir, e no qual a *reação psicológica* tem o valor de toda reação vital: ela é *simples* por sua *direção* e por sua significação.

A conformidade de tantas doutrinas diversas em desconhecer essa verdade é um fato cujo alcance psicológico mereceria em si mesmo que nos detivéssemos nele, se fosse aqui o lugar oportuno.

Seja como for, graças às circunstâncias históricas favoráveis, a observação do psiquismo humano, não de suas faculdades abstratas, mas de suas reações concretas, nos é de novo permitida.

Pensamos que toda observação fecunda deve se impor à tarefa de fazer *monografias* psicopatológicas tão completas quanto possível. Para realizar nessa matéria um ideal, faltam-nos em muito conhecimentos, talentos e meios. Afirmamos apenas nosso esforço e nossa boa vontade.

É nessa medida mesma que somos contrários a acrescer, segundo o costume, uma nova entidade mórbida, cuja autonomia não seríamos capazes de sustentar, aos quadros existentes. Proporíamos, ao invés disso, classificar os casos análogos ao nosso com o título de um *protótipo*, que será "o caso Aimée" ou um outro, mas que será uma descrição concreta, e não uma síntese descritiva que, por necessidade de generalidade, terá sido desprovida dos traços específicos desses casos – a saber, os vínculos etiológicos e significativos a partir dos quais a psicose depende estreitamente da história vivida do sujeito, de seu caráter individual, em uma palavra, de sua personalidade. Espero que não considerem a proposição utópica; uma prática como essa é atualmente aplicada em certas clínicas alemãs:[17] o diagnóstico de acepção comum é reforçado aí para cada

---

[17] O fato é assinalado por Jaspers na p. 508 de sua *Psychopathologie générale* (ed. francesa). Ele insiste nas páginas subsequentes no fato de que tipos válidos só poderão ser fundamentados no estudo de *vidas individuais* em sua totalidade.

A Anomalia de Estrutura e a Fixação de Desenvolvimento da Personalidade de AIMÉE... 265

caso com uma classificação de ordem científica por uma simples referência ao nome próprio de uma observação *princeps*, cujo valor é controlável nos arquivos e dossiês do próprio hospital.

Nosso trabalho, aliás, por sua economia, revela nossas intenções: elas devem, antes de mais nada, partindo do último ponto a que chegaram nossos predecessores, indicar um *método* para a solução dos problemas colocados pelas psicoses paranoicas.

Não acreditamos, por isso, ter perdido de vista os fins próprios à observação médica, a saber, suas sanções *clínicas* e *prognósticas*, preventivas e curativas.

Nosso trabalho nos permite, com efeito, conceder a certos traços semiológicos nessas psicoses um valor de *indicação* prognóstica e terapêutica. O *quadro clínico* que vamos apresentar, apesar de nossas reservas, se limitará a esse alcance puramente prático.

Feito isso, poderemos concluir quanto às indicações *metódicas* que traz nosso trabalho aos problemas gerais da psicose paranoica.

Tais são as duas exposições que finalizam esta parte de nosso estudo que tratam disso.

Se for preciso um título ao tipo clínico que vamos descrever, escolheremos o de *paranoia de autopunição*. Nós o justificaremos pela evidência clínica dos mecanismos de autopunição nos casos descritos, mas pondo de lado a questão de que esses mecanismos lhes sejam específicos. Nosso pensamento é o oposto disso. Convém saber que, o tipo que isolamos sendo definido por sua estrutura e seu prognóstico, as técnicas de exame e de tratamento por vir poderão aumentar sua extensão de maneira considerável. Em outros termos, não pretendemos, de modo algum, dar os limites de uma verdadeira entidade mórbida.

A. DIAGNÓSTICO, PROGNÓSTICO, PROFILAXIA E TRATAMENTO DA PARANOIA DE AUTOPUNIÇÃO

Baseamo-nos para esta descrição no caso que acabamos de relatar, em quatro outros casos análogos de nossa experiência pessoal, dos quais dois com reação criminosa, em casos diversos da literatura que parecem mostrar uma congruência evidente com o nosso: entre eles, o célebre caso do pastor Wagner, cuja abundante bibliografia fornecemos anteriormente (ver p. 53), vários casos de Kretschmer, de Bleuler, de Werterterp, de Janet, distribuídos pelos trabalhos que citamos.

O diagnóstico se assenta na estrutura anterior da personalidade do sujeito e em algumas particularidades etiológicas e sintomáticas da psicose em relação ao quadro comum da paranoia.

A *personalidade anterior* do sujeito é, antes de mais nada, marcada por um inacabamento das condutas vitais.[18] Esse traço está próximo da descrição dada por Janet das *condutas psicastênicas*; ele se distingue dela no que os fracassos incidem menos sobre a eficácia do rendimento social e profissional, frequentemente satisfatórios, que sobre a realização das relações da personalidade que se relacionam à esfera sexual, ou seja, dos vínculos amorosos, matrimoniais, familiares. Anomalias da situação familiar na infância dos sujeitos (orfandade, ilegitimidade, educação exclusiva por um dos pais, com ou sem isolamento social correlativo, apego exclusivo a um dos pais, ódio familiar) – hipertensão sentimental com manifestações correlativas de apragmatismo sexual na adolescência –, fracassos matrimoniais, fuga diante do casamento e, quando realizado, desentendimento e fracassos conjugais, desconhecimento das funções de parentais – esse é o *passivo* do balanço social desses tipos de personalidade.

Mas a ele se opõe um *ativo* não menos digno de nota. Esses mesmos sujeitos que demonstram impotências de aparência diversa, mas de resultado constante, nas relações afetivas para com o próximo mais imediato, revelam nas relações mais *longínquas* com a comunidade social virtudes de uma incontestável eficácia. Desinteressados, altruístas, menos presos aos homens que à humanidade, habitualmente utopistas, esses traços não exprimem neles somen-

---

[18] A melhor introdução ao estudo da personalidade desses sujeitos se acha nos trabalhos já citados de Janet e de Kretschmer.

te tendências afetivas, mas atividades eficazes: servidores zelozos do Estado, preceptores ou enfermeiras convencidos de seu papel, empregados ou operários excelentes, trabalhadores encarniçados, eles se conformam melhor ainda a todas as atividades entusiastas, a todos os "dons de si" que os diversos empreendimentos religiosos utilizam, e geralmente a todas as comunidades, quer sejam de natureza moral, política ou social, que se fundam em um vínculo supraindividual.

Sua vida afetiva e intelectual reflete essas condutas. Acrescentemos, ainda, certos traços: descargas afetivas espaçadas, mas extremamente intensas, manifestam-se habitualmente pelo reviramento de todas as posições ideológicas (*conversão*), mais frequentemente pela inversão de uma atitude sentimental: passagem brusca, a respeito de uma pessoa, do amor ao ódio, e inversamente.[19]

Por outro lado, as qualidades imaginativas, as representações prevalentes, os temas eletivos das reações emocionais se relacionam muito estreitamente aos traços da *formação infantil*.

Na ordem moral, esses sujeitos dão prova de *honestidade* nos contratos, de *fidelidade* na amizade, de *tenacidade* na hostilidade, no ódio e na reprovação. São *hipermorais*, jamais amorais. O que não quer dizer que não possam *dissimular*, principalmente sobre suas reações afetivas mais profundas.

Esboços de *distúrbios psíquicos* são observáveis nos antecedentes. Consistem em distúrbios da função sexual (*impotência, frigidez* ou *hiperexcitação psíquica*), em perversões (*homossexualidade, dom-juanismo*), perversões de forma frequentemente sublimada (*inversão sublimada, masoquismo moral*), em episódios neuróticos obsessivos (*obsessões, fobias, agitações* forçadas etc.), em *sentimentos neuróticos de despersonalização* (indo muitas vezes até ao sentimento ou à alucinação de desdobramento), em sentimentos de

---

[19] Nenhum estudo médico da vida afetiva desses sujeitos vale as admiráveis observações que encerra a obra de Dostoiévski; ver particularmente: *Humilhados e ofendidos, O eterno marido, Crime e castigo, O duplo, Os demônios*.

transformação do mundo exterior (*sentimentos de déjà vu*, de *jamais vu*, de *jamais connu, transitivismo*), em *acessos de ciúme*, em *distúrbios episódicos do caráter*, em *acessos ansiosos*.

É por seus fracassos e conflitos afetivos que esses sujeitos são às vezes arrastados a um decurso de vida *migratório, aventuroso*, em que demonstram grandes qualidades de resistência e tenacidade.

Nem acesso esquizofrênico legítimo nem fase maníaco-depressiva são observáveis nos antecedentes.

Os traços da constituição paranoica permanecem míticos.

Na *etiologia* imediata da psicose, encontramos frequentemente um *processo orgânico frustro* (intoxicação, distúrbio endócrino, puerperalidade, menopausa), quase constantemente uma *transformação da situação vital* (perda de um lugar, de um ganha-pão, aposentadoria, mudança de meio, mas, sobretudo, casamento, particularmente o casamento tardio, divórcio, e eletivamente *perda de um dos pais*),[20] muito frequentemente um acontecimento com valor de *trauma afetivo*. Revela-se, no mais das vezes, uma relação manifesta entre o acontecimento crítico ou traumático e um *conflito vital* que persiste há vários anos. Esse conflito, de forte *ressonância ética*, está muito frequentemente ligado às relações *parentais* ou *fraternas* do sujeito.

Muitas vezes é a acumulação desses fatores que parece determinar a eclosão da psicose.

O *início da psicose é brutal*. Os primeiros sintomas manifestados representam, tanto em intensidade quanto em discordância, os fenômenos *máximos* da evolução. Eles colocam então regularmente o diagnóstico com a dissociação esquizofrênica. São, em geral, acompanhados de uma *remissão aparente*, que é um período de *inquietude* e de *meditação delirante*.

---

[20] A clínica mostra a extrema frequência desta última correlação. Ver as observações de Kretschmer (Caso Renner etc.).

O *período de estado* aparece com a *sistematização* do delírio. Nesse momento, a psicose corresponde em todos os pontos à descrição kraepeliniana clássica da paranoia. Não lhe falta, por outro lado, nenhum dos traços diferenciais, pelos quais Sérieux e Capgras, em sua descrição magistral, distinguem o delírio de interpretação do delírio de reivindicação.

Os "fenômenos elementares" da psicose são representados essencialmente, como mostraram esses autores, por interpretações. Sabe-se que nos afastamos deles ao negar a essas interpretações qualquer valor "racional" e ao lhes recusar qualquer pré-formação em uma pretensa falsidade do juízo congênito.

Demonstramos, além disso, que as interpretações fazem parte de todo um cortejo de distúrbios da percepção e da representação, que nada têm de mais racional do que esse sintoma, a saber: as *ilusões da percepção*, as *ilusões da memória*, os *sentimentos de transformação do mundo externo*, os *fenômenos frustres de despersonalização*, as *pseudoalucinações* e mesmo as *alucinações episódicas*. A presença, em um caso dado, de *fenômenos alucinatórios ditos sutis* não teria nenhum valor diagnóstico nem prognóstico especial, como é amplamente demonstrado por certas observações de Kretschmer (ver p. 88, nota 124).

Todos esses fenômenos elementares são comuns ao conjunto das psicoses paranoicas, e o único traço que os especifica ocasionalmente na forma que descrevemos se deve a seu "conteúdo". Frequentemente, com efeito, exprimem a mesma nota de *autoacusação* que aparece na convicção delirante sistematizada, e *significam* mais ou menos diretamente os *reproches éticos* que o sujeito faz contra si mesmo, assim como o *conflito externo* que o estudo do delírio revela como determinante.

Não se teria absolutamente razão para considerar *a priori* as primeiras *identificações sistemáticas* do delírio como puramente secundárias a esses fenômenos. Ainda que essas identificações, explicativas ou mnêmicas, sejam posteriores aos fenômenos ditos primários e ao período de inquietude que os acompanha, elas têm frequentemente a relação mais direta com o conflito e com os complexos realmente geradores do delírio.[21]

Uma vez sistematizado, o *delírio* merece um estudo atento. No caso que descrevemos, ele *significa*, com efeito, de maneira bem legível, não só o *conflito afetivo* inconsciente que o engendra, mas também a atitude de *autopunição* que o sujeito adota. Esse sentido se exprime em fabulações bem diversas; nenhum esquema geral pode ser dado, estimar-se-á seu alcance em cada caso concreto; para que se possa julgar bem isso, bastará desprender-se de certos hábitos de desconhecimento sistemático, que não têm, pensem o que quiserem, nenhum valor propedêutico.

Indiquemos somente certas particularidades constantes desses delírios.

As *ideias* delirantes *de perseguição* possuem aí muitas vezes o alcance de temor *centrífugo* e o sentido de *autoacusação* que pode ser reconhecido nos delírios da melancolia. Mas elas conservam o alcance de ameaças sempre projetadas no *futuro*, embora mais ou menos marcadas de *iminência*, e o sentido antes de mais nada *demonstrativo*, que são os traços característicos dos delírios de perseguição paranoicos.

---

[21] Isso pode ser particularmente bem depreendido das observações de Kretschmer (obs. do condutor de locomotiva Bruhn, ver Kretschmer, *op. cit.*, p. 83-86), e torna bastante vâs as críticas que lhe fez Lange sobre esse ponto (ver Lange, art. cit., p. 121). Ver igualmente a evidência desse relatório em algumas observações de delírio de perseguição citadas por Westerterp (o caso Hammer, art. cit., p. 267-271), se bem que esse autor se fundamente no caráter secundário da identificação para considerar esses casos como "processos".

Pode-se fazer uma observação análoga para certas ideias de ciúme, certos fatos de transitivismo com forma de ideias mórbidas de semelhança, como aparece em uma observação de Minkowski citada acima, *A.M.P.*; jun. 1929, p. 24-48. Nessa observação, sem dúvida para melhor nos interessar na estranheza de certas imputações de homossexualidade que uma mulher fez a seu marido, e de alguns fenômenos, próximos do falso reconhecimento, sentidos por ela, deixam-nos ignorar até à penúltima linha que a personagem incriminada, e identificada de maneira delirante, é o antigo amante da mulher.

O *perseguidor* principal é sempre *do mesmo sexo* que o do sujeito, e é idêntico, ou pelo menos representa claramente, a pessoa do mesmo sexo à qual o sujeito se mantém preso mais profundamente por sua história afetiva.[22]

As *ideias de ciúme* são de uma gratuidade e de uma absurdidade manifestas, e se pode descobrir frequentemente um interesse de valor homossexual para com o cúmplice incriminado.

As *ideias de grandeza* não se exprimem na consciência do sujeito por nenhuma transformação atual de sua personalidade. Devaneios ambiciosos, projetos de reforma, invenções destinadas a mudar a sorte do gênero humano, elas têm sempre um alcance *futuro*, do mesmo modo que um sentido nitidamente *altruísta*. Elas apresentam, assim, características simétricas das ideias de perseguição. O mesmo conteúdo simbólico é aí fácil de ser reconhecido: ele se refere tanto em umas quanto em outras ao *ideal do eu* do sujeito. Essas ideias podem não ser desprovidas de toda ação social efetiva, e as ideias ditas de grandeza podem receber, assim, um início de realização. Já assinalamos, aliás, o caráter convincente que as ideologias dos paranoicos devem à sua raiz catatímica.[23]

Quanto às ideias *erotomaníacas*, elas sempre apresentam o caráter de *platonismo* descrito pelos clássicos e ficam com as ideias de grandeza no quadro do *idealismo apaixonado* de Dide.

Notemos a *reatividade* do delírio às influências endógenas, sobretudo aos *ritmos sexuais*, mas também à *intoxicação*, à *surmenage*, ao *estado geral* – às influências exteriores psicológicas,

---

[22] Esse traço, tanto mais surpreendente quanto os autores frequentemente desconhecem sua importância, aparece em numerosas observações. Cf. Janet, *Obsessions et psychasthénie*, já citado, obs. 232, p. 513.

[23] Citemos nosso próprio texto, que fala "do teórico autodidata ou culto que pode encontrar nos limites secretos de seu horizonte mental os elementos de um certo sucesso: uma aparência de rigor, o atrativo de certas concepções fundamentalmente rudimentares, a possibilidade de afirmar obstinadamente e sem variar. Ele pode tornar-se, se a fortuna o coloca em conformidade com os acontecimentos, um reformador da sociedade, da sensibilidade, um "grande intelectual" (Lacan, art. cit.).

mudanças de meio principalmente –, sobretudo às modificações do *conflito gerador*, geralmente *familiar*.

Podem-se observar, a propósito dessas diversas ações intercorrentes, oscilações marcadas *pela crença* delirante. Nas oscilações favoráveis, pode-se ver a ideia delirante reduzir-se ao estado de simples *obsessão* que se observa no impulsivo-obsedado.

Nenhuma nota clínica propriamente melancólica se observa no curso do delírio; apesar da tendência autoacusadora particular que salientamos nas ideias delirantes, não se encontra nenhum sinal de inibição psíquica. No entanto, certos estados de exaltação passageira parecem corresponder a variações *holotímicas* e cíclicas do humor. A convicção delirante é poderosamente sustentada por essas variações positivas estênicas.

A *dissimulação* desses sujeitos se deve menos aos fracassos de suas tentativas de expansão que a determinada incerteza residual de suas crenças. Essa dissimulação e esse controle parciais tornam muito difícil a internação preventiva da reação perigosa.

O perigo que impõem a outrem as *virtualidades reacionais* desses sujeitos é inversamente proporcional ao paradoxo de seu delírio. Em outros termos, quanto mais as concepções do sujeito se aproximam da normal, mais ele é perigoso. Sérieux e Capgras já sublinharam o nível bem mais elevado do perigo apresentado pelos delirantes ditos reivindicadores (querelantes de Kraepelin), tanto em virtude da violência e da eficácia de sua reação agressiva quanto de sua iminência imediata. Os paranoicos que descrevemos estão situados entre estes sujeitos e os interpretativos, cujas reações mais tardias e menos eficazes Sérieux e Capgras já observam.

Isso quer dizer que as *reações* são frequentemente muito tardias em nossos sujeitos (10 anos no caso de nosso doente entre o início do delírio e sua reação maior). Elas podem ter primeiro o caráter de *demonstrações*, nem sempre inofensivas, por meio das quais o doente visa a atrair sobre seu caso a atenção das autoridades. Estas são frequentemente alertadas por um certo número de *queixas*,

A Anomalia de Estrutura e a Fixação de Desenvolvimento da Personalidade de AIMÉE... 273

de grande violência de fundo senão de forma, que devem permitir uma intervenção preventiva. Só raramente esses sujeitos passam de saída à *agressão* contra seus inimigos. Ela é quase sempre de intenção assassina, é com frequência extremamente brutal, mas não tem a eficácia que tem a dos passionais. É sempre precedida por uma longa premeditação, mas se realiza com frequência em um estado semicrepuscular.

Além dessa reação que constitui o perigo maior desses doentes, não é raro se descobrir em seu passado *ultrajes* ou *atentados aos costumes*, que são manifestações episódicas de perversões sexuais (homossexualidade, "espetadores", "beliscadores"),[24] certos *roubos gratuitos* tendo por motivo o gosto do risco, as *denúncias caluniosas anônimas*. Observamos a *tentativa de suicídio* em dois casos, mas acreditamos que é especialmente ao tipo aqui descrito que se referem os raros atos de suicídio observados nos delírios de perseguição verdadeiros.[25]

A *evolução* e o *prognóstico* da psicose comportam não a cura, mas a *curabilidade*.

As *curas espontâneas* são de fato incontestáveis; elas sobrevêm principalmente após uma resolução ao menos parcial do conflito gerador, e dependem também casualmente de todas as *condições externas* de natureza a atenuar esse conflito, mudanças de meio principalmente. As observações de Kretschmer são neste ponto demonstrativas, assim como várias observações de Bleuler demonstram que a manutenção da psicose depende da permanência do conflito gerador.

Mas uma *condição interna* é a base primeira dessas curas: a satisfação da pulsão *autopunitiva*. Essa satisfação parece se realizar segundo uma medida própria a cada caso, tão difícil de determinar como a intensidade da pulsão agressiva, e que parece proporcional a

---

[24] Ver o caso Hammer, já citado, relatado por Westerterp.

[25] Ver, a esse respeito, A. Meilhon, tese de Bordeaux, 1886, e Jules Christian, "Du suicide dans le délire de persécution", *A.M.P.*, set. 1887. Ver também certas observações características da tese de Lalanne já citada.

274 Da Psicose Paranoica em suas Relações com a Personalidade | Jacques Lacan

ela. Ocasiões as mais diversas podem provocar essa saciedade, *trauma moral*, *choque*, e também, ao que parece, *doença orgânica*.[26] Mostramos em que medida a própria *reação agressiva* podia satisfazer indiretamente o desejo de autopunição, e a cura do delírio se seguir, como nos passionais. Essa cura *espontânea*, *súbita e total*, está sujeita, no entanto, às mesmas reservas de recidiva, aliás excepcional, que devemos supor nos próprios passionais.[27]

Não abordaremos a fundo a questão da *responsabilidade penal* desses sujeitos. A atualidade médico-legal mostra como, nos paranoicos, a questão fica sujeita a controvérsias. Os fatos demonstram muito bem que ela não pode ser resolvida pelas discriminações ditas "de bom-senso", como: "O sujeito delira, sim ou não?", por exemplo, discriminações que são fáceis de colocar, quando se parte de descrições abstratas, forjadas à vontade. Seria oportuno ter critérios mais seguros que só podem ser fundados em uma análise teórica da noção de responsabilidade. Sem tomar partido aqui sobre esse assunto, diremos apenas que, em certos casos que descrevemos, e no atual estado das leis, a *repressão penitenciária*, aplicada com o benefício da atenuação máxima, parece-nos ter um valor terapêutico igual à profilaxia asilar, ao mesmo tempo em que assegura de maneira melhor não só os direitos do indivíduo, como também as responsabilidades da sociedade.[28]

Indiquemos, por outro lado, que esses sujeitos, mesmo curados de seu delírio, se acomodam muito melhor ao *asilo* que os paranoicos. Exceto intervenção de fora, raramente eles se transformam em reivindicadores. Sua *tolerância* está fundada em grande parte em uma concepção "sublimada" que assumem de seu destino.

---

[26] Cf. o relatório já citado de Hesnard e Laforgue.

[27] Cf. o relatório de Lévy-Valensi sobre os crimes passionais, já citado.

[28] Observemos que em tal partido mantemos para nós as opiniões, fundamentadas em bases diferentes, mas convergentes, não só com *as* do próprio Capgras, como também com as de Vervaeck. Ler a motivação bem sustentada que Vervaeck apresentou em sua intervenção em seguida ao relatório de Lévy-Valensi, *Ann. Méd. Lég.*, 1931, p. 641.

A Anomalia de Estrutura e a Fixação de Desenvolvimento da Personalidade de AIMÉE...   275

Tudo indica em nosso caso a possibilidade de uma *ação psicoterapêutica* eficaz. Contudo, estamos reduzidos, quanto a essas indicações, a dados bem gerais.

As indicações *profiláticas* se impõem antes de mais nada. Elas devem se manter, para nossos sujeitos, a meio caminho de um isolamento social grande demais, que favorece o reforço de suas *tendências narcísicas*, e de tentativas de adaptação por demais completas, com cujos gastos afetivos eles não podem arcar e que serão para eles a fonte de *recalcamentos traumáticos*.

O isolamento total na natureza é uma solução válida, mas cuja indicação é puramente ideal.

A estada prolongada no meio familiar só fará provocar uma verdadeira *estagnação* afetiva, segunda anomalia, cujo efeito viria se acrescer ao distúrbio psíquico, que quase sempre foi determinado nesse próprio meio. Quando esse meio, por fim, faltar (morte dos pais), a psicose encontraria, a clínica nos mostra a cada dia, seu terreno ótimo. Ela é, pois, estritamente contraindicada.

Por razões gerais que já indicamos (insuficiências fundamentais da afetividade; ocasiões de recalcamentos e de conflitos), o casamento não é aconselhável para esses sujeitos. Foi, de resto, a opinião muito sábia que nossa doente recebeu de sua família e que ela acreditou ter de ultrapassar.

A fórmula de atividade mais desejável para esses sujeitos é seu enquadramento em uma comunidade laboriosa, à qual os liga um dever abstrato. Esses doentes não merecem o desprezo com que os cobrem certos autores, eles podem ser, ao contrário, elementos de alto valor para uma sociedade que sabe utilizá-los. Como professores, enfermeiras, ajudantes de laboratório ou de biblioteca, empregados, contramestres, eles revelarão qualidades morais de grande firmeza, ao mesmo tempo em que capacidades intelectuais em geral não medíocres. Mas a sociedade moderna deixa o indivíduo em um isolamento moral cruel, e de modo muito particularmente sensível nessas funções cuja situação intermediária e ambígua pode ser por si mesma a fonte de conflitos internos permanentes. Outros chamaram a atenção para o importante contingente que trazem à paranoia aqueles que são chamados, com um nome injustamente pejorativo, de primários: professores e professoras, governantas, mulheres apegadas a empregos intelectuais subalternos, autodidatas de toda espécie etc.

Relatamos a esse respeito as sutis observações de Kretschmer (ver p. 84).[29] Por isso nos parece que esse tipo de sujeito deve en-

---

[29] Não se deveria, entretanto, desconhecer que, se há tensões próprias a esse meio, outras diferentes na natureza, mas não menores em intensidade, se manifestam nas situações intelectuais superiores. Presumimos antes subentendidas nestas linhas em que Paul Valéry nos descreve a situação desses rivais em glória, verdadeiro quadro das "afinidades paranoicas" da elite.

"Paris encerra, dispõe, consume ou consome a maior parte dos brilhantes infelizes cujos destinos foram chamados de *profissões delirantes...* Nomeio assim todos esses ofícios cujo principal instrumento é a opinião que se tem de si mesmo, e cuja matéria primeira é a opinião que os outros têm a seu respeito. As pessoas que os exercem, votadas a uma eterna candidatura, são necessariamente sempre afligidas por um certo delírio de grandeza que é atravessado e atormentado sem trégua por um certo delírio de perseguição. Nesse povo de únicos reina a lei de fazer o que nunca ninguém fez, nem nunca fará.

Pelo menos, é a lei dos *melhores*, isto é, daqueles que têm a coragem de querer claramente algo absurdo. Vivem apenas para obter e tornar duradoura a ilusão de serem sós, pois a superioridade não é senão uma solidão situada nos limites atuais de uma espécie. Cada um deles funda sua existência na inexistência dos outros, mas dos quais é preciso arrancar seu consentimento, o de que eles não existem... Observe bem que eu só faço deduzir o que está envolto naquilo que se vê. Se você duvida, procure saber então para onde leva um trabalho que só pode ser feito apenas por um indivíduo determinado, e que depende da particularidade dos homens? Pense na significação verdadeira de uma hierarquia fundada na raridade. Eu me divirto, às vezes, com uma imagem *física* de nossos corações, que são feitos intimamente de uma enorme injustiça e de uma pequena justiça combinadas. Imagino que haja em cada um de nós um átomo importante entre nossos átomos, e constituído por dois *grãos de energia* que mais queriam e se separar. São energias contraditórias, mas indivisíveis. A natureza as juntou para sempre, embora sejam furiosamente inimigas. Uma é o eterno movimento de um grande *elétron positivo*, e esse movimento inesgotável engendra uma sequência de sons graves na qual o ouvido interior distingue sem nenhuma dificuldade uma profunda frase monótona: *Há apenas eu. Há apenas eu. Há apenas eu, eu, eu...* Quanto ao pequeno elétron radicalmente *negativo*, ele grita no ápice do agudo, fura e volta a furar, de maneira mais cruel, o tema egotista do outro: *Sim, mas há alguém... Sim, mas há alguém... Alguém, alguém, alguém...* E outro alguém... Pois o nome muda com bastante frequência..."

contrar o maior benefício em uma integração, em conformidade com suas capacidades pessoais, em uma comunidade de natureza religiosa. Ele encontrará nela, além disso, uma satisfação, submissa às regras, de suas tendências autopunitivas.

Na falta dessa solução ideal, toda comunidade que tende a satisfazer mais ou menos completamente às mesmas condições: exército, comunidades políticas e sociais militantes, sociedades de beneficência, de emulação moral ou sociedades de pensamento, beneficiará as mesmas indicações.[30] Sabe-se, por outro lado, que as tendências homossexuais recalcadas encontram nessas expansões sociais uma satisfação tanto mais perfeita quanto ao mesmo tempo é mais sublimada e mais garantida contra qualquer revelação consciente.

Nessas indicações profiláticas, apresentamos as soluções comuns. É evidente que as soluções raras, disciplinas intelectuais superiores, relações de parentesco sublimadas de aluno e mestre não estão excluídas.

Que indicações *terapêuticas* se podem estabelecer antes e depois da psicose? Certamente a *psicanálise* vem, parece-nos, em primeiro plano. Observemos, entretanto, a extrema prudência dos próprios psicanalistas, particularmente no estado de *psicose confirmada*.

A técnica psicanalítica conveniente para esses casos ainda não está, segundo o testemunho dos mestres, madura. Aí está o problema mais atual da psicanálise, e é preciso esperar que ele encontre sua solução. Pois uma estagnação dos resultados técnicos no seu alcance atual acarretaria logo o deperecimento da doutrina.

Casos, no entanto, foram analisados. Resultados nitidamente favoráveis foram obtidos e alguns dentre eles publicados com pormenores.[31] Acentuemos com elogio a extrema reserva que os próprios

---

[30] Kretschmer insistiu no valor de tais indicações na consolidação das curas. Ver *op. cit.*, no capítulo: "Zusammenfassung".

[31] Cf., por exemplo, Bjerre, "Zur Radikalbehandlung der chronischen Paranoïa, *Jahr, psychoanal, u. psycho. Forsh*, III, 1912, e Ruth Mack-Brunswick, "Die Analyse eines Eifersuchtswahn", *Int. Zschr. Psycho-Anal.*, XIV, 1928.

autores guardam sobre esses resultados felizes. Não deixam de atribuí-los a conjunturas particularmente fáceis e mantêm sempre extremas reservas sobre o futuro.[32]

Assim, o problema muito espinhoso posto pela técnica atual ao psicanalista é o seguinte: urge corrigir as tendências narcísicas do sujeito por uma *transferência* tão prolongada quanto possível. Por outro lado, a transferência para o analista, despertando a pulsão homossexual, tende a produzir nesses sujeitos um *recalcamento* no qual a própria doutrina nos mostra o mecanismo maior do desencadeamento da psicose. Esse fato pode colocar o analista em uma postura delicada. O mínimo que pode acontecer é o abandono rápido do tratamento pelo paciente. Mas, em nossos casos, a reação agressiva se dirige com muita frequência contra o próprio psicanalista, e pode persistir por muito tempo ainda, mesmo após a redução de sintomas importantes, e para o espanto do próprio doente.

Por isso, inúmeros analistas propõem, como condição primeira, a *cura* desses casos em *clínica fechada*.[33] Notemos, entretanto, como uma outra antinomia do problema da psicanálise das psicoses, que a ação desse tratamento implica até aqui a boa vontade dos doentes como condição primeira.

Mas uma terceira antinomia aparece no fato de que o progresso curativo está aí essencialmente ligado ao despertar de *resistências* no sujeito; ora, o próprio delírio exprime às vezes de maneira tão adivinhatória a realidade inconsciente que o doente pode integrar nele de saída, como tantas armas novas, as revelações que o psicanalista traz sobre essa realidade.[34] Pelo menos assim acontece enquanto as *ligações narcísicas* e as *relações objetais* do sujeito não encontraram um equilíbrio melhor. Por isso, o problema terapêutico

---

[32] Essa é a atitude de Ruth Mack-Brunswick, no artigo citado há pouco.

[33] Ler sobre esse tópico de técnica: Simmel, "Die psychoanalytische Behandlung in der Klinik", *Int. Zschr. Psycho-Anal.*, XIV, 1928.

[34] Ver no artigo de Freud já citado, traduzido por nós, a passagem em que ele evoca os apoios, legítimos, aliás, que um delirante ciumento encontrava em cada uma das interpretações do psicanalista.

das psicoses nos parece tornar mais necessária uma *psicanálise do eu* do que uma psicanálise do inconsciente; quer dizer, é em um melhor estudo das *resistências* do sujeito e em uma experiência nova de sua *manobra* que ele deverá encontrar suas soluções técnicas. Não nos queixemos do atraso das soluções a uma técnica que está apenas em seus inícios. Nossa profunda impotência em indicar alguma outra psicoterapia dirigida não nos dá nenhum direito para tanto.

B. MÉTODOS E HIPÓTESES DE PESQUISA SUGERIDOS POR NOSSO ESTUDO

Nossa intenção neste trabalho foi a de um ensaio de estudo clínico tão completo quanto possível e que, sem nada desconhecer da posição atual do problema, se mantivesse completamente isento de qualquer sistema preconcebido.

Acreditamos que tal tentativa permite que nos sejam fornecidas sugestões bem gerais.

Elas se aplicam imediatamente a uma série de observações que recolhemos tanto na clínica da Faculdade quanto nos diversos serviços asilares por que passamos ou cujas portas nos foram generosamente abertas. Tivemos, assim, diante de nós, uma vintena de casos de *paranoia verdadeira* cujas observações não puderam ser todas aprofundadas até o mesmo ponto, mas todas foram tomadas e retomadas por nós e segundo o mesmo método. Além disso, observamos dentro do mesmo espírito (e, em parte, publicamos)[35] uma vintena ainda desses casos, cujos sintomas se situam no limite da

---

[35] "Roman policier. Du délire type hallucinatoire chronique au delire d'imagination", por Lévy-Valensi, Migault e Lacan, Société de Psychiatrie, 30 de abril de 1928, *Rev. Neur.*, t. I, p. 738-739. "Folies simultanées", por H. Claude, P. Migault e J. Lacan, *A.M.P.*, t. I, p. 483-490. "Troubles du langage écrit chez une paranoïaque présentant des éléments délirants du type paranoïde (schizographie)", por Lévy-Valensi, P. Migault e J. Lacan, Société médico-psychologique, 12 de novembro de 1931, *A.M.P.*, t. II, p. 407-408. E "Écrits 'inspirés', schizographie", por J. Lévy-Valensi, P. Migault e J. Lacan, *A.M.P.*, 1931, t. II, p. 508-522.

paranoia e dos estados paranoides; dentre estes últimos, aproximadamente uma dezena apresenta a estrutura delirante especial que é necessário reconhecer nas parafrenias kraepelinianas, embora seja necessário pensar atualmente sua autonomia evolutiva.

Os diversos pontos de semiologia e de estrutura psicológica que são destacados em nossa monografia parecem-nos propícios a trazer alguns esclarecimentos na compreensão dessa gama de casos, que correspondem aos mais enigmáticos de toda a psiquiatria.

Desejaríamos somente indicar aqui as direções que nos parecem assim propostas à hipótese e à pesquisa metódica.

Nosso estudo nos impôs, antes de mais nada, a importância da *história afetiva* do doente. Constatamos que suas experiências eram tanto mais determinantes quanto mais de perto dissessem respeito à infância do sujeito.

Ressaltamos em nossa paciente o papel manifesto que desempenharam na gênese do delírio as relações com sua irmã mais velha. Esse papel se deve em parte aos aspectos pessoais dessas relações: ele não seria compreendido se não conhecêssemos a distribuição das características das duas irmãs, as situações morais recíprocas que lhes propalaram seu passado, as anomalias psíquicas manifestas da irmã mais velha, enfim, a preparação psicológica sofrida por Aimée em suas dependências amistosas precedentes. Mas, nas reações de Aimée, *resistências* especiais aparecem com evidência (ver p. 229-230), no que diz respeito a essa pessoa precisamente; não só, com efeito, ela abandona a luta direta, mas também renuncia a qualquer reivindicação moral de seus direitos. Ela não tem outra reação senão sentir-se inferior e mais culpada. Mais ainda, na própria psicose em que esse conflito a precipita, ela não ousa, ao que parece, usar os recursos da interpretação delirante, para prover com objetos mórbidos sua reivindicação recalcada. Todo o delírio de Aimée, já o mostramos, pode, ao contrário, ser compreendido como uma transposição cada vez mais centrífuga de um ódio cujo objeto direto ela quer desconhecer. Curada, ela denega formalmente toda culpa que seria atribuída a essa irmã, apesar da atitude plenamente desumana que esta manifesta, então, para com ela.

Um paradoxo tão constante da atitude só pode ser explicado por uma resistência psicológica muito profunda. A doente não hesitou em acusar sua amiga mais querida de ser sua perseguidora, e em seguida a informante principal de seus inimigos. Ela se detém diante de sua irmã, porque ela é sua irmã, sua irmã mais velha, que foi por um tempo o substituto de sua mãe.

Mostramos, por outro lado, por qual apego exclusivo à sua mãe havia sido marcada a infância da doente. Essa mãe, como sabemos, lhe deu sua afeição; nem os anos nem as "faltas" de nossa doente diminuíram o apego à sua filha. Ela está, por outro lado, há vários anos com delírio em potencial, o qual eclodiu plenamente em função dos acontecimentos recentes ocorridos com sua filha.

Vale a pena que nos detenhamos nesses fatos e que coloquemos o problema da relação da psicose com a *situação familiar infantil* dos doentes.

Os autores até hoje constatam manifestamente que essa relação é das mais remotas. O caráter sucinto de suas observações sobre esse ponto da história dos doentes, ainda que nos deixe descontentes, torna apenas mais significativo a quase constância das *anomalias de situação familiar* que elas assinalam.

Em nossos dias, A. Meyer, de Baltimore, fundamentou na *constância* manifestada de tais anomalias toda sua doutrina intervencionista de profilaxia e de tratamento das psicoses paranoicas e alucinatórias. Apesar da incerteza relativa dos resultados obtidos, só podemos admirar o empreendimento científico e a corajosa perseverança de tais tentativas, mas sobretudo sua inspiração verdadeiramente médica de ajuda ao doente, bem diversa dessas condenações sumárias que o valor científico precário de determinada doutrina reinante não pode bastar para justificar.[36]

---

[36] Ler os trabalhos do professor da Universidade John Hopkins, diretor da clínica Henry Phipps em Baltimore, em particular: A. Meyer, "What do histories of cases of insanity teach us concerning preventíve mental hygiene during the years of school life", *Psychological Clinic*, 1908, t. II, p. 98. "The treatment of paranoic and paranoid states", in White and Jelliffe, *The modern treatment of nervous and mental diseases*, 1913, p. 614-661; "The philosophy of occupation therapy", *Arch. of occupational therapy, z.*, p. 4-6.

Quanto a nós, nunca vimos faltar as anomalias assinaladas, tanto nos casos de paranoia quanto nos de parafrenia. Elas estão sempre manifestas aí: educação da criança só por um dos pais, o mais frequentemente pelo do mesmo sexo, quer se trate de orfandade ou de divórcio; situação frequentemente reforçada por um isolamento social secundário (educação da filha pela mãe, seguida de celibato prolongado com perpetuação da vida em comum); desentendimentos conjugais gritantes etc.

Parece-nos mesmo que ao conflito agudo e manifesto entre os pais correspondiam os raros casos de delírio paranoico precoce que vimos, a saber, em dois meninos de 14 e 16 anos: delírio nitidamente agressivo e reivindicador no mais jovem, delírio de interpretação típico no mais velho.

À falta de um dos pais correspondiam, ao contrário, os delírios mais tardios e também mais dissociados.

Mas há um ponto que nos parece capital e que nenhum autor pôs em relevo: é a frequência de uma *anomalia psíquica*, similar à do sujeito no progenitor do mesmo sexo, que na maioria das vezes foi o único educador. A anomalia psíquica pode (como no caso Aimée) só se revelar tardiamente em um dos pais. Nem por isso o fato é menos significativo. Nossa atenção foi desde há muito atraída pela frequência desse fato. Ainda ficaríamos hesitantes diante dos dados estatísticos de Hoffmann e de von Economo, por um lado, de Lange, por outro, que chegam a conclusões opostas sobre o fato da *hereditariedade* "esquizoide" dos paranoicos.[37]

Mas o problema aparece bem mais claro se nos afastamos da consideração dos dados mais ou menos teóricos fundamentados nas pesquisas das constituições, para considerar apenas os fatos clínicos e os sintomas manifestos. Fica-se, então, surpreendido com a fre-

---

[37] É nesse campo, com efeito, no que diz respeito à posição atual das questões de hereditariedade psicopatológica na Alemanha, que se opõem os autores que citamos. Ver Hoffmann (que é partidário da hereditariedade esquizoide): *Verrbung und Seelenleben*, Springer, Berlim, 1922; *Die Nachkommenschaft bei endogenen Psychosen*, Springer, Berlin, 1921 – e, por outro lado, Lange (que lhe contradiz) – art. cit. p. 133-134.

quência dos *delírios a dois*, que reúnem mãe e filha, pai e filho. Se estudarmos atentamente esses casos, perceberemos que a doutrina clássica do contágio mental jamais os explica. Impossível distinguir o pretenso sujeito *indutor*, cuja eficácia sugestiva estaria relacionada com suas capacidades superiores (?) ou com alguma estenia afetiva maior, do presumido sujeito *induzido*, que sofreria a sugestão em virtude de sua debilidade mental. Fala-se, então, de *loucuras simultâneas*, de *delírios convergentes*. Fica então por explicar a frequência da coincidência.

Nós mesmos agrupamos, em uma publicação da Sociedade Médico-psicológica, dois desses pares delirantes familiares[38] (mãe e filha). Pudemos com eles salientar a importância do *isolamento social* a dois e a *lei do reforço* da anomalia psicótica no descendente.

É notável que, em todos os casos de delírio a dois citados por Legrand du Saulle em seu livro magistral, os codelirantes estejam unidos por um laço familiar, ou uma vida comum antiga.[39]

Lange, hostil a toda conclusão prematura sobre a hereditariedade das psicoses paranoicas, mostra, por outro lado, quão frequentemente se encontra, nos ascendentes diretos desses sujeitos, um delírio cuja similaridade chega ao ponto de reproduzir o próprio conteúdo do delírio.[40]

Vê-se, com efeito, quando se estudam esses casos de perto, que a noção de uma transmissão hereditária, tão discutível em psicologia, não precisa de modo algum ser evocada. A anamnese mostra sempre que a influência do meio se exerceu de maneira mais que suficiente para explicar a transmissão do distúrbio.[41]

---

[38] Ver Claude, Migault e Lacan, "Folies simultanées", art. cit.

[39] Esse livro monumental faz com que estudos publicados até então sobre a paranoia pareçam de pouca importância. Ler sobre esse ponto que assinalamos as obs. XXXIX, XL, XLI, XLII, XLIII, XLIV etc.

[40] Ver Lange, art. cit., os fatos notáveis citados, p. 134.

[41] Como negá-la, por exemplo, no caso de hereditariedade psicótica, acompanhada durante quatro gerações, que é relatado por Legrand du Saulle (*Délire de persécution*, p. 264-268)? Pode-se ler aí, entre outros fatos, que o ancestral da linhagem, paranoico hipocondríaco, aterrorizava seus filhos com ameaças de mor-

Mas só se tornou possível admiti-lo desde que aprendemos a conhecer que papel primordial desempenha na psicogênese esse meio dotado de um valor vital eletivo como é o meio *parental*. Esses fatos requerem ser classificados e julgados sobre dados estatísticos. Mesmo assim, estes só serão válidos se um estudo muito rigoroso de cada caso concreto permitir agrupá-los com precisão em um certo número de *situações reacionais típicas*.

As situações familiares da infância nos pareceram ser as mais determinantes, mas nosso caso nos mostra que as outras situações vitais da vida desempenham, do mesmo modo, um papel que, por depender de sua relação com as primeiras, não é por isso menos manifesto nas organizações da psicose. Quanto mais tais estudos nos fornecerem fatos novos, mais aparecerá que as *inter-reações* "inconscientes" entre os indivíduos vão mais longe do que as próprias experiências da *sugestão dirigida* haviam permitido concebê-lo.

Por outro lado, somente tal concepção genética dessas inter-reações permitirá conceber os fatos incontestáveis de contágio mental que se observam nos casos em que a "dissociação" psíquica está bastante avançada para se opor a qualquer comunicabilidade social do psiquismo pelas vias normais.[42]

É ainda sobre tais investigações históricas que poderá ser estabelecida a parte que nas psicoses seria preciso atribuir ao elemento autenticamente *constitucional*.

---

te –, que fazia uso de sua filha, a mais inteligente das crianças e sua preferida, para escrever enquanto ditava suas memórias –, que, enfim, irritando-se com suas próprias dificuldades de estilo (sintoma paranoico), "mandava sua filha embora brutalmente ou a retinha para fazê-la dependurar-se numa porta até que caísse em síncope". Não é de espantar então que, após uma educação como essa, a menina, de todas as crianças, viesse apresentar por volta dos 50 anos "um delírio de perseguição dos mais intensos com insuperáveis tendências ao suicídio".

[42] É esse isolamento social do psiquismo dos alienados que faz som que seu ajuntamento nos asilos jamais chegue nem mesmo perto de esboçar um grupo. Ler sobre esse ponto o estudo de G. Dumas, no *J. de Psychol.*, 1911, sobre os contágios entre alienados. Poderá ser vista a sua relação direta com nossa definição funcional e social da personalidade.

Não pensamos em negá-lo,[43] uma vez que o próprio promotor das noções que nos permitiram conceber, em sua verdadeira medida, a reação psicológica, Freud em suas obras, volta a ele incessantemente.

Mas pensamos que é de bom método científico, para conhecer o valor exato do *elemento constitucional* nas psicoses, proceder por via de redução. Quanto mais, com efeito, as metamorfoses e máscaras psicológicas secundárias forem reduzidas à sua última instância, mais o elemento congênito último aparecerá em sua simplicidade.

Um método como esse irá satisfazer, além disso, nossas preferências médicas. Em um domínio em que se trata, antes de mais nada, de *curar sintomas*, ele nos abre, com efeito, uma esperança terapêutica tanto quanto maior aparecer no psiquismo o domínio do reflexo condicionado.[44]

A segunda ordem de fatos, de que nosso estudo nos convida à pesquisa, é a das *formas conceituais* ou das *funções mentais de representação* no sentido mais geral, que são próprias a nossos doentes.

Para abordar este estudo, acreditamos que seria bom evitar conceber a estrutura das *funções de representação* (tomadas no sentido mais vasto, em que se inclui a atividade imaginativa pura) no modelo da arquitetura, como a neurologia nos revela nas vias motoras

---

[43] Podemos encontrar seu testemunho em nossa sugestão de que o fracasso vital da doente encontraria sua raiz última nas perversões do instinto sexual (homossexualidade) e maternal (ver p. 262, nota 14).

[44] Vê-se o parentesco direto de nosso ponto de vista com o de A. Meyer sobre a gênese da *demência precoce*. Sabe-se o valor que o professor de Baltimore concede, no determinismo dessa afecção, às situações psicológicas concretas (*setting*); sabe-se, por outro lado, que ele se opõe diretamente ao "pessimismo fatalista" engendrado pelas noções de constituição (*make-up*). Seus pontos de vista sobre a afecção, que pode ser considerada como a psicose *por excelência*, nos parecem ser o melhor apoio que os nossos podem reivindicar sobre os estados que podem ser concebidos como formas frustras e fixadas desta. Ver A. Meyer, "The life chart and the obligation of specifying positive data in psychopathological diagnosis". *Contrib. to Med. and Bibl. Research*, 1919, p. 1.128.

ou nos centros da linguagem.[45] São tais analogias arriscadas que conduzem inúmeros autores a conceber a psicose como um *fenômeno de "deficit"* dos centros ditos de controle ou de síntese e de *liberação* correlativa dos centros inferiores: o que eles exprimem com o termo fenômeno de *automatismo*, aqui tanto mais sedutor quanto nele se podem confundir à vontade os sentidos inteiramente diferentes apresentados por seus usos precisos, em neurologia por um lado, e em psiquiatria por outro.

Há aí uma verdadeira petição de princípio que a observação não confirma de maneira alguma. Por que, como já indicamos anteriormente, a estrutura das representações mórbidas não seria nas psicoses simplesmente *outra* que a normal? Blondel, em seu livro de uma rara prudência intelectual, pôs em relevo muito bem esse fato: a consciência mórbida aparece como tendo uma estrutura radicalmente diferente da consciência normal: é isso que deve, na sua opinião, nos resguardar contra toda tentativa de *compreensão* aventada. Mas, nem por isso, podemos decidir logo se a consciência mórbida é apenas uma forma empobrecida da consciência normal. Nosso autor a vê, ao contrário, como uma representação do mundo mais *indiferenciada*, isto é, mais diretamente *unitiva* com o ritmo do real, mais imediatamente oriunda também das *relações vitais* do eu, mas por causa disso mesmo *associal* e *incomunicável*.[46]

---

[45] Nós mesmos, entretanto, em um estudo que publicamos (ver, mais acima, art. cit.) sobre os escritos ditos "inspirados" de uma paranoica paranoide, tentamos analisar os mecanismos conceituais da psicose na base das *integrações funcionais* da linguagem, tais como parece possível que as admitamos atualmente, considerando os dados concordantes da neurologia e da linguística (ver Delacroix, *Le langage et la pensée*). Recorremos para essa tentativa às teorias médicas da linguagem mais desprovidas que sejam dos grosseiros preconceitos do paralelismo psicofisiológico, preconceitos que dominaram na França o estudo da afasia em seus inícios: a saber, às teorias oriundas diretamente do ensino de Hughlings Jackson, renovadas pelo gênio de Head.

Todavia, consideramos que o estudo dos distúrbios da linguagem (particularmente da linguagem escrita), em nosso caso, requeria ser feito a partir de outros esquemas funcionais: a inadequação daqueles de que fizemos uso salta aos olhos em todas as linhas.

[46] Ver Blondel, ob. e art. já citados.

Uma concepção como essa, na qual se mesclam rigor e prudência, representa uma ordem de doutrinas psiquiátricas não menos importante que a primeira: a saber, as que se inspiram não mais na neurologia, mas na sociologia.

Os pesquisadores italianos modernos, como já mencionamos anteriormente (Capítulo 1, Parte I), esperam obter a chave das estruturas mentais da paranoia a partir de uma aproximação com as *formas*, definidas pelos sociólogos, *do pensamento primitivo*, chamado ainda de *pensamento pré-lógico*. Foram levados a esse caminho pelo espírito que sobrevive das teorias lombrosianas, e encontram o melhor apoio nos trabalhos da escola sociológica francesa contemporânea.[47] Acreditamos que as pesquisas futuras, tanto sobre a paranoia quanto sobre a parafrenia, estejam destinadas a se engajar cada vez mais em uma via como essa. Que essas reflexões possam representar um esboço delas! Seja qual for o seu futuro, acentuemos que a própria inspiração de tais pesquisas tira todo fundamento em uma subestimação do valor humano da psicose, particularmente daquilo que produz sob seu império a imaginação criadora do doente. Assim como o cânone grego de beleza deixa intacta a significação de um ídolo polinésio.

Pode-se, a partir daí, não repelir *a priori* que haja um benefício *positivo* da psicose: que tal benefício se realize a expensas da adaptação social e mesmo biológica do sujeito, isso não tira nada de seu alcance humano em certas representações de origem mórbida.

Certos traços refinados da sensibilidade de nossa doente, uma compreensão dos sentimentos da infância, seu entusiasmo pelos espetáculos da natureza, seu platonismo no amor e também seu idealismo social, que não convém considerar vazio porque permaneceu sem emprego – tudo isso aparece evidentemente como virtualidades de criação positiva, que a psicose produziu diretamente e de modo algum apenas poupou.

Poderemos dizer que a psicose privou a doente dos *meios de expressão*, socialmente *eficazes*, desses sentimentos? Como prová-lo?

---

[47] Trabalhos já citados de Lévy-Brühl.

Esse gosto do escrito, pelo qual ela faz apelo, como tantos outros do círculo estreito em que ela fracassa, a uma maior coletividade que lhe compensará esse fracasso – esse gozo quase sensível que lhe é dado pelas palavras de sua língua –, esse caráter de necessidade pessoal que reveste para ela a obra literária, tudo isso se deve menos à psicose que aos traços precedentes? Certamente, não, pois ela só conseguiu levar a cabo o que escreveu de melhor, e de mais importante, no momento mais agudo de sua psicose e sob a influência direta das ideias delirantes. A queda da psicose parece, por outro lado, ter acarretado a esterilidade de sua pena.

Não se pode dizer, ao contrário, que só uma instrução suficiente tanto dos meios de informação quanto de crítica, em uma palavra, a ajuda social, faltaram-lhe para que tenha realizado obra válida? Isso nos parece patente em inúmeras linhas de seus escritos.

Todo aquele que nos lê evocará aqui, sem dúvida, o exemplo de um paranoico de gênio, de Jean-Jacques Rousseau. Consideremo-lo, pois, um instante, em função de nossa doente.

Não se pode deixar de ficar surpreendido, sendo guardadas as devidas proporções, com os traços de sua personalidade que se encontram em nossa doente: as faltas de sua conduta familiar – seu contraste com sua paixão de idealismo ético e de reforma social (todos dois objetos de requisitórios cuja inanidade nossos conhecimentos atuais em psicologia descortinam) – seu cuidado com a infância – seu sentimento da natureza – seu gosto pela confissão de si mesmo. É difícil negar que esses traços estejam na dependência do mesmo determinismo, do qual depende não só a *psicose de interpretação típica*, pela qual Rousseau (sua conduta e sua correspondência dão testemunho disso) era afetado, mas também sua *perversão masoquista*, aliás limitada a uma atividade imaginativa. O paralelo com nossa doente é tanto mais tentador para nós quanto o próprio Rousseau faz remontar a gênese de suas perversões a um período e a um episódio de sua infância que se relacionam diretamente à integração pessoal das coerções punitivas.

O problema se coloca, no caso de Rousseau, em relação ao que seu gênio deve ao desenvolvimento anômalo da personalidade que tais traços marcam. Não podemos abordar aqui essa questão, que já foi o objeto de monografias e de trabalhos coletivos consideráveis.[48]

Acentuemos apenas estes pontos: que, de todas as ações que incidem no domínio social, a do gênio usa o máximo do valor representativo da personalidade, e que, no brilho da personalidade de Rousseau, os próprios traços que marcam sua anomalia desempenharam um papel manifesto.

Por outro lado, só um estudo histórico muito minucioso da atividade social e da atividade criadora do escritor poderá nos permitir julgar aquilo que seus próprios *meios de expressão* devem de positivo à sua anomalia mental: a saber, não só sua sensibilidade estética e seu estilo, mas seu poder de trabalho, suas faculdades de arrebatamento, sua memória especial, sua excitabilidade, sua resistência à fadiga, em suma, os diversos meios de seu talento e de seu ofício. Mas, para situar o que, em tais elementos, cabe à psicose, isto é (para nós), com a gênese anormal da personalidade, a ausência de informações certas sobre os fatores neurobiológicos será aqui insubstituível e constituirá sempre a fragilidade de tais estudos históricos.

Todavia, acreditamos que essas pesquisas psiquiátricas sobre homens cuja personalidade teve um elevado poder de sugestão social[49] possuem imenso valor para o estudo dos mecanismos da personalidade para que possamos condená-los pelas faltas que lhes são inerentes. Certos espíritos não medíocres acharam que os domínios da glória estivessem interditos à psiquiatria: o melhor de seus argumentos, a saber, que a doença não poderia conferir nenhum valor espiritual positivo, baseia-se inteiramente em uma concepção doutrinal da *psicose-deficit*, cuja ilegitimidade começamos demonstrando.

---

[48] Assinalemos, entre outros, o belo estudo do dr. Laforgue publicado na *Rev. Fran. Psychanal.*, 1º nov. 1927, nº 2, p. 370-402.

[49] Personalidades que talvez fossem semimíticas. Ler o belo livro de O. Rank sobre Don Juan, recentemente traduzido em francês, em Denoël e Steele.

Os únicos obstáculos sérios a tais pesquisas continuam a ser, portanto, a idolatria própria ao popular e o mau uso que espíritos medíocres, a quem elas parecem particularmente tentadoras, poderão fazer. Nem um nem outro devem nos fazer renunciar aos benefícios que devemos esperar delas para a *ciência*, ainda nascente, da *personalidade*.[50]

Consideremos agora entre as funções psíquicas de representação não mais a *imaginação criadora* que nos reteve particularmente até aqui, mas as *funções propriamente conceituais* que fundam toda objetividade. Limitemos seu domínio, para servir ao nosso estudo, desde sua ação na *simples percepção* até as *operações discursivas* da lógica, e deixemos de fora as *funções do juízo*, que representam sínteses da conduta, em que se integram diretamente outros componentes do psiquismo, tais como emoções, apetites, sentimentos reguladores da ação etc.

Essas funções, a doutrina clássica da paranoia as supõe "conservadas". Sérieux e Capgras afirmam que, no delírio de interpretação, o percepto está exato, embora o juízo esteja pervertido. E, para Kraepelin, "a ordem lógica está conservada nos pensamentos, nos atos e na vontade".

Essas afirmações correspondem seguramente ao caráter clínico, pelo qual os delírios paranoicos são delírios *compreensíveis*. Tomadas nesse sentido, elas são justas; parecem sobretudo manifestas, se nos limitarmos a comparar os delírios que descrevemos aos delírios parafrênicos, por exemplo.

Mas, acreditamos já o ter demonstrado (ver Capítulo 2 desta parte), se estudarmos os delírios paranoicos em sua estrutura própria, esses critérios não parecem dotados senão de um valor inteiramente *aproximativo*.

A *percepção*, antes de mais nada, não parece mais ser exata; ela está profundamente transformada. Mostramos nesses delírios

---

[50] Ler a esse respeito o belo trabalho conjunto que se deve a Lange-Eichbaum, *Genie, Irrsinn und Ruhm*, ed. Ernst Reinhardt. Münich.

a frequência, negligenciada até então, de distúrbios cujo valor de anomalias perceptivas não é discutido. Colocamos, com igual destaque, que as pretensas *interpretações* entram, de fato, nesses *distúrbios perceptivos*. Esses perceptos anormais foram relacionados por nós a duas *estruturas mórbidas* da apreensão do real; uma delas nos pareceu pôr em relevo *mecanismos oniroides*, a outra se aproxima mais dos *distúrbios perceptivos* da *psicastenia*. Digamos, então, para expor plenamente nosso pensamento, que se a gênese das percepções e interpretações oniroides nos parece depender diretamente dos distúrbios orgânicos que determinam o desencadeamento da psicose, os fenômenos do segundo tipo dependem para nós de uma *forma conceitual específica* da psicose paranoica. Só um estudo comparativo, em que escrúpulo científico se unisse a uma documentação abundante, poderia nos dar em que medida as *percepções psicóticas* se aproximam da *percepção* dita *animista*, com a qual o primitivo carrega de *significação pessoal*[51] os próprios fenômenos da natureza.

Seja como for, nossa análise, manifestando a inanidade de toda gênese "raciocinante" desses fenômenos, retira todo valor dos argumentos puramente fenomenológicos nos quais certas doutrinas se fundam para opor radicalmente a interpretação, por um lado, e, por outro, os fenômenos "impostos", *xenopáticos*, que chamamos ainda de "alucinatórios" por uma extensão admitida, embora discutível, do termo alucinação.

Nesse sentido, apesar de nossa atitude de oposição a respeito das doutrinas constitucionalistas, seguimos inteiramente a fórmula com que Dupré[52] punha um termo na discussão sobre os delírios passionais: a saber, que não se poderia fundamentar para os delírios nenhuma classificação isenta em bases semiológicas, tais como interpretação, alucinação ou paixão, que nunca representam mais que "mecanismos, e não causas".

---

[51] Sabe-se que foi com esse termo que os primeiros clínicos alemães que analisaram os mecanismos paranoicos designaram a *interpretação*.

[52] Ver *Bull. S. C. M. M.*, fev., 21, p. 70-71, já citado.

Ao menos podemos considerar válida essa "conservação da ordem lógica nos pensamentos" que caracterizaria, em nossa psicose principalmente, a ordenação das ideias delirantes? Vamos ver que não se trata disso. Retomemos, com efeito, sob esse ângulo, o estudo do delírio, tal como o descrevemos em seu período de estado plenamente organizado (ver Capítulo I da Parte II, p. 153-169). Que ocorre aí com os *princípios lógicos* fundamentais da *contradição*, da *localização espacial* e *temporal*, da *causalidade*?

O que nos faz crer por um momento em sua presença organizadora é um primeiro traço característico do delírio, a saber, sua *clareza significativa*. Mas já mostramos que essa clareza é de uma natureza bem outra que lógica, e que se liga somente ao sentido perfeitamente congruente que têm os temas delirantes, como expressão de tendências afetivas desconhecidas pela consciência do sujeito. Essa primeira característica do delírio vale ser notada: a evidência da significação do delírio. Bem diferente da obscuridade simbólica dos sonhos, ela faz com que se diga que "no delírio o inconsciente se exprime diretamente no consciente". Notamos as dificuldades especiais que resultam disso na psicanálise dos delírios. Pode-se dizer que, ao contrário dos sonhos, que devem *ser interpretados*, o delírio é por si mesmo uma atividade *interpretativa* do inconsciente. Estamos diante de um sentido inteiramente novo que se oferece ao termo delírio de interpretação.

Que se interrogue, contudo, o doente sobre as origens históricas de suas convicções delirantes, e então aparecerá o segundo traço característico do delírio, a saber, sua *imprecisão lógica*. Nada mais difícil de apreender que o encadeamento *temporal*, *espacial* e *causal* das intuições iniciais, dos fatos originais, da lógica das deduções, no delírio paranoico, seja ele o mais puro. Falamos de *amnésia eletiva*: é muito menos sobre os fatos, sempre muito bem precisamente evocados, do que sobre suas circunstâncias, sua localização, sua coordenação, que essa amnésia parece incidir. Assim, nossa doente, que pode afirmar ter visto diversas vezes a pessoa e a imagem da sra. Z. desde sua chegada a Paris, é incapaz de evocar onde e quando ocorreram esses encontros. Do mesmo modo, não pode situar a

A Anomalia de Estrutura e a Fixação de Desenvolvimento da Personalidade de AIMÉE... 293

época nem as causas da introdução de P. B. em seu sistema delirante, mas se recorda com precisão que essa introdução ocorreu como um facho de luz. "Isso ricocheteou em minha imaginação." Mas o que acontece é que mesmo nosso termo amnésia tinha apenas um valor provisório, e é inteiramente inexato. Não se trata de modo algum de distúrbios da rememoração, que incidiram sobre fatos que é bem provável jamais terem existido. Trata-se, na realidade, de um *distúrbio da crença*. Para que o doente associe, com efeito, à imagem evocada pelas associações delirantes o *coeficiente de crença* que fez dela uma imagem integrada a seu passado, uma *imagem-lembrança*, é preciso que ele não se embarace com nenhuma referência a esse *sistema coerente* segundo o qual o homem normal organiza sua história por meio dos princípios de *lugar*, de *tempo*, de *causa* e de *identidade*.

De fato, a imagem não se apresenta para ele de outro modo que no caso ideal forjado por James, segundo o qual: "Todo objeto (imaginativo) que não se depara com contradição torna-se *ipso facto* um objeto de crença e é posto como uma realidade absoluta."[53]

---

[53] Ver James, *Psychology*, v. II, p. 288. James apoia sua demonstração em um texto de Spinoza, que infelizmente ele cita sem nenhuma exatidão. Ei-lo em sua pureza (*Ética* II, prop. 49, Escólio): "A suspensão do juízo é, pois, na realidade, uma percepção, e não uma vontade livre. Para melhor nos fazermos compreender, concebamos uma criança que imagine um cavalo alado, e não leve em conta mais nada. Uma vez que essa criação imaginativa implica a existência do cavalo e que o menino não tem nenhuma percepção que possa anular essa existência, considerará necessariamente o cavalo como presente, e não será capaz de duvidar de sua existência, embora não tenha certeza... Mas eu nego que o homem fique sem afirmar nada na medida em que ele imagina, pois imaginar um cavalo alado não é afirmar que o cavalo tem asas? Pois se a criança tem apenas diante dela o cavalo alado, ela deve necessariamente considerá-lo como presente, ela não tem nenhuma razão para duvidar de sua existência, a menos que a imagem do cavalo alado se encontre associada a uma ideia que exclui (*tollit*) sua existência." A aplicação dessa doutrina à crença própria à rememoração é dada por Spinoza no livro IV da *Ética*; ela é tanto mais interessante para a psiquiatria quanto ele demonstra o papel das "afecções da alma" na fixação *temporal* das "flutuações da imaginação".

O que encontramos na gênese do delírio é, pois, uma deficiência do princípio de contradição, tomado em seu sentido mais geral.

Por isso é que reencontramos na *organização das crenças delirantes*, do mesmo modo que nas percepções delirantes, duas ordens de distúrbios: uns se devem a estados tóxicos ou autotóxicos que, como sabemos, podem modificar diretamente o *sentimento da crença* (ver p. 115); outros dependem de *formas conceituais* próprias à psicose, formas em que se manifesta a perda dos quadros lógicos, ditos *a priori*, do pensamento normal.

Mas essa *imprecisão lógica* do delírio só ganha seu alcance na medida em que o delírio se nos afigura com *valor de realidade*. Como já mostramos, ele exprime *claramente* tendências psíquicas de que só a expressão *lógica* normal é recalcada. Além disso, conduz a *identificações explicativas e mnêmicas*, que: por serem posteriores aos distúrbios iniciais do delírio e racionalmente ilusórias, nem por isso estão menos em uma relação constante com um complexo ou um conflito, de natureza ético-sexual, e gerador do delírio (ver p. 268-269, e 270, nota 21).

Nossa posição sobre esse ponto é tanto menos suspeita quanto fomos conduzidos a ela sem ter uma ideia preconcebida. As pesquisas atentas que nos mostraram, por um lado, a imprecisão lógica do delírio e, por outro, seu alcance sempre significativo de uma certa realidade nos foram sugeridas, com efeito, pela ideia completamente oposta de demonstrar que a psicose representaria um "processo" estranho à personalidade. Técnicas de anamnese e hipóteses teóricas nos eram trazidas nesse sentido por um grande número de autores que citamos no Capítulo 4 de nossa Primeira Parte.

O estudo dos fatos nos conduziu, ao menos no tocante a uma parte das psicoses paranoicas, a conclusões inteiramente contrárias às desses autores,[54] a saber, que as concepções delirantes têm sem-

---

Essa doutrina da crença inerente a toda imagem psíquica foi retomada por Hume, e observamos que James também a adotou, apesar do valor *positivo* que ele concede, por outro lado, ao sentimento da crença.

[54] À luz de uma pesquisa atenta, muito do caráter misterioso *imediato* e *fragmentário* de certas interpretações acaba por desaparecer, sem que elas tornem a

A Anomalia de Estrutura e a Fixação de Desenvolvimento da Personalidade de AIMÉE... **295**

pre um certo *valor de realidade*, que deve ser compreendido em relação ao desenvolvimento histórico da personalidade do sujeito. A partir daí, o delírio caracterizado, como já vimos, por sua *imprecisão lógica* não revela formas conceituais que lhe sejam próprias. Parece-nos que é possível determiná-las em parte em nosso caso. Já assinalamos na análise do delírio o caráter de duplo, triplo e múltiplo emprego que nele apresentam os perseguidores em seu papel de simbolizar um protótipo real. Encontramos aí a indicação de um princípio de *identificação iterativa*, que é um modo de organização "pré-lógico", de um alcance muito geral nos delírios das psicoses.

Nas psicoses paranoicas relativamente benignas, esse princípio só se revela em certos pormenores da organização delirante, mas ele governa totalmente os delírios mais graves das grandes paranoias interpretativas esquizofrênicas e das parafrenias. É aí que se veem florescer à vontade as ideias de *recomeço*, de *repetição indefinida* dos mesmos acontecimentos no tempo e no espaço, as *multiplicações ubíquas* de uma mesma personagem, os *ciclos de morte e de*

---

ganhar, aliás, por isso, mais valor "raciocinante". Retomemos o estudo de um fato assinalado acima: a doente pretendia ter reconhecido sua própria história em um romance do escritor P. B. Ela apresenta o livro sem cerimônia a uma de suas amigas, dizendo-lhe: "Leia, sou eu que sou descrita aí." Leitura feita, sua amiga demonstra um grande espanto com esse paralelo, que mais parece um despropósito. A doente lhe replica, então, por meio de analogias cujo caráter fragmentário e superficial parece indicar uma certa dissociação mental: "Roubaram cartas da heroína e de mim também... etc... etc..."

Tivemos o cuidado de ler nós mesmos o romance referido. É a história de uma mãe que suplanta sua filha junto a seu genro. Esta encontra a morte em um atentado armado pelo marido infiel; porém, 10 anos depois, a mãe, decepcionada em seu amor, descobre o crime cometido para ela e se pune por isso ao mesmo tempo que seu amante, entregando-se por vontade própria à justiça.

É difícil, ao que parece, negar a relação direta dos temas fundamentais desse romance com os complexos e os conflitos maiores que pretendemos ter descoberto na base de delírio de Aimée. Aliás, a doente tinha podido nos exprimir espontaneamente a origem de sua crença delirante, de um modo mais feliz do que em sua resposta de defesa à sua amiga: "Lendo este livro", disse-nos ela um dia, *"eu era ao mesmo tempo esta mãe e esta filha"*.

ressurreição que o sujeito atribui à sua pessoa, as *duplas e triplas realidades* que ele reconhece simultaneamente. Pusemos em relevo essa característica em inúmeras observações e em algumas que publicamos.[55]

Não é o mesmo princípio que se reflete até nos distúrbios da percepção pela *repetição*, pela *multiplicidade*, pela *extensividade* dos fenômenos de *fausses reconnaissances*, de simbolismos ameaçadores, de significações pessoais?

O parentesco, por outro lado, das concepções que citamos com as produções míticas do *folclore* é evidente: mitos de eterno retorno, sósias e duplos dos heróis, mito da Fênix etc. O parentesco se revela ainda nítido com as formas conceituais, que desconhecem o princípio de identidade, que são características do *pensamento* "pré-lógico".

Notemos o seu parentesco mais inesperado com certos princípios gerais da ciência, a saber, os princípios de constância energética, ao menos na medida em que não os completam os princípios correlativos de queda e de degradação da energia. Esse paralelo não surpreenderá aqueles para quem o belo livro de Meyerson[56] houver mostrado a identidade formal dos mecanismos profundos de todo pensamento humano. Ele tornará claro, por outro lado, o fato, indicado por Ferenczi,[57] da predileção manifesta em inúmeros paranoicos e parafrênicos (e também dementes precoces) pela metafísica e pelas doutrinas científicas que dela se aproximam.

Acreditamos, pois, ter determinado os traços mais gerais de uma *estrutura conceitual* particular que se estende às psicoses paranoicas e às psicoses vizinhas. O estudo das variações desses traços, segundo cada tipo de psicose, parece-nos dever fornecer a pesquisas

---

[55] Tornavam-se a encontrar esses distúrbios em um dos casos publicados por Henrl Ey e Jacques Lacan, "Parkinsonisme et syndrome démentiel", Société Médico-psychologique, 12 nov. 1931, *A. M. P.*, t. II, p. 418-428. "Folies simultanées", por H. Claude, P. Migault e J. Lacan, *A. M. P.*, t. I, p. 483-490.

[56] Ver Meyerson, *Cheminement de la pensée*, já citado.

[57] Ler Ferenczi, "Observations cliniques de paranoïa et de paraphrénie", tradução em francês na *Rev. Fran. Psychanal.*, nº 1, p. 97-105, 1932.

A Anomalia de Estrutura e a Fixação de Desenvolvimento da Personalidade de AIMÉE... 297

futuras um *critério de classificação* muito mais próximo da causa real das psicoses que os mecanismos apenas contingentes (interpretação, pseudoalucinações etc.) sobre os quais se havia fundamentado até agora.

Para essas estruturas fundamentais, propomos o título de formas do pensamento paranoide.

Essas formas, que impõem sua *estrutura conceitual* ao sistema do delírio, são as mesmas que, em última análise, transformam a *percepção*.[58] Podem ser expressas a partir de quatro princípios:

1. Clareza significativa das concepções do delírio.

2. *Imprecisão lógica* e espaçotemporal de seu desenvolvimento.

3. *Valor de realidade* da expressão que elas dão de um complexo ou de um conflito, desconhecidos pelo sujeito.

4. Organização dessas concepções por um princípio pré-lógico de *identificação iterativa*.

Enfim, há uma terceira ordem de pesquisas que não deve ser excluída de um estudo verdadeiramente científico desses doentes. É a ordem de medida de seu *perigo social*. A última palavra da ciência é prever, e se o determinismo, o que acreditamos, se aplica em psicologia, deve permitir-nos resolver o problema prático que a cada dia é colocado ao perito a propósito dos paranoicos, a saber, em que medida um sujeito dado é perigoso e, especialmente, é capaz de realizar suas *pulsões homicidas*.

Aí está um problema em que há um interesse de ser tratado em si. Os casos não são raros, na prática da perícia psiquiátrica, em que o assassinato constitui por si só todo o quadro semiológico da anomalia psíquica presumida.

Um sujeito de que se pode dizer que levou uma vida exemplar pelo controle de si, pela doçura manifesta do caráter, pelo rendimento laborioso e pelo exercício de todas as virtudes familiares

---

[58] Essa identidade estrutural surpreendente entre os fenômenos elementares do delírio e sua organização geral impõe a referência analógica ao tipo de morfogênese materializada pela planta. Com certeza, essa imagem é mais válida que a comparação com a anélida que pedimos emprestado, em uma publicação anterior, às aproximações arriscadas de um ensino só verbal.

e sociais de repente mata: mata duas vezes e dois de seus mais próximos, com uma lucidez que revela a execução meticulosa dos crimes. Pensa em matar ainda e se matar em seguida, mas de repente se detém, como saciado. Ele vê o absurdo de seus crimes. Uma motivação, no entanto, o manteve até então: a de sua inferioridade, de seu destino votado ao fracasso. Motivação ilusória, pois nada em sua situação ia pior do que lhe era costumeiro, nem do que é comum a todos. Por um momento, no entanto, epifenômeno da impulsão-suicídio, o futuro se lhe afigurou fechado. Não quis abandonar os seus a suas ameaças e começou o massacre. O primeiro crime, impulsivo, como acontece mais frequentemente, mas preparado por uma longa obsessão; depois, no segundo crime, execução calculada, minuciosa, refinada. O exame psiquiátrico e biológico dos peritos, a observação prolongada durante vários meses em nosso serviço só apresentaram depois do drama resultados totalmente negativos.

Pode-se afirmar, pela análise da vida passada do doente, a presença de conflitos afetivos antigos, recalcados e de enorme alcance. Em sua infância, se revela uma das *anomalias de situação familiar* cuja ação traumatizante é a mais manifesta. Em seu casamento, a situação afetiva infantil aparece diretamente calcada. Mas a dupla opressão dos imperativos morais, pela voz de sua consciência e pelas virtudes de sua mulher, impôs ao sujeito o *recalcamento* total do ódio que essa situação implicava, e mesmo sua *inversão* em um amor com manifestações solícitas. Sua conduta sem faltas, a doçura quase humilhada de todo seu comportamento, em particular conjugal, assumem, só depois, um valor sintomático.

Mas quem teria podido discernir o sintoma antes do crime? E quem não vê que, no caso concreto cujas linhas mestras acabamos de evocar, o impulso homicida, em que se resume o quadro clínico, resume também em si mesmo toda a patogenia?

A partir daí, não podemos conceber em cada sujeito essa impulsão homicida como diretamente *avaliável*, sob a condição de meios de investigação psicológica que ultrapassam o alcance da simples observação?

Está aí precisamente o problema que nos coloca cotidianamente a clínica. Todos os observadores tendem em sua descrição a precisar, pelo menos relativamente, a intensidade, a imediaticidade, o alcance, a permanência do *impulso homicida*, particularmente nas psicoses. Sérieux e Capgras acreditam que se possa opor sob esses diferentes ângulos o perigo social do *delírio de reivindicação* e o do *delírio de interpretação*. Nossa concepção dos mecanismos do delírio pode fazer com que se compreendam esses fatos: o perigo maior, mais imediato, mais dirigido também, que os querelantes apresentam, depende do fato de que neles o impulso homicida recebe o concurso energético da consciência moral, do *ideal do ego*, que aprova e justifica o impulso. Sem dúvida, a forma sem máscara sob a qual a *obsessão* criminosa aparece aqui na consciência e a *hiperestenia hipomaníaca* concomitante se devem a essa situação afetiva, que se apresenta como o *inverso* do complexo de *autopunição*.

Ao contrário, nas *psicoses autopunitivas*, que, como já mostramos, se traduzem clinicamente por um delírio de interpretação, as energias autopunitivas do *superego* se dirigem *contra* as pulsões agressivas provenientes do inconsciente do sujeito, e *retardam, atenuam* e *desviam* sua execução.

Pode-se dizer que o próprio delírio é apenas o *epifenômeno* de tal conduta. Longe de se lastimar, como, com efeito, faz o querelante, por um prejuízo preciso, realizado, que é preciso fazer com que seu autor pague, o interpretativo crê sofrer por parte de seus perseguidores danos cujo caráter *ineficaz*, sempre *futuro*, puramente *demonstrativo*, *é* surpreendente para o observador, se ele escapar, aliás, à crítica do sujeito. Na maioria das vezes, é somente após um período não apenas *dubitativo*, mas *longânime*, que os sujeitos chegam a reagir. Mesmo essa reação, como aparece em nossa doente, terá primeiro um caráter por si mesmo demonstrativo, um valor de advertência, que deve frequentemente permitir prevenir outros mais graves: o que, como já vimos, seguramente teria podido ser feito em nossa doente. Vê-se, enfim, que, na medida mesma em que a reação assassina vai atingir um objeto que só suporta a carga de um ódio diversas vezes transferido, a própria execução, ainda que preparada, é com bastante frequência ineficaz por falta de estenia.

Por todas essas razões, pode-se dizer, com Sérieux e Capgras, que o perigo apresentado pelos delírios de interpretação é menor, menos imediato, menos dirigido que nos querelantes. Mas, quando nossos autores se exprimem nesses termos, eles visam apenas a uma verdade estatística, aliás manifesta. Em cada caso mórbido, o perigo deve ser considerado praticamente como também temível, na falta de método seguro para *avaliá-lo* no indivíduo.

Prosseguiremos nosso exame da *reação homicida* na série das psicoses.

Consideremos, em primeiro lugar, esses *delírios interpretativos* nos quais não são demonstráveis esses mecanismos de autopunição por nós descritos. Pode-se observar que ali se acentuam certas características que tendem a atenuar o perigo da psicose: recalcamento e derivação do ódio, alcance puramente demonstrativo da perseguição delirante. Do mesmo modo, as reações que acarretam são muito menos *dirigidas*, muito mais *demonstrativas* propriamente, que na forma precedente. Elas perdem, por isso, sua *eficácia*.

Em contrapartida, são dotadas de uma *brutalidade* e de uma *impulsividade* bem particulares que se devem, sem dúvida, à *ausência* da instância autopunitiva.

Há, portanto, nesse ponto da gama natural dos delírios, uma recrudescência do perigo social, uma espécie de ponto de inflexão da curva pulsional homicida.

Esse é o caso de muitos sujeitos cujo delírio paranoico não revela nenhuma estrutura autopunitiva, mas deixa aparecer nitidamente a significação de *homossexualidade recalcada*, na qual Freud insiste e cujo alcance, com efeito, parece muito geral dos delírios paranoicos.[59]

---

[59] Esse fato que resulta de numerosas observações, tomadas fora de qualquer informação do movimento psicanalítico, foi notavelmente enfatizado por um clínico tão informado quanto Guiraud, "Délire systématisé d'inversion sexuelle", *A.M.P.*, p. 128-132, jul. 1922. Ver também um caso de Janet, *Obsessions et Psychasthénie*, t. II, p. 513, e o caso *Engen W.*, relatado por Kretschmer, *op. cit.*, p. 166, e emprestado de Gaupp.

A Anomalia de Estrutura e a Fixação de Desenvolvimento da Personalidade de AIMÉE... 301

Inúmeros desses casos vêm à nossa memória: um desses sujeitos, de origem estrangeira, após 10 anos de perseguição delirante, suportada sem reação grave, vai ter na casa de um banqueiro de sua nacionalidade, que ele implicou, sem conhecê-lo, na conspiração de seus inimigos, e o abate com cinco tiros de revólver. Notemos que, nesses casos, se o alívio afetivo se produz após o assassinato, a convicção delirante persiste.[60]

Por isso, por uma série de degradações progressivas, somos levados aos delírios que estão *no limite* da paranoia e dos *estados paranoides*,[61] às *parafrenias*, depois aos *próprios estados paranoides*.

O perigo social desses doentes se acentua segundo a direção da curva esboçada pelas formas psicóticas precedentes, ou seja, em um sentido *crescente*, embora pouco sensível. Esse crescimento incide não na direção e na eficácia do assassínio, mas, sobretudo, em sua *impulsividade*, sua *brutalidade*, sua *imotivação*.

Entramos aqui, com efeito, no pleno domínio a que se refere o belo estudo de Guiraud sobre os *assassinatos imotivados*.[62] Esse autor mostra a necessidade, para explicar esses assassinatos, de se ligar à doutrina freudiana e à distinção muito geral que ela permite estabelecer entre os *crimes do Ego* (em que entram todos os crimes ditos de interesses) e os *crimes do Id* (em que entram os crimes puramente pulsionais, tais como são tipicamente encontrados na demência precoce).

Para nós, acreditamos poder acrescentar uma precisão inteiramente rigorosa na própria fronteira que delimita essas duas classes de crime. Entre essas duas classes, com efeito, nosso estudo permite determinar um tipo de crime, os crimes dos delírios dos *querelan-*

---

[60] Esses casos chegam também com bastante frequência ao suicídio. Ver o caso (típico quanto à pulsão homossexual recalcada) que Legrand du Saulle relata, *op. cit.*, p. 461-464.

[61] Ver nosso, artigo já citado, "sobre um caso de *esquizografia*".

[62] Ver Guiraud, "Les meurtres immotivés", *Evol. Psych.* 2ª série, mar. 1931, e também P. Guiraud e B. Callleux, "Le meurtre immotivé, réaction libératrice de la maladie", *A.M.P.*, nov. 1928.

tes e dos delírios de *autopunição*, que são os *crimes do Superego*. Sabe-se que essa função psíquica, por sua gênese e sua função, se revela intermediária entre o Ego e o Id.

No tocante aos assassinatos imotivados ou crimes do *Id*, Guiraud mostra precisamente seu caráter de agressão simbólica (o sujeito quer matar aqui não mais seu *ego* ou seu *superego*, mas sua doença ou, mais geralmente, "o mal", o κακόν de von Monakow e Mourgue); os casos que ele cita mostram justamente, por outro lado, a *distribuição* do perigo social desses sujeitos: suas vítimas são, com efeito, como a teoria permitiria prevê-lo, seja seus parentes próximos, seja sujeitos totalmente desconhecidos deles.

Esse rápido esboço[63] do problema de *profilaxia social* colocado pelos delirantes deve ser suficiente para justificar que o concebamos sob o ângulo inteiramente geral de um impulso *homicida primordial* no psiquismo humano. Tal concepção, que conta a seu favor com a sabedoria das nações e a tradição mais antiga, recebe dos estudos sociológicos modernos confirmações sobre as quais não podemos nos estender aqui.[64]

Sem dúvida não podemos atualmente chegar a nenhuma conclusão prática sobre o tema da *medida individual* do perigo homicida de um determinado delirante, medida que implicaria, entretanto, decisões profiláticas que se esperam do perito.

Parece-nos que a introdução em psiquiatria das técnicas da *psicanálise* permite, pela primeira vez, conceber que se ache nessa medida uma *unidade* de avaliação científica.

O psicanalista, com efeito, em seu tratamento, se apoia constantemente nas *resistências* do sujeito: elas são para ele, se podemos dizer, o termômetro do tratamento catártico, permitindo ao mesmo tempo ministrar-lhe os medicamentos e acompanhar seu progresso. O limite dessa resistência é precisamente a *reação agressiva*, cujo

---

[63] Que se reporte ao belo relatório de Lévy-Valensi várias vezes citado, a seus estudos sobre os magnicidas e ao livro de Régis, *Les régicides*, 1890.

[64] Cf. o livro de Freud, *Totem et tabou*, Payot.

perigo permanente na psicanálise das psicoses assinalamos. É concebível que, na técnica aplicável às psicoses em clínica fechada, que permite entrever os progressos da psicanálise, encontre-se um teste de *avaliação* rigorosa das *pulsões agressivas* de um dado sujeito.

Tal avaliação seria evidentemente essencial na imputação da *responsabilidade penal social*, segundo o ângulo puramente positivista da profilaxia em que se colocam atualmente um grande número de teóricos, tanto em medicina legal quanto em direito.

Não acreditamos, como já indicamos, que esse ponto de vista possa bastar em todos os casos. Nossa definição geral da personalidade, a discriminação clínica nova que introduzimos nos delírios segundo a presença ou a ausência do determinismo autopunitivo nos parecem poder fornecer a base *positiva*, que requer uma teoria mais *jurídica* da aplicação da responsabilidade penal. Esse ponto ultrapassa os limites do nosso tema, no entanto acreditamos dever indicar seus vínculos diretos com o problema que constitui o objeto de nosso estudo.

Lembramos apenas que nos fundamentando no caráter mínimo e redutível do perigo social das *psicoses de autopunição*, e em nossa concepção de seu mecanismo, assinalamos nossa preferência pela aplicação comedida de *sanções penais* para esses sujeitos.

Se uma *vigilância* e um *tratamento* psiquiátrico pudessem ser aplicados nas prisões francesas, assumiríamos essa posição de modo inteiramente afirmativo.[65]

Notemos, ao terminar, que se a psicanálise não foi posta em prática com nossa doente, essa omissão, que não se deve à nossa vontade, delimita ao mesmo tempo o alcance e o valor de nosso trabalho.

---

[65] Para esta revisão teórica, nenhuma obra nos parece suscitar pontos de vista mais seguros que a de G. Tarde, *Philosophie pénale*, Lyon, Storck, 1890.

O que será oportunamente realizado. Ver o projeto dele deposto sob o patrocínio de Claude, Ceillier e Blacque-Bellair. Temos, lembremo-lo, para nós, na opinião aqui emitida, a autoridade motivada de Vervaeck (ver p. 274, nota 28).

É preciso encerrar agora, tanto com a exposição dos fatos quanto com a elaboração teórica, esta monografia de um caso que nos pareceu conveniente ao nosso tema.

Vamos apresentar agora as conclusões gerais que acreditamos poder colocar sobre o problema das relações das psicoses paranoicas com a personalidade.

PARTE

III

EXPOSIÇÃO CRÍTICA, REDUZIDA EM FORMA DE APÊNDICE, DO MÉTODO DE UMA CIÊNCIA DA PERSONALIDADE E DE SEU ALCANCE NO ESTUDO DAS PSICOSES

Tivéramos a intenção, nesta parte de nosso trabalho, de dar, com o mínimo de comentários, extratos demonstrativos do material clínico relativamente considerável (40 observações) que sustenta nossa síntese. Os limites de tempo e de volume que se impõem nos obrigam a reservar essa exposição para publicações ulteriores. Esse adiamento nem por isso nos causa escrúpulo algum. Se nossa tese, com efeito, tem sua importância por ser alimentada pela meditação sobre os fatos e por restringi-los a um plano tão concreto quanto permite a objetivação clínica, esses mesmos fatos, e as determinações da psicose que são evidenciadas, só nos são revelados a partir de um *ponto de vista*, e esse ponto de vista, por ser mais livre em hipóteses que o de nossos predecessores, não deixa de ser um ponto de vista *doutrinário*.

É por isso que afirmamos aqui abertamente: nossa tese é, antes de tudo, uma *tese de doutrina*. É dessa doutrina que os fatos que relatamos retiram não apenas seu sentido, mas seu relevo. Pudemos apenas dar o tipo dos fatos que ela esclarece. Longe de nós a pretensão de ter dado seu conjunto. Para uma tal obra, uma pessoa apenas não seria suficiente; mas a essa obra não se poderia dar prosseguimento sem a doutrina que lhe é fundamental.

Portanto, é dessa doutrina que nos importa, sobretudo, fixar a natureza e o alcance, o valor científico e o valor metodológico.[1]

---

[1] Nós não nos utilizaremos, pois, diante de nossos juízes, dessas declarações que, ornamentadas com aparências de uma prudência só ajeitada para atrair a simpatia, são para alguns de uma preciosa ajuda para mascarar a incerteza do pensamento deles, queremos dizer de sua observação mesma. "Nós pretendemos apenas, gabam-se eles, relatar um fato", ou ainda, "Ao menos permanecerá o fato que nós relatamos". Sob essa etiqueta modesta, eles põem em circulação em seguida a mercadoria de qualquer mixórdia teórica, em que sua responsabilidade permanecerá limitada.

Não retomaremos aqui a crítica das hipóteses usadas até agora no estudo das psicoses paranoicas. Seu caráter unilateral é suficientemente demonstrado pela exposição histórica que fizemos em nossa Primeira Parte. Sua inutilidade é, por outro lado, bastante evidenciada pelo fato de que pudemos prescindir totalmente delas em nossas próprias pesquisas. Queremos aqui apenas sublinhar com um último traço seu alcance esterilizante.

A psicose, com efeito, é determinada por uma "constituição"? Por aí tudo está dito: nossos delirantes são paranoicos "inatos". Nós nos contentaremos, para nos convencermos disso, com alguns traços particulares que descobriremos no caráter manifestado pelo sujeito anteriormente à psicose. De resto, estamos tão seguros de nossa concepção que suporemos audaciosamente a existência desses traços, mesmo se nada nos comprove isso. Por que, com efeito, se ater tanto aos fatos, aí onde a causa de sua natureza fundamental, quer dizer, do "inatismo" de seu determinismo, já está decidida? A única questão interessante é saber que momento impõe a internação desses sujeitos. É verdade que esse problema poderá nos causar algum embaraço, mas nós nos sairemos sempre bem pela intuição e pelo tato.

A psicose é, ao contrário, uma *doença orgânica*? Desta vez nós detemos a causa do mal; na verdade não a detemos ainda, mas vamos detê-la, pois micróbio, vírus, tóxico ou leoplasia trata-se de um agente que o microscópio ou a proveta podem conter. Certamente, a natureza desse agente permanece bastante incerta e, coisa ainda mais estranha, ninguém pôde ainda apreender o menor traço das lesões que assinalariam sua presença, mas não devemos reconhecer

---

Os fatos não possuem neles mesmos o valor que lhes outorgam esses hábeis. A prova está em que esses famosos "fatos" se oferecem à observação dos homens desde Adão, mas que lhes apareceram, *enquanto fatos*, sob aspectos bem diferentes desde essa época longínqua: em nossos dias mesmo, o selvagem melanésio pretende, ele também, não tenhamos dúvida, "ater-se aos fatos".

É o postulado que cria a ciência, e a doutrina, o fato. O que faz o valor de nossa ciência é a lei de economia que ela se impõe nos postulados que a fundam. É nesse plano que pretendemos defender nossa tese.

sua ação nas perturbações manifestadas? É o próprio argumento do relógio e do relojoeiro, princípio das fés sólidas. Deveremos, de resto, admitir que esse agente é bastante sutil, por atingir eletivamente, entre os sistemas neurônicos, aqueles mesmos que "moerão" para o sujeito as lenga-lengas autoacusadoras de sua consciência; mais sutil ainda, às vezes, por apenas agir sobre esses registros se o sujeito, preso de algum modo sob a ação de seus semelhantes, é capaz de lhes imputar essas formulações. Certamente, uma lesão orgânica com efeitos tão *sutis* derrota e desarma; o alienista não terá, portanto, cura senão ao certificar a doença nas formas. E se a pobreza dessa intervenção humilha sua consciência médica, ele lhe dará compensações no plano especulativo, retomando a seu crédito (a nós, Helvétius e d'Holbach, Cabanis e Tamburini, sombras dos grandes materialistas!) os truísmos, esvaziados de toda virtude heurística, da organogênese do mental.[2]

Quanto a nós, acreditamos que, se pudemos apresentar aqui alguma característica *concreta* ao quadro de um tipo clínico, foi na medida mesma em que abandonamos essas hipóteses, que, pelo fato de que deixam sobreviver o espírito de pesquisa, mascaram os fatos ou os deformam e fazem com que se desconheçam os mais simples de se compreender.

Compreender, entendemos por isso dar seu sentido humano às condutas que observamos em nossos doentes, aos fenômenos mentais que eles nos apresentam. Certamente, eis aí um método de análise que é nele mesmo demasiado tentador para não apresentar graves perigos de ilusões. Mas, saibamos bem que, se o método se utiliza de *relações significativas*, utilização que funda o assentimento da comunidade humana, a aplicação delas à determinação de um fato dado pode ser regida por *critérios* puramente *objetivos*, de

---

[2] Nós não duvidamos de que, apoiados na leitura dessas linhas, alguns nos imputem alguma intenção "espiritualista". É que eles desconhecem que liberdade asseguram à nossa tese as posições modernas do materialismo, particularmente as do *materialismo histórico* e do *behaviorismo*, por meio das quais se tornou inútil e prescrito todo o aparelho do materialismo mecanicista do século XVIII. A esse respeito, acreditamos muito na ignorância dos últimos fiéis dessa doutrina.

modo a resguardá-la de qualquer contaminação pelas ilusões, elas próprias localizadas, da *projeção afetiva.*

Seria vão recusar legitimidade a tais pesquisas, seja em nome dos princípios heurísticos mais sólidos, quando elas pedem para se aplicar a domínios em que qualquer tentativa propriamente explicativa se vê reduzida a invocar as qualidades escolásticas da *constituição* ou os agentes míticos do *automatismo mental.* Mais vão ainda seria desprezá-las, quando essas relações compreensivas brotam claramente dos próprios fatos.

De resto, quem merece mais o reproche de acabar caindo na "psicologia"?

É o observador preocupado com a *compreensão*, que só aprecia os distúrbios mentais subjetivos, mais ou menos veementemente acusados pelo doente, em função de todo o comportamento objetivo de que eles são apenas os epifenômenos?

Ou então, de preferência, não seria o suposto organicista? Vemos, com efeito, este tratar as alucinações, os distúrbios "sutis" dos "sentimentos intelectuais", as autorrepresentações aperceptivas e as próprias interpretações como se se tratasse de fenômenos independentes da conduta e da consciência do sujeito que as sofre, e, inconsciente de seu erro, fazer desses eventos *objetos em si.* Se ele supõe nesses delitos o corpo de alguma lesão, aliás puramente mítica, sem dúvida esse doutrinário acredita haver assim mostrado a nulidade da "psicologia", mas ele de fato erige seus conceitos em ídolos. As abstrações da análise se tornam para ele realidades concretas. Aliás, seu desprezo por qualquer "ideologia" lhe deixará sempre ignorar seu estranho erro, e se revela assim como uma atitude vital bastante própria para assegurar seu repouso.

Quanto a nós, não tememos nos confiar a certas *relações de compreensão*, se elas nos permitem apreender um fenômeno mental como a psicose paranoica, que se apresenta como um todo, positivo e organizado, e não como uma sucessão de fenômenos mentais elementares, resultantes de distúrbios dissociativos.

Tomaremos de início todas as garantias de uma observação objetiva ao exigir, para reconhecer essas *relações de compreensão* em um comportamento dado, signos muito exteriorizados, muito típicos, muito globais. Não hesitaremos em fazer esses signos tão objetivos que o esquema possa confundi-los com aqueles mesmos que se aplicam ao estudo do *comportamento* animal.

Definiremos, por exemplo, o *desejo* por um certo *ciclo de comportamento*. Ele se caracteriza por certas oscilações orgânicas gerais, ditas afetivas, por uma agitação motora, que conforme os casos é mais ou menos dirigida, por certas fantasmas enfim, cuja intencionalidade objetiva será, conforme os casos, mais ou menos adequada; quando uma experiência vital dada, ativa ou sofrida, determinou o equilíbrio afetivo, o repouso motor e o desvanecimento das fantasias representativas, dizemos por definição que o desejo foi saciado e que essa experiência era o *fim* e o *objeto* do desejo. Pouco nos importa que as fantasias estivessem conformes ou não à imagem desse objeto, ou seja, que o desejo tivesse sido consciente ou inconsciente. O próprio conceito do *inconsciente* responde a essa determinação puramente *objetiva* do fim do desejo.

Tal é a chave *compreensiva* que aplicamos ao caso da doente Aimée, e que, mais que qualquer outra concepção teórica, pareceu-nos responder à realidade do fenômeno da psicose, o qual deve ser entendido como a psicose *tomada em sua totalidade, e* não neste ou naquele acidente que dela se pode abstrair.

A psicose de nossa doente se apresenta, com efeito, essencialmente como um ciclo de comportamento; inexplicáveis isoladamente, todos os episódios de seu desenvolvimento se ordenam naturalmente em relação a esse ciclo. Fomos forçados a admitir que esse ciclo e seus epifenômenos se organizavam de fato segundo a definição objetiva que acabamos de dar do desejo e de sua saciedade. Essa saciedade em que se reconhece o fim do desejo, nós a vimos condicionada por uma experiência certamente complexa, mas essencialmente *social* em sua origem, seu exercício e seu sentido. Nessa experiência, o fator determinante do fim do ciclo nos pareceu ser o que foi sofrido pelo sujeito, a *sanção* do evento, que seu valor especificamente social não permite designar por outro termo senão o de *punição*.

Nossas premissas metódicas nos impunham, portanto, reconhecer na experiência da *punição* o próprio objeto da *tendência* manifestada em todo o *ciclo*. A existência de tal tendência e de tais ciclos significativos sendo demonstrada, por outro lado, em psicologia humana, por um grande número de fatos, nós concebemos nosso caso como uma psicose de *autopunição*.

Permitindo revelar no comportamento do sujeito tais tendências *concretas*, não apenas nosso ponto de vista dá conta dos fenômenos da psicose de maneira bem mais completa e rigorosa que as doutrinas clássicas, mas ainda ele mostra sua verdade no que dá uma concepção, muito mais satisfatória que essas próprias doutrinas, dessa parte de realidade que as sustenta.

Com efeito, lá onde as doutrinas do *automatismo mental*, essencialmente fundadas no estudo dos fenômenos ditos *elementares*, fracassam manifestamente e sem recurso, a saber, na concepção dos mais enigmáticos desses fenômenos, e eminentemente do sintoma *interpretação* – nosso ponto de vista, ao contrário, permite dar uma concepção coerente do papel que desempenham aí os fatores orgânicos, seja por intermédio de um obscurecimento fisiológico da consciência (*estados oniroides*), seja sob o modo de uma imobilização da energia psíquica, ligada às tendências concretas que salientamos no comportamento (*estados psicastênicos*).

Lá, por outro lado, onde as doutrinas da *constituição* pisicopática tropeçam, a saber, quando precisam dar conta das diversidades *caracterológicas* manifestas que revelam os antecedentes da psicose paranoica – nosso ponto de vista explica racionalmente esse polimorfismo por uma variação de intensidade das *tendências concretas* que a determinam. A simples noção, com efeito, de um deslocamento, que pode ser ínfimo, da economia da tendência autopunitiva, permite conceber que casos, cuja contiguidade genética é demonstrada por mil afinidades semiológicas, se manifestem uns por traços do caráter dito *paranoico* e pelos sintomas de uma psicose de *reivindicação*, outros por um caráter *psicastênico* e uma psicose de *autopunição*. Nós mostraremos isso claramente com um exemplo.

Reconhecer, portanto, nos sintomas mórbidos, um ou vários *ciclos de comportamento* que, por anômalos que sejam, manifestam uma tendência concreta que se pode definir em *relações de compreensão*, tal é o ponto de vista que trazemos ao estudo das psicoses.

Os quadros mais gerais dessas *relações de compreensão*, nós os apresentamos em nossa definição dos fenômenos que chamamos *fenômenos da personalidade*.

Definimos aí, com efeito, uma ordem de fenômenos por sua essência humanamente *compreensível* – quer dizer, por um caráter social, cuja gênese, ela própria social (leis mentais da participação), explica a existência de fato. Entretanto, esses fenômenos têm, por um lado, o valor de *estruturas* fenomenologicamente dadas (momentos *típicos* do *desenvolvimento* histórico e da *dialética* das intenções); por outro lado, eles estão na dependência de uma especificidade somente *individual* (momentos *únicos* da *história* e da *intenção* individuais). Esses três polos do *individual*, do *estrutural* e do *social* são os três pontos de onde podemos ver o fenômeno da personalidade.

O ponto de vista do *individual*, no fenômeno da personalidade, é o mais marcante para a intuição; é ele que prevalece no uso da língua; mas é inutilizável cientificamente por definição.

O ponto de vista do *estrutural*, no fenômeno da personalidade, nos leva de saída à consideração metafísica das essências, ou, pelo menos, à *Ausfhaltung* fenomenológica do método husserliano. Ele é em si mesmo estranho ao determinismo *existencial* que define toda ciência.

É de uma confusão bastarda desses dois primeiros pontos de vista, um e outro excluídos pelas próprias condições da ciência, que nasceu a doutrina das constituições psicopatológicas. Essa doutrina estava, portanto, destinada a se esgotar, no plano dos fatos, nesse verbalismo puro de que pudemos fazer reproche nas especulações escolásticas mais vazias de substância.

O ponto de vista do *social*, no fenômeno da personalidade, nos oferece, ao contrário, uma dupla tomada científica: nas estruturas mentais de compreensão que engendra de fato, ele oferece uma *ar-*

madura conceitual comunicável; nas interações fenomenais que ele apresenta, ele oferece *fatos* que têm todas as propriedades do *quantificável*, pois são moventes, mensuráreis, extensivos. Aí estão duas condições essenciais a qualquer ciência, portanto a qualquer ciência da personalidade.

Eis por que, ao definir a personalidade, demos toda ênfase do ponto de vista do social; nós o exprimimos, com efeito, nas três funções que reconhecemos na personalidade, sob os atributos da *compreensibilidade* do desenvolvimento, do *idealismo* da concepção de si mesmo, enfim como a própria função da *tensão social* da personalidade, em que os dois primeiros atributos do fenômeno se engendram de fato pelas leis mentais da *participação*.

Mas, inversamente, pela via dessas *relações de compreensão*, é o próprio *individual* e o *estrutural* que visamos a atingir, tão longe quanto possa ser cingido o concreto absoluto.

Para o fundamento de tal ciência dos fatos concretos da psicologia, dispomos, acabamos de dizer, de uma armadura conceitual e de uma ordem específica de fenômenos mensuráveis. Uma condição nos falta ainda, sem a qual não poderíamos fundar ciência alguma de tal objeto, mas somente nos consagrarmos a uma espécie de leitura puramente simbólica desses atos, é a condição de um *determinismo*, que seja *específico* desses fenômenos.

É aqui, e aqui apenas, que fazemos uma hipótese: se rejeitamos aquelas das doutrinas clássicas, não deixamos nunca nós mesmos, de resto, de pretender forjar uma. Essa hipótese é de que existe um determinismo que é específico da ordem definida nos fenômenos pelas *relações* de compreensibilidade humana. Esse determinismo, nós o chamamos de *psicogênico*. Essa hipótese merece o título de *postulado*; indemonstrável, com efeito, e pedindo um assentimento arbitrário, ela é em todos os pontos homóloga aos postulados que fundam legitimamente qualquer ciência e definem para cada uma, ao mesmo tempo, seu objeto, seu método e sua autonomia.

Mostramos que, desse postulado, cada um se serve implicitamente, desde que estude os fenômenos concretos da psicologia humana; que o médico, o perito, o psiquiatra, quer saibam ou não, se referem a ele constantemente (ver p. 36). Se esse postulado exprimisse um erro e não houvesse aí determinismo psicogênico, seria inútil falar de outro modo senão com figuras poéticas do comportamento do homem, e, consequentemente, daqueles fenômenos psicopatológicos que nada mais são do que atipias desse comportamento.

Mas o espírito humano já passou além e, sob os diversos aparelhos que designam os títulos de *psicanálise*, de *psicologia concreta*, de *Individual-psychologie*, e de *caracterologia* (no alcance que Klages dá a esta última ciência), uma ciência já colocou seus pontos de esboço, que não é outra senão a parte propriamente humana da psicologia: nós a chamamos de *ciência da personalidade*.

Essa ciência, conforme nossa definição da personalidade, tem por objeto o estudo *genético* das funções *intencionais*, nas quais se integram as relações humanas de ordem *social*.

É uma ciência *positiva*. Como tal, ela não abarca todo o estudo dos fenômenos da personalidade, já que como nós bem a enfatizamos no processo dialético pelo qual definimos seu objeto, há um ponto de vista, estrutural e formal, sobre esses fenômenos, que lhe escapa. Esse ponto de vista constitui o objeto de uma ciência não positiva, mas *gnoseológica*, que se pode chamar de *fenomenologia da personalidade*. Pode-se dizer que ela é o complemento filosófico da ciência positiva, complemento tanto mais útil que, ao ignorar seu domínio, corre-se o risco de introduzir nessas matérias delicadas (nós salientamos mais adiante um exemplo disso) graves confusões metódicas.[3]

Sendo assim definida a ciência da personalidade, pode-se ver claramente a *natureza de nossa tese*: ela se sustenta na afirmação doutrinal de que os *fenômenos mórbidos*, que a psicopatologia situa dentro do quadro da *psicose*, dependem dos *métodos* de estudo próprios aos *fenômenos da personalidade*.

---

[3] Os dados da *fenomenologia* podem, de fato, fornecer preciosos quadros à *ciência* mesma da personalidade. Ela é justamente a ciência, de resto, em que nenhuma experiência da cultura, com a condição de que sejam mantidas rigorosas definições metódicas, será inútil ao observador. Saibamos apenas o uso comum que fizeram da ascese nitzschiana todos aqueles que, na Alemanha, trouxeram a essa ciência algum ensaio coerente.

Tratemos agora de mostrar o alcance dessa afirmação.

Pudemos mostrar, pelo estudo de um caso de psicose, uma aplicação notável dela. Não retomaremos aqui a descrição clínica e a concepção teórica que demos do tipo de *paranoia de autopunição*. Seu valor, a nossos olhos, reside no fato de que, tanto no estudo dos sintomas quanto das causas da psicose, nós nos referimos ao *concreto*, em uma medida bem superior às descrições e teorias anteriores, e na própria medida em que aplicamos o método por nós definido como *compreensivo*. Em que medida nós efetivamente chegamos a isso, é o que cada um julgará referindo-se à nossa própria exposição, particularmente ao Capítulo 4 de nossa Parte II.

O que queremos destacar aqui não é a fecundidade desse método, que não poderia de resto ser posto em questão pelo trabalho de um único pesquisador, mas inversamente o que nosso estudo de um caso, segundo um progresso que deve assegurar cada nova pesquisa, traz ao próprio método como confirmação de suas premissas e como dados novos para o prosseguimento de sua aplicação.

Para a confirmação das premissas do método, o tipo clínico de nosso caso se revela como de tal modo favorável que sem dúvida o é a título de realizar um verdadeiro *ponto geométrico* do problema das relações da psicose e da personalidade.

Será difícil, desde que o alcance dessa ciência terá se estendido um pouco nos fatos, não usar para ordená-los certas noções de aparência metafísica – a ideia que funda, por exemplo, a caracterologia de Klages e que ele exprime como a manifestação na ordem humana de um conflito entre o *Espírito* e a *Vida*. Consideramos que tal ponto de vista não tinha lugar em um trabalho que se apresenta como inaugural de um método rigoroso em uma ciência puramente positiva. Notemos, no entanto, que ele não deixa de trazer clarezas profundas sobre o caso fundamental de nosso estudo. De resto, nós já expusemos isso sumariamente em uma conferência dada sobre esse caso mesmo, diante do grupo da *Éducation psychiatrique*.

Ao leitor curioso por se iniciar nos problemas próprios da fenomenologia da personalidade, indiquemos, além dos trabalhos de uma exposição muito rigorosa de Klages, um livro que, por ser de uma composição um pouco confusa, permanece bastante sugestivo: aquele, já cita-o, de Max Scheler, *Nature et formes de la sympathie* (trad. franc. de Lefebvre, Payot); particularmente as páginas 311-384, em que é estudado o problema, tão fundamental para toda a psiquiatria e psicologia empírica, dos fundamentos fenomenológicos do *ego de outrem*.

Exposição Crítica, Reduzida em Forma de Apêndice, do Método... 317

A psicose paranoica de autopunição, com efeito, não revela apenas seu valor de fenômeno de personalidade por seu desenvolvimento coerente com a *história vivida* do sujeito (ver Capítulo 3 da Parte II), seu caráter de manifestação ao mesmo tempo consciente (delírio) e inconsciente (tendência autopunitiva) do *ideal do eu*, e sua dependência das tendências psíquicas próprias às *relações sociais* (tensões traduzidas imediatamente tanto nos sintomas e conteúdos do delírio quanto em sua etiologia e seu desenlace reacional).

A psicose de nosso caso mostra, além disso, em seu alcance integral, as características mais delicadas que nossa definição reconhece em um fenômeno da personalidade, a saber:

1. *Sua significação humanamente compreensível*, que se mostra na dependência exaustiva que demonstram, tanto em sua evolução quanto em seu conteúdo, os sintomas mentais da psicose em relação às experiências vividas da doente.

2. *Suas virtualidades de progresso dialético*, que se manifestam em muitos dos traços da progressão delirante, mas ao máximo na cura do delírio, que tem aqui o valor de qualquer *catharsis* de manifestações conceituais. Essa cura não representa efetivamente para o sujeito nada menos que uma liberação de uma concepção de si mesmo e do mundo, cuja ilusão se devia a pulsões afetivas desconhecidas, e essa liberação se realiza em um choque com a realidade. Certamente, diferentemente das *catharsis* ascéticas, propedêuticas ou terapêuticas, essa *catharsis* espontânea não se produz em uma inteira tomada de consciência dessa realidade; entretanto, seu alcance de resolução conceitual é suficiente para lhe assegurar, ao menos sob um modo inicial, o valor de um progresso dialético.

3. *Sua abertura à participação social*. Pôde-se ver, com efeito, que é pela própria via desses distúrbios afetivos e mentais que a doente soube tomar com as ideias, as personagens e os acontecimentos de seu tempo um contato muito mais íntimo e amplo, ao mesmo tempo em que sua situação social não o comportava. As próprias concepções da psicose, algum descrédito que lhes traz sua motivação radicalmente individual que é o próprio fato do delírio, traduzem, entretanto, curiosamente, certas formas, próprias à nossa

civilização, da participação social. Não é, com efeito, nada menos que um papel como esse que é assumido, junto das massas humanas características dessa civilização, pela imagem da *vedete*, seja a do jornal ou a da tela. Não é aqui o lugar de julgar se tais imagens podem satisfazer às necessidades de êxtase espetacular e de comunhão moral próprias à personalidade humana e suprir os ritos orgiásticos ou universalistas, religiosos ou puramente sociais, que as exprimiram até então. Não é, também, aqui o lugar de examinar se o prestígio dessas imagens, apesar de seu alcance puramente quantitativo, não está ligado ao caráter particularmente abstrato e desumano do trabalho urbano e industrial, seja o do operário na linha de montagem ou o do contador ou da funcionária dos correios. Certamente, é difícil não sentir que desordem psíquica coletiva deve resultar da privação das satisfações vitais que o homem encontrou ancestralmente em seu trabalho de agricultor ou de artesão, e que são profundamente ordenadas por um simbolismo nutritivo e sexual.

Seja como for, é evidente que o tema maior do delírio de nossa doente não é nada mais que essa imagem que designamos como uma forma moderna da participação social, a saber, a da vedete do teatro ou do livro; homem, teria sido do esporte ou da exploração. A situação vital de nossa doente, camponesa desenraizada, nos faz conceber que uma imagem como essa tenha podido servir de motivo comum a seu ideal e a seu ódio.

Um ponto particular, que razões de discrição nos impediam de desenvolver, mostra bem ainda essa abertura à participação social que caracterizamos nessa psicose: é a crença que encontraram em certos meios imputações de nossa doente contra seus principais perseguidores, principalmente quanto à divulgação literária de sua vida.[4] Não é inconcebível que em uma época menos cética que a

---

[4] Nós não podemos insistir sobre esse ponto curioso da história de nossa doente. Notemos, entretanto, que, ao se estender a certos círculos do mundo literário parisiense, esse crédito dado ao delírio de nossa doente não parecia encontrar, pelo menos seria exagerado pretendê-lo, o meio eletivo que a teoria clássica atribui ao contágio mental coletivo.

nossa, em um ambiente social de fanatismo moralizante, por exemplo, nossa doente tivesse podido passar por uma espécie de Charlotte Corday.

Assim são dadas, ao menos para um certo tipo, confirmações maiores à nossa assimilação doutrinal da psicose a um fenômeno da personalidade. Vamos agora examinar o alcance de nosso estudo para o futuro do método.

Esse alcance se deve em grande parte ao concurso que se manifesta entre os dados de nossa observação e os das pesquisas psicanalíticas. É, com efeito, como um *concurso* imposto pelos atos que é preciso considerar o socorro que parecemos tirar dos dados da psicanálise.

Mas, ao constatar esse concurso dos fatos, fomos levados apenas pela exigência de nosso próprio método, a saber, a lei que ele nos impunha de uma informação tão exaustiva quanto possível sobre a vida da doente. Desde então foram impostas a nós só por sua evidência essas três ordens de fatos, negligenciadas até aqui no estudo das psicoses:

1. A preeminência, na *semiologia concreta* da personalidade da doente anteriormente à psicose, das anomalias do comportamento relativas à *esfera sexual*; preeminência manifestada pelo apragmatismo das relações familiares, das relações amorosas heterossexuais, das relações conjugais e maternais; signos de inversão psíquica; dom-juanismo, platonismo etc.

2. A preeminência, no *determinismo etiológico* da psicose, de *um certo conflito*; preeminência que se marca tanto na evolução do delírio (simetria da evolução do conflito e do delírio) quanto em sua própria estrutura (manifestadamente simbólica do conflito).

3. A preeminência, no *valor patogênico* desse conflito, de sua ligação direta com a *história afetiva infantil* da doente, na medida em que se trata de um conflito com sua irmã; preeminência que se revela tanto pelo desconhecimento sistemático do conflito na realidade quanto pela ausência eletiva, na "análise lógica" tão clara e completa quanto lhe dá o delírio, desse único traço que faz dele um conflito fraterno.

Na tripla preeminência desses dados até aqui desconhecidos na psicose, a saber, das anomalias do comportamento sexual, do papel eletivo de certos conflitos e de seu elo com a história infantil, não podemos deixar de reconhecer as descobertas da psicanálise sobre o papel primordial, em psicopatologia, da sexualidade e da história infantis.

Assim se apresenta nossa posição com relação aos dados de observação da psicanálise; parece-nos essencial defini-la igualmente em relação às duas outras ordens de dados da psicanálise: os dados de técnica e os dados de doutrina.

A *técnica* da psicanálise teve seu nascimento, como se sabe, no estudo dos sintomas das neuroses e se exprime, em grande parte, por uma *semântica* do comportamento e das fantasmas representativas. Essa semântica toma seu valor dos dados imediatos da *experiência catártica* em que está integrada, ou de uma referência a esses dados, mas suas interpretações se apresentam muito frequentemente como um simbolismo bastante complexo e longínquo. Isso é suficiente para estabelecer que nosso método, fundado em *relações de compreensão* imediatamente apreensíveis nos fenômenos, abstém-se em princípio de utilizar essas relações simbólicas. De resto, ele prescinde destas tanto mais facilmente na interpretação das psicoses quanto os sintomas destas, como mostramos, nada deixam a desejar quanto à sua clareza significativa.

O único dado da técnica psicanalítica que tivemos em conta foi o valor significativo que atribuímos às *resistências* da personalidade do sujeito, ou seja, particularmente a seus desconhecimentos e denegações sistemáticos. Mas trata-se aí de uma reação psicológica cujo alcance, por ter sido brilhantemente utilizado pela psicanálise, nem por isso deixa de ter sido reconhecido bem anteriormente ao aparecimento dessa ciência.[5] De resto, o valor crítico das *resistên-*

---

[5] Que nos seja suficiente, sem remontar mais acima, evocar a ênfase, dada a essa reação pelos ensaístas e moralistas da tradição francesa, de La Rochefoucauld a Nietzsche.

Exposição Crítica, Reduzida em Forma de Apêndice, do Método... **321**

cias da personalidade foi colocado por nós como um dos pontos fundamentais de nosso estudo dialético de sua fenomenologia. Se nos referirmos a ele, veremos o valor que outorgamos a esse ponto (ver p. 30).

Permanece a questão do empréstimo, que fizemos ou poderíamos fazer, da *doutrina* própria da psicanálise.

Por meio de um exame sério, esse empréstimo se reduz a dois postulados dogmáticos que têm o valor de conceitos extremamente gerais, a saber:

1. Que existe uma certa *tipicidade do desenvolvimento* da personalidade, quer dizer, uma certa coerência típica entre sua *gênese* e sua *estrutura*.

2. Que existe uma certa *equivalência* ou *medida comum* entre os diversos fenômenos da personalidade, equivalência que se exprime no uso comum do termo, impreciso porém imposto pelas necessidades do pensamento, de "energia psíquica".

Esses dois postulados – nós voltaremos a eles – são idênticos aos postulados cujo valor fundamental para a ciência da personalidade já estabelecemos, e se impõem, por sua necessidade epistemológica, mais ou menos implicitamente, a todos os psicólogos que abordam a conduta humana concreta. Mas, dado o pouco de realidade apreendido até aqui pela nascente ciência da personalidade, esses postulados parecem oferecer apenas um pequeno ponto de apoio ao pensamento, sobretudo para os espíritos que se formaram somente nas representações da clínica, e cuja reflexão, por esse fato mesmo, não pode prescindir de imagens intuitivas. É nesse sentido, mas apenas nesse sentido, que falamos de empréstimo da psicanálise. Sua doutrina, com efeito, dá a esses postulados uma forma intuitivamente mais apreensível ao materializá-los, quer dizer:

1. Ao dar, à noção de energia psíquica, o conteúdo do instinto sexual ou da entidade da *libido*, entidade que mostramos, aliás, em que sentido extremamente amplo é preciso entendê-la.

2. Ao dar, da estrutura da *libido* nos diferentes *estádios* do desenvolvimento da personalidade, uma descrição da qual não se

pode desconhecer o caráter igualmente muito geral, mas que lhe fixa certos traços reconhecidos. Graças a essa descrição, podemos, no exemplo de nosso caso, referir imediatamente a anomalia genética da intenção autopunitiva a um estádio de organização da *libido*, que a doutrina descreve como uma erotização correlativa do órgão anal, da tendência sádica e do objeto fraterno segundo uma escolha homossexual.

Mas tais dados, como vimos, nos foram trazidos diretamente pelo exame dos fatos. O que devemos à psicanálise no reconhecimento desses fatos se limita à confirmação deles pelos dados adquiridos no estudo das neuroses e pelas correlações teóricas estabelecidas sobre esses dados.

Mas é preciso que se diga que nossa pesquisa sobre as psicoses retoma o problema no ponto a que a psicanálise chegou.

A própria noção de *fixação narcísica*, na qual a psicanálise funda sua doutrina das psicoses, permanece muito insuficiente, como manifesta bem a confusão dos debates permanentes sobre a distinção do *narcisismo* e do *autoerotismo* primordial – sobre a natureza da libido que concerne ao Ego (o Ego sendo definido por sua oposição ao Id, a *libido* narcísica provém do Ego ou do Id?) – sobre a natureza do próprio Ego, tal como é definido pela doutrina (ele é identificado com a consciência perceptiva, *Wahrnehmung-Bewusstsein*, e com as funções pré-conscientes, mas ele é também, em parte, inconsciente no sentido próprio da doutrina)[6] – sobre o próprio valor econômico dos sintomas que mais solidamente fundamentam a teoria do narcisismo (sintomas de *despersonalização*, ideias *hipocondríacas*: trata-se aí de fatos de *superinvestimento* ou de *desinvestimento* libidinal? É sobre isso que as opiniões variam completamente).[7]

---

[6] Cf. o ensaio já citado de Freud sobre "O Ego e o Id", nos *Essais de Psychanalyse*, Payot.

[7] Cf. O. Fenichel, *Perversionen, Psychosen* etc., já citado, p. 75.

A concepção do *narcisismo* repousa sobre interpretações de sintomas, cuja audácia e cujo valor incontestavelmente exaltante para as pesquisas reconheceremos, se nos referirmos não só ao domínio das psicoses em que elas se exerceram como também à época prematura em que se produziram. Sabe-se, com efeito, que as primeiras bases dessa concepção são lançadas em um estudo de Abraham sobre a demência precoce, datado de 1908.[8] Seguramente, a concepção do narcisismo retira sua verdade do fato de se fundar na significação muito evidente, sob o próprio ponto de vista que é o nosso, de certos sintomas, como, por exemplo, a "perda dos objetos" (*Objektverlust*), tal como a encontramos sob formas um pouco diferentes na hebefrenocatatonia e na melancolia. Mas o caráter malformado dessa concepção se marca bem na estagnação de sua elaboração e na enorme elasticidade de sua aplicação.

É preciso reconhecer, com efeito, que a teoria relaciona a esse estado narcísico da organização libidinal todo o domínio das psicoses, sem distinção segura, desde a paranoia e a paranoidia até a esquizofrenia, passando pela maníaco-depressiva (cf. o quadro tomado emprestado a Ferenczi, p. 255). O narcisismo, de fato, se apresenta na economia da doutrina psicanalítica como uma *terra incógnita*, que os meios de investigação provenientes do estudo das neuroses permitiram delimitar quanto às suas fronteiras, mas que permanece mítica e desconhecida no seu interior.

Quanto a nós, pretendemos retomar o estudo desse domínio, segundo uma doutrina cujas *premissas* nós definimos, e pelo *método* científico comum, quer dizer, fundamentando-nos na observação dos fatos e nos postulados epistemológicos que, em qualquer ciência, conferem seu valor às correlações observadas.

Considerando que essas premissas repousam essencialmente na *compreensibilidade* do comportamento humano, e que esse método nos obriga a ir do conhecido ao desconhecido, partiremos das psicoses que são mais acessíveis à compreensão, para penetrar, pela

---

[8] Abraham, *Die psychosexuellen differenzen der hysterie und der dementia praecox*, já citado, 1908.

progressão sistemática de nosso método, nas psicoses que são menos acessíveis e estão qualificadas por um título que já reflete esse critério, como *psicoses discordantes.*

Nós não recorreremos para essa pesquisa senão a um dos postulados fundamentais que exprimimos anteriormente, a saber, que existe uma certa *coerência natural* entre os diversos elementos que nos revelará nossa análise da personalidade nas psicoses: essa coerência define *estruturas* e só pode ser concebida com alguma relação à sua *gênese.*

Quanto a esses elementos, sua importância relativa na psicose se revelará pelo próprio progresso das pesquisas. Baseados em nosso estudo, já os agrupamos em três graus de importância primordial (ver o § III, B, do Capítulo 4 de nossa Parte II), a saber:

1. As *situações da história infantil* do sujeito.

2. As *estruturas conceituais* que seu delírio revela.

3. As *pulsões e as intenções* que seu comportamento social traduz.

Há, entretanto, um ponto da teoria psicanalítica que nos parece particularmente importante para nossa doutrina e nela se integra imediatamente. É precisamente a concepção que ela dá da gênese das funções de *autopunição* ou, segundo a terminologia freudiana, do *Superego.*

Em um estudo notável cuja enorme repercussão, tanto dentro quanto fora de sua escola, está longe de se esgotar, Freud definiu a diferenciação fundamental, no psiquismo, das funções do *Ego* e do *Id.* Pode-se perceber aí a virtude de seu método,[9] tão profundamente compreensivo no sentido em que entendemos esse termo. Digamos, no entanto, que a nosso ver a oposição freudiana do *Ego* e do *Id* parece sofrer de uma dessas confusões, cujo perigo sublinhamos antes, entre as definições *positivas* e as definições *gnoseológicas* que se podem dar dos fenômenos da personalidade. Em outras palavras,

---

[9] Referir-se aos dois estudos de Freud já citados: "O Ego e o Id" e "Além do princípio de prazer", *Essais de Psychanalyse*, Payot.

a concepção freudiana do *Ego* nos parece pecar por uma distinção insuficiente entre as tendências concretas, que manifestam esse *Ego* e apenas como tais dependem de uma gênese concreta, e a definição abstraía do *Ego* como sujeito do conhecimento. Basta, com efeito, remetermo-nos ao estudo de Freud para notar que ele faz da "consciência-percepção" (*Wahrenhmung-Bewusstsein*) o "próprio núcleo" do *Ego*,[10] mas que, por isso, ele não se acha obrigado a diferenciar o *Ego* por uma gênese outra que *tópica*. O *Ego* seria apenas a "superfície"[11] do *Id* e só se engendraria por contato com o mundo exterior; contudo, Freud invoca em sua gênese a virtude de um *princípio de realidade*,[12] que evidentemente se opõe ao *princípio do prazer*, pelo qual são reguladas as pulsões do *Id* humano, como de toda vida. Ora, esse *princípio de realidade* não é de modo algum separável do *princípio do prazer*, se não comporta pelo menos a raiz de um *princípio de objetividade*. Isto é, esse *princípio de realidade* só se distingue do *princípio do prazer* em um plano *gnoseológico*, e que, assim sendo, é ilegítimo fazê-lo intervir na gênese do *Ego*, uma vez que ele implica o próprio *Ego* como sujeito do conhecimento.

Seríamos injustos se imputássemos essas proposições críticas a qualquer desconhecimento do imenso gênio do mestre da psicanálise. Elas só estão aqui para melhor colocar em evidência o valor *positivo* de sua doutrina sobre a gênese do *Superego*.

Freud situa a gênese desse *Superego*[13] ou *Ideal* do *Ego* (*Über-Ich, Ich-Ideal*) em um momento evolutivo posterior à diferenciação do *Ego*. Entendamos que nesse momento o *Ego* e, por implicação, o mundo exterior já estão diferenciados "na superfície" do *Id*, quer dizer, da soma das pulsões cegas, mediante as quais se manifesta a vida, na medida em que, em sua aderência primordial ao mundo, ela não se conhece ainda como distinta dele.

---

[10] Freud, *Essais de psychanalyse*, citados, p. 189.

[11] Freud, *ibid.*, p. 184.

[12] Freud, *ibid.*, p. 194.

[13] Cf. o capítulo sobre o Superego no estudo citado de Freud, *ibid.*, p. 194-206 da ed. francesa, p. 31-47 do livreto alemão de 1923: *Das Ich und das Es*, Viena, I.P.V.

Esse *Superego*, Freud o concebe como a *reincorporação* (termo aqui justificado, apesar de sua estranheza aparente no estudo de fenômenos psíquicos), como a *reincorporação*, diz ele, ao *Ego* de uma parte do mundo exterior. Essa *reincorporação* incide sobre os objetos cujo valor *pessoal*, do ponto de vista genético social em que nós mesmos definimos esse termo, é maior: com efeito, ela incide nesses objetos que resumem em si mesmos todas as coerções que a sociedade exerce sobre o sujeito, sejam os pais ou seus substitutos. É pelo menos a esse título que eles são reintegrados nesse momento na estrutura individual, segundo uma *identificação secundária* do *Ego*, cuja diferença genética fundamental com a *identificação primária* de "Édipo" Freud tem o cuidado de acentuar.

Como explicar essa reintegração? Por um fim *puramente econômico*, isto é, inteiramente submetido ao *princípio do prazer*. Tal identificação é feita inteiramente em benefício do *Id*, o que lhe agrada duplamente: com efeito, o *Id* aí encontra uma compensação parcial para a perda, que lhe é infligida cada vez mais rudemente, dos objetos parentais em que estavam ligadas suas primeiras pulsões libidinais; por outro lado, na medida mesma em que essa identificação supre as coerções repressivas, reproduzindo sua instância no próprio sujeito, o *Id* sente aliviar-se a dureza dessas coerções. O fenômeno essencial é, pois, o de uma *introjeção* libidinal no sujeito, que permite a Freud definir todo o processo com o termo *narcisismo secundário* (termo cujo alcance ressaltamos em lugar útil; p. 256).

Podemos observar que o sujeito é aliviado da tirania dos objetos externos na medida dessa introjeção narcísica, mas na medida também em que, em razão dessa introjeção mesma, *ele reproduz esses objetos e lhes obedece*.

Tal processo não esclarece, de maneira notável, a gênese econômica das funções ditas *intencionais*? Com efeito, vemo-las aqui nascer das *tensões* energéticas criadas pela *repressão social* das pulsões orgânicas inassimiláveis à vida do grupo. Elas demonstram, ao mesmo tempo, sua equivalência energética com essas pulsões reprimidas, por sua dependência de um princípio evolutivo de economia que não é outro senão a definição objetiva do princípio do prazer.

Exposição Crítica, Reduzida em Forma de Apêndice, do Método... 327

Esse processo, pela função de autopunição, nós o apreendemos com certeza. Mil fatos da psicologia infantil e da psicopatologia do adulto nos confirmam sua legitimidade. Ele é imediatamente compreensível.

Em que medida todas as funções intencionais do Ego e mesmo as primeiras definições objetivas se engendram de maneira análoga é o que só podemos esperar saber mediante as vias de pesquisas futuras, dentre as quais o estudo das psicoses ditas discordantes parece nos oferecer esperanças maiores.

Podemos apenas afirmar que a gênese da *função de autopunição* revela-nos com clareza a estrutura concreta, de natureza imitativa, de um dos fundamentos vitais do conhecimento. Por outro lado, o determinismo social dessa gênese ganha um alcance muito geral pelo fato do antropomorfismo primordial de todo conhecimento, reconhecido tanto na criança quanto no "primitivo". Digamos, para nos exprimirmos mais rigorosamente segundo nossa terminologia, que a questão que se coloca é a de saber se todo conhecimento não é de início *conhecimento de uma pessoa* antes de ser *conhecimento de um objeto*, e se a própria noção de *objeto* não é, para a humanidade, uma aquisição secundária.

O que quer que resulte dessas conclusões teóricas, essa exposição das doutrinas freudianas sobre o *Ego* e o *Superego* faz ressaltar muito bem a acessibilidade científica de toda pesquisa sobre uma tendência concreta, a *tendência autopunitiva*, por exemplo, opondo-a à confusão engendrada por toda tentativa de resolver *geneticamente* um problema de ordem *gnoseológica*, como o do Ego, se o consideramos como lugar da percepção consciente, isto é, como sujeito do conhecimento.

Por outro lado, vemos que se nos impõem, no estudo genético e estrutural dessas tendências concretas, noções de *equivalência energética* que só podem ser fecundas. Essas noções, aliás, introduzem-se por elas próprias em toda pesquisa psicológica, uma vez que esta última visa aos fenômenos concretos.

Com efeito, basta abrir os trabalhos de qualquer pesquisador nesse domínio para constatar que ele faz dessas noções um uso que

328 Da Psicose Paranoica em suas Relações com a Personalidade | Jacques Lacan

ultrapassa em muito o alcance da metáfora. Sem esse recurso ao *conceito energético*, por exemplo, a concepção kretschmeriana dos caracteres permanece ininteligível. Somente esse conceito dá um sentido a noções – cujo alcance sob a pena de Kretschmer nós já precisamos (ver p. 81) – como as de *condução* e de *retenção psíquica*, de *atividade intrapsíquica* etc. Somente ele permite compreender especialmente a concepção, dada por Kretschmer, do *caráter sensitivo*, e no que ela difere daquela de Janet sobre a *psicastenia*: a saber, que o desenvolvimento *sensitivo* do caráter comporta não uma pura *degradação* da energia psíquica, mas uma *introjeção* dela, e que essa energia imobilizada é, a partir daí, suscetível de se descarregar, eventualmente, em uma "eficácia social", às vezes atípica, é verdade, mas demonstrada pela clínica.

Não podemos nos estender sobre a presença do *conceito energético* em toda *compreensão* manifesta do comportamento; ser-nos-ia fácil revelá-la sob mil formas, tanto nas *fixações* e *investimentos* libidinais da doutrina freudiana quanto nas diversas concepções sobre a *esquizoidia* ou a *introversão*, originárias da Escola de Zurique.

É que a introdução desses conceitos energéticos relaciona-se não com os fatos, mas com as próprias necessidades do espírito. As pesquisas epistemológicas mais recentes[14] demonstraram abundantemente que é impossível pensar cientificamente, e mesmo pensar simplesmente, sem implicar de algum modo os dois princípios fundamentais de uma certa *constância*, assim como de uma certa *degradação* de uma entidade, a qual desempenha um papel substancial em relação ao fenômeno. A essa entidade, a noção de *energia* fornece sua expressão mais neutra e mais comumente empregada. De nossa parte, ressaltemos aí, de passagem, a *aura* que ela parece conservar da gênese, que é preciso lhe atribuir, como a tantas outras formas de estruturas conceituais, de uma *intencionalidade primitivamente social*.

---

[14] Nós nos referimos muito especialmente aos trabalhos epistemológicos fundamentais para toda filosofia do conhecimento, de Meyerson (cf. *Identité et réalité, Cheminement de la pensée*, já citados).

Todavia, em seu âmbito *gnoseológico*, *princípio de conservação* da energia e *princípio da degradação* da energia, como já o demonstraram,[15] nada mais são, em última análise, do que afirmações provenientes da *função identificatória* do espírito, de um lado, e da *irredutível diversidade* do fenômeno, de outro, isto é, dos fundamentos fenomenológicos mais gerais do conhecimento. Como tais, eles escapam a toda gênese de fato.

Vê-se, então, simultaneamente, o quanto as premissas de nossa doutrina devem à doutrina freudiana, e o que é apenas da alçada dos próprios fundamentos de toda ciência.

Pode-se ver, em particular, que esses postulados energéticos do *desenvolvimento* e da *equivalência* dos fenômenos da personalidade – em que por um instante evidenciou-se o principal de nosso empréstimo à psicanálise (ver p. 321) – nada mais são do que uma expressão das bases epistemológicas sem as quais seria inútil falar de ciência desses fenômenos, bases que já evidenciamos sob outras formas.

Recordemos, com efeito, de um lado, a definição que demos do objeto dessa ciência, seja, sob forma resumida, "como desenvolvimento das funções intencionais ligadas, no homem, às tensões próprias às suas relações sociais"; de outro lado, o postulado de *determinismo existencial* sem o qual não há ciência. Vê-se que é suficiente, a partir desse postulado, elevar *ao índice da realidade* a fórmula definitiva dos fenômenos da personalidade, para que ela se transforme na dupla noção de um *desenvolvimento* existencial, isto é, *irreversível*, desses fenômenos, e de uma *equivalência* igualmente existencial entre as funções intencionais e as tensões sociais da personalidade, ou seja, entre *certa energia* respectivamente investida e despendida nessas duas ordens de funções.

Uma vez assim determinadas as direções metódicas impostas por nossas primeiras pesquisas, tentemos agora indicar as vias de sua aplicação mais imediata aos fatos conexos do estudo das psicoses.

---

[15] Cf. Meyerson, *ibid.*

Como já o dissemos, a *paranoia de autopunição*, para nós variedade definida da paranoia, parece-nos ocupar, na solução do problema das psicoses, uma situação excepcionalmente favorecida. Com efeito, a integração da função de autopunição realiza-se nos sujeitos por ocasião da fixação genética que é a causa específica da doença; a partir daí, pode-se dizer que nesse momento a personalidade está formada em suas funções cardinais. A repartição fundamental das funções *intencionais subjetivas* e *tensionais sociais* fica, desde então, com efeito, constituída.

Essa variedade de psicose paranoica não é, entretanto, a única que corresponde a tais condições. Com efeito, há de se situar imediatamente a seu lado uma outra forma da psicose paranoica, cuja situação nosológica vem sendo, cerca de 30 anos para cá, objeto permanente das discussões dos teóricos: a saber, a *psicose paranoica de reivindicação*.

Está fora de dúvida que essa psicose não é mais nem menos *psicogênica* que as outras psicoses paranoicas (como bem o demonstram as hesitações manifestadas por Kraepelin em suas próprias discriminações sobre esse ponto – ver p. 16-17), e que ela apresenta, com o conjunto dessas psicoses, mil afinidades de terreno, de causas e de sintomas. Mas não é menos verdadeiro que delas difere nitidamente em todos esses mesmos planos.

Nosso método permite-nos precisar a ambiguidade nosológica de tal psicose e mostrar sua raiz verdadeira em uma orientação econômica diferente da mesma tendência autopunitiva, que promovemos à posição de fator determinante da variedade por nós descrita.

Para prová-lo, torna-se para nós necessário entreabrir por um instante nossos dossiês.

Tomemos ao acaso o de uma reivindicadora típica, internada por tentativa de assassinato de seu marido. O conflito com este último tem por tema aparente um litígio jurídico sobre uma atribuição de bens. Essa discussão conduziu nossa doente a nada mais nada menos do que atirar em seu marido, que, por felicidade, foi apenas levemente atingido no pescoço. Essa mulher, que ficara extremamente querelante e estênica, foi internada no serviço psi-

Exposição Crítica, Reduzida em Forma de Apêndice, do Método...   331

quiátrico do dr. Petit, graças a quem pudemos observá-la longamente.

O certificado de internação foi redigido pelo perito psiquiatra, que, dado o interesse que soube produzir em torno da concepção do delírio passional, pode ser considerado como o especialista da questão. Esse certificado não comporta menos de 390 palavras, número que ganha importância em face da extrema densidade do estilo. Naturalmente, seu autor está longe de se prender às concepções delirantes e aos fatos que bastam para justificar a internação. Ele analisa, ao contrário, não sem uma certa complacência, todos os paralogismos da reivindicação passional; não nos concede nenhum dos detalhes materiais do conflito, mesmo que fosse o de um papagaio de relevância contestada, que serviu de pretexto para o encontro fatal.[16]

Só faltam em tal descrição, de âmbito evidentemente doutrinal, duas coisas; infelizmente são os dois pontos, essenciais à compreensão da psicose, do *trauma determinante* e da *tendência concreta* que constitui sua estrutura específica. Completemo-los:

1. Fica demonstrado abundantemente que um *trauma afetivo* determinou efetivamente o delírio. Esse trauma não foi outro senão a morte da filha da doente, causada por um mal de Pott cervical, para o qual nem a mãe nem o pai souberam atentar em tempo útil.

A imputação ao pai da responsabilidade dessa morte está, com efeito, no fundo da estenia manifestada na reivindicação contra ele. Tal imputação exprime-se abertamente em mil propósitos e escritos da doente e até nesse traço, de espantoso simbolismo, que ela faz brotar vivamente de suas intenções de ódio, quando nos diz de seu ato: "Feri meu marido no pescoço, justamente no lugar do mal de que morreu minha pobre filha!"

Evidente na estrutura da psicose, a determinação pelo trauma afetivo não o é menos em seu desencadeamento, como o testemunha a indiferença total que a doente manifestava até então sobre

---

[16] Pouparemos esse texto aos nossos leitores. De resto, todas as produções de seu autor, inclusive as mais públicas, estão sob a salvaguarda de uma exclusividade contra a qual evitaremos atentar doravante.

esses mesmos pontos de interesse material, com os quais depois se inflamou.

A especificidade patogênica desse trauma se explica, segundo as mais rigorosas previsões de nossa doutrina, remontando à *história infantil* da doente. Fixada afetivamente a uma mãe extremamente imperiosa, avara e moralista, nossa doente desempenhava, por outro lado, junto a uma irmã mais nova, o papel da mãe que pune e reprova. A história revela que, sob o golpe do opróbrio que nossa doente achou por bem infligir à menina por ocasião de um namorico banal, a irmã se suicidou. Sobre esse episódio de sua juventude, que ela relata com precisão, a doente permaneceu e ainda permanece em um desconhecimento completo de sua responsabilidade.

Parece-nos inútil, no final de nosso trabalho, assinalar a relação evidente que se manifesta entre esse desconhecimento, inveterado na doente, e a projeção, que ela soube realizar logo do sentimento de culpa desencadeado pela morte da filha, sobre o objeto situado mais imediatamente ao seu alcance, a saber, seu marido.

Tal comportamento, bem diferente do da doente Aimée, liga-se provavelmente ao único acaso da situação infantil, que fez de nossa futura querelante a mais velha e não a caçula de duas irmãs, colocando-a, desse modo, na posição de castigadora, e não de castigada.

Assim sendo, nela, a *integração intencional* das coerções punitivas realizou-se em *benefício* de sua energia *tensional social*, pela possibilidade que tinha de logo transferir sua pressão para o objeto mais próximo. É, do mesmo modo, a conduta que não deixou de reproduzir desde então, atualmente em relação ao marido, provavelmente, de início, em relação à própria filha.

2. Qualquer que seja o interesse dessa gênese afetiva, ela seria discutível se não se traduzisse claramente na estrutura atual da paixão. Ora, dentre todos os "postulados"[17] passionais que nosso autor

---

[17] O uso que se faz desse termo na análise dos delírios é inteiramente distinto do sentido comumente admitido com que incessantemente o empregamos neste capítulo. Cf. p. 61, nota 56.

Exposição Crítica, Reduzida em Forma de Apêndice, do Método... 333

se compraz em ressaltar em nossa doente, só um falta, mas é o essencial, a saber, sua *intenção punitiva* em relação ao marido.

Nós manejamos longamente a enferma, e o caráter absolutamente prevalente dessa intenção se nos apresentou com uma evidência gritante.

Mas, para que não se suspeite de querermos enquadrar a psicologia da doente às nossas próprias intenções, não apresentaremos nenhum testemunho sobre esse ponto a não ser o extrato de uma carta que ela escreveu ao Doutor Petit, e a qual podemos provar que foi escrita anteriormente à nossa observação pessoal. Eis o extrato:

27 de junho de 1928
Sr. Doutor,
Vou lhe dizer aqui como pretendo punir meu marido por seus principais defeitos, pois, eu o repito, a morte não é uma punição.

1. *A cupidez* – Obrigando-o a me dar aquilo que ele quer me roubar.

2. *A covardia* – O medo que terá, daqui por diante, de que eu repita meu gesto. Não terei necessidade de repeti-lo, de resto não tenho essa intenção, mas, para que sua covardia seja punida, é bom não lhe devolver a segurança quanto a isso, pois ele sabe que sou escrava da palavra dada.

3. *A preguiça* – Minha partida obrigou-o a tomar um pouco mais de cuidado.

4. O *egoísmo* – Abandonando-o como eu o fiz, eu que o mimava como a uma criancinha.

5. *A vaidade* – Ele não quer se divorciar, em parte pela opinião pública, mas sofrerá a afronta de fazê-lo, apesar de todos os seus esforços.

6. *A falsidade* – Por suas palavras, ele se esforça para dar a impressão de ser um bom marido. Desmascarou-se ao fazer com que me detivessem impiedosamente, isso apesar da leveza de seu ferimento, e ao influenciar com suas palavras os doutores da Delegacia de Retenção, para lhes fazer acreditar em minha alienação mental.

7. *O vício* – De início eu me submeti a seu vício; depois, em seguida, eu me recusei inteiramente, tanto eu o desprezava.

8. *A maldade* – Tomando a firme resolução de abandoná-lo, mesmo quando ele estiver na desgraça, coisa que eu não teria ja-

mais querido fazer por caridade. Essa resolução foi tomada após sua vinda a Ville-Evrard. Apesar do penoso espetáculo que um hospício oferece aos profanos, ele me condenou a viver aqui! E isso embora estivesse persuadido da minha lucidez. Ele cometeu essa infâmia por maldade, por cupidez, por vaidade e para se vingar em função de eu não querer mais ser sua coisa, tanto eu desprezo sua pessoa. Se essa infâmia fosse punível pelos tribunais, ele certamente não a teria cometido! Ele é demasiado covarde e inteligente para correr os riscos do castigo da justiça dos homens. Não acreditando na justiça divina, nada freia seus maus instintos; eis por que, em meu escrupuloso espírito de justiça, acredito que seja meu dever puni-lo com os meios que tenho à minha disposição.

Persuadida de minha morte próxima, eu quis matá-lo, inicialmente para que o dinheiro que penosamente ganhei, com o fito de constituir um dote para minha cara filhinha, não fosse dilapidado na luxúria. Eu queria que ele servisse, como havia sido combinado após sua morte, para cuidar de crianças atingidas pelo mal de Pott, de que ela morreu. Além disso, como soube pelo detetive particular que eu havia encarregado de seguir meu marido a fim de pegá-lo em falta, ele passa de uma jovem para outra! Sem o menor escrúpulo de fazer com que elas corressem o risco de se contaminar! Acreditei que fosse justo e caridoso suprimir um ser malfazejo.

Apesar de meu marido ter destruído minha fé em Deus, tenho a impressão de que ele talvez não seja estranho, primeiramente ao leve ferimento que causei em meu marido, justamente no lugar onde minha pobre filhinha tinha o mal de Pott, quando investi contra ele com a firme intenção de não fazer o gesto que fiz, não me sentindo com forças de consegui-lo, gesto que ele mesmo provocou pela extrema maldade de que deu prova. – Depois, pela reação que foi extremamente salutar para meu pensamento. O sentimento de ter cumprido meu dever me deu tal serenidade de espírito que encontrei a força moral para suportar estoicamente tudo o que de penoso sofri depois.

Parece-nos que tal caso torna manifesto que a *paranoia de reivindicação* representa o avesso, se pode dizer, da *paranoia de autopunição*. Para nos exprimirmos corretamente, digamos que sua estrutura é dominada pela mesma *intenção punitiva*, isto é, por uma *pulsão agressiva socializada*, mas que sua *economia* energética é *invertida*, e isso só em razão de contingências da história afetiva. Assim sendo, pode-se conceber que uma tendência concreta, tão próxima daquela de que se revestiu nosso caso fundamental, tenha produzido nessa outra doente manifestações da personalidade inteiramente opostas àquelas do dito caso, a saber:

A) Um *caráter* não mais psicastênico, mas propriamente *paranoico*, termo que aqui empregamos no sentido que lhe dá o uso vulgar de *querelância agressiva*. É, com efeito, nessa acepção que ele é justificado por toda a conduta anterior da enferma (200 processos contra seus locatários). Digamos, de passagem, que esse uso vulgar do termo paranoico, para designar esse traço especial do caráter, parece-nos infinitamente mais válido do que a definição oficial da *constituição paranoica*. A impossibilidade de encontrar para ela uma aplicação clínica rigorosa deve, com efeito, relacionar-se a algum vício radical dessa concepção, o que nos leva a considerá-la, digamo-lo no final desta obra, como absolutamente mítica. Damos uma última prova disso ao constatar, uma vez mais, que nessa enferma faltaram os quatro traços fundamentais dessa constituição, a saber:

1. O traço de *superestima de si próprio*: com efeito, tivemos, em mil escritos e falas, provas manifestas de um sentimento de inferioridade perpetuamente vivo.

2. O traço da *desconfiança*: a enferma, antes de sua reação delirante, de modo algum desconfiou das operações, aliás bastante suspeitas, de seu marido para com ela.

3. e 4. A *falsidade de julgamento* e, finalmente, a *inadaptabilidade social* imputadas aos "paranoicos": pois é um fato que a doente decuplicou o rendimento de uma casa de cômodos adquirida por seu marido, a qual se tornou justamente o objeto do litígio com ele.

B) A mesma diferença de economia na estrutura concreta da personalidade explica, na *psicose* de nossa doente, estes dois traços relativos: uma reação agressiva mais eficaz e mais precoce, e um delírio muito menos exuberante do que na psicose de nosso caso Aimée.

Em uma tal correlação manifesta-se uma vez mais que o delírio é o *equivalente intencional* de uma pulsão agressiva insuficientemente socializada.[18]

O desconhecimento dessa noção de *tendência concreta*, subjacente ao fenômeno intencional que é o delírio, é o que diminui o valor das mais belas pesquisas sobre as *estruturas passionais* anômalas, assim como sobre todos os "mecanismos" delirantes que se quer conceber como *objetos em si*.

Por falta de se realizar uma pesquisa dessas tendências concretas, desconhecer-se-ão, com efeito, fatos tão patentes quanto o *platonismo*, que revela todo o comportamento do erotômano ou o interesse *homossexual*, manifestado para com o rival, tanto em sua conduta quanto em suas fantasias imaginativas, pelo *delirante ciumento*. Também se desconhecerá radicalmente a diferença fundamental que separa a erotomania e o delírio de ciúme de toda *paixão* amorosa normal.

Sabemos de resto que esses delírios pertencem a patogenias muito diversas e que não poderiam ser definidos unicamente por seu conteúdo nem apenas pela consideração do que Dupré, a propósito deles, chamou de seu mecanismo.[19] Os trabalhos sérios sobre o *delírio de ciúme* demonstraram que há de se pesquisar alhures os sinais de seu verdadeiro alcance clínico. Essas são as discriminações clínicas capitais que, desde 1910, Jaspers nos deu do *delírio paranoico de ciúme* (ver p. 138). Recordemos que elas nos ensinam a distinguir essencialmente o delírio que se manifesta como o *desenvolvimento* de uma personalidade e o que se apresenta como um *processo* psíquico irruptivo, que transtorna e remaneja a personalidade.

---

[18] Nenhum estudo da psicose passional, na literatura francesa, parece-nos demonstrar maior penetração clínica e justeza na indicação das sanções sociais do que a bela monografia de Marie Bonaparte sobre o caso, que apaixonou a opinião pública, da sogra assassina, sra. Lefebvre. Ver Marie Bonaparte, "Le cas de Mme Lefebvre", *Rev. Franc. Psychanal.*, nº 1, p. 144-148, 1º jul. 1927.

[19] Ver, nas p. 62-63, o conteúdo, e na nota 64 da p. 63, a referência da intervenção definitiva de Dupré sobre esse assunto.

Coloquemos aqui que foi nesse trabalho que encontramos o primeiro modelo da utilização analítica dessas *relações de compreensão*, de que fizemos o fundamento de nosso método e de nossa doutrina.

Notemos que a oposição clínica estabelecida neste trabalho manifesta claramente a fecundidade desse método na investigação dos próprios *fatores orgânicos*.

Somente o exame da continuidade genética e estrutural da personalidade nos elucidará, com efeito, em que casos de delírio se trata de um *processo* psíquico e não de um desenvolvimento, isto é, em que casos se deve reconhecer a manifestação *intencional* de uma pulsão que não é de origem infantil, mas de aquisição recente e exógena, e de tal ordem que, de fato, certas afecções, como a encefalite letárgica, fazem-nos conceber sua existência, ao nos demonstrar seu fenômeno primitivo.

Mas se trazemos, como se vê, pontos de apoio para a investigação do papel dos fatores orgânicos na psicose é graças a uma doutrina que fornece desse papel uma concepção racional, única suscetível de fundamentar uma observação justa. Isso significa que ela difere radicalmente da doutrina clássica do *paralelismo psiconeurológico*, retomada sob o termo do "automatismo mental".

Esse "paralelismo", que supõe que toda representação é produzida por uma reação neurônica qualquer, arruína radicalmente toda e qualquer objetividade. Basta ler o livro de Taine sobre *A inteligência*, que dá a essa doutrina sua mais coerente exposição, para se convencer de que ela não permite de modo algum conceber em que diferem, por exemplo, a percepção e a alucinação. Aliás, Taine induz logicamente uma definição da percepção como "alucinação verdadeira", que é a definição mesma do milagre perpétuo.

É que Taine concebia as consequências de sua doutrina. Mas seus epígonos, nossos contemporâneos, não se sentem mais embaraçados com elas. Eles as ignoram tranquilamente. Desconhecendo o alcance heurístico dos preceitos de seus antecessores, eles os transformam nos propósitos sem conteúdo de uma rotina intelectual, e acreditam suprir, na observação dos fenômenos, os princípios de objetividade mediante afirmações gratuitas sobre sua materialidade.

Digamos para seu uso que o mecanismo fisiológico de todo conhecimento deve ser assim considerado: o cérebro registra os movimentos do corpo próprio, assim como impressões do meio. Que esses movimentos do corpo próprio manifestam não uma simples pulsão, mas um comportamento complexo de alcance diferido, isto é, uma intenção, o cérebro registra do mesmo modo esses processos intencionais e desempenha em relação a eles seu papel de armazém mnêmico. Mas o que ele armazena são estruturas de comportamento, e não *imagens*, que, elas próprias, não estão localizadas em parte alguma senão na própria sensação que lhes fornece toda a sua matéria.[20]

Em outros termos, a *personalidade* não é "paralela" aos processos da neuraxe, nem mesmo apenas ao conjunto dos processos somáticos do indivíduo: ela o é à *totalidade constituída pelo indivíduo e por seu meio ambiente próprio*.[21]

---

[20] Vê-se aqui nosso acordo com a crítica definitiva das localizações cerebrais feita por Bergson em *Matière et mémoire*. O conhecimento aprofundado dessa obra deveria ser, ousamos dizer, *exigido* de todos aqueles a que se confira o direito de falar de psicopatologia.

Mas onde nos separamos de Bergson é na indeterminação em que ele deixa a evolução das imagens, prematuramente qualificada de criadora. O ponto de vista ao qual nos ligaríamos com maior boa vontade é o dos realistas americanos, para os quais sensação e matéria retiram sua origem comum de uma "experiência neutra", a partir da qual se diferenciam o conhecimento e o objeto. Somente tal ponto de vista permite atualmente escapar das ilusórias antinomias do subjetivismo gnoseológico. Para nós, portanto, como para a tradição clássica, é verdade que "*nihil erit in intellectu quod prius non fuerit in sensu*".

[21] Uma escola de biologia de importância capital elaborou em seu pleno valor essa noção de *meio* próprio a um ser vivo dado; o meio, definido por essa doutrina, parece de tal modo ligado à organização específica do indivíduo que, de certa forma, faz parte dele. Cf. os trabalhos fundamentais de J. von Uexküll, *Umwelt und Innenwelt der Tiere*, Berlim, 1909.

Vê-se que, em nossa concepção, aqui concordante com Aristóteles, o *meio* humano, no sentido que lhe dá Uexküll, seria por excelência o meio social humano.

Tal concepção do "paralelismo" deve ser reconhecida, aliás, como a única digna desse nome, se não nos esquecermos de que aí está sua forma primitiva e que ela foi primeiramente expressa pela doutrina spinoziana. Desse modo, os erros que várias vezes denunciamos sob esse título só são relevantes pelo uso degenerado que dela fizeram epígonos sem virtude.

Somente essa concepção legítima do *paralelismo* permite dar à intencionalidade do conhecimento esse fundamento no real que seria absurdo lhe ver recusado em nome da ciência. Somente ela permite dar conta tanto do conhecimento verdadeiro como do conhecimento delirante.

O conhecimento verdadeiro aí se define, com efeito, por uma *objetividade* da qual o critério do assentimento social, próprio a cada grupo, não está de resto ausente.

Essa concepção permite, ao contrário, dar a fórmula mais geral do conhecimento delirante, se se define o delírio como a expressão, sob as formas da *linguagem* forjadas pelas relações compreensíveis de um grupo, de tendências concretas cujo insuficiente conformismo às necessidades do grupo é desconhecido pelo sujeito.

Esta última definição do delírio permite conceber, de um lado, as afinidades observadas pelos psicólogos entre as formas do pensamento delirante e as formas primitivas do pensamento, e, de outro, a diferença radical que as separa pelo único fato de que umas estão em harmonia com as concepções do grupo e as outras, não.

Não é inútil colocar assim esses problemas no plano de rigor gnoseológico que lhes convém. Com efeito, tende-se muito, no estudo dos sintomas mentais da psicose, a esquecer que eles são *fenômenos do conhecimento* e que, como tais, não poderiam ser objetivados no mesmo plano dos sintomas físicos: enquanto estes, com efeito, são diretamente objetivados pelo processo do conhecimento,

---

Inútil ressaltar o quanto essa concepção se opõe às doutrinas, aliás arruinadas, da antropologia individualista do século XVIII, e particularmente a uma concepção como a do "Contrato social" de Rousseau, cujo caráter profundamente errôneo, de resto, assinala diretamente a estrutura mental paranoica própria de seu autor.

o próprio fenômeno do conhecimento só poderia ser objetivado indiretamente por suas causas ou por seus efeitos, que ressaltam sua ilusão ou sua legitimidade.

Os sintomas mentais, portanto, só possuem valor *positivo* segundo seu paralelismo a esta ou àquela tendência concreta, isto é, a determinado comportamento da unidade viva em face de um objeto dado.

Ao declararmos essa tendência concreta, nós aí encontramos um sintoma físico, isto é, um objeto comparável aos sintomas apontados pela medicina geral, a uma icterícia ou a uma algia, por exemplo.

Estejamos certos de que aqueles que não julgam esses esclarecimentos necessários, que são, convenhamos, de ordem metafísica, fazem eles próprios, sem que disso suspeitem, uma metafísica, mas da ruim, atribuindo constantemente a esse fenômeno mental, definido só por sua estrutura conceitual – como a paixão, a interpretação, a fantasia imaginativa, o sentimento de xenopatia –, o alcance de um sintoma objetivo sempre equivalente a si mesmo. Aí está um erro de princípio: apenas pode possuir tal alcance a *tendência concreta*, que dá a esses fenômenos seu *conteúdo intencional*.

Somente essas tendências concretas, fundamentais dos sintomas intencionais de uma psicose, concedem a cada um desses sintomas e à própria psicose seu verdadeiro alcance.

Assim é que pudemos fundar um tipo de psicose paranoica na tendência autopunitiva, reconhecendo-lhe, como o demonstramos anteriormente, o pleno valor de um fenômeno da personalidade. O mesmo ocorre com a psicose de reivindicação que agruparíamos de bom grado com a precedente sob o título de *psicoses do Superego*.

Para determinar a *autonomia,* a *significação prognóstica e patogênica,* a *taxa de responsabilidade social* de qualquer outra forma de psicose paranoica, nós evitaremos tanto quanto possível usar critérios emprestados de puras formas sintomáticas – como o delírio de interpretação, por exemplo – assim como de conteúdos – como a erotomania ou o delírio de ciúme.

O ciclo de comportamento revelado pela psicose é, digamo-lo ainda, o essencial. Na medida em que tal ciclo se manifestará, de maneira plenamente compreensível e coerente com a personalidade anterior do sujeito, sob outras formas que aquela por nós descrita, outras formas *psicogênicas* da psicose paranoica poderão ser individualizadas legitimamente.

Mas é evidente que, na medida em que as pesquisas progredirem no sentido de formas mais *discordantes* da psicose, passando das formas paranoicas às formas paranoides, a compreensibilidade e a coerência conceitual, a comunicabilidade social da psicose se revelarão cada vez mais reduzidas e difíceis de apreender, apesar dos meios de interpretação comparativa que terão propiciado estudos prévios sobre as formas mais acessíveis.

Entretanto, não é preciso em absoluto prejulgar rápido demais o ponto de parada do método. Importante é não esquecer, com efeito, que pesquisas segundo um método vizinho, embora menos rigorosamente definido, foram efetuadas até nas formas avançadas da demência precoce, e aí revelaram, quanto ao caráter compreensível dos conteúdos, quanto à sua determinação pelas experiências afetivas do sujeito, dados de uma evidência notável.[22] Não se poderia certamente prestar uma homenagem suficientemente profunda ao gênio de Bleuler, pelo método, tão flexível, que permitiu analisar na esquizofrenia, por uma parte, os *fenômenos de "deficit"*, que dependem provavelmente de uma *dissociação* dos mecanismos neurológicos, e, por outra, os *fenômenos de comportamento*, evidenciando uma anomalia dos dinamismos reacionais.

Em todo caso, somente nosso método permitirá determinar em cada caso, sob uma forma *irredutível*, os fatores não psicogênicos da psicose. Falaremos, então, segundo os casos, de fatores hereditários, congênitos ou orgânicos adquiridos; o que se dará com conhecimento de causa e sobre elementos simples, e não sobre complexos de sintomas de valor heterogêneo.

Mas, por outro lado, muitos desses fatores, que a doutrina das constituições nos aponta como elementos irredutíveis e que parecem tão artificialmente forjados, aparecerão, dados os progressos dessas pesquisas, como representando um momento evolutivo ou um está-

---

[22] Ver Jung, *Der Inhalt der Psychosen*, já citado.

dio de organização *compreensível* das pulsões vitais do indivíduo. A partir daí, será conveniente considerar os comportamentos fundados nessas pulsões como psicogênicos, na medida em que se tratar de reações socializadas do indivíduo – e, ao contrário, como orgânica ou constitucionalmente determinados, na medida em que esses comportamentos forem independentes das influências *condicionais* do meio, particularmente do meio social. Existe aí uma zona de fenômenos em que se faz a junção do plano *vital individual* e do plano *social pessoal*; parece-nos entrarem aí, já, as anomalias pulsionais e intencionais, cuja origem o estudo das psicoses revelará em uma organização das tendências e dos instintos do indivíduo, anterior à constituição dos mecanismos de autopunição. Eis por que nós propomos, para essas anomalias mais regressivas, o título provisório de anomalias *pré-pessoais*, título destinado a precisar que elas só correspondem incompletamente à definição de um fenômeno da personalidade, mas que nela se inserem como elementos arcaicos de sua gênese e de sua estrutura.

É somente a partir desses dados que poderá ser estabelecida para o conjunto do domínio das psicoses uma semiologia de valor concreto, entendamos, que seja fundada em uma nosologia natural e que tenha verdadeiro valor prognóstico. Tal progresso nos trará uma etiologia e, consequentemente, uma profilaxia racionais, uma apreciação menos puramente empírica da responsabilidade social.

Assinalemos que as bases de nosso método parecem-nos particularmente adaptadas à solução de problemas semiológicos e patogênicos, como o da natureza do *delírio hipocondríaco*. A concepção freudiana dos investimentos libidinais narcísicos parece-nos estar, na hipocondria delirante caracterizada, apesar de suas imprecisões, muito mais próxima da realidade do que a explicação por cenestopatias improváveis.

O alcance econômico das manifestações de *hiperestenia* e de *depressão* deverá igualmente ser estudado de perto segundo o ponto de vista especial dos fenômenos da personalidade, e contamos apresentar dados a esse respeito que, nesta tese, deixamos de lado completamente.

Notemos a extrema importância de quadros nosológicos normalmente constituídos, isto é, que se fundamentam no conceito de *entidade mórbida*, e não no conceito, inapreensível e preguiçoso, de *síndrome*.

Só quadros como esses permitem dar a duas síndromes, aparentemente semelhantes, seu *prognóstico* respectivo. Eles permitem fundamentar, por exemplo, a oposição manifesta entre o perigo reacional eficaz e imediato de determinada psicose paranoica de autopunição e a grande benignidade social de determinado delírio de perseguição, embora idêntico ao primeiro em toda a sua semiologia. É que este último, com efeito, representará uma forma de cura de uma psicose com manifestações primitivas e prevalentes de hipocondria e de estrutura "pessoal" muito mais arcaica: fazemos alusão aqui a um tipo, cuja descrição retomaremos segundo casos por nós observados.

É somente em função desses quadros naturais, e das anomalias regressivas às quais eles se ligam, que o estudo das *estruturas conceituais* do delírio assumirá seu alcance clínico e prognóstico. Ele não terá menor valor quanto aos problemas filosóficos a que fizemos alusão (ver p. 284-286), e que são os das estruturas pré-lógicas do conhecimento, do valor da imaginação criadora na psicose e das relações da psicose com o gênio.

Esse estudo das estruturas conceituais deve propiciar, além disso, pontos de vista novos sobre o problema, em nossa opinião falsamente resolvido, do *contágio mental*. Indicamos, com efeito, que rejeitamos, na maioria dos casos de *delírio a dois* (ver p. 281-285), toda "indução" fundada na pretensa debilidade de um dos elementos da dupla; e apresentaremos fatos de *indução* de delirante a delirante, cuja própria raridade impõe uma explicação de natureza inteiramente diferente.[23]

---

[23] Ler o relato de um belo caso de contágio mental na psicose, às páginas 276-278 do magistral livro de Legrand du Saulle – verdadeiro tesouro de fatos cujo poder sugestivo deixa de longe para trás todos os trabalhos modernos.

Finalmente, digamos que a relação das *reações* delituosas ou criminais com a psicose só poderá ser elucidada se fundada nas bases de um estudo genético e estrutural da psicose como este. Em muitos casos parece evidente que a atribuição teórica de uma irresponsabilidade total a todos os atos que possam ser cometidos por um delirante é muito pouco satisfatória para o espírito.

Com efeito, tem-se recorrido aí a critérios empíricos de intuição e de "bom-senso" que, muitas vezes por serem bem fundados, podem, nos casos difíceis, prestar-se a discussões espinhosas. Nesses casos, uma solução científica só poderia ser trazida por um estudo comparativo da motivação do ato e da estrutura delirante. Ora, um estudo suficiente dessas estruturas nos diferentes delírios ainda falta.[24]

Nós não nos estenderemos mais sobre as vias de pesquisas que se abrem para o futuro.

Concluiremos agora nosso trabalho com a proposição spinoziana que lhe serve de epígrafe.

Se nos recordarmos do sentido que em Spinoza o termo *essência* possui, a saber, a soma das relações conceitualmente definidas de uma entidade, e do sentido de determinismo afetivo que ele dá ao termo *afecção*, não se poderá deixar de ficar espantado com a congruência dessa fórmula com o fundamento de nossa tese. Digamos, então, para exprimir a própria inspiração de nossa pesquisa, que "uma afecção qualquer de um dado indivíduo mostra com a afecção de um outro tanto mais discordância quanto a essência de um difere mais da essência do outro" (*Ética*, III-57).

---

[24] Cf., sobre o tema, as reflexões muito pertinentes de Legrand du Saulle em sua obra já citada. "Nossa intervenção", escreve (*op. cit.*, p. 446), "nos assuntos criminais tem por móvel sobretudo analisar as ações que permanecem imputáveis, e determinar, tanto quanto possível, a soma de inteligência [diríamos até de *motivação compreensível*. N. do A.] que permanecia em poder do acusado no momento da realização do delito ou da perpetração do crime." Mais adiante, ele "se espanta com que alguns espíritos eminentes tenham podido considerar a responsabilidade parcial ou proporcional como uma impossibilidade".

Queremos dizer com isso que os *conflitos determinantes*, os *sintomas intencionais* e as *reações pulsionais* de uma psicose discordam das *relações de compreensão*, que definem o desenvolvimento, as estruturas conceituais e as tensões sociais da personalidade normal, segundo uma medida que determina a *história* das afecções do sujeito.

CONCLUSÕES

A psicose paranoica, que parece transtornar a personalidade, prende-se a seu próprio *desenvolvimento*, e, nesse caso, a uma anomalia constitucional ou a deformações reacionais? Ou então será a psicose uma *doença autônoma*, que remaneja a personalidade? Esse é o problema patogênico que colocamos e do qual se concebe o alcance nosológico, diagnóstico e prognóstico.

Para a solução desse problema, o estado atual da ciência não nos oferece nenhuma outra via a não ser a análise dos sintomas clínicos.

I. *Conclusões críticas*

A análise da psicose fundou-se até o presente nos sintomas do delírio; neste, ela isolou *elementos*: *fenômenos "elementares"*, *conteúdos sistemáticos*, *constituição predisponente*, para cada um dos quais uma das doutrinas reinantes quis reconhecer a preponderância nosológica, patogênica e prognóstica. O fracasso demonstrado de todas essas tentativas manifesta o valor de *abstrações inadequadas* dos elementos assim concebidos.

Entretanto, completamos sua descrição clássica mediante os seguintes pontos:

1. Aos fenômenos elementares analisados na psicose paranoica: *interpretações, estados passionais*, convém acrescentar *ilusões da memória, perturbações da percepção e "alucinações"* (no sentido atualmente aceito). Esses fenômenos, e especialmente as *interpre-*

tações, apresentam-se na consciência com um alcance de *convicção imediata*, com uma significação *objetiva imediata* ou, se ela permanece subjetiva, com um caráter de obsessão. Eles nunca são o fruto de qualquer dedução "raciocinantes".

O estudo de suas condições mostra que é absurdo relacionar qualquer desses fenômenos a um fato de *automatismo* especificamente neurológico. Demonstramos que uns dependem de *alterações comuns da consciência* causadas *ocasionalmente* por distúrbios *orgânicos gerais*; outros, de *estruturas conceituais* que se relacionam, em nossa doutrina, à própria fenomenologia da psicose.

2. Os conteúdos sistematizados do delírio não traduzem tampouco *nenhuma atividade "raciocinante"*, quer ela seja concebida como oriunda de um juízo *primitivamente* viciado, ou então como normal, mas aplicada *secundariamente* aos dados objetivos ilusórios dos fenômenos precedentes supostos primários. Demonstramos que esses conteúdos exprimem imediatamente (a saber, sem dedução lógica consciente), mas manifestamente (a saber, por um simbolismo de uma clareza evidente), um ou vários dos *conflitos vitais* essenciais do sujeito, conflitos que desse modo se revelam como a causa eficiente, ainda que não específica, da psicose.

3. A constituição dita paranoica, finalmente, falta frequentemente no fato, ou é apenas *secundária* ao delírio. A predisposição à psicose desse modo revela-se como impossível de ser definida univocamente em traços de caráter: demonstramos que ela frequentemente se apresenta sob a forma do caráter *psicastênico* de Janet ou *sensitivo* de Kretschmer.

II. *Conclusões dogmáticas*

1. A chave do problema nosológico, prognóstico e terapêutico da psicose paranoica deve ser buscada em uma análise psicológica *concreta*, que se aplica a todo o *desenvolvimento da personalidade* do sujeito, isto é, aos acontecimentos de sua *história*, aos progressos da sua *consciência*, a suas reações no meio *social*.

Conclusões 349

O método implica, portanto, em suas bases, *monografias* psico-patológicas, tão exaustivas quanto possível.

É sobre esse fundamento que definimos, no interior do quadro da paranoia, um tipo clínico mais restrito, que denominamos *paranoia de autopunição*, e que para nós tem um valor clínico além de um valor dogmático quanto ao problema de nossa tese.

2. O valor clínico de nosso tipo insere-se de início no *quadro concreto* que dele podemos dar, na medida mesma em que abandonamos as concepções abstratas anteriores. Remetemos, pois, à sua descrição (Parte II, Capítulo 4, III). Além disso, nosso tipo coloca indicações prognósticas, profiláticas e terapêuticas particulares graças a essa propriedade, que atualmente o especifica nas psicoses paranoicas: sua *curabilidade*.

3. O valor dogmático de nosso tipo, quanto ao nosso problema, refere-se aos dados patogênicos por ele demonstrados.

Se, com efeito, nesse tipo de psicose, os *processos orgânicos,* ainda que *não específicos*, desempenham o papel de causa *ocasional* (determinante do desencadeamento dos sintomas), se *conflitos vitais, não mais específicos* em si mesmos, desempenham aí o papel de causa *eficiente* (determinante da estrutura e da permanência dos sintomas), um terceiro fator patogênico deve ser admitido aí como causa *específica* da reação pela psicose.

4. Esse fator *específico* demonstra-se:

A) Como uma anomalia *específica da personalidade*, isto é, especificamente definível em fatos concretos da história afetiva do sujeito, de seus progressos intencionais, de seus comportamentos sociais.

B) Como uma anomalia *do desenvolvimento típico* da personalidade, anomalia *compreensível* no que ela incide nomeadamente sobre essas funções intencionais, em que são integradas as coerções sancionadas pelo grupo social, e que podemos designar com o termo *Superego*.

C) Como uma anomalia *global* das funções da personalidade, anomalia *de evolução* na medida em que traduz uma *fixação afetiva* precisamente nesse estádio infantil em que se forma o *Superego*, pela assimilação à personalidade das coerções parentais ou de seus substitutos.

Essa fixação afirma-se como global pela correlação à psicose de caracteres de conjunto do *comportamento* do sujeito, especialmente na *esfera sexual*, em que se faz a *síntese* dos fatores *orgânicos* e dos fatores *sociais* da personalidade.

Essa fixação afirma-se como uma parada de evolução, no que ela precisamente corresponde à forma evolutiva que possuem os investimentos eróticos nesse estádio, e sobre a qual somente a doutrina freudiana nos ensina: a saber, erotização da zona *anal*, quanto ao órgão da tendência *sadomasoquista,* quanto à intenção, dos *irmãos* ou das *irmãs* segundo uma escolha *homossexual*, quanto ao objeto, *sublimação*, enfim, dos primeiros instintos sociais.

A fixação nesse estádio ainda por nós designado como estádio do *narcisismo secundário* explica as *tendências concretas* maiores do psiquismo do sujeito, tendências que se podem relacionar com tanto mais direito à sua *personalidade* quanto as funções essenciais desta estão plenamente diferenciadas após esse estádio.

Essas tendências se exteriorizam *ao máximo no delírio.* Elas explicam o papel eficiente que desempenham, no determinismo do delírio, os conflitos ligados ao complexo *fraterno*; elas explicam, na estrutura do delírio, a significação de *homossexualidade recalcada* dos sintomas e temas de perseguição, o alcance *altruísta e social* dos temas idealistas, a potência das pulsões *agressivas* e *autopunitivas* manifestadas.

Antes da psicose, essas tendências são *latentes* quanto à sua potência real, e, no entanto, suspeitáveis em certos fatos do comportamento, a saber, em sintomas frustros de *psicastenia* e de *neurose obsessiva*, em uma *inversão psíquica* mais ou menos manifesta, no alcance *social prevalente* das satisfações buscadas pela atividade pessoal, no *apragmatismo*, à base de busca insatisfeita (*dom-juanismo, platonismo*), dos comportamentos para com o objeto heterossexual.

Uma medida válida dessas tendências só pode então ser dada por um *estudo experimental* do sujeito, do qual, até o presente momento, somente a *psicanálise* nos oferece a *técnica aproximada*.

Para essa avaliação, a interpretação simbólica do material das imagens vale menos a nossos olhos do que as *resistências* pelas quais se mede o tratamento. Em outros termos, no estado atual da técnica, e supondo-a perfeitamente conduzida, os *fracassos* do tratamento possuem, para a disposição à psicose, um valor diagnóstico igual e superior às suas *revelações intencionais*.

Somente o estudo dessas resistências e desses fracassos poderá fornecer as bases da nova técnica psicanalítica, da qual esperamos, no que diz respeito à psicose, uma *psicoterapia* dirigida.

III. *Conclusões hipotéticas*

O método que dá suas provas em nosso estudo permite-nos, desde agora, indicar as hipóteses de pesquisas, que, como acreditamos, devem ser fecundas.

A) *Paranoia de autopunição* e *paranoia de reivindicação* formam um *grupo específico* de psicoses, que são determinadas não por um mecanismo dito passional, mas por uma *parada evolutiva da personalidade* no estádio genético do *Superego*.

B) O quadro mais vasto das psicoses paranoicas *conserva seu valor clínico* graças à segurança do método kraepeliniano, cujos dados, por uma via oposta, confirmam os nossos, fundando a autonomia desse quadro em uma patogenia rigorosamente *psicogênica*.

C) Nosso método de *análise psicológica concreta* deve permitir esclarecer não só os mecanismos reacionais e conceituais dessa paranoia kraepeliniana, mas aqueles, tão enigmáticos, das parafrenias e das psicoses paranoides.

D) Na medida em que nosso método for aplicado a psicoses mais *discordantes*, revelar-se-ão *processos* orgânicos mais *evidentes, reações* aos conflitos vitais cada vez menos *compreensíveis*, mas a importância de fixações evolutivas, cada vez mais *arcaicas*, permanecerá essencial; para essas fixações que se relacionam ao estádio do narcisismo primário, propomos, dada a incompletude nesse estádio das funções da personalidade, o título de *anomalias afetivas pré-pessoais*.

E) De tal estudo, dois sintomas em primeiro plano tirarão seu esclarecimento patogênico, ao mesmo tempo em que assumirão todo seu valor nosológico, clínico e prognóstico: as *ideias delirantes hipocondríacas* e os *temas delirantes de significação homossexual.*

F) Só tal estudo pode fundar, para o conjunto das psicoses, uma *classificação natural*, uma *patogenia compreensível*, um *prognóstico racional*, inspirar, enfim, a atitude confiante e perseverante que permitirá talvez melhorar uma *terapêutica* até aqui decepcionante.

Somente um estudo fundado em tal método permitirá uma apreciação justa e diferenciada:

a) Das *situações vitais* que determinam a psicose, e muito especialmente, das situações iniciais da infância (anomalias constantes da situação familiar).

b) Dos tipos de *estrutura conceituai pré-lógica*, revelados pela psicose, e particularmente do valor significativo das criações estéticas, frequentemente notáveis, ou apenas imaginativas, mas singularmente enigmáticas, que a psicose produz.

c) Das *pulsões agressivas*, especialmente *homicidas*, que, ao se manifestarem, às vezes sem epifenômeno delirante e "em surdina", não deixam de revelar uma anomalia específica, idêntica à psicose, e colocam nos mesmos termos o problema da responsabilidade do sujeito.

7 de setembro de 1932.

BIBLIOGRAFIA

ABREVIAÇÕES

A.M.P.: Annales Médico-psychologiques.
I.P.V.: International Psychoanalytische Verlag.
Int. Zschr. Psycho-Anal.: Internationale Zeitschrift für Psycho-Analyse.

ABRAHAM, K. Die Psychosexuellen Differenzen der Hysterie und der Dementia praecox. *Zentralblatt für Nervenheilkunde und Psychiatrie*, 31 Jahrgang, Zweiter Juliheft, 1908, Neue Folge, 19 bd., compilado em *Klinische Beiträge zur Psychoanalyse, I.P.V.*, 1921, p. 23-35.

_____. Kritik zu C. G. Jung: Versuch einer Darstellung der psychoanalytischen Théorie. *Internationale Zeitschrift für ärztliche Psychoanalyse*, I, 1913, compilado em *Klinische Beiträge*.

_____. Untersuchungen über die früheste prägenitale Entwicklungstufe der Libido, compilado em *Klinische Beiträge*, p. 231-259.

_____. *Versuch einer Entwicklungsgechichte der Libido, I.P.V.*

ALBERTI. La paranoïa suivant les derniers travaux italiens. *Note e Rivista di Psichiatra*, 1908.

ALEXANDER. Der neurotische Charakter. *Int. Zschr. Psycho-Anal.*, XIV, 1928.

_____. *Psychoanalyse der Gesamt persönlichkeit, I.P.V.*, 1927.

_____. *The neurotic Criminal. Medical Review of Reviews*, nov. 1930.

ALEXANDER; STAUB. *Der Verbrecher und Seine Richter, I.P.V.*, 1927.

ANGLADE. *Asile d'aliénées de Bordeaux, Rapport medical pour l'année 1911.* Bordeaux: Imp. Mod., 1912.

_____. Des délires systématisés secondaire. Congresso de Marseille, 1899.

_____. Le syndrome jargonophasie logorrhéique en psychologie. *Société de Médecine de Bordeaux*, 1911.

ARAVANTINOS, A. P. *Esculape et les Asclépiades*. Drugulin, Leipzig: Imprimerie W., 1907. p. 221.

BALLET, G. Idées de persécution observées chez les dégénérés à préoccupations hypocondriaques ou mélancoliques. Congresso de Blois, 1892.

BERZE. *Uber das Primärsymptome der paranoïa*, 1893.

BESSIÈRE (Auguste, Charles, René). *Paranoïa et folie périodique*. Tese de Paris, 1913.

BINET; SIMON. La folie systématisée. *L'Année Psychologique*, p. 215-265, 1909.

BIRNAUM. *Psychosen mit Wahnbildung und wahnhafte Einbidungen bei Degenerierlen*. Halle, 1908.

_____. Uber vorübergehende Wahnbildung auf degenerativer Basis. *Zentralblatt für Nervenheilkunde und Psychiatrie*, 1908.

BJERRE. Zur Radikalbehandlung der chronischen Paranoïa. *Jahrbuch für psychoanalytische und psychopathologische Forschungen*, III, 1912.

BLEULER, E. *Affektivität, Suggestibilität, Paranoïa*. I^te^ Aufl. Carl Marhold Halle, 1906, e II^te^ Aufl., Halle, 1926.

_____. Störung der Assoziationspannung... usw... *Allgemeine Zeitschrift für Psychiatrie*, 74, 1928.

_____. Uber periodischen Wahnsinn. *Psychiatrisch-neurologische Wochenschrift*, bd. 4, p. 121, 1902-1903.

BLONDEL. *La conscience morbide*. Alcan, 1914.

_____. La conscience morbide. Conferência realizada em Genebra em 27 de fevereiro de 1922. *Journal de Psychologie, de Neurologie et de Médecine Mentale*, p. 128-146, 1923.

BOÈCE. *De duabus naturis et una persona Christi*, Migne. *Patrol. Lat.*, t. LXIV.

BONAPARTE, Marie. Le cas de Mme Lefebvre. *Revue Française de Psychanalyse*, ano 1, n^o^ I, p. 149-198, 1° jul. 1927.

BONHÖFFER. *Klin. Beiträge zur Lehre der Degenerationspsychosen*. Halle, 1907.

BOREL, V. Heuyer.

BOUMAN, d'Utrecht. Paranoïa. Psychiatrische en Neurologische bladen. *Jaargang*, n° 3, 1931, 43p.

BOVEN. Aperçu sur l'état présent de la caractérologie générale. *Journal de Psychologie, de Neurologie et de Médecine Mentale*, p. 816-851.

BRENTANO. *Psychologie von empirischen Standpunkte*, 1874.

BRUNSCHWIG. *Les progrès de la conscience dans la philosophie occidentale.* Alcan, 1930, 2v.

BUMKE. Uber die Umgrenzung der manisch-depressiven Irreseins. *Zentralblatt für Nervenheilkunde und Psychiatrie*, jun. 1909.

CAPGRAS. Quelques variétés d'érotomanie. *Bulletin de la Société Clinique de Médecine Mentale*, p. 148-163, 1923.

CEILILIER, A. Exposé d'un projet de loi concernant la création d'annexes psychiatriques dans les prisons, de laboratoires d'anthropologie criminelle et de maisons d'observation pour enfants vagabonds. *Hygiène Mentale*, p. 29, 1931.

_____. Les influencés. Syndromes et psychoses d'influence. *L'Encéphale*, p. 152-162, 225-234, 294-301, 370-381, 1924.

_____. Lettre à Mignard à propos de son récent article sur la "Subduction mentale morbide". *A.M.P.*, t. II, p. 329-334, 1924.

CHARPENTIER. Des idées mórbides de persécution. Comunicação feita à Société Médico-psychologique em 31 de outubro de 1887.

CHASLIN. *La confusion mentale primitive.* Asselin et Houzeau, 1895.

CHRISTIAN, Jules. Du suicide dans le délire de persécution. *A.M.P.*, p. 187-198, set. 1887.

CLAPARÈDE. *Psychologie de l'enfant.* 8. ed. Genebra: Kunding, 1920.

CLAUDE, H. Les psychoses paranoïdes. *L'Encéphale*, p. 137-149, mar. 1925.

_____. Rapport sur la schizophrénie. Congresso de Lausanne, 1926.

_____. Rapport sur l'hystérie. Congresso de Genebra, 1907.

CLAUDE; HEY. Évolution des idées sur l'hallucination. *L'Encéphale*, maio 1932.

CLAUDE, H.; MIGNAULT, P.; LACAN, J. Folies simultanées. Société Médico-psychologique, 21 maio 1931. *A.M.P.*, t. I, p. 483-490.

CLAUDE, H.; MONTASSUT, M. Délimitation de la paranoïa légitime. *L'Encéphale*, p. 57-63, 1926.

CLÉRAMBAULT, G. G. de. Délires passionnels: érotomanie, revendication, jalousie. *Bulletin de la Société Clinique de Médecine Mentale*, p. 61-71, fev. 1921.

_____. Dépit érotomaniaque après possession. *Bulletin de la Société Clinique de Médecine Mentale*, p. 175-206, jun. 1921.

_____. Érotomanie. *Bulletin de la Société Clinique de Médecine Mentale*, p. 245-250, dez. 1920.

CLÉRAMBAULT, G. G. de; BROUSSEAU. Délire de persécution et érotomanie. *Bulletin de la Société Clinique de Médecine Mentale*, p. 238-245, dez. 1920.

CLERC; PICARD. Sur trois cas de guérison de délire interprétatif sans prédisposition paranoïaque. *L'Encéphale*, I° sem., p. 345-356, 1927.

CRAMER. Abgrenzung und Differential Diagnose der Paranoïa. Relatório apresentado à Sociedade Psiquiátrica de Berlim, em 16 de dezembro de 1893 (cf. Kéraval). *Allgemeine Zeitschrift für Psychiatrie*, LI, 2.

COTARD. Du délire des négations. *Archives de Neurologie et de Psychiatrie*, n. 11 e 12, p. 152-170 e 282-296, 1882.

DELMAS, A. Les psychoses post-oniriques. Relatório para o Congresso de Estrasburgo, 1920.

_____. Le rôle et l'importance des constitutions en psychopathologie. Relatório para o Congresso dos Médicos Alienistas e Neurologistas de Língua Francesa. Realizado em Limoges em julho de 1932.

DELMAS; BALL. *La personnalité humaine*. Flammarion, 1922.

DERCUM. The heboïd-paranoïd group. *American Journal of Insanity*, abr. 1906.

DIDE. Die nosologie des Passionierten Idealismus. *Neurologisches Zentralblatt*, nº II, 1913.

_____. Quelle est la place des idéalistes passionnés en nosologie. *Journal de Psychologie Normale et Pathologique*, abr.-jul. 1913.

DIDE; LÉVÈQUE, J. Psychose à base d'interprétations passionnées: un idéaliste passionné de la justice et de la bonté. *Nouvelle Iconographie de la Salpétrière*, nº I, jan.-fev. 1931.

DRENKHAHN. Uber die Statistik der Alkoholerkrankungen in der Armee. *Deutsche Militärarztliche Zeitschrift*, 20 maio 1909.

DROMARD. Le délire d'interprétation. *Journal de Psychologie, de Neurologie et de Médecine Mentale*, p. 289-303, 406-416, 1911.

_____. L'interprétation délirante. *Journal de Psychologie, de Neurologie et de Médecine Mentale*, p. 332-366, 1911.

DUBLINEAU. L'enfant paranoïaque. *Semaine des Hôpitaux de Paris*, jul. 1932.

DUBOURDIEU. *Contribution à l'étude des délires de persécution symptomatiques de psychose périodique*. Tese de Bordeaux, 1909, Imp. Com., 120p.

DUCASSE; VIGOUROUX. Du délire systématisé. *Revue de Psychiatrie (médecine mentale, neurologie, psychologie)*, p. 50-82, 1900.

DUMAS. Les contagions entre aliénés. *Journal de Psychologie, de Neurologie et de Médecine Mentale*, p. 481-500, 1911.

DUPRÉ. Intervention à la Société Clinique de Médecine Mentale. *Bulletin de la Société Clinique de Médecine Mentale*, p. 70-71, fev. 1921.

DUPRÉ; KAHN, P. Manie intermittente et paranoïa quérulante. *Société de Psychiatrie*, seção de 17 de março de 1910.

EXPOSITO. Paranoïa e psichosi maniaco-depressiva. *Rivista Italiana di Neuropatologia, Psichiatria ed Elletroterapia*, v. IV, t. IX, p. 400-415, set. 1911.

_____. Sulle natura e sull'unita delle cosidette psicosi affective. *Il Manicomia*, nº 2, 1907.

EWALD. Charakter, Konstitution und Aufbau des manisch-depressive Irreseins. *Zeitschrift für die gesamte Neurologie und Psychiatrie*, 71.

_____. Intervenção feita no Congresso de Limoges. Publicada em *Rapport au Congrès de Limoges sur "le rôle et 1'importance des constitutions en psychopathologie"*.

_____. La notion de constitution. Essai critique. *L'Évolution Psychiatrique*, out. 1932.

_____. Paranoïa und manisch-depressives Irresein. *Zeitschrift für die gesamte Neurologie und Psychiatrie*, 49.

_____. *Temperament una Charakter*. Berlim: Springer, 1924.

EY, H. La notion d'automatisme en psychiatrie. *L'Évolution Psychiatrique*, 2ª série, nº 3, 1932, 24p.

EY, H.; LACAN, J. Parkinsonisme et syndrome démentiel. Société Médico-psychologique, *A.M.P.*, t. II, p. 418-428.

FENICHEL, O. *Perversionen, Psychosen, Charakterstörungen. I.P.V.*, 218p., ver capítulo sobre as esquizofrenias, p. 68-106.

_____. Zur Klinik des Strafbedürfnisses. *Int. Zschr. Psycho-Anal.*, XI, 1925.

FÉRÉ. *La famille névropathique*. Alcan, 1894, 330p.

FERENCZI. Alkohol und Neurosen, *ibid.*, t. I, p. 145-151.

_____. Observations cliniques de paranoïa et de paraphrénie. Trad. em francês na *Revue Française de Psychanalyse*, nº I, p. 97-105, 1932.

_____. Uber die Rolle der Homosexualität in der Pathogenese der Paranoïa. Compilado em *Bausteine zur Psychoanalyse*, t. I (teoria), p. 120-144.

FERNANDEZ, Ramon. *De la personnalité*. Au sans pareil, 1928, 148p.

FREUD, Anna. Introduction à la psychanalyse des enfants. *Revue Française de Psychanalyse*, nº I, t. V, p. 70-96, 1932.

FREUD, S. *Das Ich und das Es. I.P.V.*, 1923, 77p. Estudo traduzido em francês sob o título "Le moi et le soi", nos *Essais de Psychanalyse*, publicados pela Ed. Payot, 320p.

_____. Das ökonomische Problem des Masochismus. 1924. Compilado em *Studien zur Psychoanalyse der Neurosen, I.P.V.*, p. 147-163, 1926.

_____. Jenseits des Lustprinzips. *Ges. Schrift.*, bd VI, p. 225. Traduzido no mesmo volume sob o título "Au-delà du príncipe de plaisir".

_____. Mitteilung eines der psychoanalytischen Theorie widersprechenden Falles von Paranoïa. *Ges. Schrift.*, bd. V.

_____. Remarques psychanalytiques sur l'autobiographie d'un cas de paranoïa (dementia paranoïdes) (Analyses du cas Schreber). *Revue Française de Psychanalyse*, t. V, nº I, 1932, 70p. (Trad. de M. Bonaparte e R. Loewenstein.)

_____. Sur quelques mécanismes névrotiques dans la jalousie, la paranoïa et l'homosexualité. *Revue Française de Psychanalyse*, n. 3, 1932. (Trad. de J. Lacan.)

_____. *Totem et tabou*. Traduzido em francês pela Ed. Payot, 221p.

_____. Trauer und Melancholie. *Ges. Schrift.*, bd. V.

_____. Zur Einführung des Narzissmus. *Ges. Schrift.*, bd. VI.

FRIEDMANN. Beiträge zur Lehre von der Paranoïa. *Monatschrift für Psychiatrie*, bd. 17, maio-juin. 1905, nⁿˢ 5 e 6, p. 467.

GAULTIER, Jules de. *Le bovarysme.* Mercure de France, 1902.

_____. *La fiction universelle.* Mercure de France, 1903.

GAUPP. Der Fall Wagner. *Zeitschrift für die Gesamte Neurologie und Psychiatrie*, 60.

_____. Die dramatische Dichtung eines Paranoiker. *Zeitschrift für die gesamte Neurologie und Psychiatrie*, 69.

_____. Rapport princeps sur la paranoïa abortive. Congresso dos médicos alienistas do sudoeste da Alemanha, Heilbronn, 6-7 nov. 1909.

_____. Uber paranoische Veranlagung und abortive Paranoïa. *Allgemeine Zeitschrift für Psychiatrie*, 1910, p. 137. Cf. Análise no *Neurologisches Zentralblatt*, n. 24, p. 1.310-1.312, 16 dez. 1909. Traduzida na p. 73-75 de nossa obra.

_____. *Zur Psychologie des Massenmords* (caso do pastor Wagner). Berlim: Springer, 1914.

GÉNIL-PERRIN. *Les paranoïaques*. Maloine, 1926.

GREEF. Essai sur la personnalité du débile. *Journal de Psfychologie, de Neurologie et de Médecine Mentale*, p. 400-454, 15 maio 1927.

GUIRAUD. Délires systématisés d'inversion sexuelle. *A.M.P.*, p. 128-132, 1922.

_____. Les délires chroniques (hypothèses pathogéniques contemporaines). *L'Encéphale*, nº 9, p. 665-673, 1929.

_____. Les formes verbales de 1'interprétation delirante. *A.M.P.*, 1º sem., p. 395-412, 1921.

_____. Les meurtres immotivés. *L'Évolution Psychiatrique*, nº 2, mar. 1931, 11p.

GUIRAUD, P.; CAILLEUX, B. Le meurtre immotivé, réaction libératrice de la maladie. *A.M.P.*, 1928.

HALBERSTADT. La forme atténuée du délire d'interprétation. *Revue de Psychiatrie (médecine mentale, neurologie, psychologie)*, ago. 1909.

_____. La psychose délirante dégénérative aiguë. *A.M.P.*, p. 100-117, jul. 1922.

HASKOVEC. Nouvelles contributions au psychisme sous-cortical. *L'Encéphale*, p. 846-855, 1929.

HEILBRONNER. Hysterie und Querulantenwahn. *Zentralblatt für Nervenbeilkunde und Psychiatrie*, 15 out. 1907.

HEINROTH. *Lehrbuch der Störungen des Seelenslebens*, 1818.

HESNARD. La folie, pensée organique. *Journal de Psychologie Normale et Pathologique*, p. 229-241, 1921.

_____. *Les troubles de la personnalité dans les états d'asthénie psychique*. Alcan, 1909, 292p.

HESNARD; LAFORGUE. Les processus d'autopunition en psychologie des névroses et des psychoses, en psychologie criminelle et en pathologie générale. Relatório apresentado no V Congresso dos psicanalistas franceses, jun. 1930, 63p.

HEUYER. Le devinement de la pensée. *A.M.P.*, t. II, p. 321-343, 406-431, nov.-dez. 1926.

_____. Psychoses passionnelles. *Semaine des Hôpitaux de Paris*, 15 maio-1º jun. 1928.

HEUYER; BOREL. Accidents subaigus du caféisme. *Bulletin de la Société Clinique de Médecine Mentale*, p. 158-164, 1922.

HEUYER; GOURIOU. Troubles du caractère dans la psychiatrie infantile scolaire. *Journal Médical Français*, p. 219-227, 1929.

HITZIG. *Uber den Querulantenwahn*. Leipzig, 1895.

HOFFMANN. *Die Nachkommenschaft bei endogenen Psychosen*. Berlim: Springer, 1921.

_____. Entwicklungsgeschichte eines Falles von sozialer Angst. *Int. Zschr. Psycho-Anal.*, XVII, 1931.

_____. *Vererbung und Seelenleben*. Berlim: Springer, 1922.

JAMES, W. *The principies of psychology*. Londres: MacMillan, 1908. 2 v. in-8.

JANET (Pierre e Raymond). *Obsessions et psychasthénie*. Alcan, 1903, 2v.

JANET, Pierre. *Cours sur la personnalité*. Curso no Collège de France, Maloine, 1929.

_____. *De l'angoisse à l'extase*. Alcan, 1928.

_____. Les sentiments dans le délire de persécution. *Journal de Psiychologie, de Neurologie et de Médecine Mentale*, 15 mar.-15 abr. 1932, p. 161-241; 15 maio-15 jun. 1932, p. 401-461.

_____. *Névroses et idées fixes*. Alcan, 1898, 2v.

JASPERS. Eifersuchtswahn. Ein Beitrag zur Frage, Entwiklung einer Persönlichkeit oder Prozess?. *Zeitschrift für die Gesamte Neurologie und Psychiatrie*, bd. I, 1910, Originalien, p. 561-637.

_____. *Psychopathologie générale*. Heidelberg, 1913. Trad. franc. de Kastler e Mendousse. Alcan, 63p.

JONES, E. La conception du sur-moi. *Revue Française de Psychanalise*, nº 2, 1927.

JUNG. *Der Inhalt der Psychosen*. Leipzig u. Wien, 1908.

_____. *Uber die Psychologie der Dementia praecox*. Halle a. S., 1907.

KAHN. Ref. über den sensitiven Beziehungswahn. *Zentralblatt für die gesamte Neurologie und Psychiatrie*, 36, 1924, p. 264; *Zeitschrift für die gesamte Neurologie und Psychiatrie*. Ref. 20 und Ref. 3.

KAHN, P. Un cas de délire de persécution chez un excite maniaque. *L'Encéphale*, p. 476-483, nov. 1912.

KANT. Zur Strukturanalyse der klimakterischen Psychosen. *Zeitschrift für die gesamte Neurologie und Psychiatrie*, 1923.

KEHRER. Der Fali Arnold, Studie zur neueren Paranoïalehre. *Zeitschrift für die gesamte Neurologie und Psychiatrie*, bd. 74, 1922.

_____. Erotische Wahnbildungen sexuellungefriedigter weiblicher Wesen. *Archiv. für Psychiatrie und Nervenkrankheiten*, bd. 65, 1922.

KEHRER; KRETSCHMER. *Uber die Veranlagung zur seelischen Storungen.* Berlim: Springer, 1924.

KERAVAL. Análises das intervenções suscitadas por esse relatório nas seções da Sociedade de Berlim (ver particularmente intervenções de Jastrowitz, de Jolly, de Mendel, de Moelli), nos números seguintes dos *Archives Internationales de Neurologie.*

_____. Analyse du rapport de Cramer. *Archives Internationales de Neurologie,* 2º sem., p. 140-141, 1894.

_____. Des délires plus ou moins cohérents désignés sous le nom de paranoïa. *Archives Internationales de Neurologie,* nº 95, p. 25-33; nº 96, p. 91-101; nº 97, p. 187-200; nº 98, p. 275-292, 1895.

KLAGES. *Les principes de la caractérologie.* Trad. pela Ed. Alcan, 1930, 263p.

KLEIST. Die Involutionsparanoïa. *Allgemeine Zeitschrift für Psychiatrie und psychisch-gerichtliche Medecin,* 70.

_____. Die Streitfrage der akuten Paranoïa. *Zeitschrift für die Gesamte Neurologie und Psychiatrie,* v. V, p. 386, 1911.

KLIPPEL. De l'origine hépatique de certains délires alcooliques. *A.M.P.,* set.-out. 1894.

_____. Du délire des alcooliques. *Mercredi Medical,* out. 1893.

KÖPPEN. Sur la paranoïa périodique. *Neurologisches Zentralblatt,* XVIII, p. 434, 1899.

KRAEPELIN. *Einführung in die psychiatrische Klinik.* Ambrosius Barth, ed. de 1899, 1907, p. 121.

_____. *Lehrbuch der Psychiatrie.* Éd. de 1915, bd. IV: "Paranoïa, p. 1.707-1.779; "Der Querulantenwahn", p. 1.533-1.546.

_____. *Psfychologische Arbeiten.*

KRAFFT-EBBING. *Lehrbuch der Psychiatrie,* 3, Aufl. 1888.

KRETSCHMER, E. *Des Sensitives Beziehungswahn,* 1. ed. Berlim: Springer, 1918; 2. ed. rev. e aum., *id.,* 1927, 201p.

_____. *Köperbau und Charakter.* Berlim: Springer.

_____. *Psychologie Médicale.* Trad. franc. Payot, 486p.

_____. *Uber die Hysterie.* Leipzig: Thieme, 1927, 2 Auflage, 128p.

KRONFELD. *Psychotherapie.* 2ᵉ Aufl.. Berlim: Springer, 1925, 309p.

LACAN, J. (Em colaboração com Lévy-Valensi e Migault): "Écrits inspirés: schizographie". *A.M.P.,* jan. 1932, p. 508-522. V. Claude, Lévy-Valensi, Ey.

_____. Structure des psychoses paranoïaques. *Semaine des Hôpitaux de Paris*, jul. 1931.

LAFORGUE. Ver Hesnard.

_____. Étude sur Jean-Jacques Rousseau. *Revue Française de Psychanalyse*, nº 2, p. 370-402, nov. 1927.

LAIANDE. *Vocabulaire philosophique*. Alcan, articles: Personnalité et Coenesthésie.

LALANNE. *Les persécutés mélancoliques*. Tese de Bordeaux, Durand, 1897, 218p.

LANGE. Uber die Paranoïa und die paranoïsche Veranlagung. *Zeitschrift für die Gesamte Neurologie und Psychiatrie*, bd. 94, p. 85-152, 14 ago. 1924.

LANGE-EICHBAUM. *Génie, Irrsinn und Ruhm*. Munique: Ernst Reinhardt.

LASÈGUE. Du délire des persécutions. *Archives Générales de Médecine*, 1852; compilado nos seus *Études médicales*, 1884, t. I, Asselin et Cie.

LEGRAND DU SAULLE. *Délire de persécution*. Plon, 1871, 524p.

LÉVY-BIANCHINI. Observations sur les tableaux cliniques de la démence paranoïde. *Revue Neurologique*, 30 jul. 1906.

LÉVY-BRÜHL. *Les fonctions mentales dans les sociétés inférieures*. Alcan.

_____. *Le surnaturel et la nature dans la mentalité primitive*. Alcan.

LÉVY-VALENSI. Discussion du rapport de M. Lévy-Valensi. *Annales de Médecine Légale, de Criminologie et de Police Scientifique*, 1931, p. 637-656.

_____. Les crimes passionnels. Relatório apresentado no Congresso de Medicina Legal de 1931. *Annales de Médecine Légale, de Criminologie et de Police Scientifique*, 1931, p. 193-185.

LÉVY-VALENSI; MIGAULT, P.; LACAN, J. Écrits inspirés: schizographie. *A.M.P.*, p. 508-522, dez. 1931.

_____. Roman policier. Du délire type hallucinatoire chronique au délire d'imagination. Société de Psychiatrie, 30 abr. 1928. *Revue Neurologique*, t. I, p. 738-739.

_____. Troubles du langage écrit chez une paranoïaque présentant des éléments délirants du type paranoïde (schizophrénie). Société Médico-psychologique, 12 nov. 1931. *A.M.P.*, t. II, p. 407-408.

LÉVY-VALENSI; VINCHON, J. Délire d'imagination et psychose périodique. *L'Encéphale*, p. 486-492, 1913.

LÖWY. Beiträge zur Lehre von Querulantenwahn. *Zentralblatt für Nervenheilkunde und Psychiatrie*, 1910.

MAC DONALD, W. L'état actuel de la paranoïa. *American Journal of Insannity*, jan. 1904.

MACK BRUNSWICK, Ruth. Die Analyse eines Eifersuchtswahn. *Int. Zschr. Psycho-Anal.*, XIV, 1928, 60p.

MAIER, H. W. Uber katathyme Wahnbildung und Paranoïa. *Zeitschrift für die Gesamte Neurologie und Psychiatrie*, bd. 13, 1912.

MARANDON DE MONTEYEL. De la genèse des conceptions délirantes et des hallucinations dans le délire systématisé. *Gazette des Hôpitaux*, n. 64, p. 641-645, 5 jun. 1900.

MARGUILLES. Die primäre Bedeutung der Affekte in ersten Stadium der Paranoïa. *Monatschrift für Psychiatrie und Neurologie*, 10, 1901.

MARIE, A.; VIGOUROUX. Quels malades faut-il placer dans les familles?. *Revue de Psychiatrie (médecine mentale, neurologie, psychologie)*, p. 14-50, 1900.

MARINESCO; NICOLESCO; IORDANESCO. Sur le mécanisme physiologique de certains troubles hystériques et leur rapport avec les phénomènes d'origine extrapyramidale. *Journal de Psychologie, de Neurologie et de Médecine Mentale*, p. 546-576, 1928.

MASSELON, René. Les psychoses associées. Psychose maniaque-dépressive et délire d'interprétation. *A.M.P.*, jun. 1912, p. 641-660.

MAYER-GROSS. *Selbstschilderungen der Verwirrtheit. Die oniroïde Erlebnisform*. Berlin: Springer, 1924.

_____. Uber das Problem der typischen Verläufe. *Zeitschrift für die Gesamte Neurologie und Psychiatrie*, 18, p. 429, 1912.

_____. Uber die Stellungnahme zur akuten abgeleufenen Psychose. *Zeitschrift für die Gesamte Neurologie und Psychiatrie*, 60, p. 160, 1920.

MEILHON, A. *Du suicide dans le délire de persécution*. Tese de Bordeaux, 1886.

MENDEL. Sur une forme de folie périodique. *Allgemeine Zeitschrift für Psiychiatrie*, bd. 44, p. 660, 1888.

MESCHEDE. De la paranoïa périodique. XIII Congresso Internacional de Medicina. Paris, 1900; *Section de psychiatrie*, p. 140.

MEYER, A. The dynamic interpretation of dementia praecox. *American Journal of Psychology*, XXI, p. 385-403, 1910.

_____. The life chart und the obligation of specifying positive data in psychopathological diagnosis. *Contribution to medical and bibliographical Research*, 1919, p. 1.128._____. The philosophy of occupation therapy. *Archives of occupational Therapy*, 3, p. 4-6.

_____. The treatment of paranoia and paranoid states. *White and Jelliffe. The modern treatment of nervous and mental diseases*, 1913, p. 614-661.

_____. What to histories of cases of insanity teach us concerning preventive mental hygiene during the years of school life. *Psychological Clinic*, 1908, II, p. 98.

MEYERSON, Émile. *Cheminement de la pensée*. Alcan, 1903, 3v., 1.036p.

_____. *Identité et réalité*. Alcan, 1907, 3.· ed. 1926, 570p.

MEYERSON, Isaac; QUERCY. Des interprétations frustes. *Journal de Psychologie, de Neurologie et de Médecine Mentale*, 1920, p. 811-822.

MIGNARD. La subduction mentale morbide, *A.M.P.*, maio 1924, t. I, p. 392-406.

_____. L'emprise organo-psychique et les états d'aliénation mentale. *L'Encéphale*, 1922, p. 266-275.

MIGNARD; PETIT. *Délire et personnalité*. Congresso belga de Neurologia e de Psiquiatria. Ypres-Tournay, 1912, 14p.

MINKOWSKI. Du symptôme au trouble générateur. *Archives Suisses de Neurologie et de Psychiatrie*, v. 22, fasc. I, 1928.

_____. Jalousie pathologique sur un fond d'automatisme mental. *A.M.P.*, jun. 1929, p. 24-48.

_____. *La schizophrénie*, Payot.

MONAKOW, Von. *Introduction biologique à la neurologie pathologique*. Alcan.

MONKEMMOLLER. Sur la paranoïa périodique. *Allgemeine Zeitschrift für Psiychiatrie*, 1906, p. 538.

MONTASSUT. *La constitution paranoïaque*. Tese. Paris, 1924.

MORICHEAU-BEAUCHANT. Homosexualité et paranoïa. *Zentralblatt für Psychoanalyse und Psychothérapie*, II, 1912.

NEISSER. Erörterungen über die Paranoïa. *Zentralblatt für Nervenheilkunde und Psychiatrie*, 1892.

OSTWALD, W. *Les grands hommes*. Trad. franc. Flammarion, col. "Philosophie Scientifique".

PARCHEMINEY. Relatório sobre a histeria apresentado no Congresso de Psicanálise de 1932. *Revue Française de Psychanalyse*, nº 2, 1932.

PASCAL; DAVESNE. Psychocolloïdoclasies. Anaphylaxie mentale spontanée. *La Presse Médicale*, nº 93, p. 1.539-1.541, 21 nov. 1925.

PASCAL, G.; DESCHAMPS, Andrée. Psychoses de sensibilisation. Allergie mentale. *A.M.P.*, p. 149-160 e 820, 21 nov. 1925.

PAULHAN, F. L'attitude mentale. *Journal de Psychologie, de Neurologie et de Médecine Mentale*, 1923, p. 826-868.

_____. *Les types intellectuels. Esprits logiques et esprits faux.* Alcan, 1886, 360p.

PEIXOTO; MOREIRA. Relatório sobre a paranoia apresentado no Congresso de Lisboa, 1906.

PETIT, G. *Essai sur une variété de pseudo-hallucination. Les autoreprésentations aperceptives.* Tese de Bordeaux, 1913, 184p.

PIQUEMAL. Les idéalistes passionnés. *Gazette Médicale de Montpellier*, fev. 1913.

RANK, O. *Don Juan.* Trad. franc. publicada pela Ed. Denoël e Steele, 1932.

REDALIÉ. La notion de réaction en psychiatrie. *Archives suisses de Neurologie et de Psychiatrie.* Zurique, 1929, v. 24, fasc. 2.

RÉGIS. *Les régicides*, 1890.

REVAULT D'ALLONNES. La polyphrénie. *A.M.P.*, out. 1923, p. 229-243.

RIVA. Nosog. della paranoïa. *Rel. XIV Congresso del. Soc. Fren. Ital.*, 1913.

ROBOT. *Les maladies de la personnalité*, 1885.

_____. *L'hérédité psychologique.* Alcan, 1894, 415p.

RUSSELL, B. *Analyse de l'esprit.* Trad. de Lefebvre. Payot, 309p.

SANTENOISE; VIDACOVITCH. Contribution physiologique à l'étude des psychoses d'intoxication. Rôle étiologique du déséquilibre neuro-végétatif. *A.M.P.*, jul. 1925, p. 133-180.

SCHELER, Max. *Nature et formes de la sympathie.* Trad. de Lefebvre. Payot, 384p.

SCHNEIDER. Der Begriff des Reaktions in der Psychiatrie. *Zeitschrift für die Gesamte Neurologie und Psychiatrie*, 95, 1925.

_____. Ein Beitrage z. Lehre v. d. Paranoïa. *Allgemeine Zeitschrift für Psychiatrie und Psychisch-gerichtliche Medecin*, 60.

SÉGLAS. Diagnostic des délires de persécution systématisés. *La Semaine Médicale*, nº 50, p. 419-420, dez. 1890.

_____. La paranoïa, historique et critique. *Archives Internationales de Neurologie*, t. XIII, 1887, p. 62-76, 221-232, 393-406.

_____. *Leçons cliniques sur les maladies mentales.* Asselin et Houzeau, 1895.

SÉRIEUX, Paul. Des délires chroniques à évolution systématique et des psychoses des dégénérés. *Bulletin de la Société de Médecine Mentale de Belgique*, dez. 1890, mar. 1891.

SÉRIEUX; CAPGRAS. Le délire d'interprétation et la folie systématisée. *Année Psychologique*, 1910, p. 251, 269.

_____. *Les folies raisonnantes*. Alcan, 1909, 392p.

SIMMEL. Die psychoanalytische Behandlung in der Klinik. *Int. Zsch. Psycho-anal.*, XIV, 1928.

SOLLIER. *L'hystérie et son traitement*. Alcan, 1901, 292p.

SOUM. *Sur une association de la folie intermittente et de la paranoïa.* Tese de Bordeaux, 1912.

SPECHT. Uber die klinische Kardinalfrage der Paranoïa. *Zentralblatt für Nervenheilkunde und Psychiatrie*, 1908, e *Zentralblatt für Nervenheilkunde und Psychiatrie*, XXVIII, t. XVI, p. 595.

TAGUET. Du délire intermittent. *A.M.P.*, 1882, p. 209-221.

TANZI, E.; LUGARO, E. La paranoïa. *Trattato delle malattie mentali*, t. II, p. 738-775.

TANZI; RIVA. La paranoïa. *Arch. Reviste Frenat.*, 1894, v. IX, X, XII.

TARDE, G. *La philosophie pénale*. Lyon: Storck, 1890, 560p.

THOMAS, André. *Phénomènes de répercussivité*. Masson, 1929.

THOMSEN. Die akute Paranoïa. *Archiv für Psychiatrie und Nervenkrankheiten*, v. XLV, nº 3, p. 803-934.

THOMSON, J. Arthur. *L'hérédité*. Trad. de Henry de Varigny. Payot.

TILING. Zur Paranoïafrage. *Psychiatrische Wochenschrift*, 1902, nº 8, p. 43-44.

TINEL, ROBIN; CÉNAC. Psychose interprétative d'origine émotive. Du pronostic de ces états interprétatifs. Société de Psychiatrie, 18 fev. 1926.

TRÉNEL. Note sur la paranoïa alguë. *A.M.P.*, 1910, XII, p. 446.

TROLL. *Bausteine sur einer biologischen Weltanschauung*. München, 1913.

_____. *Organisation und Gestalt in Bereich der Blüte*. Berlim: Springer, 1928.

VALÉRY, Paul. Lettre à un ami. *M. Teste*. Paris: L'Intelligence, p. 59-61, 1927.

VALKENBOURG, Van. Over waaworming. *Nederlandsche Tijdschrift voor Genneskunde*, 2, 1917.

VALLON. *Délire de persécution. Délire chronique à base d'interprétations.* Tese de Paris: Ballière, 1909.

VERVAECK. Discussion du Rapport de Lévy-Valensi sur les crimes passionneles. *Annales de Médecine légale, de Criminologie et de Police scientifique*, 1931, p. 637-651.

WESTERTERP. Prozess und Entwicklung bei verschiedenen Paranoïatypen. *Zeitschrift für die gesamte Neurologie und Psychiatrie*, 91, p. 259-379.

WILMANS. Situation clinique de la paranoïa. Congresso de Baden-Baden, 22-23 de maio de 1909, e *Neurologisches Zentralblatt*, 16 de junho de 1909, nº 12.

_____. Zur klinischen Stellung der Paranoïa. *Zentralblatt für Nervenheilkunde und Psychiatrie*, 1910.

WOLLENBERG. *Hauptlehrer Wagner von Degerloch*. Berlim: Springer, 1914.

PRIMEIROS ESCRITOS
SOBRE A PARANOIA

ESCRITOS "INSPIRADOS": ESQUIZOGRAFIA[1,2]

Com o título esquizografia, vários autores[3] ressaltaram o alto valor vinculado a certas formas mais ou menos incoerentes da linguagem, não somente como sintomas de distúrbios profundos do pensamento, mas ainda como reveladores de seu estado evolutivo e de seu mecanismo íntimo. Em alguns casos, esses distúrbios somente se manifestam na linguagem escrita. Tentaremos mostrar apenas qual matéria esses escritos oferecem a um estudo preciso dos mecanismos psicopatológicos. Este, relativo a um caso que nos parece original.

Trata-se de uma paciente, Marcelle C., de 34 anos, professora primária, internada há um ano na Clínica psiquiátrica. Um ano e meio antes, ela havia sido internada uma primeira vez, mas logo saiu por pedido de seu pai, pequeno artesão.

A srta. C. dá primeiramente a impressão de uma pessoa que goza da integridade de suas faculdades mentais. Nenhuma estranheza em

---

[1] Publicado inicialmente com as assinaturas de J. Lévy-Valensi, P. Migault e J. Lacan. In: *A. M. P.*, nº 5, dez. 1931.

[2] A observação que serve de base a este trabalho foi apresentada à Sociedade Médico-psicológica, sessão de 12 de novembro de 1931, com o título: "Distúrbios da linguagem escrita em uma paranoica que apresenta elementos delirantes do tipo paranoide (esquizografia)".

[3] Pfersdorff, *La schizophasie, les catégories du langage*, Trabalhos da clínica psiquiátrica de Estrasburgo, 1927. Guilhem Teulié, "La schizophasie", *A. M. P.*, fev.-mar. 1931.

sua figura. Não se observa em nenhum momento de sua vida comportamento anormal no trabalho. Protestos muito vivos com respeito a seu internamento parecem óbvios nos primeiros contatos. Entretanto, ele se efetivou. Suas considerações são então vivas, orientadas, adaptadas, amáveis, às vezes. Da integridade de suas funções intelectuais, que aparece completa em uma conversação contínua, nós produzimos a exploração objetiva pelo método dos testes. Tendo os testes comuns, que se apoiam na intenção, na lógica, na memória, se mostrado muito aquém de suas capacidades, nós usamos exames mais sutis, mais próximos dos elementos nos quais se apoia nossa apreciação cotidiana dos intelectos. São os "testes de intenção": sentido aparente e real de uma consideração, de um epigrama, de um texto etc. Ela se mostrou sempre suficiente a isso, rápida e até mesmo natural.

Notemos que, ainda que vamos longe em sua confidência, o contato afetivo com ela permanece incompleto. A cada instante, afirma-se uma profunda resistência. A paciente professa, aliás, sobre qualquer proposta: "Não quero ser submetida a ninguém. Jamais quis admitir a dominação de um homem" etc.

Quando fizemos essa observação, a paciente exteriorizou plenamente seu delírio. Ele comporta numerosos temas, alguns típicos:

Um tema de reivindicação, fundado em uma série de fracassos pretendidos injustificados a um exame, se manifestou por uma série de procedimentos perseguidos com uma estenia passional e pela provocação de escândalos que levaram à internação da paciente. Em virtude do prejuízo dessa internação, ela reclama "20 milhões de indenização, 12 por privação de satisfações intelectuais e oito por privação de satisfações sexuais".

Um tema de ódio se concentra contra uma pessoa, a srta. G., que ela acusa de lhe ter roubado o lugar que lhe cabia nesse exame e de tê-la substituído na função que ela deveria ocupar. Esses sentimentos agressivos se estendem a vários homens que ela conheceu em um período recente e pelos quais parece ter tido sentimentos bastante ambíguos – sem jamais ter cedido a eles, afirma ela.

Um tema erotomaníaco com relação a um de seus superiores no ensino, o inspetor R. – tema nisso atípico pois retrospectivo, estando morto o objeto do delírio, e a paixão mórbida não sendo revelada de nenhuma maneira durante a sua vida. Um tema "idealista" se exterioriza não menos naturalmente. Ela tem "a sensação da evolução da humanidade". Tem uma missão. É uma nova Joana d'Arc, mas "mais instruída e de um nível de civilização superior". É feita para guiar os governos e regenerar os costumes. Seu negócio é "um centro ligado a altas coisas internacionais e militares".

Em quais fundamentos se apoia esse delírio polimorfo? A questão, veremos, continua problemática, e talvez os escritos nos ajudarão a resolvê-la.

Quando de suas duas internações, a paciente foi examinada na Enfermaria Especial. Os atestados dos doutores Logre e Clérambault ressaltam em valor o caráter paranoico, "seja antigo, seja novo", e admitem a existência de um automatismo mental.

Se o caráter paranoico se manifestou previamente na paciente, é difícil de precisar tanto pelo interrogatório, por causa das interpretações retrospectivas, como pela enquete, pois só tivemos da família referências epistolárias.

No entanto, o simples estudo do *cursus vitae* da paciente faz aparecer uma vontade de se distinguir de seu meio familiar, um isolamento voluntário de seu meio profissional, uma falsidade do julgamento que se traduzem nos fatos. Seus estudos são bons e não há nada a ressaltar até sua saída da escola normal primária, com 21 anos. Mas, de posse de um cargo, em 1917, ela pretende conduzir seu trabalho à sua maneira, já reivindica e mesmo interpreta. Depois de alguns anos, coloca na cabeça que quer aceder ao professorado de uma escola de comércio, requer para isso uma mudança de cargo e depois uma licença, e, em 1924, abandona pura e simplesmente seu cargo para ir se preparar para o exame em Paris. Lá, ganha a vida como empregada contábil, mas acredita-se perseguida em todos os lugares e muda 12 vezes em quatro anos. O comportamento sexual ao qual fizemos alusão, o caráter muito profundo das rebeliões expressadas pela paciente, vêm se juntar à impressão que se extrai do conjunto de sua história, para fazer admitir uma anomalia antiga da personalidade, de tipo paranoico.

Para fazer o balanço dos fenômenos elementares "impostos" ou ditos de ação exterior, foi-nos necessária muita paciência. Não é, com efeito, somente a reticência ou a confiança da paciente que intervêm em sua dissimulação ou sua divulgação. É o fato de que sua intensidade varia, que eles evoluem por impulsos, e que com esses fenômenos aparece um estado de estenia de forma expansiva, que, de um lado, lhes dá certamente sua ressonância convincente para o sujeito, e, de outro, torna possível, mesmo por motivos de defesa, a ocultação.

A paciente apresentou durante sua internação uma desses impulsos, a partir da qual suas declarações foram tomadas: ela nos esclareceu então sobre os fenômenos menos intensos e menos frequentes que sentia nos intervalos, e sobre os episódios evolutivos passados.

Os fenômenos "de ação exterior" se reduzem aos mais sutis que sejam dados na consciência mórbida. Qualquer que seja o momento de sua evolução, nosso sujeito sempre negou energicamente ter escutado "vozes"; ela nega da mesma forma toda "tomada", todo eco do pensamento, dos atos ou da leitura. Questionada segundo as formas distorcidas que a experiência desses pacientes nos ensina a empregar, ela diz não saber nada sobre essas "ciências nauseabundas às quais os médicos tentaram conduzi-la".

No máximo, trata-se de hiperendofasia episódica, de mentismo noturno, de alucinações psíquicas. Uma vez, a paciente escuta nomes de flores ao mesmo tempo que sente seus odores. A paciente, uma outra vez, em uma espécie de visão interior, se vê e se sente, ao mesmo tempo, acasalada em uma postura bizarra com o inspetor R.

O eretismo genital é certo. A paciente pratica assiduamente a masturbação. Devaneios a acompanham e alguns são semioníricos. É difícil estabelecer a parte da alucinação genital.

Ao contrário, ela experimenta, intensa e frequentemente, sentimentos de influência. São "afinidades psíquicas", "intuições", "revelações de alma", sentimentos de "direção". "É de uma grande sutileza de inteligência", diz ela. Essas "inspirações" são diferenciadas por ela segundo as origens: Foch, Clemenceau, seu avô, B. V., e sobretudo seu antigo inspetor, o sr. R.

Enfim, é preciso classificar, entre esses dados impostos do vivido patológico, as interpretações. Em certos períodos, palavras e gestos na rua são significativos.Tudo é posto em cena. Os detalhes mais banais tomam um valor expressivo, que concerne a seu destino. Essas interpretações são atualmente ativas, mas difusas: "Acreditei compreender que fizeram de meu caso uma questão parlamentar... mas é tão velado, tão difuso."

Anexemos aqui algumas notas sobre o estado somático da paciente. Elas são sobretudo negativas. É preciso ressaltar: uma gripe em 1918. Um cafeinismo, certamente. Um regime alimentar irregular. Um tremor nítido e persistente dos dedos. Uma hipertricose marcada dos lábios. Regras normais. Todos os outros órgãos normais. Duas lipotimias muito curtas no trabalho, sem outro sinal orgânico que uma hiperemia papilar que durou cerca de oito dias. Bacilose frequente na linhagem materna.

Vamos aos escritos, muito abundantes. Publicamos uma compilação deles, integralmente, o mais possível. Os números entre parênteses servirão, quando dos comentários adiante, para remeter aos textos.

I. Paris, 30 de abril de 1931:
Meu querido papai, mais de quatro meses internada neste hospital de Sainte-Anne sem que tenha podido fazer o esforço necessário para te escrever. Não que eu tenha alguma coisa nevrálgica ou tuberculosa, mas fizeram-te cometer no último ano tais erros colocando, em desonesto, ao proveito de sua perfeita ignorância de minha real situação (1) que eu me submeti ao jugo da defesa (2) pelo mutismo. Eu descobri, contudo, que o médico do meu caso, à força de lentidão te colocou em guarda contra a coisa grotesca e eu vejo que, sem mais sede de avatares (3), colocou as coisas em perfeita via

de melhor esclarecida (4) e de mais de santidade de Estado (5).

Digna (6) interceptar os sons da lei para me fazer o mais (7) próprio da terra senão o mais (7) erudito. O sem cuidado de minha fé (8) faz passar Mefisto (9) o mais (7) cruel dos homens mas é preciso ser sem doçura nas panturrilhas para ser o mais resoluto à transformação. Mas é digno de inveja quem faz o jogo da manivela do circo. Vemos que etc.*

II. Paris, neste 14 de maio de 1931:
Senhor Presidente da República P. Doumer veraneando nos pães de especiarias e nos trovadoces,
Senhor Presidente da República invadido de zelo,
Eu gostaria de tudo saber para vos fazer o (15) mas sorrio então de covarde e de canhão de tenta (16) mas eu estou muito por demais longa de acertar (17). Maldades que fazemos aos outros convém acertar que meus cinco gansos de Vales (18) sejam da injuriadaria e que vós sejais o melão de Santa Virgem e de perdão de tenta (19). Mas é preciso a tudo reduzir da nomenclatura de Auvergne pois sem lavar as mãos em água de rocha se faz xixizaria no leito seco (20) e madalena é sem trader a putan de todos esses rasos de despesas (21) para ser

---

* *No original: "I. Paris le 30 avril 1931:*
Mon cher papa, plus de quatre mois que je suis enfermée dans cet asile de Sainte-Anne sans que j'aie pu faire l'effort nécessaire pour te l'écrire. Ce n'est pas que j'aie quoi que ce soit de névralgique ou de tuberculeux, mais on t'a fait commettre l'an dernier de telles sottises mettant, en malhonnête, à profit ta parfaite ignorance de ma réelle situation (1) que j'ai subi le joug de la défense (2) par le mutisme. J'ai appris toutefois que le médecin de mon cas, à force de lenteur t'a mis en garde contre la chose grotesque et je vois qu'il a, sans plus soif d'avatars (3), mis les choses en parfaite voie de mieux éclairci (4) et de plus de santé d'État (5). Daigne (6) intecepter les sons de la loi pour me faire le plus (7) propre de la terre sinon le plus (7) érudit. Le sans soin de ma foi (8) fait passer Méphisto (9) le plus (7) cruel des hommes mais il faut être doux sans les mollets pour être le plus prompt à la transformation. Mais il est digne d'envie qui fait le jeu de la manne du cirque. On voit que etc." (N.T.)

Escritos "Inspirados": Esquizografia   377

o melhor de seus oraios (22) na voz é doce e o tinge fresco. Eu teria querido medir tunhata (23) sem fazer o prejuízo de vida plenária e de sem despesa se faz polícia judiciária (24). Mas é preciso espantar o mundo para ser o patife maldito de barbanela e de sem leito se faz tunhata (25).

As barbas sujas são os fins eruditos do reino do emplastro júdico (26) mas é preciso se calar para erudicionar (27) a bagatela (28) e a fazer correr seco em se eu acuso eu sei o que eu fiz (29).

(31) A londoiar (30) sem costumes se faz andorinha (31) mas o traço do orgulho é o mais alto Benoit que se possa correr daqui longos fatos e sem maneira. O perigo de uma nação perversa é de acumular tudo sobre o dorso de alguém e fazer emplastro o mais magro arlequim enquanto ele é prejuízo a quem se quer, bondade a golpes redobrados a quem não se queria para si.

Mas eu vos estou de acordo para a palavra da glória do Senado. Limpador (32) era de sua "é minha mulher que o fez" (33) o mais erudito de todos mas o menos emprestado.

Para vos raspar a cuana eu faço da mais a tens é boa é-nos preciso saltar (34) mas eu sou desse capacho que faz pupila aos cem o que eu fiz da alcachofra com esse fim caramujo.

Mas é preciso passar brenato te fazer o mais pleno de comadres, de compadre se faz o ventre para o fazer sular de ti.

Para mim de ter raspado a cuana te fazer a mais sozinha mas se é um turtô é para felicidade alhures e não nesses oraios aí elas são demais baixas.

Para vos extenuar eu faço alma está cansada para sempre vos servir (35) e ver escalar os degraus a quem não pode os subir a tempo e à hora. É preciso para isso ser gentil amiga do oráculo do Desejo (36) e se vós sois o fogo de sextetes (37) eu vos faço o sujo forno de rato, de rato pasmado (38) e de farrapo de capricho.

A turte é o cuidado que se tem para o adolescente quando ele faz seus dentes com o jarrete de outro (39). Seu prejuízo é aquele que não se extingue de um golpe de sombrinha (40). É preciso segui-lo de tentativa quando se o erudicionou (41) e se vós quiserdes vê-lo pasmar ir sem mais tardar avenida Champs-Élysées em se dourado *frisson* (42) da patrulhas de melões de coragem mas de naufrágio pleno de jarrete (44).

Para vossos desejos mestre minha pasma (45) a seus jarretes (46) e minha desenvoltura a vossos oraios mais altos (47).

Bastilha Marcelle (48) de outra forma dita Charlotte a Santa, mas sem mais de marmelada eu vos faço o mais alto filhinho da poedeira e de seus rebanhos de amigos verdes para me roubar o fruto de sentinela e não perverso. Eu sou o belo cumulões de humor de sem penela e do Abutre, o pelotão de tenta (49) e da suja prejudicar para se distinguir a todos abatimentos dos outros que querem vos ultrapassar porque melhor a fugir que a ficar.

Minhas homenagens voluntárias ao Senhor Sua Majestade o Príncipe da Ironia francesa e se vós quiserdes pegar um pouco de corte fazeis o sucesso de acordo de Madalena e de sem erro se faz artesão para lhe pôr fora de moda, carregador. Minha liberdade, eu suplico vossa honesta pessoa, valerá melhor que o baremo do duce o melhor empobrecido por guarda-chuva de esquadrão.

Eu vos honras, Senhor Ventre verde (50). A vós meus sabores de petulância e de novidade para vos honrar e vos agradar. Merceeira do Bom Deus por vos regar de honra ou vos fantasmar de sucesso sólido e equilibrado. Pântano alto de peixes de águas doces. Bedoce.*

---

* No original: *"II. Paris ce 14 mai 1931:*

Monsieur le Président de la République P. Doumer em villégiaturant dans les pains d'épices et les troubadoux,

Monsieur le Président de la République envahie de zèle,

Je voudrais tout savoir pour vous faire le (15) mais souris donc de poltron et de canon d'essai (16) mais je suis beaucoup trop long à deviner (17). Des méchancetés que l'on fait aux autres il convient de deviner que mes cinq oies de Vals (18) sont de la pouilladuire et que vous êtes le melon de Sainte vierge et de pardon d'essai (19). Mais il faut

III. Paris, neste 4 de junho de 1931:
Senhor o Mericano (51) do tubo e do pretório,
Se há nomes bem movidos para marcar poesia a soma dos emituflados (52) oh! dizeis, não é aquele da *Calvée* (53). Se eu fiz Páscoa antes dos *Respans* (54) é porque minha Escola deve vos assentar golpes de grosseirão enquanto vós não tereis assegurado o serviço inteiramente. Mas se vós quiserdes fazer o melro para bisbilhota (55) e o tanto a área é bela que lhe é preciso majorar fatos é que vós sois ás (58) da festa e

---

tout réduire de la nomenclature d'Auvergne car sans se laver les mains dans de l'eau de roche on fait pissaduire au lit sec (20) et madelaine est sans trader la putin de tous ces rasés de frais (21) pour être le mieux de ses oraies (22) dans la voix est douce et le teint frais. J'aurais voulu médire de la tougnate (23) sans faire le préjudice de vie plénière et de sans frais on fait de la police judiciaire (24). Mais il faut étonner le monde pour être le faquin maudit de barbenelle et de sans lit on fait de la tougnate (25). Les barbes sales sont les fins érudits du royaume de l'emplâtre judice (26) mais il faut se taire pour érudir (27) la gnogne (28) et la faire couler sec dans si j'accuse je sais ce que j'ai fait (29). (31) A londoyer (30) sans meurs on fait de la bécasse (31) mais la trace de l'orgueil est le plus haut Benoit que l'on puisse couler d'ici longs faits et sans façon. Le péril d'une nation perverse est de cumuler tout sur le dos de quequ'un et faire de l'emplâtre le plus maigre arlequin alors qu'il est préjudice à qui l'on veut, bonté à coups redoublés à qui l'on ne voulait pas pour soi. Mais je vous suis d'accord pour le mot de la gloire du Sénat. Cureur (32) était de sa 'c'est ma femme qui l'a fait' (33) le plus érudit de tous mais le moins emprunté. A vous racler la couane je fais de la mais l'as est bonne il nous la faut bondir (34) mais je suis de ce paillasson qui fait prunelle aux cent quoi j'ai fait de l'artichaut avec ce fin bigorneau. Mais il faut passer brenat te fait le plus plein de commères, de compère on fait le ventre pour le faire suler de toi. A moi d'avoir raclé la couane te fait la plus seule mais s'il est un tourteau c'est pour bonheur ailleurs et pas dans ces oraies-là elles sont trop basses. A vous éreinter je fais de l'âme est lasse à toujours vous servir (35) et voir grimper les échelons à qui ne peut les gravir en temps et en heure. Il faut pour cela être gentille amie de l'oracle du Désir (36) et si vous êtes le feu de vendredettes (37) je vous fais le sale four de rat, de rat pâmé (38) et de chiffon de caprice. La tourte est le soin qu'on a pour l'adolescent quand il fait ses dents avec le jarret d'autrui (29). Son préjudice est celui qu'on n'éteint pas d'un coup d'ombrelle (40). Il faut le suivre à l'essai quand on l'a érudit (41) et si vous voulez le voir pâmer allez sans plus tarder avenue Champs-Élysées en si doré frisson (42) de la patrouilles de melons de courage mais de naufrage plein le jarret (44).

que nos é preciso a todos chorar (56). Mas se vós quiserdes desse lugar-qui sem a se faz estranho negócio é que combate é meu cuidado e que etc...*

IV. Paris, 27 de julho de 1931:

Senhor o Prefeito de Música do Amique (61) levado de estilo para peristilar a conta Potatos e Margoulin reunidos sem sequência no Orgulho, Breteuil.

Eu amo a ver contar o fato da América aos prantos, mas ele é tão doces fatos que se faz longa a vida dos outros e suave a sua ao ponto, que é bem cem vezes mais preenchido aquele que vive do acre e do falsário e faz sua digna existência da longa epístola que ele cem vezes soou em seu bolso sem poder desse "e" fazer um belo "mestrea-me" (62) eu sou cem

---

A vous souhaits maître ma pâme (45) à vos jarrets (46) et ma désinvolture à vos oraies plus hautes (47).

Bastille Marcelle (48) autrement dit Charlotte la Sainte, mais sans plus de marmelade je vous fais le plus haut fiston de la pondeuse et de ses troupeaux d'amis verts pour me ravir le fruit de sentinelle et pas pervers. Je suis le beau comblons d'humour de sans pinelle et du Vatour, le peloton d'essai (49) et de la sale nuire pour se distinguer à tous rabais des autres qui veulent vous surpasser parce que meilleur à fuir qu'à rester. Mes hommages volontaires à Monsieur Sa Majesté le Prince de l'Ironie française et si vous voulez en prendre un brin de cour faites le succès d'accord de Madelaine et de sans tort on fait de l'artisan pour vous démoder, portefaix. Ma liberté, j'en supplie votre honnête personne, vaudra mieux que le barème du duce le mieux appauvri par parapluie d'escouade. Je vous honneurs, Monsieur Ventre vert (50). A vous mes saveurs de pétulance et de primeur pour vous honorer et vous plaire. Mercière du Bon Dieu pour vous arroser de honte ou vous hantir de succès solide et équilibré. Marais haute de poissons d'eaux douces. Bedouce." (N.T.)

* No original: "*III. Paris, ce 4 juin 1931:*

Monsieur el Méricain (51) de la buse et du prétoire,

S'il est des noms bien mus pour marquer poésie le somme des emmitouflés (52) oh! dites, n'est-ce pas celui de la Calvée (53). Si j'avais fait Pâques avant les Respans (54), c'est que mon École est de vous asséner des coups de butor tant que vous n'aurez pas assuré le service tout entier. Mais si vous voulez faire le merle à fouine (55) et le tant l'aire est belle qu'il la faut majorer de faits c'est que vous êtes as (58) de la fête et qu'il nous faut tous pleurer (56). Mais si vous voulez de ce lieu-ci sans i on fait de l'étrange affaire c'est que combat est mon souci et que, etc..." (N.T.)

vezes mais lasso que pambecha mas fazei a fina escola e vós sois o sol da América aos prantos.

Mas a cindir a tarde se faz agregada em todas as matérias e se matelote é feito de bolsistas e de bronzes a todo luzir, é preciso desse "e Con?" (63) fazer um "saúde a ti, pimenta tu nos tornas a vida suve e, sem ti eu era pendente às colinas de São Clemente".

A sorte "tu vês minha mulher, o que se faz da sorce" te faz o maior pintor do universo inteiro, e, se tu és daqueles que fazem: poeta aos latidos não responde mais, mas ah! ele é maduro no amuro do outro mundo, tu farás, eu creio Jesus no outro mundo ainda, provido que se inunda o pobre do hábito do monge quem o fez (64).

Minha sorte é de vos emituflar se vós sois o pateta que eu vejo que vós fostes, e, se essa conversa sem nexo foi o peixão de tenta (65), é que eu acreditei, caduca que vós éreis mau (66).

Eu sou o irmão do mau rato que te enrouquece se tu fazes o caminho de mãe a bisbilhota (67) e de abeto refeito, mas, se tu és sol e poeta aos longos feitos, eu faço o Revisto, desse lugar-lá eu daí sairei. Eu tinha posto meu caco [*casse*] em tua andorinha. Cansada de tempestade, eu compro vossa tumba Senhor (67).

Marcelle Ch. aos latidos não responde aos poetas sem fé, mas é cem vezes mais assassino que mil bandidos.

Geni.*

---

* No original: "*IV. Paris, le 27 juillet 1931:*
Mousieur le Préfet de Musique de l'Amique (61) entraîné de style pour péris-
tyliser le compte Potatos et Margoulin reunis sans suite à l'Orgueil, Breteuil.
J'aime à voir conter le fait de l'Amérique en pleurs, mais il est si doux faits qu'on fait longue
la vie des autres et suave la sienne au point, qu'il est bien cent fois plus rempli celui qui vit
de l'âcre et du faussaire et fait sa digne existence de la longue épître qu'il a cent fois sonné
dans son gousset sans pouvoir de ce 'et' faire un beau 'maîtrisez-moi' (62) je suis cent fois
plus lâche que pinbèche mais faites la fine école et vous êtes le soleil de l'Amérique en pleurs.
Mais à scinder le tard on fait de l'agrégée en toutes les matières et si matelotte est fait

V. No dia 10 de novembro, pedimos à paciente que escreva uma curta carta aos médicos em estilo normal. Ela o faz imediatamente, em nossa presença, e com sucesso. Em seguida, pedimos que ela escreva um *post scriptum* de acordo com suas "inspirações". Eis o que nos entrega:

> *Post-scriptum* inspirado.
>
> Eu gostaria vos saber os mais inéditos à marmota do macaco (78) mas vós estais aterrados porque eu vos odeio ao ponto que vos queria todos salvos (79). Foi de Arma e de Marne para vos enconquinar e vos fazer chorar a sorte de outros, a minha ponto (80),
>
> Marne ao diabo.*

Enfim, esta carta, verdadeira "arte poética", na qual a paciente descreve seu estilo:

---

de boursiers et de bronzes à tout luire, il faut de ce 'et Con?' (63) faire un 'salut à toi, piment tu nous rends la vie suve et, sans toi j'étais pendant aux buttes de St-Clément'. Le sort 'tu vois ma femme, ce qu'on fait de la sorce' te fait le plus grand peintre de l'univers entier, et, si tu es de ceux qui font : poète aux abois ne répond plus, mais hélas! il est mûr dans l'amur de l'autre monde, tu feras, je crois Jésus dans l'autre monde encore, pourvu qu'on inonde le pauvre de l'habit du moine qui l'a fait (64).

Mon sort est de vous emmitoufler si vous êtes le benêt que je vois que vous fûtes, et, si ce coq à l'âne fut le poisson d'essai (65), c'est que j'ai cru, caduque que vous étiez mauvais (66). Je suis le frère du mauvais rat qui t'enroue si tu fais le chemin de mère la fouine (67) et de sapin refait, mais, si tu es soleil et poète aux long faits, je fais le Revu, de ce lieu-là j'en sortirai.

J'avais mis ma casse dans ta bécasse. Lasse de la tempête, j'achète votre tombe Monsieur (67). Marchelle Ch. aux abois ne répond pas aux poètes sans foi, mais est cent fois plus assassin que mille gredins.

Genin." (N.T.)

* No original: "*Pos-Scriptum inspiré.*

Je voudrais vous savoir les plus inédits à la marmotte du singe (78) mais vous êtes atterrés parce que je vous hais au point que je vous voudrais tous sauvés (79). Foi d'Arme et de Marne pour vous encoquiner et vous faire pleurer le sort d'autres, le mien point (80), Marne au diable." [N.T.]

VI. Paris, 10.12.1931:

"Este estilo que eu dirijo às autoridades de passagem é o estilo que é preciso para bem formar o alforje de Mulera e de seu grau de oficial a raspar."

Ele é minha defesa de Ordem e de Direito.

Ele sustenta o bem do Direito.

Ele rigorosa a tunha a mais tola e ele se diz conforme aos direitos dos pintores.

Ele miserável a sunha aos oraios da esplendor, para a pilotar, em menino, no tunha que a travessa.

Ele é Marne e ducado de "e torto vós o fizeste?".

Este me foi inspirado pelo grau d'Eles na Assembleia maldita Genebra e Cia.

Eu o faço rápido e disforme.

Ele é final, o mais sábio, no que coloca tunha onde isso deve estar.

Bem-estar de efeito a raspar.

Marcelo o Caranguejo.*

---

* No orginal: "*VI. Paris, le 10-12-1931:*
'Ce style que j'adresse aux autorités de passage, est le style qu'il faut pour bien former la besace de Mouléra et de son grade d'officier à gratter.'
Il est ma défense d'Ordre et de Droit.
Il soutien le bien du Droit.
Il rigoureuse la tougne la plus sotte et il se dit conforme aux droits des peintres.
Il cancre la sougne aux oraies de la splendeur, pour la piloter, en menin, dans le tougne qui la traverse.
Il est Marne et ducat d"et tort vous l'avez fait?'.

Ce m'est inspiré par le grade d'Eux en l'Assemblée maudite Genève et Cie.
Je le fais rapide et biscournu.
Il est final, le plus sage, en ce qu'il met tougne où ça doit être.
Bien-être d'effet à gratter.
Marcel le Crabe." (N.T.)

O grafismo é regular do início ao fim da carta. Extremamente legível. De um tipo dito primário. Sem personalidade, mas não sem pretensão.

Frequentemente, o fim da carta preenche a margem. Nenhuma outra originalidade de disposição. Sem realces.

Nenhuma rasura. O ato de escrever, quando assistimos, se cumpre sem parar, como sem pressa.

A paciente afirma que o que ela expressa lhe é imposto, não de uma maneira irresistível, nem mesmo rigorosa, mas de um modo já formulado. É, no sentido forte do termo, uma inspiração.

Essa inspiração não a perturba quando ela escreve uma carta em estilo normal na presença do médico. Ela acontece ao contrário e é sempre, ao menos episodicamente, acolhida, quando a paciente escreve sozinha. Mesmo em uma cópia dessas cartas, para ser guardada, ela não descarta uma modificação do texto, que lhe foi "inspirada".

Interrogada sobre o sentido de seus escritos, a paciente responde que são muito compreensíveis. O mais frequentemente, para os escritos recentemente compostos, ela dá deles interpretações que esclarecem o mecanismo de sua produção. Só damos conta disso sob o controle de uma análise objetiva. Damos, como Pfersdorff[4] a uma interpretação dita "filológica", somente um valor de sintoma.

Mas, o mais frequentemente, a atitude da paciente se decompõe da seguinte forma com relação a seus escritos, sobretudo quando são antigos:

a) Convicção absoluta de seu valor. Essa convicção parece fundada em um Estado de estenia que acompanha as inspirações e que origina no sujeito a convicção de que elas devem, mesmo incompreendidas por ele, expressar verdades de ordem superior. A essa convicção parece estar atada a ideia de que as inspirações são especialmente destinadas àquele a quem é dirigida a carta. "Aquele deve

---

[4] Pfersdorff, *Contribution à l'étude des catégories du langage. L'interprétation "philologique"*, 1929.

compreender." É possível que o fato de pleitear sua causa junto a um auditor (é sempre o objeto de seus escritos) desencadeia o estado estênico necessário.

b) Perplexidade, quanto a ela, sobre o sentido contido nesses escritos. É então que ela afirma que suas inspirações lhe são inteiramente estranhas e que ela está, quanto a elas, com o mesmo ponto de interrogação. Tão radical que é às vezes essa perplexidade, que ela deixa intacta a primeira convicção.

c) Uma profissão, justificativa e talvez até certo ponto determinante, de não conformismo. "Eu faço a língua evoluir. É preciso abalar todas essas velhas formas."

Essa atitude da paciente com relação a seus escritos é idêntica à estrutura de todo o delírio.

a) Estenia passional fundando na certeza os sentimentos delirantes de ódio, de amor e de orgulho. Ela é correlativa dos estados de influência, de interpretação etc.

b) Formulação mínima do delírio, tanto reivindicador quanto erotomaníaco ou reformador.

c) Fundo paranoico de sobrestimação de si mesma e de falsidade do julgamento.

Essa estrutura, característica do delírio, nos é, assim, revelada de maneira exemplar.

Vejamos se a análise dos textos em si mesmos nos esclarecerá sobre o mecanismo íntimo dos fenômenos "de inspiração".

Nossa análise se apoia em um conjunto de textos cerca de 10 vezes mais extensos que os que citamos.

Para conduzir essa análise sem ideias preconcebidas, seguiremos a divisão das funções da linguagem que Head estabeleceu a partir de dados puramente clínicos[5] (estudo dos afásicos jovens).[6] Essa

---

[5] Head. *Aphasia and kindred disorders of speach*, Cambridge: University Press, 1926.

[6] A aproximação desses pacientes ditos orgânicos não tem nada de ousado que não tenha já sido feito por vários autores. Ver a comunicação de Claude, Bourgeois e Masquin, de 21 de maio de 1931, na Sociedade Médico-psicológica.

concepção se afina, aliás, notavelmente, com o que os psicólogos e os filólogos obtêm por meio de suas técnicas próprias.[7]

Ela se fundamenta na integração orgânica de quatro funções, às quais correspondem quatro ordens de distúrbios efetivamente dissociados pela clínica: distúrbios verbais, ou formais da palavra falada; distúrbios nominais, ou do sentido das palavras empregadas, isto é, da nomenclatura; distúrbios gramaticais, ou da construção sintática; e distúrbios semânticos, ou da organização geral do sentido da frase.

A. *Distúrbios verbais*

Alteração da forma da palavra, reveladora de uma alteração do esquema motor gráfico, ou então da imagem auditiva ou visual.

À primeira vista, eles são reduzidos ao mínimo. No entanto, encontram-se elisões silábicas (61), apoiando-se muitas vezes, ponto a ser observado, na primeira sílaba (26) (32) (51), bastante frequentemente o esquecimento de uma partícula, preposição na maior parte dos casos: "para", "de", ou "do" (9) etc. Trata-se dessas curtas barreiras, ou inibições do curso do pensamento, que fazem parte dos fenômenos sutis negativos da esquizofrenia? O fato é tão mais difícil de afirmar quanto a paciente lhe dá interpretações delirantes. Ela suprimiu esse "e", ou esse "de", porque ele teria feito ecoar sua *démarche*. Nesses escritos, ela faz alusão a isso (62).

Algumas fórmulas verbais são, ao contrário, certamente dadas pelos fenômenos elementares impostos positivos, pseudoalucinatórios (63); a paciente especula com frequência sobre esses fenômenos.

O caráter imposto de alguns fenômenos aparece nitidamente nisto que sua imagem é tão puramente auditiva quanto a paciente lhes dá várias transcrições diferentes: *la mais l'as* [a mais a tens] (34), *l'âme est lasse* [a alma está cansada] (35), que se escreve ainda "*la melasse*" ["*a malcansada*"] em um poema que não citamos. Da

---

[7] Ver Delacroix, *Le langage et la pensée*, Alcan.

mesma forma, *"le merle à fouine"* [o melro para bisbilhota] (55) *"la mère la fouine"* [a mãe a bisbilhota] (67). As denegações da paciente, fundadas na diferença do sentido, não podem anular o fato, mas vêm, ao contrário, reforçar seu valor.

Podemos então questionar se não têm uma mesma origem algumas estereotipias que retornam com insistência em uma mesma carta ou em várias: na carta I, o "de Estado" (5); na carta II, o "de tenta" [*d'essai*] (16) (19) (49) (65), que se prende regularmente a palavras terminadas em –ão [*–on*], sobre o modelo de "balão de tenta" [*ballon d'essai*], em várias cartas, o "se dourado *frisson*" [*si doré frisson*] (42) (60). Podemos questionar ainda toda uma série de estereotipias, que vêm no texto com um selo de absurdidade particularmente pobre, que, nós diríamos, "sentem" a ruminação mental e o delírio. Esta é uma discriminação de ordem estética que não pode, contudo, deixar de impressionar qualquer um.

Os neologismos, no entanto, parecem, na maior parte, de uma origem diferente. Alguns, como "londrar, londoiar" [*londrer, londoyer*] (31), se parecem com os tipos neológicos que nos fornecem a alucinação. São raros. Devemos, na maior parte, classificá-los nos distúrbios nominais.

B. *Distúrbios nominais*

As transformações do sentido das palavras parecem vizinhas dos processos de alteração estudados pelos filólogos e pelos linguistas na evolução da língua comum. Elas se fazem como estes por contiguidade da ideia expressa, e também por contiguidade sonora ou mais exatamente proximidade musical das palavras; a falsa etimologia do tipo popular resume esses dois mecanismos: assim, a paciente emprega *mièvre* [meigo] no sentido de *"mesquin"* [mesquinho]. Ela criou uma família com as palavras *mairie* [prefeitura] e *marier* [casar], donde ela tira: *mari* [marido] e o neologismo *mairir* [*"prefeiturar"*].

O sentido é ainda transformado segundo o mecanismo normal da extensão e da abstração, tais como os jarretes – (39), (44), (46) etc. – frequentemente evocados, palavra à qual a paciente dá seu sentido próprio e, "por extensão", o de luta, marcha, força ativa.

Mecanismos de derivação regulares produzem os neologismos: *érudir* [erudir] (27) (41); *énigmer* [enigmar]; *oraie* [*oraio*] – (22) (47) –, formado como *roseraie* [roseiral], e muito frequentemente empregado no sentido de negócio que produz ouro; *vendredettes* [*sextetes*] (37), que designa o que se refere a um curso que ela seguia às sextas-feiras etc.

Outras palavras são de origem dialetal, local ou familiar: ver (28), e ainda os *Respans* para os *Rameaux* [Ramos] (54), a palavra "*nèche*" para dizer *méchante* [maldoso], e as palavras "*tougne*" [*tunha*], de onde derivam *tougnate* [*tunhata*] (23) (25) e *tougnasse* [*tunhassa*], injúrias que designam sempre sua principal inimiga, a srta. G...

Enfim, observar o uso de palavras truculentas: os emituflados [*les emmitouflés*] (52), os enconquinados [*les enconquinés*] etc.

C. Distúrbios gramaticais

Podemos observar após exame que a construção sintática é quase sempre respeitada. A análise lógica formal é sempre possível, na condição de admitir a substituição de um substantivo por toda uma frase. Eis o exemplo seguinte (56): "Mas se vós quiserdes fazer o melro para bisbilhota e o / tanto a área é bela que lhe é preciso majorar fatos /. É que vós sois ás da festa e nos é preciso a todos chorar." Os dois sinais // isolam a frase que tem o papel de substantivo. Essa construção é muito frequente: (15) (24) (25) (29) (33) (73). Às vezes, trata-se de adjetivos ou de fórmulas adjetivas empregadas substantivamente: (4) (8) (17) (21), ou simplesmente de um verbo na terceira pessoa: "*le mena*" ['o' levou], "*le pela*" ['o' pelou], "*le mène rire*" ['o' leva rir].*

---

* O 'o' entre aspas é para ressaltar que se trata do artigo 'o', e não do pronome. O mesmo se dá em francês, em que '*le*' pode ser tanto o artigo masculino como o pronome masculino. No caso, trata-se de substantivar a forma verbal. (N.T.)

Essa forma dá, primeiramente, a ilusão de uma ruptura do pensamento; vemos que é exatamente o contrário, pois a construção retoma, depois que a frase, de alguma forma entre parênteses, está terminada.

Em passagens muito mais raras, a ligação sintática é destruída e os termos formam uma sequência verbal organizada pela associação assonante do tipo maníaco – (60) (73) –, ou, por uma ligação descontínua do sentido, fundada na última palavra de um grupo retomado como primeiro do seguinte, procedimento parecido com certos jogos infantis: por exemplo, (20); ou ainda esta fórmula: "*vitesse aux succès fous de douleur, mais ventre à terre et sans honneur*" [velocidade aos sucessos loucos de dor, mas ventre na terra e sem louvor]" (carta não citada). A fadiga condiciona em parte essas formas, que são mais frequentes no fim das cartas.

D. *Distúrbios semânticos*

São caracterizados pela incoerência, que parece, de início, total. Trata-se, na realidade, de uma pseudoincoerência.

Algumas passagens mais penetráveis nos permitem reconhecer os traços característicos de um pensamento no qual predomina a afetividade.

É, de início, essencialmente a ambivalência. Ela diz: "Eu me submeti ao jugo da defesa (2)" para significar exatamente o "jugo da opressão", por exemplo. Mais nitidamente ainda: "Vós estais aterrados porque eu vos odeio ao ponto que vos queria todos salvos" (79). Conferir ainda (80).

Eis aqui exemplos da condensação, da aglutinação das imagens. Em uma carta não publicada, ela escreve a seu deputado: "Eu lhe seria fortemente antecorredor para me liberar desse inferno." O que quer dizer que, para expressar seu reconhecimento, ela o faria se beneficiar de suas luzes especiais que fazem dela um antecorredor da evolução. Da mesma forma, em outro momento: "eu lhe seria fortemente honesta de querer bem proceder a um aprisionamento correto no ensino primário".

O deslocamento, a projeção das imagens são não menos verificados depois que se interrogou a paciente. Que ela interprete (mais ou menos secundariamente, pouco importa) uma passagem incoerente como a exprimir uma calúnia que foi devidamente lançada contra ela, parece que o discurso lhe atribui a frase incriminada. O inverso se produz não menos constantemente. A noção da participação parece apagar aqui a do indivíduo. E essa tendência do seu pensamento poderia concernir à experiência delirante do sentimento de influência, se o uso do procedimento que assinalamos não fosse nitidamente irônico e não revelasse, com isso, seu dinamismo afetivo.

Ainda como testemunha a profusão dos nomes próprios em seus escritos (vários em sequência, juntos pelo sinal =, para designar o mesmo indivíduo, por exemplo), dos sobrenomes, a diversidade e a fantasia de suas próprias assinaturas.

Observemos que a paciente qualifica a si mesma frequentemente no masculino (7).

Em uma composição que lhe pedimos sobre um assunto técnico que ela supostamente devia conhecer, a relação entre a falha de direção e de eficácia do pensamento e essa estrutura afetiva era bem marcada. Esse trabalho, mais ou menos suficiente no seu conteúdo geral, mostrava duas ou três vezes uma derivação do discurso, completamente fora de propósito, e sempre sob a forma da ironia, da alusão, da antífrase. Essas formas, em que o pensamento afetivo encontra normalmente um modo de se expressar nos quadros lógicos, estavam aqui ligadas à manifestação de um *deficit* intelectual que não se revelava nos testes, em que ela era passiva.

No entanto, tudo nesses textos não parece concernir à formulação verbal destituída de tendências afetivas. Uma atividade de jogo se revela nisso, da qual não é preciso menosprezar nem a parte de intenção, nem a parte de automatismo. As experiências feitas por alguns escritores sobre um modo de escrita que eles chamaram de surrealista, e cujo método eles descreveram muito cientificamente,[8]

---

[8] André Breton, *Manifeste du surréalisme*, 1924.

mostram a que grau de autonomia observável podem chegar os automatismos gráficos fora de qualquer hipnose.[9]

Ora, nessas produções, alguns quadros podem ser fixados de antemão, como um ritmo de conjunto, uma forma sentenciosa,[10] sem que diminua por isso o caráter violentamente discordante das imagens que vêm ali se insinuar.

Um mecanismo análogo parece atuar nos escritos de nossa paciente, para os quais a leitura em voz alta revela o papel essencial do ritmo. Ele tem, frequentemente, por si mesmo, uma potência expressiva considerável.

O hexâmetro* encontrado em cada linha (66) é pouco significativo, e é antes um sinal de automatismo. O ritmo pode ser dado por um estilo sentencioso, que toma às vezes o valor de uma verdadeira estereotipia: como o esquema dado pelo provérbio "Vencer sem perigo é triunfar sem glória",** vinte vezes subjacente a alguma fórmula aparentemente incoerente (31). Um grande número de estilos próprios a alguns autores clássicos, com muita frequência a La Fontaine, sustenta o texto. O mais típico destes é a frase delirante que precede o retorno (53) e que está calcada sobre o célebre dístico de Hégésippe Moreau:

> *S'il est un nom bien doux fait pour la poésie,*
> *Ah: dites, n'est-ce pas celui de la Voulzie?*
> [Se ele é um nome bem doce feito para a poesia,
> Ah, diga, não é aquele da Voulzie?]

---

[9] Ver A. Breton e P. Eluard, *L'Immaculée conception*, 1930.

[10] Eluard e Benjamin Péret, *152 proverbes mis au goût du jour*. Robert Desnos, *Corps et biens*. (N.R.F.)

* Segundo o *Houaiss* eletrônico: "diz-se de ou verso grego ou latino composto de seis pés, podendo os quatro primeiros ser dátilos ou espondeus, sendo o quinto dátilo e o sexto espondeu". (N.T.)

** No original: "*À vaincre sans péril on triomphe sans gloire*", verso de Corneille (*Le Cid*) que se tornou proverbial. (N.T.)

Em favor de tais mecanismos de jogos, é-nos impossível não perceber o notável valor poético ao qual, apesar de algumas falhas, algumas passagens chegam. Por exemplo, as duas passagens a seguir:

Na carta I, que só pudemos transcrever parcialmente, seguem quase imediatamente nosso texto as seguintes passagens:

"Vê-se que o fogo da arte que existe nas ervas da Santa Glória coloca um pouco da África nos lábios da bela *emblasée*."

E dirigindo-se sempre a seu pai:

"Creio que na sua idade você deveria estar no retorno do homem forte que, sem civilização, se faz o mais corajoso do remo e se repousar sem dissimulação no mais claro dos ofícios do homem que se vê talhar a pérola que ele fez e se faz um repouso de seu amante de feno."

Ver ainda (39) (40) (50) (64) (67).

Ao fim de nossa análise, constatamos que é impossível isolar na consciência mórbida o fenômeno elementar, psicossensorial ou puramente psíquico, que seria o nó patológico, ao qual reagiria a personalidade débil normal. O distúrbio mental nunca está isolado. Aqui, vemos o mecanismo essencial se apoiar em uma dupla base:

– um *deficit* intelectual, que, se sutil, se traduz nas produções intelectuais, na conduta, e funda certamente a crença delirante;

– um estado de estenia passional que, diversamente polarizada em sentimentos de orgulho, ódio ou desejo, tem sua raiz única em uma tendência egocêntrica.

Esse estado emocional crônico é suscetível de variações, segundo vários períodos. Períodos longos, que revelam uma correlação clínica com a frequência dos fenômenos elementares de ação exterior. Períodos curtos, que são determinados pela expressão escrita dos temas delirantes.

Nesses estados de exaltação, as formulações conceituais, quer as do delírio, quer as dos textos escritos, não têm mais importância que as palavras intercambiáveis de uma canção com estrofes. Embora elas motivem a melodia, é esta que as sustenta, e legitima na ocasião seu nonsense.

Esse estado de estenia é necessário para que os fenômenos ditos elementares, tendo sido a consistência psicossensorial, originem o consentimento delirante, que a consciência normal lhes recusa. Do mesmo modo, nos escritos, a fórmula rítmica sozinha é dada, que devem preencher os conteúdos ideacionais que se apresentarão. No estado dado de nível intelectual e de cultura da paciente, as conjunções alegres de imagens poderão se produzir episodicamente para um resultado altamente expressivo. Mas o mais frequente, o que virá, são as escórias da consciência, palavras, sílabas, sonoridades obcecantes, "lenga-lengas", assonâncias, "automatismos" diversos: tudo o que um pensamento em estado de atividade, isto é, que identifica o real, repele e anula por um julgamento de valor.

Tudo que, dessa origem, se toma assim no texto se reconhece por um traço que assinala seu caráter patológico: a estereotipia. Esse traço às vezes está manifesto. Só se pode pressenti-lo em outra parte. Sua presença nos é suficiente.

Nada, em suma, é menos inspirado, no sentido espiritual, que esse escrito sentido como inspirado. É quando o pensamento é curto e pobre que o fenômeno automático o supre. Ele é percebido como exterior porque está suprindo um *deficit* do pensamento. Ele é julgado como válido porque é chamado por uma emoção estênica.

Parece-nos que esta conclusão, que toca nos problemas mais essenciais que nos apresenta o funcionamento patológico do pensamento, valia a análise fenomenológica minuciosa que somente escritos podiam nos permitir.

O PROBLEMA DO ESTILO E A CONCEPÇÃO PSIQUIÁTRICA DAS FORMAS PARANOICAS DA EXPERIÊNCIA*

Entre todos os problemas da criação artística, o que mais imperiosamente requer – e até para o próprio artista, acreditamos – uma solução teórica é o do estilo. É importante, com efeito, a ideia que ele tem do conflito, revelado pelo fato do estilo, entre a criação realista fundada no conhecimento objetivo, por um lado, e, por outro, a potência superior de significação, a alta comunicabilidade emocional da criação dita estilizada. Segundo a natureza dessa ideia, o artista, com efeito, conceberá o estilo como o fruto de uma escolha racional, de uma escolha ética, de uma escolha arbitrária, ou então, ainda, de uma necessidade sentida cuja espontaneidade se impõe contra qualquer controle, ou mesmo que é conveniente liberá-la por uma ascese negativa. Inútil insistir na importância dessas concepções para o teórico.

Ora, parece-nos que o sentido assumido, em nossos dias, pela pesquisa psiquiátrica oferece dados novos a esses problemas. Mostramos o caráter muito concreto desses dados em análises pormenorizadas tendo por objeto os escritos de loucos. Desejaríamos indicar, aqui, em termos necessariamente mais abstratos, que revolução teórica eles trazem à antropologia.

---

* Publicado inicialmente no nº 3 da revista *Le Minotaure*, dez. 1933.

A psicologia de escola, por ser a última das ciências positivas e ter aparecido desse modo no apogeu da civilização burguesa que sustenta o corpo dessas ciências, só podia votar uma confiança ingênua ao pensamento mecanicista que tinha dado brilhantes provas nas ciências da física. Isso, pelo menos, há tanto tempo quanto a ilusão de uma infalível investigação da natureza continuou a encobrir a realidade da fabricação de uma segunda natureza, mais de acordo com as leis de equivalência fundamentais do espírito, a saber, a da máquina. Mesmo porque se o progresso histórico de tal psicologia parte da crítica experimental das hipostases do racionalismo religioso, ele confluiu nas mais recentes psicofísicas em abstrações funcionais cuja realidade se reduz cada vez mais rigorosamente apenas à medida do rendimento físico do trabalho humano. Nada, com efeito, nas condições artificiais do laboratório, podia contradizer um desconhecimento tão sistemático da realidade do homem.

Esse devia ser o papel dos psiquiatras, uma vez que essa realidade solicita de maneira muito imperiosa reencontrar não só os efeitos da ordem ética nas transferências criadoras do desejo ou da *libido*, como também as determinações estruturais da ordem noumenal nas formas primárias da experiência vivida: quer dizer, reconhecer a primordialidade dinâmica e a originalidade dessa experiência (*Erlebnis*) em relação a toda objetivação de acontecimento (*Geschehnis*).

Estaríamos, entretanto, em presença da mais surpreendente exceção às leis próprias ao desenvolvimento de qualquer superestrutura ideológica, se esses fatos tivessem sido logo reconhecidos quando encontrados, logo afirmados quando reconhecidos. A antropologia que eles implicam torna demasiado relativos os postulados da física e da moral racionalizantes. Ora, esses postulados estão suficientemente integrados à linguagem corrente para que o médico, que, dentre todos os tipos de intelectuais, é o mais constantemente marcado por um leve retardamento dialético, não houvesse acreditado ingenuamente que pudesse reencontrá-los nos próprios fatos. Além disso, não se deve desconhecer que o interesse pelos doentes mentais nasceu historicamente de necessidades de origem jurídica. Essas necessidades apareceram quando da instauração for-

O Problema do Estilo e a Concepção Psiquiátrica das Formas Paranoicas da Experiência 397

mulada, na base do direito, da concepção filosófica burguesa do homem como dotado de uma liberdade moral absoluta e da responsabilidade como própria ao indivíduo (elo dos direitos do homem e das pesquisas iniciadoras de Pinel e de Esquirol). A partir daí, a questão maior que se colocou praticamente à ciência dos psiquiatras foi aquela, artificial, de um tudo ou nada da degradação mental (art. 64 do Código Penal).

Era natural, portanto, que os psiquiatras pedissem emprestado, de saída, a explicação dos distúrbios mentais às análises da escola e ao esquema cômodo de um *deficit* quantitativo (insuficiência ou desequilíbrio) de uma função de relação para com o mundo, função e mundo procedentes de uma mesma abstração e racionalização. Toda uma ordem de fatos, aquela que corresponde ao quadro clínico das demências, se deixava, aliás, resolver aí muito bem.

É o triunfo do gênio intuitivo próprio à observação, que um Kraepelin, ainda que engajado completamente nesses preconceitos teóricos, tenha podido classificar, com um rigor ao qual quase nada se acrescentou, as espécies clínicas cujo enigma devia, por meio de aproximações frequentemente bastardas (de que o público retém apenas as senhas: esquizofrenia etc.), engendrar o relativismo noumenal inigualado pelos pontos de vista ditos fenomenológicos da psiquiatria contemporânea.

Essas espécies clínicas nada mais são que as psicoses propriamente ditas (as verdadeiras "loucuras" do vulgo). Ora, os trabalhos de inspiração fenomenológica sobre esses estados mentais (aquele bem recente, por exemplo, de um Ludwig Binswanger sobre o estado dito de "fuga das ideias" que observamos na psicose maníaco-depressiva, ou ainda meu próprio trabalho sobre *A psicose paranoica em suas relações com a personalidade*) não destacam a reação local, e na maioria das vezes notável somente por alguma discordância pragmática, que é possível nela individualizar como distúrbio mental, da totalidade da experiência vivida do doente, que eles tentam definir em sua originalidade. Essa experiência só pode ser compreendida no limite extremo de um esforço de assentimento; ela pode ser descrita validamente como estrutura coerente de uma apreensão noumenal imediata de si mesma e do mundo. Só um método analítico rigorosíssimo pode permitir tal descrição; toda objetivação é, com efeito, eminentemente precária em uma ordem fenomenal que se manifesta como anterior à objetivação racionalizante. As formas exploradas dessas estruturas permitem concebê-las como diferenciadas entre si por certos hiatos que permitem tipificá-las.

Ora, algumas dessas formas da experiência vivida, dita mórbida, apresentam-se como particularmente fecundas em modos de expressão simbólicos que, por serem irracionais em seu fundamento, nem por isso são desprovidos de uma significação intencional eminente e de uma comunicabilidade tensional muito elevada. Elas se reencontram nas psicoses que nós estudamos em particular, conservando-lhes sua etiqueta antiga e etimologicamente satisfatória – de "paranoia".

Essas psicoses se manifestam clinicamente por um delírio de perseguição, uma evolução crônica específica e reações criminosas particulares. Por falta de poderem revelar nelas algum distúrbio no manejo do aparelho lógico e dos símbolos espácio-têmporo-causais, os autores da linhagem clássica não hesitaram em atribuir paradoxalmente todos esses distúrbios a uma hipertrofia da função racional.

Quanto a nós, pudemos mostrar não só que o mundo próprio a esses sujeitos se transformou muito mais em sua percepção do que em sua interpretação, mas também que essa mesma percepção não é comparável com a intuição dos objetos, própria ao civilizado da média normal. Por um lado, com efeito, o campo da percepção está marcado nesses sujeitos por um caráter imanente e iminente de "significação pessoal" (sintoma dito de "interpretação"), e esse caráter é exclusivo dessa neutralidade afetiva do objeto que exige, pelo menos virtualmente, o conhecimento racional. Por outro lado, a alteração, notável entre eles, das intuições espaçotemporais modifica o alcance da convicção de realidade (ilusões da lembrança, crenças delirantes).

Esses traços fundamentais da experiência vivida paranoica o excluem da deliberação ético-racional e de qualquer liberdade fenomenologicamente definível na criação imaginativa.

O Problema do Estilo e a Concepção Psiquiátrica das Formas Paranoicas da Experiência 399

Ora, estudamos metodicamente as expressões simbólicas da experiência que esses sujeitos apresentam: são, por um lado, os temas ideacionais e os atos significativos de seu delírio, e, por outro, as produções plásticas e poéticas em que são muito fecundos.

Pudemos mostrar:

1. A significação eminentemente humana desses símbolos, que só tem analogia, quanto aos temas delirantes, com as criações míticas do folclore, e, quanto aos sentimentos animadores das fantasias, não é frequentemente diferente da inspiração dos maiores artistas (sentimentos da natureza, sentimento idílico e utópico da humanidade, sentimento de reivindicação antissocial).

2. Caracterizamos nos símbolos uma tendência fundamental que designamos pelo termo "identificação iterativa do objeto": o delírio se revela, com efeito, muito fecundo em fantasias de repetição cíclica, de multiplicação ubiquista, de retornos periódicos sem fim dos mesmos acontecimentos, em pares e triplos dos mesmos personagens, às vezes como alucinações de desdobramento da pessoa do sujeito. Essas intuições são manifestamente próximas de processos muito constantes da criação poética e parecem uma das condições da tipificação, criadora do estilo.

3. Mas o ponto mais notável que extraímos dos símbolos engendrados pela psicose é que seu valor de realidade não é em nada diminuído pela gênese que os exclui da comunidade mental da razão. Os delírios, com efeito, não têm necessidade de nenhuma interpretação para exprimir, só por seus temas, e à maravilha, esses complexos instintivos e sociais que a psicanálise teve grande dificuldade em descobrir entre os neuróticos. Não é menos digno de ser notado que as reações assassinas desses doentes se produzem com muita frequência em um ponto nevrálgico das tensões sociais da atualidade histórica.

Todos esses traços próprios à experiência vivida paranoica lhe deixam uma margem de comunicabilidade humana, em que ela mostrou, em outras civilizações, toda a sua potência. Ela ainda não o perdeu em nossa própria civilização racionalizante: pode-se afirmar que Rousseau, para quem o diagnóstico de paranoia típica pode ser aplicado com a maior certeza, deve à sua experiência propriamente mórbida a fascinação que exerceu em seu século por sua pessoa e por seu estilo. Saibamos também ver que o gesto criminoso dos paranoicos comove às vezes tão longe a simpatia trágica, que o século, para se defender, não sabe mais se ele deve despojá-lo de seu valor humano ou então oprimir o culpado sob sua responsabilidade.

Podemos conceber a experiência vivida paranoica e a concepção do mundo que ela engendra como uma sintaxe original, que contribui para afirmar, pelos elos de compreensão que lhe são próprios, a comunidade humana. O conhecimento dessa sintaxe nos parece uma introdução indispensável à compreensão dos valores simbólicos da arte e, muito particularmente, aos problemas do estilo – a saber, das virtudes de convicção e de comunhão humana que lhe são próprias, não menos que aos paradoxos de sua gênese –, problemas sempre insolúveis para toda antropologia que não estiver liberada do realismo ingênuo do objeto.

MOTIVOS DO CRIME PARANOICO: O CRIME DAS IRMÃS PAPIN*

Ao doutor George Dumas, com respeitosa amizade.

Lembramo-nos das circunstâncias horríveis do massacre do Mans e da comoção que provocou na consciência do público o mistério dos motivos que impeliram as duas assassinas, as irmãs Christine e Léa Papin. Devido a essa inquietude, a este interesse, uma informação muito ampla dos acontecimentos é divulgada na imprensa, pelo órgão dos jornalistas mais informados.[1] Assim, não faremos mais do que resumir os acontecimentos do crime.

As duas irmãs, uma de 28 e outra de 21 anos, eram há vários anos criadas de bons burgueses da pequena cidade provinciana: um advogado, sua mulher e sua filha. Criadas-modelo, disseram, desejadas para o serviço doméstico; criadas-mistério também, porque, embora se tenha observado que os donos da casa pareçam ter estranhamente perdido a simpatia humana, nada nos permite dizer que a indiferença altiva das empregadas estivesse respondendo a essa atitude; "não se falava" de um grupo a outro. Esse silêncio, no entanto, não podia ser vazio, mesmo se ele fosse obscuro aos olhos dos atores.

Uma noite, a 2 de fevereiro, essa obscuridade se materializa por um simples curto-circuito elétrico. Uma inabilidade das irmãs é que

---

* Publicado inicialmente no nº 3 da revista *Le Minotaure*, dez. 1933.

[1] Cf. as reportagens de Jérôme e de Jean Tharaud, publicadas no *Paris-Soir* de 29 e 30 de setembro e de 8 de outubro de 1933.

o provocou, e por coisas menores as patroas ausentes já haviam demonstrado seu mau humor. Que disseram a mãe e a filha quando, ao voltarem, descobriram o pequeno desastre? As declarações de Christine variaram sobre esse ponto. Seja como for, o drama se desencadeia muito rapidamente, e sobre a forma do ataque é difícil admitir uma outra versão que a que deram as irmãs, a saber, que ele foi súbito, simultâneo, levado de saída ao paroxismo do furor: cada uma delas subjuga uma adversária, arranca-lhe, em vida, os olhos da órbita – fato inédito, dizem, nos anais do crime – e a espanca. Depois, com a ajuda do que encontram a seu alcance, martelo, pichel de estanho, faca de cozinha, elas se encarniçam no corpo de suas vítimas, esmagam-lhes as faces, e, deixando à mostra o sexo delas, cortam profundamente as coxas e as nádegas de uma para ensanguentar as da outra. Lavam, em seguida, os instrumentos desses ritos atrozes, purificam-se a si mesmas e deitam-se na mesma cama: "Agora está tudo limpo!"* Essa é a fórmula que trocam e que parece dar o tom de desilusão, esvaziado de qualquer emoção, que a elas sucede à orgia sangrenta.

Ao juiz, elas não darão de seu ato nenhum motivo compreensível, nenhum ódio, nenhuma queixa contra suas vítimas; a única preocupação delas parecerá ser a de partilhar inteiramente a responsabilidade do crime. Para três médicos peritos, elas apareceram sem nenhum sinal de delírio nem de demência, sem nenhum distúrbio atual psíquico nem físico, e lhes é forçoso registrar esse fato.

Nos antecedentes do crime, dados por demais imprecisos, ao que parece, para que se possam levá-los em conta: uma investida atrapalhada das irmãs junto ao prefeito para obter a emancipação da mais jovem, um secretário-geral que as achou "meio piradas", um delegado que testemunha tê-las considerado como "perseguidas". Há também a afeição singular que as unia, sua imunidade a qualquer outro interesse, os dias de folga que passam juntas e dentro do quarto. Mas inquietamo-nos até aí com esses fatos estranhos?

---

* Em francês, *C'est du propre!, voilà du propre!*, se diz por antífrase de uma coisa suja e de um comportamento indecente, imoral. (N.T.)

Omite-se ainda um pai alcoólatra, brutal, que, dizem, violou uma de suas filhas e abandonou precocemente a educação delas.

Só após cinco meses de prisão é que Christine, isolada de sua irmã, apresenta uma crise de agitação muito violenta, com alucinações aterradoras. No decorrer de uma outra crise, ela tenta arrancar os olhos, por certo que em vão, porém com algumas lesões. A agitação furiosa necessita dessa vez da aplicação de camisa de força; ela se entrega a exibições eróticas, depois aparecem sintomas de melancolia: depressão, recusa de alimentos, autoacusação, atos expiatórios de um caráter repugnante; depois disso, várias vezes, ela diz frases de significação delirante. Lembremos que a declaração de Christine de ter simulado tais estados não pode de modo algum ser tida como a chave real de sua natureza: o sentimento de jogo é nesse caso frequentemente sentido pelo sujeito, sem que seu comportamento seja por isso menos tipicamente mórbido.

A 30 de setembro, as irmãs são condenadas pelo júri. Christine, entendendo que sua cabeça será cortada na praça de Mans, recebe essa notícia de joelhos.

Contudo, as características do crime, os problemas de Christine na prisão, a estranheza da vida das irmãs haviam convencido a maioria dos psiquiatras da irresponsabilidade das assassinas.

Diante da recusa de um contralaudo, o doutor Logre, de quem se conhecia a personalidade altamente qualificada, acreditou poder testemunhar no tribunal em defesa delas. Foi a regra de rigor inerente ao clínico magistral ou a prudência imposta pelas circunstâncias que o colocavam na postura de advogado? O doutor Logre adiantou não uma, mas várias hipóteses, sobre a presumível anomalia mental das irmãs: ideias de perseguição, perversão sexual, epilepsia ou histeroepilepsia. Se acreditamos poder formular uma solução mais unívoca do problema, queremos, antes de mais nada, prestar homenagem à sua autoridade, não só porque ela nos resguarda do reproche de lançar um diagnóstico sem termos examinado pessoalmente as doentes, mas porque ela sancionou com fórmulas particularmente felizes certos fatos muito delicados de isolar, e não obstante, como iremos ver, essenciais à demonstração de nossa tese.

Há uma entidade mórbida, a *paranoia*, que, apesar das fortunas diversas que ela sofreu com a evolução da psiquiatria, corresponde, *grosso modo*, aos seguintes traços clássicos: a) um delírio intelectual que varia seus temas das ideias de grandeza às ideias de perseguição; b) reações agressivas, com muita frequência homicidas; c) uma evolução crônica.

Duas concepções se opõem até aqui na estrutura dessa psicose: uma a considera como o desenvolvimento de uma "constituição" mórbida, isto é, de um vício congênito do caráter; outra designa seus fenômenos elementares em distúrbios momentâneos da percepção, que se qualifica de interpretativos por causa de sua analogia aparente com a interpretação normal; o delírio é aqui considerado como um esforço racional do sujeito para explicar essas experiências, e o ato criminoso, como uma reação passional cujos motivos são dados pela convicção delirante.

Ainda que os fenômenos ditos elementares tenham uma existência muito mais certa que a pretensa constituição paranoica, vê-se facilmente a insuficiência dessas duas concepções, e tentamos fundar uma nova em uma observação mais de acordo com o comportamento do doente.[2]

Reconhecemos, assim, como primordial, tanto nos elementos quanto no conjunto do delírio e em suas reações, a influência das relações sociais incidentes em cada uma dessas três ordens de fenômenos; e admitimos como explicativa dos fatos da psicose a noção dinâmica das *tensões sociais*, cujo estado de equilíbrio ou de ruptura define normalmente a personalidade no indivíduo.

A pulsão agressiva, que se resolve no assassinato, aparece, assim, como a afecção que serve de base à psicose. Podemos dizê-la inconsciente, o que significa que o conteúdo intencional que a traduz na consciência não pode se manifestar sem um compromisso com as exigências sociais integradas pelo sujeito, isto é, sem uma camuflagem de motivos, que é precisamente todo o delírio.

---

[2] *Da psicose paranoica em suas relações com a personalidade*, 1932.

Mas essa pulsão está marcada em si mesma de relatividade social: ela tem sempre a intencionalidade de um crime, quase constantemente a de uma vingança, frequentemente o sentido de uma punição, isto é, de uma sanção oriunda dos ideais sociais, muitas vezes, enfim, ela se identifica com o ato da moralidade, tem o alcance de uma expiação (autopunição). As características objetivas do homicídio, sua eletividade quanto à vítima, sua eficácia assassina, seus modos de desencadeamento e de execução variam de modo contínuo com esses graus da significação humana da pulsão fundamental. São esses mesmos graus que comandam a reação da sociedade a respeito do crime paranoico, reação ambivalente, com dupla forma, que faz o contágio emocional desse crime e as exigências punitivas da opinião.

Assim é esse crime das irmãs Papin, pela emoção que ele desperta e que ultrapassa seu horror, por seu valor de imagem atroz, porém simbólica até nos seus mais hediondos detalhes: as metáforas mais usadas do ódio – "Eu lhe arrancarei os olhos" – recebem sua execução literal. A consciência popular revela o sentido que ela dá a esse ódio aplicando aqui o máximo da pena, como a lei antiga no crime dos escravos. Talvez, como veremos, ela se engane dessa maneira quanto ao sentido real do ato. Mas observemos, para o uso daqueles que apavora a via psicológica em que engajamos o estudo da responsabilidade, que o adágio "compreender é perdoar" está submetido aos limites de cada comunidade humana e que, fora desses limites, compreender (ou acreditar compreender) é condenar.

O conteúdo intelectual do delírio se nos afigura, como já dissemos, como uma superestrutura ao mesmo tempo justificativa e negadora da pulsão criminosa. Concebemo-lo, pois, como submetido às variações dessa pulsão, à queda que resulta, por exemplo, de sua saciedade: no caso *princeps* do tipo particular de paranoia que descrevemos (o caso *Aimée*), o delírio se desvanece com a realização dos fins do ato. Não ficaremos espantados se o mesmo houver ocorrido durante os primeiros meses que seguiram o crime das irmãs. Os defeitos correlativos das descrições e das explicações clássicas fizeram com que durante muito tempo se desconhecesse a existência, no entanto capital, de tais variações, afirmando a estabilidade dos delírios paranoicos, quando só há constância de estrutura: essa concepção conduz os peritos a conclusões errôneas e explica o embaraço deles em face de numerosos crimes paranoicos, em que seu sentimento da realidade transparece apesar de suas doutrinas, mas não engendra neles senão a incerteza.

Com as irmãs Papin, devemos considerar o único traço de uma formulação de ideias delirantes anterior ao crime, para complementar o quadro clínico: pois sabemos que o encontramos, principalmente no testemunho do delegado da cidade. Sua imprecisão não poderia de modo algum fazer rejeitá-lo: qualquer psiquiatra conhece a ambiência muito especial que evoca, muito frequentemente, uma indefinida estereotipia das afirmações desses doentes, antes mesmo que eles se explicitem em fórmulas delirantes. Que alguém tenha apenas uma vez experimentado essa impressão, e não poderíamos considerar negligenciável o fato de que ele a reconheça. Ora, as funções de triagem dos centros da polícia fornecem o hábito dessa experiência.

Na prisão, vários temas delirantes são manifestados por Christine. Qualificamos, assim, não só sintomas típicos do delírio, tal como o do desconhecimento sistemático da realidade (Christine pergunta como estão passando suas duas vítimas e declara que acredita que elas voltaram em um outro corpo), como também as crenças mais ambíguas que se traduzem em frases como esta: "Creio mesmo que numa outra vida eu devia ser o marido de minha irmã." É possível, com efeito, reconhecer nessas frases conteúdos bem típicos de delírios classificados. Além disso, é constante encontrar uma certa ambivalência em toda crença delirante, desde as formas mais tranquilamente afirmativas dos delírios fantásticos (nas quais o sujeito reconhece, no entanto, uma "dupla realidade") até as formas interrogativas dos delírios ditos de suposição, nas quais qualquer afirmação da realidade lhe parece suspeita.

A análise, em nosso caso, desses conteúdos e dessas formas nos permitiria precisar o lugar das duas irmãs na classificação natural dos delírios. Elas não se incluiriam nessa forma muito limitada de

Motivos do Crime Paranoico: o Crime das Irmãs PAPIN   407

paranoia, que, por via de tais correlações formais, havíamos isolado em nosso trabalho. É provável mesmo que elas sairiam dos quadros genéricos da paranoia para entrar no das parafrenias, isolado pelo gênio de Kraepelin como formas imediatamente contíguas. Essa precisão do diagnóstico, no estado caótico de nossa informação, seria, entretanto, muito precária. De resto, ela seria pouco útil a nosso estudo dos motivos do crime, uma vez que, como o indicamos em nosso trabalho, as formas de *paranoia* e as formas delirantes vizinhas permanecem unidas por uma comunidade de estrutura que justifica a aplicação dos mesmos métodos de análise.

O que é certo é que as formas da psicose nas duas irmãs são, senão idênticas, pelo menos estritamente correlativas. Ouviu-se, no decorrer dos debates, a surpreendente afirmação de que era impossível que dois seres fossem tomados juntos pela mesma loucura, ou antes a revelassem simultaneamente. É uma afirmação completamente falsa. Os *delírios a dois* estão dentre as formas das psicoses reconhecidas desde há muito. As observações mostram que eles se produzem eletivamente entre parentes próximos, pai e filho, mãe e filha, irmãos e irmãs. Digamos que seu mecanismo depende, em certos casos, da sugestão contingente exercida por um sujeito delirante ativo sobre um sujeito débil passivo. Vamos ver que nossa concepção da paranoia fornece uma noção inteiramente diferente desta e explica de maneira mais satisfatória o paralelismo criminal das duas irmãs.

A pulsão assassina que concebemos como a base da paranoia seria apenas, com efeito, uma abstração pouco satisfatória, se ela não se encontrasse controlada por uma série de anomalias correlativas dos instintos socializados e se o estado atual de nossos conhecimentos sobre a evolução da personalidade não nos permitisse considerar essas anomalias pulsionais como contemporâneas em sua gênese. Homossexualidade, perversão sadomasoquista, são esses os distúrbios instintivos cuja existência só os psicanalistas souberam, nesse caso, desvelar e cuja significação genética tentamos mostrar em nosso trabalho. É preciso confessar que as irmãs parecem trazer a essas correlações uma confirmação que poderíamos dizer grossei-

408 Da Psicose Paranoica em suas Relações com a Personalidade | Jacques Lacan

ra: o sadismo é evidente nas manobras executadas sobre as vítimas, e que significação não tomam, à luz desses dados, a afecção exclusiva das duas irmãs, o mistério de suas vidas, as estranhezas da coabitação delas, sua aproximação medrosa em uma mesma cama após o crime?

Nossa experiência precisa desses doentes nos fez hesitar, contudo, diante da afirmação, sobre a qual muitos passam por cima, da realidade de relações sexuais entre as irmãs. Por isso é que somos gratos ao doutor Logre pela sutileza do termo "casal psicológico", em que se percebe sua reserva quanto a esse problema. Os próprios psicanalistas, quando fazem derivar a paranoia da homossexualidade, qualificam essa homossexualidade de inconsciente, de "larvar". Essa tendência homossexual só se exprimiria por uma negação apaixonada de si mesma, que fundaria a convicção de ser perseguido e designaria o ser amado no perseguidor. Mas o que é essa tendência singular que, tão próxima assim de sua revelação mais evidente, ficaria sempre dela separada por um obstáculo singularmente transparente?

Freud, em um artigo admirável,[3] sem nos dar a chave desse paradoxo, fornece-nos todos os elementos para encontrá-la. Ele nos mostra, com efeito, que, quando dos primeiros estádios agora reconhecidos da sexualidade infantil se opera a redução forçada da hostilidade primitiva entre os irmãos, uma anormal inversão pode se produzir dessa hostilidade em desejo e que esse mecanismo engendra um tipo especial de homossexuais entre os quais predominam os instintos e atividades sociais. De fato, esse mecanismo é constante: essa fixação amorosa é a condição primordial da primeira integração nas tendências instintivas do que nós chamamos as *tensões sociais*. Integração dolorosa, em que já se marcam as primeiras exigências de sacrifício que a sociedade nunca mais deixará de exercer sobre seus membros: esse é seu vínculo com essa intencionalidade

---

[3] Freud, S. Sobre alguns mecanismos neuróticos no ciúme, na paranoia e na homossexualidade. Trad. de Jacques Lacan. *Revue Française de Psychanalyse*, nº 3, p. 391-401, 1932.

Motivos do Crime Paranoico: o Crime das Irmãs PAPIN   409

pessoal do sofrimento infligido, que constitui o sadismo. Essa integração se faz, contudo, segundo a lei da menor resistência, por uma fixação afetiva ainda muito próxima do eu solipsista, fixação que merece ser dita narcísica e na qual o objeto escolhido é o mais semelhante ao sujeito: tal é a razão de seu caráter homossexual. Mas essa fixação deverá ser ultrapassada para chegar a uma moralidade socialmente eficaz. Os belos estudos de Piaget nos mostraram o progresso que se efetua desde o *egocentrismo* ingênuo das primeiras participações nas regras do jogo moral até a objetividade cooperativa de uma consciência idealmente acabada.

Em nossos doentes, essa evolução não ultrapassou seu primeiro estádio, e as causas de tal parada podem ser de origens bem diversas, algumas orgânicas (taras hereditárias), outras psicológicas: a psicanálise infantil. Sabe-se que sua ação parece não ter estado ausente da vida das irmãs.

Para dizer a verdade, bem antes que tenhamos feito essas aproximações teóricas, a observação prolongada de casos múltiplos de *paranoia*, com o complemento de minuciosas sondagens sociais, nos havia conduzido a considerar a estrutura das *paranoias* e dos delírios vizinhos como inteiramente dominada por esse tipo de complexo fraterno. A instância maior desse fato salta aos olhos nas observações que publicamos. A ambivalência afetiva para com a irmã mais velha dirige todo o comportamento *autopunitivo* de nosso "caso Aimée". Se, no curso de seu delírio, Aimée transfere para várias cabeças sucessivas as acusações de seu ódio amoroso, é por um esforço para se liberar de sua fixação primeira, embora esse esforço seja abortado: cada uma das perseguidoras não é verdadeiramente nada mais que uma nova imagem, sempre inteiramente prisioneira do narcisismo, dessa irmã da qual nossa doente fez seu ideal. Compreendemos agora qual é o obstáculo de vidro que faz com que ela não possa nunca saber, ainda que o grite, que todas essas perseguidoras, ela as ama: elas são apenas imagens.

O "mal de ser dois" de que sofrem esses doentes pouco os libera do mal de Narciso. Paixão mortal e que acaba ao se dar a morte. Aimée atinge o ser brilhante que ela odeia justamente porque representa o ideal que ela tem de si. Essa necessidade de autopunição, esse enorme sentimento de culpa também pode ser lido nos atos das Papin, nem que seja na genuflexão de Christine no desfecho. Porém, parece que entre elas as irmãs não podiam nem mesmo tomar a distância que é preciso para se matar. Verdadeiras almas siamesas, elas formam um mundo para sempre fechado; lendo seus depoimentos depois do crime, diz o doutor Logre, "tem-se a impressão de estar lendo duplo". Com os únicos meios de sua ilhota, elas devem resolver seu enigma, o enigma humano do sexo.

É preciso ter ouvido com muita atenção as estranhas declarações de tais doentes para saber as loucuras que sua consciência arrebatada pode arquitetar sobre o enigma do falo e da castração feminina. Sabe-se, então, reconhecer nas confissões tímidas do sujeito dito normal as crenças que ele cala, e que crê calar porque as considera pueris, quando de fato ele se cala porque sem o saber ainda adere a elas.

A frase de Christine: "Creio mesmo que numa outra vida eu devia ser o marido de minha irmã" se reproduz em nossos doentes por meio de muitos temas fantásticos que basta escutar para obter. Que longo caminho de tortura ela teve de percorrer antes que a experiência desesperada do crime a dilacerasse de seu outro si-mesmo, e que ela pudesse, depois de sua primeira crise de delírio alucinatório, em que ela acredita ver sua irmã morta, morta sem dúvida por esse golpe, gritar, diante do juiz que as confronta, as palavras da paixão manifesta: "Sim, digo sim."

Na tarde fatídica, na ansiedade de uma punição iminente, as irmãs associam à imagem de suas patroas a miragem de seu mal. É sua aflição que elas detestam no par que arrebatam em uma atroz quadrilha. Elas arrancam os olhos como castravam as Bacantes. A curiosidade sacrílega que constitui a angústia do homem desde as priscas eras, é ela que as anima quando desejam suas vítimas, quando do acossam em suas feridas hiantes o que Christine mais tarde, perante o juiz, devia chamar em sua inocência, "o mistério da vida".

APÊNDICE

EXPOSIÇÃO GERAL DE NOSSOS TRABALHOS CIENTÍFICOS (1933)

Não daremos uma análise pormenorizada de nossos primeiros trabalhos. Pode-se ver que alguns são de neurologia pura (Publicações 1, 3, 7). Nossa modesta contribuição ao problema da histeria (Publicações 2 e 3) constitui a transição com nossas pesquisas atuais, todas psiquiátricas. Antes de mais nada, nós nos preocupamos, segundo a orientação que davam nossos mestres, em evidenciar as condições orgânicas determinantes em um certo número de síndromes mentais (Publicações 4, 6, 10, 11, 13).

Esperamos o término de nossos anos de internato para exprimir, em nosso trabalho maior que é nossa tese, a importância crescente que havia tomado, a nosso ver, no curso desses anos, os problemas de psicologia patológica.

O progresso da ciência psiquiátrica não poderia, em nossa opinião, prescindir de um estudo aprofundado das "estruturas mentais" (começamos a empregar esse termo no Trabalho 1), estruturas que se manifestam no curso das diferentes síndromes clínicas e cuja análise fenomenológica (cf. o Trabalho 4) é indispensável a uma "classificação natural" dos distúrbios, fonte manifesta de importantes indicações prognósticas e, frequentemente, de sugestões terapêuticas preciosas.

Fomos levados a esses pontos de vista por nossos primeiros estudos sobre os delírios (Publicação 8) e, mais especialmente, sobre os distúrbios da linguagem observados nos delirantes (Publicação

414 Da Psicose Paranoica em suas Relações com a Personalidade | Jacques Lacan

9). Os trabalhos de nossos antecessores sobre esse assunto nos motivaram a introduzir os métodos da linguística na análise das manifestações escritas da linguagem delirante (cf. o Trabalho 2). Uma pesquisa dessa ordem nos convenceu da impossibilidade de apreender qualquer fenômeno psíquico positivo (isto é, que compreenda um conteúdo) que surgisse sob uma forma irredutivelmente independente do funcionamento do todo da personalidade. Para mencionar o termo, nenhum fenômeno psíquico é puramente automático. Aqueles que assim parecem estão ligados a estados muito inferiores e degradados da atividade mental. Não haveria razão de ser para incluir entre eles os fenômenos sempre carregados de "significação pessoal" que constituem a originalidade das formas mais elevadas da psicopatologia (psicoses propriamente ditas).

É assim que fomos conduzidos a estudar as psicoses paranoicas em sua relação com a personalidade. Definimos por esse termo (Capítulo 2 da Primeira Parte de nosso livro) o conjunto das relações funcionais especializadas que constituem a originalidade do animal-homem, aquelas que o adaptam à enorme prevalência que tem em seu meio vital o meio humano, ou seja, a sociedade.

Mostramos que a psicose paranoica, tal como foi definida pelos progressos da nosologia clássica, só poderia ser concebida como um modo reacional da personalidade, isto é, altamente organizado, a certas situações vitais que só podem se definir por sua significação humana ela mesma muito elevada, a saber, o mais frequentemente por um conflito da consciência moral.

Enfatizamos essa gênese "reacional" da psicose, que nos opõe tanto aos teóricos da "constituição" dita paranoica quanto aos partidários de um "núcleo" da convicção delirante, que seria um fenômeno de "automatismo mental". Estudamos com muita atenção cada uma dessas teorias no decorrer de uma análise bibliográfica e crítica extremamente extensa dos trabalhos franceses e estrangeiros publicados sobre nosso assunto, insistindo mais especialmente nos mais recentes e menos vulgarizados na França (cf. Capítulos 3 e 4 de nossa obra, p. 43-141).

Mas essa história sistematicamente exposta das teorias nos traz justamente a melhor crítica de seus conteúdos opostos. Além disso, ela nos propicia a ocasião de relatar os dados de fato que reduzem a verossimilhança de algumas delas (estatísticas de Lange sobre a diversidade extrema das predisposições do caráter manifestas antes da psicose, por exemplo). Por outro lado, estudamos ali o desenvolvimento das teorias nas quais a nossa se inspira: ao lado dos trabalhos alemães de Gaupp, de Bleuler, de Kretschmer, de Kehrer (analistas cada vez mais avançados das determinações "reacionais" da psicose), mostramos o que devemos aos autores franceses, tais como Pierre Janet, Mignard e Petit, Guiraud etc.

A originalidade de nosso estudo é que ele é o primeiro, pelo menos na França, em que se tentou uma interpretação exaustiva dos fenômenos mentais de um delírio típico em função da história concreta do sujeito, restituída por um levantamento tão completo quanto possível (Parte II, Capítulos 1 e 4).

Só esse método pode permitir definir o que na psicose depende do desenvolvimento reacional da personalidade e aquilo que se apresenta, segundo a expressão de Jaspers, como um processo mórbido (neoformado) (Parte II, Capítulos 2 e 3).

Com efeito, longe de que ele tenda a dissipar a originalidade dos fenômenos mórbidos, um método assim permite, ao contrário, pôr em relevo a estrutura mental anômala que caracteriza até os fenômenos elementares da psicose. É assim que colocamos em relevo o caráter intuitivo, imediato, irracional da interpretação mórbida – o qual os clássicos são levados a considerar, como se sabe, uma anomalia "raciocinante". Assim, no sistema do delírio – que os teóricos clássicos concebem como explicativo –, reconhecemos anomalias da lógica, cujo parentesco com certos caracteres muito mais surpreendentes das psicoses paranoicas nós mostramos.

Por outro lado, evidenciamos o valor significativo dessa estrutura mental particular, reconhecendo-a como a expressão de pulsões instintivas anormais, que manifesta muito tardiamente o comportamento mesmo do delirante. Pulsões agressivas de uma natureza elaborada particular, que podemos qualificar de pulsões primitivas, e que dão suas características tão especiais às reações criminosas dos paranoicos. Pulsões homossexuais já reconhecidas por numerosos autores (Guiraud, os psicanalistas) em certos fenômenos maiores do delírio (conteúdo das interpretações, escolha do perseguidor etc.).

Tais são os frutos que nos dá uma análise da psicose levada adiante sem outro preconceito que o de não desconhecer *a priori* as significações mais evidentes dos conteúdos mentais e do comportamento que constituem o delírio. Essa análise nos permite descrever muito mais exatamente uma forma particular de psicose que, embora provando sua autenticidade paranoica, revela-se diferente em vários pontos da descrição clássica: predisposição do terreno, de natureza psicastênica; início brusco por suas formas interpretativas de tipo agudo; constância de estrutura nas variações de intensidade na evolução; curabilidade possível. Essa noção eventual de curabilidade permite considerar uma catarse terapêutica. Esse tipo clínico, nós o chamamos de paranoia de autopunição, porque é a pulsão propriamente autopunitiva que domina, como mostramos, sua etiologia, seu desencadeamento, sua estrutura, como sua cura.

Acreditamos poder dar também a essa pulsão um valor patogênico: nesse ponto de nosso estudo, com efeito, uma concordância muito surpreendente se revela entre as estruturas mentais e pulsionais que definimos na psicose, e o estádio evolutivo da personalidade que experiências psicológicas inteiramente diferentes da nossa permitiram descrever como correspondendo à integração infantil da consciência moral (trabalhos de Piaget sobre a gênese do juízo moral na criança; gênese do superego, induzida pelos psicanalistas do estudo das neuroses). É, pois, em uma parada evolutiva da personalidade nesse estádio, parada determinada por uma condição concreta da história do sujeito, que encontramos a predisposição (adquirida, como se vê) que se desenvolve na psicose.

Mais tarde (na idade adulta geralmente) ela se desencadeia sob a influência de uma situação vital cuja ação eletiva se define por sua similitude com o complexo patogênico inicial. Todas as ocasiões de estados "hipnoides" (estafa, episódios tóxicos e infecciosos) de-

Exposição Geral de Nossos Trabalhos Científicos (1933)   417

sempenhariam um papel desencadeador, cujo valor no início, sempre brusco clinicamente, da psicose não se deve desconhecer.

Vemos, portanto, que é por meio de nosso próprio método de investigação psicológica que acreditamos poder deduzir a justa instância dos fatores orgânicos nos quais reconhecemos, como se vê também, um papel preponderante no desencadeamento da psicose sem admitir de modo algum que eles possam explicar nem sua forma, nem seus conteúdos mentais específicos, nem suas reações, nem sua evolução duradoura.

Uma multidão de pormenores sintomáticos e de particularidades reacionais dessas psicoses paranoicas se acha valorada por nossa concepção sob um ângulo, em nosso entender, mais satisfatório que pelas concepções anteriores: indiquemos somente aqui o valor altamente dramático e o alcance contagioso do crime paranoico, ligado a seu valor expressivo de um conflito eminentemente humano. Essa repercussão social dos atos e frequentemente do delírio mesmo do paranoico (J.-J. Rousseau) – valor próprio dos escritos dos delirantes, que estudamos a propósito daqueles, riquíssimos, de nosso caso *princeps* durante um longo capítulo – coloca por si só um problema, o da comunicabilidade do pensamento psicótico e do valor da psicose como criadora da expressão humana (cf. Trabalhos 4 e 5).

O método por nós empregado nos parece não esgotar sua eficácia no estudo da psicose paranoica e não tememos, em um capítulo terminal de nossa tese, deduzir dele certos princípios bem gerais de pesquisa. Fica bastante claro, de resto, em que sentido esperamos poder prosseguir a nossa.

Seja qual for o destino de nossas esperanças, a observação do caso clínico em que se fundamenta a tese, o caso Aimée, guardará, cremos, seu valor como caso *princeps* de uma forma particular da paranoia.

A. *COMUNICAÇÕES ÀS SOCIEDADES CIENTÍFICAS*

a) SOCIEDADE DE NEUROLOGIA

1. Fixité du regard par hypertonie, prédominant dans le sens vertical, avec conservation des mouvements automatico-réflexes; aspect spécial du syndrome de Parinaud par hypertonie associé à un syndrome extrapyramidal avec troubles pseudo-bulbaires. Séance du 4 novembre 1926.
   – Observation princeps publiée en collaboration avec MM. Alajouanine et Delafontaine. In: *Revue Neurologique*, t. II, p. 410-418, 1926.
   – Schémas originaux repris par MM. Alajouanine et Thurel. In: *Revue neurologique*, fev. de 1931, em sua "Révision des paralysies des mouvements associés des globes oculaires (contribution à l'étude de la dissociation des activités volontaires et réflexes)".
2. Abasie chez une traumatisée de guerre, en collaboration avec M. Trénel, séance du 2 février 1928. In: *Revue Neurologique*, t. I, p. 233-237, 1928.

b) SOCIEDADE CLÍNICA DE MEDICINA MENTAL

3. Syndrome comitio-parkinsonien encéphalitique en collaboration avec MM. Marchand et Courtois. Séance du 17 juin 1929. In: *Bulletin de la Société*, p. 92-96.
4. Psychose hallucinatoire chez une parkinsonienne encéphalitique, en collaboration avec M. Courtois. Séance du 10 février 1930. In: *Bulletin de la Société*, p. 49-52.

c) SOCIEDADE DE PSIQUIATRIA

5. Paralysie générale avec syndrome d'automatisme mental, en collaboration avec M. Heuyer. Séance du 20 juin 1929. In: *L'Encéphale*, t. II, p. 802-803, 1929.

Exposição Geral de Nossos Trabalhos Científicos (1933)   419

6. Roman policier. Du délire type hallucinatoire chronique au délire d'imagination, en collaboration avec MM. Lévy-Valensi et Migault. Séance du 30 avril 1928. In: *L'Encéphale*, t. I, p. 550-551.

7. Troubles mentaux homochromes chez deux frères hérédosyphiliques, en collaboration avec M. Schiff et Mme Schiff-Wertheimer. Séance du 20 novembre 1930. In: *L'Encéphale*, t. I, p. 151-152, 1931.

8. Paralysie générale prolongée, en collaboration avec Targorola. Séance du 19 décembre 1929, p. 83-85.

9. Crises toniques combinées de protrusion de la langue et de trismus se produisant pendant le sommeil chez une parkinsonienne postencéphalitique. Amputation de la langue consécutive. Séance du 20 novembre 1930. In: *L'Encéphale*, t. I, p. 145-146, 1931.

d) SOCIEDADE MÉDICO-PSICOLÓGICA

10. Folies simultanées, en collaboration avec MM. Claude et Migault. Séance du 21 mai 1931. In: *Annales Médico-psychologiques*, t. I, p. 483-490, 1931.

11. Troubles du langage écrit chez une paranoïaque présentant des éléments délirants du type paranoïde (schizographie), en collaboration avec MM. Lévy-Valensi et Migault. Séance du 12 novembre 1931. In: *Annales Médico-psychologiques*, t. II, p. 407-408.

12. Parkinsonisme et syndromes démentiels, en collaboration avec M. Ey. Séance du 12 novembre 1931. In: *Annales Médico-psychologiques*, t. II, p. 418-428.

13. Spasme de torsion et troubles mentaux post-encéphalitiques, en collaboration avec MM. Claude et Migault. Séance du 19 mai 1932. In: *Annales Médico-psychologiques*, t. I, p. 546-551.

14. Un cas de démence précocissime, en collaboration avec MM. Claude et Heuyer. Séance du 11 mai 1933. In: *Annales Médico-psychologiques*, t. I, p. 620-624, 1933.

420 Da Psicose Paranoica em suas Relações com a Personalidade | Jacques Lacan

15. Alcoolisme subaigu à pouls normal ou ralenti. Coexistence de syndrome d'A.M., en collaboration avec M. Heuyer. Séance du 27 novembre 1933. In: *Annales Médico-psychologiques*, t. II, p. 531-546, 1933.

B. *EXPOSIÇÕES E RELATÓRIOS DE CONGRESSOS*

16. Congrès international pour la protection de l'enfance, 1933, en collaboration avec M. Heuyer. Importance des troubles du caractère dans l'orientation professionnelle. (*A sair.*)

17. Compte rendu de la 84ᵉ assemblée de la Société suisse de psychiatrie tenue à Nyons-Prangins, les 7 et 8 octobre 1933, et consacré au problème des hallucinations. In: *L'Encéphale*, p. 686-695, novembre 1933.

C. *TRADUÇÃO*

18. "De quelques mécanismes névrotiques dans la jalousie, la paranoïa et l'homosexualité" de S. Freud, publicado na *Revue Française de Psychanalyse*, nº 3, p. 391-401, 1932.

D. *TRABALHOS ORIGINAIS*

1. Structure des psychoses paranoïaques. In: *Semaine des Hôpitaux*, jul.1931, p. 437-445.

2. Écrits "inspirés": schizographie, en collaboration avec les présentateurs de la communication. In: *Annales Médico-psychologiques*, t. II, p. 508-522, 1931.

3. *De la psychose paranoïaque dans ses rapports avec la personnalité*, tese da Faculté de Paris, out. 1932, Le François éditeur, 381p. Menção honrosa com proposta para o prêmio de tese. Medalha de bronze concedida pela faculdade.

4. Le problème du style et la conception psychiatrique des formes paranoïaques de l'expérience. In: *Minotaure*, nº 1, 1933.

5. Motifs du crime paranoïaque. In: Minotaure, nº 3, 1933.

RIO DE JANEIRO: Travessa do Ouvidor, 11 – Centro
Rio de Janeiro – RJ – CEP 20040-040
Tel.: (0XX21) 3543-0770 – Fax: (0XX21) 3543-0896
e-mails: bilacpinto@grupogen.com.br / analuisa@grupogen.com.br
Endereço na Internet: http://www.forenseuniversitaria.com.br

A marca FSC é a garantia de que a madeira utilizada na fabricação do papel com o qual este livro foi impresso provém de florestas gerenciadas, observando-se rigorosos critérios sociais e ambientais e de sustentabilidade.

Serviços de impressão e acabamento
executados, a partir de arquivos digitais fornecidos,
nas oficinas gráficas da EDITORA SANTUÁRIO
Fone: (0XX12) 3104-2000 - Fax (0XX12) 3104-2016
http://www.editorasantuario.com.br - Aparecida-SP